LES
ŒUVRES
COMPLETES
DE
VOLTAIRE

71A

VOLTAIRE FOUNDATION

OXFORD

2005

ISBN 0 7294 0863 9

Voltaire Foundation Ltd
99 Banbury Road
Oxford OX2 6JX

PRINTED IN ENGLAND
AT THE ALDEN PRESS
OXFORD

Voltaire éditeur

Œuvres de 1769-1770

I

The publication of this volume
has been generously sponsored by
the Domaine de Bélesbat and Air Artisan Paris

CONTENTS

ILLUSTRATIONS

SIGLES AND ABREVIATIONS

Arsenal	Bibliothèque de l'Arsenal, Paris
Bengesco	Georges Bengesco, *Voltaire: bibliographie de ses œuvres*, 4 vol. (Paris 1882-1890)
BnC	*Catalogue général des livres imprimés de la Bibliothèque nationale: auteurs, tome 214, Voltaire*, ed. H. Frémont *et al.*, 2 vol. (Paris 1978)
BnF	Bibliothèque nationale de France, Paris
Bodley	Bodleian Library, Oxford
BV	M. P. Alekseev and T. N. Kopreeva, *Bibliothèque de Voltaire: catalogue des livres* (Moscow 1961)
CN	*Corpus des notes marginales de Voltaire* (Berlin 1979-)
D	Voltaire, *Correspondence and related documents*, ed. Th. Besterman, in *Œuvres complètes de Voltaire*, vol.85-135 (Oxford 1968-1977)
DP	Voltaire, *Dictionnaire philosophique*
Essai	Voltaire, *Essai sur les mœurs*, 2nd ed., ed R. Pomeau, 2 vol. (Paris 1990)
ImV	Institut et musée Voltaire, Genève
J	*Journal du marquis de Dangeau*, ed. Eudoxe Soulié and Louis Dussieux, 19 vol. (Paris, Firmin-Didot Frères, 1854-1860)
Kehl	*Œuvres complètes de Voltaire*, ed. J. A. N. de Caritat, marquis de Condorcet, J. J. M. Decroix and Nicolas Ruault, 70 vol. (Kehl 1784-1789)
M	*Œuvres complètes de Voltaire*, ed. Louis Moland, 52 vol. (Paris 1877-1885)
ms.fr.	manuscrits français (BnF)
n.a.fr.	nouvelles acquisitions françaises (BnF)

OC	*Œuvres complètes de Voltaire* (Oxford 1968-) [the present edition]
OH	Voltaire, *Œuvres historiques*, ed. R. Pomeau (Paris 1957)
QE	Voltaire, *Questions sur l'Encyclopédie*
SVEC	*Studies on Voltaire and the eighteenth century*
Taylor	Taylor Institution, Oxford
Trapnell	William H. Trapnell, 'Survey and analysis of Voltaire's collective editions', *SVEC* 77 (1970), p.103-99
VF	Voltaire Foundation, Oxford
VST	René Pomeau, René Vaillot, Christiane Mervaud *et al.*, *Voltaire en son temps*, 2nd ed., 2 vol. (Oxford 1995)

KEY TO THE CRITICAL APPARATUS

The critical apparatus, printed at the foot of the page, gives variant readings from the manuscripts and editions discussed in the introductions to the texts.

Each variant consists of some or all of the following elements:

— The number of the text line or lines to which the variant relates.
— The sigla of the sources of the variant as given in the list of editions. Simple numbers, or numbers followed by letters, stand for separate editions of the work; letters followed by numbers are collections: w is reserved for collected editions of Voltaire's works and T for collected editions of his theatre.
— A colon, indicating the start of the variant; any editorial remarks after the colon are enclosed within square brackets.
— The text of the variant itself, preceded and followed by one or more words from the base text, to indicate its position.

The following signs and typographic conventions are employed:

— Angle brackets < > encompass deleted matter.
— Beta β stands for the base text.
— The forward arrow → means 'replaced by'.
— A superior V precedes text in Voltaire's hand.
— Up ↑ and down ↓ arrows precede text added above or below the line.
— A superior + indicates, when necessary, the end of material introduced by one of the above signs.
— A pair of slashes // indicates the end of a paragraph or other section of text.

ACKNOWLEDGEMENTS

The *Œuvres complètes de Voltaire* rely on the competence and patience of the personnel of many research libraries around the world. We wish to thank them for their generous assistance, in particular the staff of the Bibliothèque nationale de France and the Bibliothèque de l'Arsenal, Paris; the Institut et musée Voltaire, Geneva; the Taylor Institution Library, Oxford; and the National Library of Russia, St Petersburg. For additional help with this volume we are particularly grateful to Philippe Hourcade.

PRÉFACE

Constitué de cinq écrits tous publiés entre le printemps de 1769 et celui de l'année suivante, ces volumes 71A (*Le Cymbalum mundi, Les Souvenirs de Mme de Caylus, Journal de la Cour de Louis XIV*) et 71B (*Sophonisbe, Discours de l'Empereur Julien*) des *Œuvres complètes* offrent comme la plupart des précédents le grand avantage qu'on trouve à leur présentation selon un ordre chronologique. De l'étonnante variété des centres d'intérêt de Voltaire tout au long des années 1769-1770 on a tôt fait de se convaincre, puisque après le volume 69 comprenant *Collection d'anciens évangiles* et *Dieu et les hommes*, ceux-ci font passer d'abord du réquisitoire de l'empereur Julien contre les Galiléens aux évocations contrastées par deux courtisans qui y ont longtemps vécu de la cour de Louis XIV, puis de ces matières historiques à la tentative singulière d'une réécriture complète, cent trente-cinq ans plus tard, de la première tragédie française ayant observé la règle des trois unités. De cette *Sophonisbe* 'réparée' on passe pour terminer à quatre dialogues vieux de quelque deux cent trente-deux ans, que Voltaire, non sans paradoxe, qualifie d'''ineptie' n'offrant qu''une froide imitation de Rabelais'. Pour reprendre les termes de W. H. Barber, ces volumes 71A et 71B, on le voit, contribuent bien à attirer 'l'attention du lecteur sur les multiples intérêts et enthousiasmes de Voltaire'.[1]

On ne méconnaîtra pas pour autant sa spécificité: des cinq textes qui le composent quatre ne sont pas de Voltaire dont le rôle s'est borné à les choisir, présenter et annoter. C'est successivement à l'empereur Julien, à la marquise de Caylus, au marquis de Dangeau et à Bonaventure des Périers que la parole est donnée d'abord. Certes la voix de Voltaire se fait entendre aussi, mais elle demeure

---

[1] *OC*, vol.1A, p.xv.

résolument celle d'un éditeur. Quant au cinquième texte, la fin même qui lui est assignée ('habiller la *Sophonisbe* de Mairet à la moderne'[2]) ne permet guère de juger que Voltaire en soit pleinement l'auteur, même s''il est vrai qu'il n'y a pas un seul vers de Mairet'[3] dans la version nouvelle. Comme il s'agissait seulement de 'ranimer', de 'ressusciter' 'la mère de toutes les tragédies françaises', 'le fond est entièrement conservé'.[4] Ce qui a motivé Voltaire fut l'attristant constat que la pièce de Mairet était devenue injouable, voire rebutante 'non seulement par les expressions surannées et par les familiarités qui déshonoraient alors la scène, mais par quelques indécences que la pureté de notre théâtre rend aujourd'hui intolérables'.[5] C'était donc le style de Mairet, bien plus que la 'marche' de sa tragédie, qu'il importait de réformer. L'idée n'est pas nouvelle dans l'esprit de Voltaire: convaincu que toute démarche éditoriale doit être motivée par le souci d'être utile, l'édition des grands auteurs, ceux qu'à son époque déjà on qualifie de classiques, ne lui paraît valoir la peine que si elle contribue à préserver la pureté de la langue. Vingt-sept ans avant qu'il n'entreprenne une édition annotée du théâtre de Pierre Corneille, l'auteur de la vingt-quatrième *Lettre philosophique* l'achevait sur le souhait de voir l'Académie française investie d'une mission étrangement normative:

quel service ne rendrait-elle pas aux lettres, à la langue et à la nation, si [...] elle faisait imprimer les bons ouvrages du siècle de Louis XIV, épurés de toutes les fautes de langage qui s'y sont glissées? Corneille et Molière en sont pleins, La Fontaine en fourmille: celles qu'on ne pourrait pas corriger seraient au moins marquées. L'Europe, qui lit ces auteurs, apprendrait par eux notre langue avec sûreté. Sa pureté serait à jamais fixée.[6]

[2] M.vii.38.
[3] M.vii.42. La même assurance est donnée à d'Argental le 19 avril 1773: 'Vous me parlez de la *Sophonisbe* de Mairet rapetassée et tellement rapetassée qu'il n'y a pas un seul mot de Mairet' (D18323).
[4] M.vii.39.
[5] M.vii.38.
[6] *Lettres philosophiques*, éd. G. Lanson (Paris 1964), ii.176. G. Lanson a relevé à

Ce Voltaire plus d'une fois habité par le rêve d'éditions annotées des grands classiques s'en ferait donc volontiers l'épurateur tout autant que l'éditeur. Il en a du moins radicalement pris le parti dans le cas de Mairet; cas limite assurément, mais qui vraisemblablement procède plus d'un dessein éditorial quelque peu perverti (éditer n'est pas réécrire) que du désir de surpasser un rival: Mairet n'est pas pour Voltaire un nouveau Crébillon.

On pourra conclure de ces quelques observations que ces deux volumes offrent aussi une sorte d'unité thématique et méritent de s'intituler *Voltaire éditeur*, puisque tout ce qui s'y rencontre est le fruit d'activités éditoriales, au reste fort diverses par leur nature, leur étendue et l'importance de leurs enjeux. La recherche voltairienne prenant désormais volontiers pour objet d'étude l'intensité et les formes qu'a prises cette activité éditoriale encore trop mal connue,[7] ces volumes viennent donc à leur heure qui en proposent un échantillon faisant bien valoir cette diversité dans les fins et les moyens. Des cinq textes ici présentés c'est sans doute le premier, chronologiquement, le *Discours de l'empereur Julien*, qui par son étoffe et la matière qu'il traite permet une étude approfondie des stratégies (voire des roueries) de Voltaire éditeur. Or il se trouve avoir déjà fait l'objet en 1994 d'une édition critique très complète,[8] mais trop volumineuse pour pouvoir être ici intégralement reproduite. Fallait-il y renvoyer le lecteur en nous bornant à lui en signaler l'existence? C'eût été renoncer à l'ambition légitime de lui procurer une vue 'panoramique' de l'activité éditoriale de Voltaire tout au long des années 1769-1770. Il a donc paru préférable d'assurer ici au *Discours* la place éminente

---

juste titre la hardiesse d'un tel programme: 'On notera que l'idée de Voltaire n'est pas de marquer les fautes seulement, mais de les corriger: ce qui revient à *tenir à jour* le style des grands écrivains par un rajeunissement perpétuel, tant qu'ils sont lus' (p.182, n.21).

[7] Voir dans le numéro 4 de la *Revue Voltaire* (2004) une rubrique intitulée 'Voltaire éditeur' qui comporte 13 articles sur le sujet.

[8] Voltaire, *Discours de l'empereur Julien contre les chrétiens*, édition critique avec une introduction et un commentaire par José-Michel Moureaux, *SVEC* 322 (1994), 414 p.

qui lui revient, quitte à abréger résolument certaines parties de l'introduction et à alléger le commentaire, puisque les lecteurs soucieux de mieux s'informer du détail auront la ressource de recourir à l'édition de 1994. Il était d'autre part nécessaire de mettre le lecteur en état de juger des autres textes édités par comparaison avec celui-ci: si l'éditeur du *Contre les Galiléens* a pris sa tâche fort à cœur (du moins tant qu'il s'est imaginé pouvoir trouver dans son auteur un premier crayon des modernes liquidateurs du christianisme, tant qu'il a cru possible de rajeunir et actualiser la figure de l'empereur du quatrième siècle en celle d'un militant des Lumières engagé dans la lutte contre l'Infâme), il est clair que l'auteur du *Siècle de Louis XIV* publiant les souvenirs de Mme de Caylus et de Dangeau, même s'il y a été poussé par sa nostalgie de ce grand règne, a édité avec toute l'acuité de l'esprit critique deux de ses sources qu'au reste il est bien éloigné de tenir en même estime, Dangeau payant par les mordants sarcasmes dont il est l'objet le prix de sa futile inutilité. Mais Voltaire éditeur a poussé beaucoup plus loin le paradoxe en allant jusqu'à éditer un texte dans le seul but de le dévaloriser: N. Cronk a pu montrer de l'édition voltairienne du *Cymbalum mundi* qu'elle avait bien pour fin dernière de détourner de l'ennuyeux ouvrage de Des Périers qui n'a rien de joyeux ni de facétieux même s'il se donne pour tel et dont la réputation très surfaite n'est due qu'à l'absurde censure l'ayant frappé dès sa publication. C'est finalement pour donner tout son éclat à cette absurdité que Voltaire a pris la peine d'éditer un livre qu'il regarde comme illisible...

On aurait sans doute mis moins de temps à le découvrir si l'on avait accordé aux appareils éditoriaux mis en place par Voltaire le respect et l'attention qu'ils méritaient comme tels, mais n'ont jamais obtenus avant 1994 pour le *Discours de l'empereur Julien* et la parution de ces tomes 71A et 71B pour les trois autres textes. Le parti désastreux qu'a pris Beuchot de fragmenter les œuvres éditées pour n'en donner parcimonieusement que les passages annotés par Voltaire dans le seul but de rendre ces annotations intelligibles, a occulté pour des décennies et plusieurs générations de lecteurs l'ampleur et la variété chez Voltaire de son activité spécifiquement éditoriale. Un éditeur n'est pas seulement celui qui préface et annote: c'est d'abord celui qui a choisi d'éditer tel texte (pour tels motifs qu'il est souhaitable de démêler), puis le plus souvent telle édition de ce texte de préférence à une ou plusieurs autres, qui sur cette version préférée peut avoir laissé sa marque discrète mais significative par des modifications de toutes sortes (omissions, ajouts, transformations), dont par conséquent la note infrapaginale ne représente pas l'unique moyen d'expression. Il n'est pas jusqu'à ses silences qui ne puissent prendre sens. C'est donc son rapport d'éditeur à la totalité de l'œuvre éditée qu'il importe de faire saisir, ce qui suppose évidemment une reproduction intégrale du texte édité. On ne peut que se féliciter de voir ces deux volumes des *Œuvres complètes* satisfaire pour la première fois à cette exigence essentielle...

J.-M. Moureaux

Le 'Cymbalum mundi' en français, contenant quatre Dialogues, enrichi de Notes intéressantes

Critical edition

by

Nicholas Cronk

CONTENTS

INTRODUCTION

Le Cymbalum mundi, en français, contenant quatre dialogues, enrichi de notes intéressantes, an edition of Bonaventure Des Périers's work of 1537 with footnotes by Voltaire, was first published in 1770. It appeared in the third volume of *Les Choses utiles et agréables*, where it is positioned after *Sophonisbe, tragédie de Mairet réparée à neuf, corrigée et augmentée*, and before the *Exposé succinct de la contestation qui s'est élevée entre M. Hume et J.-J. Rousseau, avec les pièces justificatives*. The work was not reprinted in Voltaire's lifetime, nor does it figure in the Kehl edition. It owes its resurrection to Adrien Beuchot, who reprinted Voltaire's notes (but not the major part of Des Périers's text) for the first time in 1832. At that date, he explains, the work was all but unknown: 'Le troisième volume des *Choses utiles et agréables*, qui est beaucoup plus rare que les deux autres, porte la date de 1770. C'est donc à cette année que je devais placer les *Notes sur le Cymbalum mundi*, qui n'ont encore paru dans aucune édition des Œuvres de Voltaire, et qu'on pourrait presque donner pour inédites, tant elles sont peu connues.'[1] Beuchot's abridgement of the original text was adopted in the same year in the Dalibon-Delangle edition, and then subsequently in the Moland edition.[2] The version of the text common to all these nineteenth-century editions reproduces Voltaire's notes together with just the passage of Des Périers that Voltaire is annotating. This renders the significance of Voltaire's notes hard to grasp, not least because in trying to understand his strategy in republishing this text, we need also to have before us the passages which Voltaire has chosen not to

[1] *Œuvres de Voltaire*, ed. Beuchot, 72 vols, Paris 1829-1834 (BnC 284), vol.46 (1832), p.466-69 (p.466, n.1).
[2] *Œuvres complètes de Voltaire*, 95 vols, Paris, Dalibon, 1824-1832 (BnC 250), vol.64 (1832), p.88-92; and M.xxviii.361-63.

annotate. We reproduce here, therefore, for the first time since the *editio princeps*, the full text, as Voltaire caused it to appear in 1770.

1. *Bonaventure Des Périers and the 'Cymbalum mundi' in the eighteenth century*

Before we can address the question of why Voltaire chose to re-publish this text, we need to examine its status and significance before 1770. The *Cymbalum mundi* enjoyed from the first an ill-defined reputation for scandal. The first edition appeared in 1537, with the title *Cymbalum mundi, en français, contenant quatre dialogues poétiques, fort antiques, joyeux, et facétieux*, and a second edition appeared the following year; the attribution of the text to Bonaventure Des Périers is now generally accepted. [3] The work was censored, and examples of both editions quickly vanished; we know today of only a single example of the 1537 edition (in the Bibliothèque municipale de Versailles), and of only two copies of the 1538 edition (in the BnF, and the musée Condé at Chantilly). [4] No further edition was published in the course of the sixteenth century, and none in the seventeenth century. The work's scarcity seems only to have enhanced its reputation. Jean Calvin, in *Des scandales* (1550), writes of Rabelais and Des Périers that, 'après avoir goûté l'Evangile, [ils] ont été frappé d'un même aveuglement'. [5] Henri Estienne similarly links the names of Rabelais and Des Périers in his *Apologie pour Hérodote* (1566): 'Qui est donc celui qui ne sait que notre siècle a fait revivre un Lucien en un François Rabelais, en matière d'écrits brocardant

[3] On this question, see Trevor Peach, 'The *Cymbalum mundi*: an author in anagram', *French Studies Bulletin* 82 (Spring 2002), p.2-4.

[4] On the censorship of the work, see the critical edition by P. H. Nurse (Geneva 1983), 'Preface', p.4-9.

[5] Jean Calvin, *Des scandales*, ed. O. Fatio (Geneva 1984), p.140. Nicolas Lenglet-Dufresnoy quotes this passage, in Latin, in a footnote to his discussion of Des Périers, in *De l'usage des romans* (2 vols, Amsterdam, veuve de Poilras, 1734, i.137-38).

toute sorte de religion? Qui ne sait quel contempteur et moqueur de Dieu a été Bonaventure des Periers, et quels témoignages il en a rendu par ses livres?'[6]

By the beginning of the eighteenth century, the work survived in no more than a handful of sixteenth-century printed editions, as well as, it would seem, a small number of clandestine manuscripts.[7] Yet its clandestine notoriety remained considerable, as is shown by Bayle's article on Bonaventure Des Périers which first appeared in the second (1702) edition of the *Dictionnaire*. Bayle claims not even to have read the *Cymbalum mundi*, though this does not prevent him from writing at length on its sulphurous reputation. The body of the article is brief: 'Je n'ai jamais vu son *Cymbalum mundi* qui (B)

---

[6] Henri Estienne, *Apologie pour Hérodote*, 2 vols, ed. P. Ristelhuber (Paris 1879), i.189-90. The Protestant Jacob Le Duchat, who made a particular study of French sixteenth-century authors, published an annotated edition of the *Apologie* in 1735 (3 vols, La Haye, H. Scheurleer), the first edition of the text since 1607.

[7] 'Prosper Marchand a édité en 1711 le *Cymbalum mundi* de Des Périers', writes Miguel Benítez, 'qui circulait dans des copies manuscrites tirées des éditions faites en 1537 et 1538, et dont les exemplaires étaient introuvables [...]. Le cercle de ses amis huguenots réfugiés en Hollande se mêle aussi de l'édition des traités clandestins' (*La Face cachée des Lumières: recherches sur les manuscrits philosophiques clandestins de l'Age classique*, Oxford 1996, p.2). M. Benítez has recorded the existence of five manuscripts, one of which, in Leiden, is in the papers of Prosper Marchand (*La Face cachée des Lumières*, p.28, n° 34); further research concerning their dating is now needed to confirm that all of these manuscripts predate Marchand's 1711 printed edition. Curiously, and confusingly, another clandestine manuscript, the *Symbolum sapientiae*, was sometimes referred to as the *Cymbalum mundi* (even though its subject matter is entirely different), and this would seem to suggest that the title had acquired an illicit flavour (*La Face cachée des Lumières*, p.49, n° 173; see also Winfried Schröder, '"Les Esséniens plagiés": un manuscrit clandestin sur l'origine du christianisme', in *La Philosophie clandestine à l'Age classique*, ed. A. McKenna and A. Mothu, Oxford 1997, p.375-84). It is also the case that there are references to the *Cymbalum mundi* in connection with other clandestine works (see Alain Mothu, '*La Beatitude des chrestiens* et son double clandestin', in *La Philosophie clandestine à l'Age classique*, p.79-128, at p.88, 107, 116). All of this gives force to Max Gauna's suggestion that we should read the *Cymbalum mundi* in the context of the clandestine tradition ('Pour une nouvelle interprétation du *Cymbalum mundi*', *La Lettre clandestine* 6 (1997), p.157-72; this text is reprinted, with small revisions, as the introduction to his critical edition).

est, dit-on, un ouvrage très impie.' Everything, of course, hinges on the 'dit-on', and this ingenuous sentence is the trigger for note (B), considerably longer than the article which is its pretext, in which Bayle meticulously catalogues and references every accusation of impiety ever made against the work. The ironic strategy is of course well known: in pretending to defend Des Périers, Bayle finds occasion to rehearse the detail of every conceivable accusation of heresy to which the work may have given rise. He concludes by driving home the illogicality and incoherence of these accusations: 'Rabelais doit être considéré comme un copiste de Lucien, et je pense qu'il faut dire la même chose de Bonaventure Des Periers, car je trouve que les Protestants ne sont pas moins en colère contre le *Cymbalum mundi*, que les Catholiques.'[8]

Bayle's article on Des Périers, like others in the *Dictionnaire*, manages to be at once both comprehensive and tendentious. It records, and so perpetuates, the *Cymbalum mundi*'s unorthodox reputation, while at the same time bringing together just about all the information then available concerning the work, and it thereby paves the way for the printed edition which appeared in Amsterdam in 1711, the first printing of the text since 1538.

The revival of scholarly interest in the *Cymbalum mundi* at this time was due essentially to the work of two men. The first of these, Prosper Marchand (1678-1756), was a Protestant who began as a publisher and bookseller in Paris, and from 1711 established his business in Amsterdam.[9] Among other works, he published

[8] Bayle, *Dictionnaire historique et critique*, 2nd ed., 'revue, corrigée et augmentée', 3 vols, Rotterdam, R. Leers, 1702, art. 'Periers (Bonaventure des)', iii.2380-81. Following the publication of the first edition of the *Dictionnaire* in 1697, La Monnoye sent Bayle detailed comments on the articles and even promised further articles (*Lettres de M. Bayle*, 3 vols, Amsterdam, Aux dépens de la Compagnie, 1729, ii.694-97, 719); given his particular interest in sixteenth-century French authors, we might conjecture that it was La Monnoye who suggested, and perhaps provided material for, the article on Bonaventure Des Périers, first published in the second edition.

[9] See Christiane Berkvens-Stevelinck, *Prosper Marchand: la vie et l'œuvre* (Cologne 1987).

Bayle's *Dictionnaire* and a three-volume edition of Bayle's correspondence, and was himself the author of many books including a
sequel to Bayle's *Dictionnaire* and an *Histoire de l'origine et des
premiers progrès de l'imprimerie*. He also published editions of
Brantôme (1740) and of Villon (1742), but his earliest editing
project concerned the *Cymbalum mundi*. His edition was ready for
press before 1709, but appeared only in 1711; it was embellished
with five plates drawn by Marchand's friend, Bernard Picart, made
up of a frontispiece and of one plate facing the opening of each of
the four dialogues; and in addition, the re-creation of the 1538 title
page betrays a concern to give eighteenth-century readers a sense
of the original work. Marchand explains that he has based his
edition on the copy in the Bibliothèque du roi (that is, the 1538
edition), and the text is prefaced by an 'Avertissement' and a
substantial 'Lettre'. Marchand's 'Lettre', dated October 1706, is
divided into three parts and, written in the wake of Bayle's 1702
article, represents the first ever scholarly study of the text.
Marchand gives an account of earlier judgements of the work;
he then provides a summary of the text, designed to assist the
reader; and in the third and final part, he replies to the accusations
of heresy pronounced against Des Périers. [10] In particular, he
questions the parallel, suggested earlier by Bayle, between Des
Périers and Rabelais: 'Il s'en faut beaucoup que le *Cymbalum
Mundi* ne ressente le libertinage, comme le ressentent les *Œuvres
de Rabelais*.' [11] And he concludes: 'Voilà, en abrégé, tout ce que
contient le *Cymbalum Mundi*; et j'avoue que je n'y découvre
nullement cette *impiété* et *cet athéisme*, pour lesquels *il mériterait
d'être jeté au feu avec son auteur*.' [12] This last remark leaves us

[10] See also Paul J. Smith, 'Prosper Marchand et sa "Lettre critique sur le livre
intitulé *Cymbalum mundi*"', in *Le Cymbalum mundi: actes du colloque de Rome*, ed.
F. Giacone (Geneva 2003), p.115-27.

[11] *Cymbalum mundi, ou dialogues satiriques sur différents sujets, par Bonaventure
Des Périers, avec une lettre critique dans laquelle on fait l'histoire, l'analyse et l'apologie
de cet ouvrage, par Prosper Marchand* (Amsterdam, P. Marchand, 1711), p.52.

[12] *Cymbalum mundi* (1711), p.19.

7

pondering to what extent the Protestant Marchand shares anything of Bayle's sense of irony; but whatever his precise intentions, Marchand at least provided his contemporaries with an edition making available a work which until then had enjoyed only a clandestine existence. Unpublished notes in the extensive collection of Marchand's manuscripts and papers conserved in the library of the University of Leiden show that he continued to work on the text of the *Cymbalum mundi* and above all on his 'Lettre', though his hope of publishing a revision of his edition was never realised.

Prosper Marchand's edition of 1711 was reviewed favourably by Jean Le Clerc in his *Bibliothèque choisie*: he praises Marchand for having studied the work carefully and for showing that the commentators who had repeatedly condemned the work as 'impie' and its author as an 'athée' had apparently not read it, certainly not carefully. Le Clerc, persuaded by Marchand's arguments, reads the work quite differently:

Ces dialogues, qui sont fort courts, et qui ne sont pas indignes d'être lus de ceux, qui se plaisent au jargon burlesque du temps de Marot, dont l'auteur imite fort la naïveté, autant que cela peut se faire, dans un style de cabaret. J'avoue que je n'ai pu voir, dans ces dialogues, le mal qu'on leur attribue, et je m'imagine que le libertinage de l'auteur pourrait bien avoir diffamé son livre. [13]

The second scholar to take a close interest in the *Cymbalum mundi* was Bernard de La Monnoye (1641-1728), who gave up his career as a lawyer in the *parlement* of Dijon to devote himself to literature, especially poetry, and erudition; elected to the Académie française in 1713, he had a particular scholarly interest in French authors of the Middle Ages and the Renaissance, including Des Périers, Rabelais and Montaigne. [14] He worked on Des Périers's

[13] Jean Le Clerc, *Bibliothèque choisie*, vol.23, 2nd pt (Amsterdam 1711), article V, p.453-61 (p.457).
[14] See Rigoley de Juvigny, 'Mémoires historiques sur la vie et les écrits de feu M. de La Monnoye', in *Œuvres choisies de M. de La Monnoye*, 3 vols (Dijon 1769-1770), i.1-87; and John Fox, 'An eighteenth-century student of medieval literature: Bernard de La Monnoye', in *Studies in eighteenth-century French literature presented to*

collection of tales, the *Nouvelles récréations et joyeux devis*, producing an important edition of them in 1711.[15] This edition, appearing in the same year as Marchand's edition of the *Cymbalum mundi*, included, by way of an appendix, some 'Observations' which help explain the lexicographical problems posed by the four dialogues.[16] We are witnessing here the beginnings of a truly 'philological' approach to the study of a sixteenth-century text: Marchand, for example, had inserted a title and a résumé at the head of each of the four dialogues so as to ease the reader's passage through the text, and La Monnoye scrupulously informs the reader that these titles and résumés are not by Des Périers.[17]

This continuing research into the *Cymbalum mundi* bore fruit in a fresh edition containing, in addition to the work of La Monnoye, contributions from Antoine Lancelot (1675-1740) and Camille Falconet (1671-1762), both members of the Académie des Inscriptions et Belles-Lettres; published in 1732, this edition was described on the title page as a 'nouvelle édition, revue, corrigée et augmentée de notes et remarques, communiquées par plusieurs savants'.[18] Prosper Marchand's 'Lettre' from the 1711 edition is

---

Robert Niklaus, ed. J. H. Fox, M. H. Waddicor and D. A. Watts (Exeter 1975), p.67-71. In the 'Catalogue des écrivains' of *Le Siècle de Louis XIV*, Voltaire describes La Monnoye as an 'excellent littérateur', but speaks of him only as a poet (*Œuvres historiques*, ed. R. Pomeau, Paris 1957, p.1173).

[15] The first edition of the *Nouvelles récréations et joyeux devis*, published in 1558 (and remembered not least for being printed in *civilité* type), had been followed by some twenty others up to 1625; between then and the important editions of the 1840s (resulting from the advocacy of Nodier), there were just two editions, La Monnoye's of 1711, and another of 1735 which is heavily indebted to it (see Bonaventure Des Périers, *Nouvelles récréations et joyeux devis*, ed. Krystyna Kasprzyk, Paris 1997, p.xlviii-xlix).

[16] 'Observations sur le *Cymbalum mundi* de Bonaventure des Periers', *Contes et nouvelles, et joyeux devis, de Bonaventure des Periers*, 2 vols (Cologne, Jean Gaillard, 1711), ii.275-301. The three-volume 1735 edition of the *Contes* (Amsterdam, Z. Chatelain) no longer includes these 'Observations'.

[17] *Contes et nouvelles* (1711), ii.275.

[18] *Cymbalum mundi, ou dialogues satiriques sur différents sujets; par Bonaventure Des Périers. Avec une Lettre critique dans laquelle on fait l'histoire, l'analyse et*

retained, as are the five plates by Picart, and such flaws as persist in this edition are in part attributable to that fact that La Monnoye did not live to see it into print. Even so, this new edition marks a significant advance over its predecessor in several repects: (1) The text has been corrected against a copy of the first (1537) edition. (2) The numerous notes at the end of the volume dealing with points of vocabulary are designed to help the contemporary reader the better to understand the text. Notes by other scholars supplement those of La Monnoye (which had already been published separately in 1711), with the stated aim of explaining 'les vieux mots et les tours de l'ancien langage'.[19] (3) A new 'Avertissement' preceding Marchand's 'Lettre', and in effect designed as a complement and a corrective to it, explains the circumstances in which Des Périers's book was published and then censored. Prosper Marchand had previously suggested that we could not be certain whether the work had been composed in Latin or in French (the title page implies that we are dealing with a translation); the 'Avertissement' adopts a clear position, maintaining that the text was certainly composed in French, and that the suggestion that it was a translation was 'une finesse d'auteur, qui veut ou donner un prétendu relief à son ouvrage, ou détourner l'idée de ceux qui pourraient le soupçonner de l'avoir composé'.[20] On the question of the text's 'meaning', the 'Avertissement' remains prudent: 'On ne discutera point ici quel a été le dessein de Bonaventure Des Périers dans son *Cymbalum*. Les conjectures sur ce point ne peuvent être que très incertaines.'[21] Even so, this edition goes further than its predecessor, for example in seeking to explain the anagrams in the second dialogue ('Rhetulus' for

---

l'apologie de cet ouvrage, par Prosper Marchand, libraire. Nouvelle édition, revue, corrigée et augmentée de notes et remarques, communiquées par plusieurs savants (Amsterdam, P. Marchand, 1732).

[19] *Cymbalum mundi* (1732), p.173.

[20] *Cymbalum mundi* (1732), p.viii.

[21] *Cymbalum mundi* (1732), p.vii.

Luther, and so forth);[22] and La Monnoye does hazard a conjecture as to the identity of the deceiving god:

Si j'osais débiter ici mes soupçons, je dirais que Mercure joue dans ces dialogues un rôle bien odieux pour le Christianisme. Je dirais, par exemple, qu'on prétend ici ridiculiser celui qui nous apporta, descendant des Cieux, la vérité éternelle; vérité qui par les divisions qu'elle a causées, a (s'il est permis de le dire) bouleversé tout l'Univers [...]. Si ces soupçons avaient lieu, adieu la sainteté du *Cymbalum* et du pieux dessein de ruiner le paganisme.[23]

This is a good deal more daring than any remark made by Prosper Marchand in the earlier edition, and had Voltaire taken the trouble to study carefully this edition, this comment ought to have attracted his attention. This new edition, if it remains discreet about the work's subversive potential, says enough at least to hint at such a reading, while at the same time making further progress in giving the reader a reliable and informed text.

These two editions encouraged in their turn further scholarly work on the text. In 1754, for example, Jean-Bernard Michault, 'avocat au Parlement de Dijon', published some notes on the *Cymbalum mundi*, which he described as an 'ouvrage de plaisanterie, et selon quelques-uns, mêlé d'impiétés'.[24] He notably identified the character Drarig in the second dialogue as Erasmus (Drarig being an anagram of Girard, Erasmus's family name), an identification which has generally been accepted by modern scholars.[25] The 1711 edition was republished in 1740, and the 1732 edition was republished twice, in 1753 and 1755, making a total

[22] *Cymbalum mundi* (1732), p.203; compare p.190-92.

[23] *Cymbalum mundi* (1732), p.192-93. The identification of Mercure as Christ has been argued by C. A. Mayer, 'The Lucianism of Des Périers', *Bibliothèque d'Humanisme et Renaissance* 12 (1950), p.190-207; and *Lucien de Samosate et la Renaissance française* (Geneva 1984), p.165-90.

[24] Michault, 'Notes critiques sur le livre intitulé *Cymbalum mundi*', in *Mélanges historiques et philologiques*, 2 vols (Paris 1754), p.145-49; the work was reissued in 1770.

[25] See Des Périers, *Cymbalum mundi*, ed. Nurse, p.46.

of five editions in the eighteenth century, prior to the appearance in 1770 of the edition fabricated by Voltaire. [26] The number of editions seems to suggest that Des Périers's satire must have found a certain readership, and even that it became 'collectable': the 1732 edition is found in the library of Mme de Pompadour. [27] But what did Voltaire's contemporaries make of the work? When Françoise de Graffigny chances upon a copy of the *Cymbalum mundi* in 1738, she can make little sense of it, though interestingly she instantly identifies the generic link with Lucian. [28] Lenglet-Dufresnoy seems to have understood the work better when he comments on the disquieting impact of the satire's mocking tone ('l'on croyait remarquer dans une raillerie équivoque qu'il faisait contre les faux dieux, les principes dangereux que ses railleries verbales ne faisaient que trop sentir'), but he still follows Prosper Marchand in maintaining that the accusation of atheism made against Des Périers is groundless. [29] A similarly perplexed attitude to the *Cymbalum mundi* is expressed a few years later by the abbé Goujet, who, in his *Bibliothèque française*, admits frankly to having been bored by a book which he had not understood: 'Aujourd'hui, dit M. le Duchat, ce petit livre est si peu intelligible, qu'on ne peut sans témérité en faire un procès à l'auteur. Pour moi, j'avoue que c'est la seule idée que m'en est demeurée après l'avoir lu. Il m'a ennuyé, et je n'y ai presque rien compris.' [30] The *Cymbalum mundi*

[26] For a complete list of editions, see Des Périers, *Cymbalum mundi: adaptation en français moderne, préface, notes et dictionnaire*, ed. Laurent Calvié (Toulouse 2002), p.39-42.

[27] *Catalogue des livres de la bibliothèque de feue Madame la marquise de Pompadour* (Paris, Hérissant, 1765), p.257, n° 2307.

[28] 'Une autre brochure étoit *Discours satirique*. Il y avoit un air de mistere dans la preface qui avoit excité ma curiosité. Elle n'en a pas été mieux satisfaite que de l'autre. C'est dans le gout de Lucien. C'est Mercure qui se laisse voler le livre des destinée [sic] que Jupiter envoye relier' (*Correspondance de Mme de Graffigny*, vol.i, Oxford 1985, p.97).

[29] Nicolas Lenglet-Dufresnoy, *De l'usage des romans, où l'on fait voir leur utilité et leurs différens caractères*, 2 vols (Amsterdam, Veuve de Poilras, 1734), i.137-38.

[30] Claude-Pierre Goujet, *Bibliothèque française, ou Histoire de la littérature française*, 18 vols (Paris 1740-1756), xii (1748).92-93.

is known in the eighteenth century, but not, it would seem, well known, and certainly not well understood.

The most balanced view of the work is perhaps to be found in Louis Moréri's *Grand Dictionnaire historique* (1740). 'Le second dialogue, qui est contre ceux qui cherchent la pierre philosophale, est le meilleur des quatre', he writes. 'Les trois autres ne méritent presqu'aucune attention.' He cites all those, from Henri Estienne onwards, who had found the work objectionable, and then gives the opposing view, which is also his own:

Le seul Du Verdier Vauprivas parmi les anciens, en a parlé d'une autre manière; et dans sa *Bibliothèque française*, p.1177, il en parle ainsi: 'Je n'ai trouvé autre chose dans le *Cymbalum mundi*, qui mérite d'avoir été plus censuré que les *Métamorphoses* d'Ovide, les dialogues de Lucien, et les livres de folâtre argument et des fictions fabuleuses'. En effet ceux qui ont voulu faire passer ce livre pour l'ouvrage le plus impie et le plus dangereux qu'on ait jamais fait, ne l'avaient pas lu sans doute. Car à quelques obscénités près, cet ouvrage péche bien plus contre le bon sens que contre la religion, et il est bien moins recommandable par lui-même, que par la réputation qu'on lui a donné en le censurant.[31]

Voltaire would not have disagreed.

2. *Voltaire and the 'Cymbalum mundi' before 1770*

Voltaire himself does not seem to have been especially familiar with the *Cymbalum mundi*, and it is revealing that there is not a single allusion to the work in his correspondence. A copy of the second volume of the 1711 edition of Des Périers's *Contes et nouvelles* is recorded in his library, but no copy of the *Cymbalum mundi*.[32] In so far as he does refer to the work, however, his views are not very different from those of the abbé Goujet, already cited. Voltaire quotes the *Cymbalum mundi* for the first time in his

[31] Louis Moréri, *Le Grand Dictionnaire historique*, new ed. (Paris 1759), art. 'Périers (Bonaventure des)', viii.197.
[32] See BV1018; and *CN*, iii.132.

writings in a fragment, 'Sur les contradictions de ce monde', published in 1742: 'Le petit livre de *Cymbalum mundi*, qui n'est qu'une imitation froide de Lucien, et qui n'a pas le plus léger, le plus éloigné rapport au christianisme, a été aussi condamné aux flammes. Mais Rabelais a été imprimé avec privilège, et on a très tranquillement laissé un libre cours à l'*Espion turc*, et même aux *Lettres persanes* [...].'[33] Voltaire returns to this example in 1767 in his *Lettres à S.A. Mgr Le Prince de *** sur Rabelais*, in which he devotes a short article to Des Périers: 'Un des premiers exemples en France de la persécution fondée sur des terreurs paniques fut le vacarme étrange qui dura si longtemps au sujet du *Cymbalum mundi*.'[34] He is evidently far more interested in the historical fact of the book's censorship than in the book itself, which he dismissively describes as 'quatre dialogues très insipides', and he concludes: 'Il n'y a pas assurément, dans tout ce fatras de plat écolier, un seul mot qui ait le moindre et le plus éloigné rapport aux choses que nous devons révérer.'[35] The book's scarcity only increased its scandalous reputation, he explains, until, that is, the text was finally published in 1711: 'Alors le voile fut tiré: on ne cria plus à l'impiété, à l'athéisme; on cria à l'ennui, et on n'en parla plus.'[36]

This article on Des Périers is reused three years later in the second volume of the *Questions sur l'Encyclopédie* (1770), where it now appears as the fourth section of the article 'Athéisme'. Such redeployment of earlier texts is of course a common feature of Voltaire's later writings in general, and of the *Questions* in particular, and the extent to which a Voltairean text changes meaning in the process of being transplanted remains an open

---

[33] M.xviii.253. This text was republished in 1756. It is interesting that Voltaire underestimates the potency of the model of Lucian in a sixteenth-century context; see Olivier Millet, 'Le *Cymbalum mundi* et la tradition lucianique', in *Le Cymbalum mundi: actes du colloque de Rome*, p.317-32. On Voltaire and Lucian, see also Nicholas Cronk, 'Voltaire, Lucian, and the philosophical traveller', in *L'Invitation au voyage: studies in honour of Peter France*, ed. J. Renwick (Oxford 2000), p.75-84.

[34] M.xxvi.495.

[35] M.xxvi.495.

[36] M.xxvi.496.

question. [37] In the present case, the title of the 1767 fragment, 'De Bonaventure Des-Périers', becomes, in 1770, 'De Bonaventure Des-Périers, accusé d'athéisme'; and although the text is reproduced identically, Voltaire inserts a new paragraph at the head of the article (a technique common to other transplanted fragments in the *Questions*). This introduction, newly added in 1770, gives a different strategic emphasis to the article:

L'inquiétude, la vivacité, la loquacité, la pétulance française supposa toujours plus de crimes qu'elle n'en commit [...]. Force moines, ou gens pires que moines, craignant la diminution de leur crédit, ont été des sentinelles, criant toujours qui vive, l'ennemi est aux portes, grâces soient rendues à Dieu de ce que nous avons bien moins de gens niant Dieu qu'on ne l'a dit. [38]

The earlier argument about the futility of censorship remains; but the case of Des Périers is now accorded exemplary force, as Voltaire insists that the powers of superstition have a vested interest in finding atheists everywhere. The publication in 1770 of *Le Cymbalum mundi, en français, contenant quatre dialogues, enrichi de notes intéressantes* is exactly contemporary with the article 'Athéisme' in the *Questions sur l'Encyclopédie*; but to what extent are these two texts complementary? To answer this question, we need to look more closely at Voltaire's so-called edition.

3. *Voltaire's 'notes intéressantes':* the 1770 edition of 'Le Cymbalum mundi'

The version of the *Cymbalum mundi* which Voltaire reproduces in 1770 opens with the 'Avertissement' which had first appeared in the 1732 edition, and it is this, therefore, rather than the earlier 1711

---

[37] See Christiane Mervaud, 'Réemploi et réécriture dans les *Questions sur l'Encyclopédie*: l'exemple de l'article "Propriété"', *SVEC* 2003:01, p.3-26.

[38] *Questions sur l'Encyclopédie, par des amateurs*, 9 vols (1770-1772), ii.306. (This paragraph is apparently omitted from the Moland edition.)

edition, which provides Voltaire with his base text. There are however a number of sizeable, strategic cuts in the 1770 edition which disfigure La Monnoye's 1732 edition very considerably, omissions for which Voltaire is presumably responsible. These may be summarised as follows:

(1) The title. The 1732 edition has on its title page: *Cymbalum mundi, ou dialogues satiriques sur différents sujets*; and at the start of the text itself, it reproduces the title page of the original edition, in which the dialogues are described as 'poétiques, fort antiques, joyeux, et facétieux'. Voltaire omits in its entirety the sixteenth-century title, with its overtly carnivalesque overtones (as he himself points out, in note *2*), and he even cuts out from the modern title the adjective 'satirique'. His own title is concise and uninformative: *Le Cymbalum mundi, en français, contenant IV dialogues enrichi de Notes intéressantes.*

(2) Prosper Marchand's 'Lettre'. This pioneering scholarly treatment of the text is omitted in its entirety.

(3) The 'Avertissement'. Voltaire retains most of the 1732 preface, but makes a couple of strategic omissions. He omits the remarks on the uncertainty of all conjectures concerning the meaning of Des Périers's text, and he also eliminates the suggestion that it was 'une finesse d'auteur' to present the work as a translation from the Latin. Then, at the end of the 'Avertissement', Voltaire cuts out all the bibliographical information about early editions of the text. All that is left after so many excisions is a long discussion, with extensive documentation in support, of the circumstances in which the *Cymbalum mundi* came to be censored. Voltaire is evidently keen to play down any notion of the 'seriousness' of the text or of its claim to scholarly or literary importance (just as in rearranging the title he deprives it of its ludic qualities): his overriding aim is to demonstrate the irrelevance and inconsequentiality of this act of censorship.

(4) The original title page. Reproduced in the 1732 edition, it serves to divide the various paratexts from the text itself. By omitting this page, Voltaire makes the text of the (1732) 'Avertisse-

ment' run straight into the (1537) 'Lettre de Thomas du Clevier, à son ami Pierre Tryocans', thereby creating possible confusion for the reader. Such details lead one to suspect that the abridgement of the 1732 edition was carried out in a hurried and somewhat careless manner. (Another such detail is the fact that the 'Avertissement' retains a reference to Marchand's 'Lettre' even though the 'Lettre' itself has been omitted: a more careful editor would have cleared up such inconsistencies. More generally there are a number of misprints as well as omitted words from Des Périers's text, which was evidently not proof-read with care.)

(5) The plates. Bernard Picart's frontispiece and four plates appeared first in the 1711 edition, and were reproduced in every subsequent eighteenth-century edition before 1770; in addition to enhancing the beauty and value of the book, these illustrations make an important contribution by helping to clarify the action of the dialogues for the reader. Voltaire breaks with tradition by not including the illustrations in his edition, perhaps for reasons of economy, perhaps too because he had no interest in enhancing either the value or the accessibility of the text.

Against all these cuts made to the 1732 edition, Voltaire adds a modest amount of new text, announced prominently on the title page as 'Notes intéressantes'. This particular appellation of course recalls other title pages, such as the edition of *La Tactique*, 'augmentée d'une note très intéressante', or the collection *Epîtres, satires, contes, odes et pièces fugitives du poète philosophe* [...] *enrichies de notes curieuses et intéressantes* (1771).[39] Voltaire's notes to the *Cymbalum mundi*, all but one of them quite brief, are placed as footnotes at the bottom of the page, so that it is possible to move within the same page between Des Périers's text and Voltaire's (see Fig.1). There is one note at the end of the 'Avertissement', one longer note at the end of the 'Lettre de Thomas du Clevier', then four notes to the first dialogue, six to the second, three to the third,

---

[39] See *Les Notes de Voltaire: une écriture polyphonique*, ed. Nicholas Cronk and Christiane Mervaud, *SVEC* 2003:03, p.14-16.

fi - toſt. Pour ce , voyons cependant que c'eſt qu'il a icy , & le desrobons auſſi , ſi nous pouvons.

BYRPHANES.

Deſpeſchons - nous donc, qu'il ne nous ſurprenne ſur le fait.

CURTALIUS.

Voicy ung Livre.

BYRPHANES.

Quel Livre eſt - ce ?

CURTALIUS, *lit.*

Quæ in hoc Libro continentur :
Chronica rerum memorabilium quas
JUPITER geſſit antequam eſſet ipſe.
Fatorum preſcriptum : ſive , eorum quæ
Futura ſunt , certæ diſpoſitiones,
Catalogus Heroum Immortalium , qui
Cum JOVE vitam victuri ſunt ſempiternam.

Vertubieu ! voicy ung beau Livre, mon Compaignon ! Je croys qu'il ne s'en vend point de tel dedans *Athènes.* Sçays - tu que nous ferons ? Nous en avons ung de - là , qui eſt bien de ce volume , & auſſi grand ; va le quérir , le mettons en ſon ſac en lieu de ceſtui cy , & le refermons comme il eſtoit , il ne s'en doutera jà.

BYRPHANES.

Par le corbieu ! nous ſommes riches. Nous trouverons tel Libraire qui nous baillera dix mil eſcus de la Copie. C'eſt le Livre de JUPITER ; (*) lequel MERCURE vient faire relier

(*) On a penſé que le livre de Jupiter était les Décrétales , & que celui qui ne vaut guère mieux eſt un livre de Calvin.

1. *Le Cymbalum mundi* (1770), p.188, showing the size and placement of one of Voltaire's notes at the foot of the page.

and two to the fourth, making a total of seventeen notes in all. The importance of these footnotes, Voltaire's unique positive contribution to the 'edition', is signalled by the fact that they are printed in a type size nearly as large as that of the text above.[40] We know from the evidence of his library, now in St Petersburg, that Voltaire was an impenitent and frenetic annotator of books, and that it was his habit to read, pen in hand;[41] and we know too his particular fondness for writing notes as an integral part of his own printed works.[42] These two different forms of activity combine here to produce a rather singular hybrid in Voltaire's annotated version of the *Cymbalum mundi*. Most of the notes printed at the foot of the page are slight; and often they are written in a tone which Voltaire reserved elsewhere for handwritten notes in the margins of his books.

The two notes on the preliminary matter reveal a characteristically Voltairean tone of voice, and also a clear strategy of annotation. The long account of censorship which takes up most of the 'Avertissement' (in its presently abridged form) calls forth no comment from Voltaire at the foot of the page: perhaps he thereby means to imply that the absurdity of the censorship speaks for itself. Voltaire simply intervenes at the very end with an ironic comment on Mersenne (note *i*), a remark which, it turns out, is unfounded. The second note, which is also the longest, is placed at the end of the prefatory 'Lettre de Thomas du Clevier' and immediately before the beginning of the first dialogue; it reveals all too clearly Voltaire's own opinion of the *Cymbalum mundi*, which he describes as a cold imitation of Rabelais (a hasty

---

[40] On the importance of type size in the presentation of footnotes, see Nicholas Cronk, 'Comment lire le *Traité sur la tolérance*? la présentation typographique de l'édition Cramer', in *Etudes sur le 'Traité sur la tolérance' de Voltaire*, ed. N. Cronk (Oxford 2000), p.120-35.

[41] See the collection of articles on Voltaire's *marginalia* in *Revue Voltaire* 3 (2003).

[42] See Nicholas Cronk and Christiane Mervaud, 'Stratégies de la note dans l'œuvre voltairienne', in *Les Notes de Voltaire*, p.3-36.

assessment, given that Lucian is the more pertinent generic model). 'Cet ouvrage n'a eu de la réputation que parce qu'il a été condamné [...]', he writes. 'Lira qui pourra le *Cymbalum mundi*, autrefois si célèbre chez un peuple grossier, et commenté dans ce siècle-ci par des sots' (note *2*). When we come to the dialogues themselves, Voltaire is more laconic. The 1732 La Monnoye edition which gave Voltaire his base text was itself extensively annotated, as we have seen, and so provided Voltaire with a model, or rather an anti-model, for his own annotations. The major part of the notes in the La Monnoye edition are of a philological character, aimed at helping the eighteenth-century reader understand the language of two centuries earlier; thus the word *pippée* in the first dialogue is glossed as 'Tour, tromperie. Le mot de *piper* pour tromper est très usité dans l'ancien langage. Marot dit *pipe* pour tromperie.'[43] Voltaire discounts such annotation entirely, and in what appears to be a deliberate attempt to make the text as inaccessible and as linguistically obscure as possible, he includes no explanation whatsoever of words which had become archaic. A smaller number of notes in the 1732 edition deal with matters of interpretation, and here too Voltaire is for the most part unin-terested, even when they have evident anticlerical potential, as in this note in the 1732 edition on a passage in the second dialogue: 'Des Périers profane ici la fraternité que l'Evangile prescrit aux chrétiens.'[44] Of his fifteen notes on the body of Des Périers's text, eight in all (notes *4-11*, that is all but two of the notes on the first two dialogues) are calqued on notes in the 1732 edition; they often abridge the information given in the earlier edition, sometimes even toning down their unorthodox potential; some of them are lapidary to the point of generating mystification rather than explanation: 'On a cru que ce Rhétulus était Luther' (note *10*). The remaining seven notes (*3*, *12-17*), which include the totality of the notes on the third and fourth dialogues, have no corresponding

[43] *Cymbalum mundi* (1732), p.188.
[44] *Cymbalum mundi* (1732), p.204.

notes in the 1732 edition; they are all extremely brief, consisting of
a single sentence, and the last three (notes *15-17*) are cast as
questions to the reader. To gloss 'une Dame laquelle demeure
auprez du Temple d'Apollo' as 'C'est probablement Diane de
Poitiers' (note *12*) is bordering on the pointless (or perhaps the
comic); while a reference to a talking horse in the third dialogue is
the pretext for a pointless listing of other animals endowed with the
gift of speech (note *14*), a note which is more like a parody of a
scholarly note. Voltaire's annotation is clearly not intended to
enlighten the reader; but, in these cases at least, the reader is
entertained, and Voltaire, perhaps despite himself, comes danger-
ously close to a comic parody of a critical edition.[45] In sum,
Voltaire's 'notes' are not at all 'intéressantes', as he well knows.
Most significantly, large sections of Des Périers's text remain
unannotated (a fact disguised, of course, in Beuchot's abridgement
of the work), and there is no shortage of passages that might have
provided the occasion for an ironical or anticlerical gloss, had
Voltaire so wished (or had he read the text with sympathy or
attention). The overall impression given is that Voltaire worked
fast, and that his interest rather tailed off as he proceeded through
the text.

That Voltaire in his second note should dismiss such pioneering
scholars as Prosper Marchand and Bernard de La Monnoye as 'des
sots', and refer to their sixteenth-century readership as 'un peuple
grossier' is disappointing, but perhaps not, in the end, surprising.
When D'Alembert, in the 'Discours préliminaire' of the *Encyclopédie*, addresses the revolution in thinking which came about, as he
sees it, with the invention of printing and under the protection of

---

[45] We are reminded of Diderot's self-undermining definition of an obscure
Brazilian plant: 'S'il m'arrive donc de faire mention de cette plante, et de plusieurs
autres aussi mal caractérisées, c'est par condescendance pour certains lecteurs, qui
aiment mieux ne rien trouver dans un article de Dictionnaire, ou même n'y trouver
qu'une sottise, que de ne point trouver l'article du tout' ('Aguaxima', *Encyclopédie*,
vol.i, 1751).

François Ier, he describes as the major obstacle to the spread of new ideas the state of the vernacular and the continuing prestige of Latin: 'Ce préjugé des premiers savants a produit dans le xvie siècle une foule de poètes, d'orateurs et d'historiens latins, dont les ouvrages, il faut l'avouer, tirent trop souvent leur principal mérite d'une latinité dont nous ne pouvons guère juger [...]. Les gens de lettres sont enfin revenus peu à peu de cette espèce de manie.'[46] Voltaire shares this prejudice that the pre-classical language is unformed and rebarbative. He is too committed to the culture of 'le grand siècle' and to its aesthetic of 'Enfin Malherbe vint' to be able to judge with any sympathy a seemingly obscure writer of the century preceding that of Malherbe. (Voltaire does however make a partial exception in the case of Rabelais, whom he seems to appreciate more as he gets older.)[47] It would be reassuring to think that Voltaire had somehow sensed the clandestine tradition linking Renaissance satire with the writings of the *philosophes*, and that he championed the reputation of an all but forgotten satirist; but he did not. Grimm, on the other hand, in his review of the third volume of *Les Choses utiles et agréables* in the *Correspondance littéraire*, intuits the satirical intention of the text:

Le patriarche est étonné du bruit que fit ce livre et de sa réputation, il le trouve assez plat, mais il faut considérer que la clef en est perdue, et que nous ne pouvons pas aujourd'hui sentir les allusions qui en firent la fortune dans le temps; malgré cette difficulté, on sent qu'il ne devait pas manquer de sel.[48]

Unlike Diderot, moreover, Voltaire has no real appreciation of carnivalesque authors, and certainly no sense of a continuum of

---

[46] D'Alembert, *Discours préliminaire de l'Encyclopédie*, ed. M. Malherbe (Paris 2000), p.120.

[47] See Jean Sareil, 'Voltaire juge de Rabelais', *Romanic Review* 56 (1965), p.171-80; and Richard Cooper, '"Charmant mais très obscène": some French eighteenth-century readings of Rabelais', in *Enlightenment essays in memory of Robert Shackleton*, ed. G. Barber and C. P. Courtney (Oxford 1988), p.39-60.

[48] *CL*, ix.178, 1 December 1770.

literary history stretching back to the sixteenth century. [49] All in all, this 'edition' prevents the reader from responding to the *Cymbalum mundi* at any level, either satirical or serious; instead, we are invited to concur with Voltaire that the book is boring, even unreadable, and so accept his contention that it was absurd for the authorities to have censored it.

Building on the pioneering work of Marchand and La Monnoye, it was Charles Nodier who would restore the reputation of Des Périers, in the 1839 essay in which he acclaimed him, along with Rabelais and Marot, as one of the three great minds of the first half of the sixteenth century. [50] This much-reprinted essay was influential, and since 1841 the *Cymbalum mundi* has been repeatedly edited. If the text has now entered the canon, this is due in the first instance to the advocacy of Nodier, and despite, certainly not because of, Voltaire's mischievous edition. But how could Voltaire have so comprehensively misread Des Périers's dialogues? For Nodier, the only possible explanation was that he had not read them:

Dans Voltaire, c'est le paradoxe d'un spirituel et admirable étourdi. Voltaire, qui était tout dans son siècle, si ce n'est peut-être physicien, naturaliste, linguiste et grammairien, ne jugeait guère les écrivains de la Renaissance dont le nom lui était parvenu, que sur la foi de leurs derniers éditeurs. Le petit livre de Desperiers était de tous les écrits de cette époque, celui qui allait le mieux à son esprit et auquel il devait plus de sympathie; car, ce livre, il l'aurait fait lui-même deux cents ans plus tôt; mais il fallait lire quelques pages *Welches*, et cela répugnait à ses habitudes. [51]

How, then, are we to explain Voltaire's decision to publish the *Cymbalum mundi* in 1770, at a time when copies of the earlier

[49] See Nicholas Cronk, 'Reading La Fontaine and writing literary history in the eighteenth century: the problem of Voltaire', in *The Shape of change: essays in early modern literature and La Fontaine in honor of David Lee Rubin*, ed. A. L. Birberick and R. Ganim (Amsterdam 2002), p.287-314.
[50] Charles Nodier's essay, 'Bonaventure Desperiers', is reproduced in Des Périers, *Cymbalum mundi*, ed. Calvié, p.137-74.
[51] Calvié (ed.), Des Périers, *Cymbalum mundi*, p.153.

editions must still have been in circulation? Firstly, it should be remembered that this was a period when Voltaire was for his own purposes particularly engaged in the business of editing, and even rewriting, the texts of others. In 1769 he published the *Discours de l'empereur Julien contre les chrétiens*, his extensive, polemical reworking of d'Argens's translation of five years earlier. Then, in 1770, he published his rewriting of Mairet's *Sophonisbe*, and two volumes whose content was connected with his earlier researches for *Le Siècle de Louis XIV*: an edition of the *Souvenirs de Mme de Caylus*, the first ever publication, albeit partial, of the manuscript, accompanied by a preface and notes; and an edition of extracts from the lengthy *Mémoires* of Dangeau, accompanied by 155 (often satirical) notes and a postface entitled 'Témoignage de l'éditeur'. Inevitably, the edition of the *Cymbalum mundi* seems somewhat slight in comparison with these more ambitious works: Voltaire's polemical aim, to ridicule censorship, is a narrow one, and he is fundamentally uninterested in the value of the text itself. Even his notes deriding Des Périers lack the satirical bite of his notes poking fun at Dangeau the chronicler. Be that as it may, Voltaire's presentation of the *Cymbalum mundi* has formal parallels with the three other 'edited' works published at this time. *Sophonisbe* in this regard is a rewriting rather than an edited work, but there is a parallel here too. The third volume of *Les Choses utiles et agréables* includes, in addition to Voltaire's annotated *Cymbalum mundi*, the complete text of Mairet's drama alongside his rewriting of *Sophonisbe*: Voltaire's intention in reproducing (editing) in the same volume the works of Mairet and Des Périers is similar in each case: his purpose (aside perhaps from a pragmatic need to pad out the volume...) is to damn these texts by reproducing them in full. We have already noted Voltaire's abiding preoccupation in his later writings with the redeployment of his own texts; an extension of this practice is the appropriation and redeployment of texts not his own. This technique of framing the text of another author with paratexts of his own is common to all of the 'edited' works published in 1769-1770.

Secondly, Voltaire was especially preoccupied at this time by the atheism expressed in such works as d'Holbach's *Système de la nature* (1770), and even as his own brand of deism came to be seen as increasingly outmoded, Voltaire struggled hard to defend it.[52] The edition of the *Cymbalum mundi* needs to be viewed in this context, and read alongside other writings of 1770, including the fragment 'Dieu: Réponse au Système de la nature',[53] and the first three volumes of the *Questions sur l'Encyclopédie*. We have already noted that an article on Des Périers first published in 1767 in the *Lettres à S. A. Mgr Le Prince de *** sur Rabelais* is redeployed in the article 'Athéisme', in the second volume of the *Questions sur l'Encyclopédie*. The contemporary republishing of the *Cymbalum mundi* with Voltaire's own footnotes is a means of reinforcing the claims made in that article, namely that the dialogues are 'très insipides', and that their reputation for atheism and impiety was generated not by the content of the dialogues but by the reputation they acquired when they were so peremptorily censored. Voltaire's comment, already quoted, that once the book was published, it ceased to be interesting ('on ne cria plus à l'impiété, à l'athéisme; on cria à l'ennui, et on n'en parla plus')[54] is not strictly true, but no matter: Voltaire 'edits' the text of the *Cymbalum mundi* so as to underscore his point that not all the works accused of atheism really are as dangerous at they sound. This is no critical edition designed to explain and reveal the text to the reader; nor is it an attempt, in the manner of the critic Pierre Bayard, to rewrite a failed work.[55] This is unashamedly an uncritical edition, designed to diminish, if not damn, the text in the reader's eyes. Voltaire does not engage with Des Périers; he stifles him in another cause.

---

[52] See E. D. James, 'Voltaire's dialogue with the materialists', in *Voltaire and his world: studies presented to W. H. Barber*, ed. R. J. Howells *et al.* (Oxford 1985), p.117-31; and Roland Mortier, 'Ce maudit *Système de la nature*', in *Voltaire et ses combats*, 2 vols, ed. U. Kölving and C. Mervaud (Oxford 1997), i.697-704.

[53] This text reappeared in a revised form in the article 'Dieu, Dieux' in the *Questions sur l'Encyclopédie* (vol.iv, 1771).

[54] M.xxvi.496.

[55] *Comment améliorer les œuvres ratées?* (Paris 2000).

LE

CYMBALUM

MUNDI.

En Français , contenant

IV. DIALOGUES.

Enrichi de Notes intéressantes.

2. *Le Cymbalum mundi*, title page (*Les Choses utiles et agréables*, vol.iii, 1770, p.167).

Voltaire's edition of the *Cymbalum mundi* is in some respects an atypical work, though recognisably a product of that moment when he was constructing and publishing his various *recueils*. A work which Voltaire himself probably viewed as ephemeral (he made no attempt to include it in the *édition encadrée*), it nonetheless lays claim to our attention: it reveals one more facet of Voltaire's polemical arsenal; it is a further instance of the problem of rewriting which is central to Voltaire's late works in particular; and it represents, even in spite of itself, an intriguing episode in the eighteenth-century reception of Renaissance authors.

4. *Treatment of the base text*

This work was first published in *Les Choses utiles et agréables* (BnC 5221), vol.iii (1770), p.167-242; this is the base text. The work was not reprinted in Voltaire's lifetime, and has never since been republished in full (see above). The spelling has been modernised throughout to conform to present-day usage, but original punctuation has been retained (with the exception of incorrect positioning of the full point within bracketed text). The ampersand was used. Initial capitals for nouns have been removed and titles of works have been italicised. Obvious mistakes in the *Cymbalum mundi* base text have been silently corrected against the 1732 edition; and in the few cases where a word has been omitted, this has been added in square brackets (*Dialogue second*, lines 29 and 154; *Dialogue quatrième*, line 30). [56] Voltaire's notes, indicated by an asterisk in the base text, have been numbered as one sequence (*1-17*). In the original edition the notes are almost as large as the main text (see above): in the current edition they are printed in a larger typesize in order to distinguish Voltaire's specific contribution from the main text. Note *3* was incorrectly placed after 'Cypre,' and now appears after 'Juno' (*Dialogue premier*, line 12). A footnote stage direction has been integrated into the main text (*Dialogue quatrième*, line 252).

[56] For lexical problems posed by Des Périers's text, readers are referred to E. Huguet, *Dictionnaire de la langue française du XVIe siècle*, 7 vols (Paris 1925-1967).

The punctuation of Voltaire's notes has been retained and the spelling of proper names has been respected. The following errors have been corrected: 'célibat ordonné' for 'célibat ordonnés' (note *2*); a question mark replaces the full point after 'Ptolomée' (note *15*). The following aspects of orthography in the base text of Voltaire's notes have been modified to conform to present-day usage:

I. Spelling

1. Consonants

— *c* was used in: mocquait.

2. Vowels

— *y* was used in place of *ï* in: Druydes,
— — and in place of *i* in: vraye.

II. Accents

— the acute accent was used in place of the grave in: mystére.

III. Capitalisation

— Initial capitals were attributed to: Antipodes, Couvents, Druydes, Livre, Minime, Miracles, Moines, Ouvrage, Pierre, Provinces, Religieuses, Religion, Théâtre,
— — and to (adjectives): Catholiques, *Mundi*, Philosophale, Protestant(e)(s), Romaine.

VI. Hyphenation

— the hyphen was used in: très-minime.

V. Various

— the ampersand was used.
— François Ier was abbreviated: François I.
— M. was not abbreviated.
— page was sometimes abbreviated: pag.

LE CYMBALUM MUNDI
EN FRANÇAIS, CONTENANT
IV DIALOGUES
ENRICHI DE NOTES INTÉRESSANTES

AVERTISSEMENT

Il parut en 1711 à Amsterdam une édition du *Cymbalum mundi*. Prosper Marchand qui en fut l'éditeur, convient lui-même dans son Avertissement, qu'il ne *l'a fait imprimer que sur une copie tirée de l'exemplaire qui est à la Bibliothèque du roi*. On sent assez qu'une édition faite sur une copie manuscrite d'un imprimé, sans qu'on soit à portée, lorsqu'elle est sous presse, de la conférer avec son original, entraîne nécessairement avec elle des négligences. D'ailleurs le *Cymbalum mundi* de la Bibliothèque du roi n'est que de la seconde impression, qui est de Lyon 1538. Nous avons été assez heureux pour en recouvrer un de la première, faite à Paris en 1537 par Jean Morin. C'est sur cet exemplaire, peut-être unique, qu'on a revu le texte et corrigé plusieurs fautes essentielles. On s'est scrupuleusement attaché à en conserver la ponctuation et l'orthographe. Cette attention devient nécessaire quand on donne les éditions d'anciens auteurs français, parce qu'elle sert à faire connaître l'état de notre langue dans le temps qu'ils écrivaient, les changements qu'elle a soufferts, et quelquefois l'origine et l'étymologie de certains termes ou de certaines phrases qui sont venues jusqu'à nous.

Outre cet avantage de notre édition sur celle de 1711, elle en a encore un autre plus considérable. On y a non seulement inséré les *Observations sur le Cymbalum* qui avaient été données à la fin des *Contes* de Bonaventure Des Périers, et qui se trouvaient par là déplacées; mais on en a ajouté un nombre considérable d'autres qui viennent de bonne main, comme il sera aisé à tout lecteur intelligent de s'en apercevoir.

On devrait être dispensé, après la longue Lettre que P. Marchand a mise à la tête de son édition, d'entrer dans aucun détail sur l'auteur du *Cymbalum* et sur son ouvrage. Cependant comme il a oublié quelques circonstances, qu'il est même tombé dans quelques méprises, on se croit obligé de donner les éclaircissements suivants.

Bonaventure Des Périers, valet de chambre de Marguerite de Valois reine de Navarre et sœur de François Ier est l'auteur du *Cymbalum*. La Croix du Maine dit que Des Périers était de Bar-sur-Aube en Champagne; car c'est dans cette province que Bar-sur-Aube est situé, et non en Bourgogne; faute qui est échappée à La Croix du Maine, et que M. Bayle et P. Marchand ont copiée.

On sait peu de circonstances de la vie de Des Périers. Il vivait encore   35
en 1539, et fit le voyage de Lyon à Notre-Dame de l'Ile-Barbe le 15 mai de
cette année. On trouve page 52 de ses *Œuvres* imprimées à Lyon en 1544
la relation de ce voyage. Il était mort lorsqu'Antoine du Moulin son ami
publia cette édition de ses *Œuvres*. Sa mort fut tragique, il se tua lui-
même. Henri Etienne est le premier qui ait rapporté cette fin de Des   40
Périers. Voyez l'*Apologie pour Hérodote* au chap. 18 de la première partie,
intitulé, *Des Homicides de notre temps* page 261 et au chap. 26 intitulé, *Des
Punitions étranges* page 351 de l'édition de 1579. Voyez aussi La Croix du
Maine *Bibliothèque française* page 37. Le témoignage de ces deux auteurs,
presque ses contemporains, doit être préféré au sentiment de   45
P. Marchand, qui semble en vouloir douter (*page 29 de sa Lettre*).

Le *Cymbalum mundi* fut supprimé dès qu'il parut. P. Marchand a eu
raison d'avancer que de cette suppression on n'est pas en droit de
conclure nécessairement que ce livre soit impie et détestable. Il peut y
avoir eu alors d'autres motifs pour en empêcher le débit. Pour les   50
développer, il ne faut que rapporter les pièces qui nous sont restées sur ce
fait; pièces au reste qui méritent qu'on y ajoute foi, quoique P. Marchand
dise que la requête de Jean Morin, dont on parlera ci-après, *est informe,
sans date, sans signature, et sur laquelle on ne peut pas certainement s'assurer*
(*page 51 de sa Lettre*).   55

Cette requête, malheureusement pour sa conjecture, se trouve
appuyée d'un arrêt du Parlement daté du 7 mars 1537 avant Pâques, et
inséré dans les régistres.

Du 7 mars 1537 avant Pâques

*Ce jour messire Pierre Liʒet, premier président en la Cour de céans, a dit à
icelle que mardi dernier sur le soir, il reçut un paquet où il y avait une lettre du*   60
roi et une du chancelier, avec un petit livre en langue française intitulé
Cymbalum mundi, *et lui mandait le roi qu'il avait fait voir ledit livre et y
trouvait de grands abus et hérésies, et que à cette cause il eût à s'enquérir du
compositeur et de l'imprimeur pour l'en avertir, et après procéder à telle
punition qu'il verrait être à faire. Suivant lequel commandement il avait fait*   65
*telle diligence, que hier il fit prendre ledit imprimeur, qui s'appelait Jean
Morin, et était prisonnier, et avait fait visiter sa boutique, et avait l'on trouvé
plusieurs fols et erronés livres en icelle venant d'Allemagne, même de Clément*

Marot, que l'on voulait faire imprimer. A dit aussi que aucuns théologiens l'avaient averti qu'il y avait de présent en cette ville plusieurs imprimeurs et 70 *libraires étrangers, qui ne vendaient sinon livres parmi lesquels y avait beaucoup d'erreurs, et qu'il y fallait pourvoir promptement, étant certain que l'on ferait service à Dieu, bien à la chose publique, et service très agréable au roi, lequel lui écrit que l'on ne lui pourrait faire service plus agréable que d'y donner prompte provision. Sur ce, la matière mise en délibération, etc.* 75

Jean Morin mis en prison pour avoir imprimé le *Cymbalum*, comme on voit par cet arrêt, y subit interrogatoire, dans lequel il déclara tout ce qu'il savait sur cet ouvrage, et nomma l'auteur. Cette déclaration ne lui procura pas son élargissement sur-le-champ. Pour l'obtenir il présenta la requête suivante au chancelier Du Bourg. 80

A Monseigneur le Chancelier

Supplie humblement Jean Morin, pauvre jeune garçon libraire de Paris, qui comme ainsi soit qu'il ait par ignorance et sans aucun vouloir de mal faire ou méprendre, imprimé un petit livre appelé Cymbalum mundi: *lequel livre serait tombé en scandale et répréhension de erreur, à cause de quoi ledit suppliant, pour ce qu'il l'a imprimé, aurait été mis en prison à Paris, et à* 85 *présent y serait détenu en grande pauvreté et dommage à lui insupportable: qu'il vous plaise de votre bénigne grâce lui faire ce bien de lui octroyer lettres, et mander à M. le premier président de Paris, et à M. le lieutenant criminel, que voulez bien qu'il soit relâché à caution de se représenter toutes fois et quantes que le commandement lui en sera fait; attendu que par sa* 90 *déposition il a déclaré l'auteur dudit livre, et que en ce cas il est du tout innocent, et qu'il n'y eût mis sa marque ni son nom s'il y eût pensé aucun mal. Ce faisant ferez bien et justice, et obligerez à jamais prier Dieu pour votre prospérité et santé.*

On ne sait pas l'effet que cette requête produisit, ni si Jean Morin fut 95 puni, ou s'il fut élargi sans aucune flétrissure.

De cet arrêt et de cette requête on peut inférer: 1° que le *Cymbalum* était imprimé avant le mois de mars 1537 avant Pâques, c'est-à-dire, comme nous comptons à présent, 1538, l'exemplaire sur lequel nous donnons cette édition, et qui est dans une des plus curieuses biliothèques 100 de Paris, en est une autre preuve incontestable. C'est donc à tort que

P. Marchand a douté que ces dialogues eussent paru à Paris en cette année (*page 29 de sa Lettre*).

2° Par cet arrêt il est encore prouvé que l'ouvrage dénoncé à la cour fut supprimé, et l'imprimeur mis en prison, où il resta assez de temps pour que sa détention lui causât *grande pauvreté et dommage à lui insupportable.*

3° Que cette suppression fut ordonnée, parce qu'on avait trouvé dans cet ouvrage *grands abus et hérésies.* On fit des recherches, on alla chez l'imprimeur, on visita sa boutique, et on y *trouva plusieurs fols et erronés livres venant d'Allemagne, même de* Clément Marot, *que l'on voulait faire imprimer.* On apprit d'ailleurs que *plusieurs libraires, et imprimeurs étrangers, vendaient livres d'Allemagne, contenant plusieurs abus et erreurs;* qu'aux *collèges on ne lisait aux jeunes écoliers sinon livres parmi lesquels il y avait beaucoup d'erreurs.* En fallait-il davantage pour exciter l'attention du ministère public, lui faire prendre les précautions nécessaires pour les suites de ces nouvelles opinions qui depuis ont été si funestes au royaume? Une des plus naturelles était d'arrêter les ouvrages suspects. L'auteur du *Cymbalum* se trouva dans ce cas. On ne douta point qu'il n'eût voulu sous ses allégories prêcher la prétendue Réformation, sur laquelle tous les sectaires dogmatisaient. Il était attaché à une cour où l'erreur était protégée ouvertement. Il était ami déclaré et défenseur de Marot, designé nommément pour auteur réprouvé. On sévit donc contre son imprimeur et contre son ouvrage; non pas que celui-ci fût impie et détestable, mais parce qu'il semblait favoriser les hérésies qui s'introduisaient.

C'est tout ce qu'on peut et ce qu'on doit conclure des pièces que nous venons de rapporter. Si Henri Etienne, qui est le premier qui ait appelé le *Cymbalum* un livre détestable, les eût connues, s'il eût examiné ce qui pouvait avoir occasionné la suppression de ce malheureux livre, il n'y a pas lieu de douter qu'il n'eût été plus circonspect à porter un jugement si vif. Cependant c'est d'après lui que presque tous ceux qui ont eu occasion de parler des *Dialogues* de Des Périers ont prononcé, et qu'ils ont employé contre eux les expressions les plus fortes. On peut voir leurs passages dans la Lettre de P. Marchand, et les réponses qu'il y a faites. Mais comme il n'a rapporté le témoignage du P. Mersenne que sur la foi de Voetius et de Spizelius, et que ce qu'ils en ont dit est très peu exact, on croit faire plaisir aux lecteurs d'insérer ici le passage dont il s'agit, d'autant plus qu'il est devenu très rare, parce que la feuille où il

devrait se trouver, manque a presque tous ses exemplaires que l'on   140
connaît. Elle fut supprimée, et on y a substitué celle qui s'y voit
communément. C'est dans son *Commentaire sur la Genèse chap.* 1 *vers.* 1
(*col.* 669 *ad* 674) où il parlait des moyens qu'il faut employer pour
éteindre l'athéisme. *Hic igitur primus est modus, quo atheismus extingui*
possit, si omnes huiusce modi libelli tollentur, nec ullus praeter vera et ad   145
honos mores facientia scribat. Ubi velim intelligas non solos pasquillos,
verum etiam libros, qui alioquin bona complecti videntur, nisi atheismo
scaterent, quales sunt libri Charontis De sapientia, Machiavelli De principe
et Republica, Cardani De subtilitate et judicio astrorum, et in supplem.
almanach et alibi passim, Campanella, Vanini dialogi, Flud et alii   150
plurimi, quos vel omnino perire vel accurate saltem expurgare operae
pretium fuerit: illi si quidem non semel anima mortalitatem insinuant, vel
alios errores disseminant, qui ad atheismum adducere possint, adeo ut non
indigeamus libellum islum afferre, quem De tribus impostoribus, vel cur
receptum fit Evangelium a Valeo vel ab alio nebulone conscriptum, vel   155
fabellam Mercurii et caelo descendentis et omnes homines velut chymicos et
lapidis philosophici perquisitores ab impio Peresio de latino idiomate in
gallicum conversam, in qua, ni fallor, tribus suis dialogis insinuat quidquid
de religione dicitur nullo fundamento niti et pro nugis habendum (etenim in
illud impietatis athei prorumpunt): non inquam libros illos referre opus est,   160
cum eos in epitomen Cardanus libris De subtilitate, de hominis necessitate
redegerit, nec tamen illio respondet, in quo se suo satis indice prodit; quæ
omnia neque hic referre velim, neque refellere; vel quia nihil novi continent
quod non antea allatum sit atque confutatum; vel quia quæstionem hanc
postea separatim edendam speramus, cui tunc ea quæ superessent videri   165
possit, adiungemus.

Il paraît assez par ce passage, que le P. Mersenne n'avait pas vu par
lui-même le *Cymbalum mundi*, ou que s'il l'avait vu, il n'en avait
conservé qu'une idée très imparfaite. Il ne fait mention que de trois
dialogues. Il y en a quatre. Il appelle l'auteur *Peresius*. Aurait-il ainsi   170
latinisé son nom, s'il avait su exactement celui de ce prétendu impie?
L'aurait-il indiqué dans son index sous la dénomination vague d'*Atheus*
Bonaventura? Enfin il n'ose pas assurer que cet ouvrage soit destiné à
attaquer les fondements de la religion, *ni fallor*. C'est cependant sur des
notions si confuses que ce minime a mis sans hésiter l'auteur au nombre   175
des Athées, *impius Peresius*; expression moins forte néanmoins que celle
que Voetius lui attribue, *impiissimus nebulo*. Celle-ci a été adoptée par

35

tous ceux qui ont copié Voetius, et a été donnée pour être celle du père Mersenne. Ce qui fait voir de quelle conséquence est une citation hasardée légèrement. (*1*)

180

(*1*)   Le minime et très minime, juge ainsi de tout. C'était le colpolteur de Descartes; il n'était pas *ens per se*: mais *ens per aliud*. ¹

¹ Gratuitious and routine attack on le Père Marin Mersenne, whom Voltaire had previously described as 'le minime Mersenne, colporteur des rêveries de Descartes' (M.xxix.171); 'le Minime et très minime...' is not a new joke (see *OC*, vol.35, p.383). In reality, Mersenne had read the *Cymbalum mundi*: he had access to the copy now held in the BnF (see Wolfgang Boerner, *Das 'Cymbalum mundi' des Bonaventure des Périers*, Munich 1980, p.56, 107).

36

LETTRE
DE THOMAS DU CLEVIER,
À SON AMI
PIERRE TRYOCANS

Il y a huit ans ou environ, cher ami, que je te promis de te rendre en langage français le petit traité que je te montrai intitulé *Cymbalum mundi*, contenant quatre dialogues poétiques, lequel j'avais trouvé en une vieille librairie d'un monastère qui est auprès de la cité de Dabas. De laquelle promesse j'ai tant fait par mes journées, que je m'en suis acquitté au moins mal que j'ai pu. Que si je ne te l'ai rendu de mot à mot, selon le latin, tu dois entendre que cela a été fait tout exprès: afin de suivre le plus qu'il me serait possible, les façons de parler qui sont en notre langue française, laquelle chose connaîtras facilement aux formes de jurements qui y sont, quand pour *Hercule, per Jovem dispeream*, etc... *Jupiter*, et autres semblables, j'ai mis ceux-ci dont nos bons galants usent: à savoir *morbieu, ventrebieu, je puisse mourir*; comme voulant plutôt translater, et interpréter l'affection de celui qui parle, que ses propres paroles: semblablement, pour *vin de Phalerne*, j'ai mis *vin de Beaulne*: à celle fin qu'il te fût plus familier et intelligible. J'ai aussi voulu ajouter à Proteus *Maître Gonin*, pour mieux te déclarer ce que c'est que Proteus. Quant aux chansons que Cupido chante au troisième dialogue, il y avait au texte certains vers lyriques d'amourettes, au lieu desquels j'ai mieux aimé mettre des chansons de notre temps, voyant qu'elles serviront autant à propos que lesdits vers lyriques, lesquels, selon mon jugement, si je les eusse translatés, n'eussent point eu tant de grâce. Or je te l'envoie tel qu'il est, mais c'est sous condition que tu te garderas d'en bailler aucune copie, à celle fin que de main en main il ne vienne à tomber en celles de ceux qui se mêlent du fait de l'imprimerie, lequel art (où il soulait apporter jadis plusieurs commodités aux lettres) parce qu'il est maintenant trop commun, fait que ce qui est imprimé n'a point tant de grâce, et est moins estimé, que s'il demeurait encore en sa simple écriture, si ce n'était que l'impression fût nette, et bien correcte. Je t'enverrai plusieurs autres bonnes choses, si je connais que tu n'aies point trouvé ceci mauvais. Et à Dieu, mon cher ami, auquel je te prie qu'il te tienne en sa grâce, et te doit ce que ton petit cœur désire. (2)

(2)   Ce *Cymbalum* intitulé joyeux et facétieux, n'est ni l'un ni l'autre. [2] C'est une froide imitation de Rabelais, c'est l'âne qui veut donner la patte comme le petit chien. [3] Les juges qui entendirent finesse à cette ineptie n'étaient pas les petits chiens. Cet ouvrage n'a eu de la réputation que parce qu'il a été condamné. Rabelais ne le fut point; c'est une nouvelle preuve qu'il n'y a qu'heur et malheur dans ce monde. Lira qui pourra le *Cymbalum mundi*, autrefois si célèbre chez un peuple grossier, et commenté dans ce siècle-ci par des sots.

[2] La Monnoye's 1732 edition (see Introduction) is entitled *Cymbalum mundi, ou Dialogues satiriques sur différents sujets*; that edition includes, however (p.67), a reconstitution of the title-page of the 1537 edition, bearing this title: *Cymbalum mundi, en français, contenant IV dialogues poétiques, fort antiques, joyeux, et facétieux*. Voltaire's title, *Le Cymbalum mundi, en français, contenant IV dialogues. Enrichi de Notes intéressantes*, is thus an abridgement of the original.
[3] Allusion to La Fontaine, 'L'âne et le petit chien' (*Fables*, IV, 5), a reworking of Aesop's fable of the same title.

LE CYMBALUM MUNDI

DIALOGUE PREMIER

Mercure volé

Argument

Mercure, chargé de plusieurs commissions pour les dieux, descend à Athènes, pour y faire relier, de la part de Jupiter, le Livre des Destinées. Il est rencontré dans un cabaret par deux hommes, qui ouvrent son sac, lui volent le livre, et lui en mettent un autre à la place, et enfin lui cherchent querelle.

Personnages

MERCURE, BYRPHANES, CURTALIUS, L'HÔTESSE

MERCURE

Il est bien vrai qu'il m'a commandé que je lui fisse relier ce livre tout à   5
neuf; mais je ne sais s'il le demande en ais de bois, ou en ais de papier. Il ne
m'a point dit s'il le veut en veau, ou couvert de velours. Je doute aussi s'il
entend que je le fasse dorer, et changer la façon des fers et des cloux pour
le faire à la mode qui court. J'ai grand peur qu'il ne soit pas bien à son gré.
Il me hâte si fort, et me donne tant de choses à faire à un coup, que j'oublie   10
l'une pour l'autre. D'avantage, Vénus m'a dit je ne sais quoi, que je dise
aux jouvencelles de Cypre, touchant leur beau teint. Juno (*3*) m'a donné
charge en passant que je lui apporte quelque dorure, quelque jaseran, ou
quelque ceinture à la nouvelle façon, s'il y en a point ça bas. Je sais bien
que Pallas me demandera si les poètes auront rien fait de nouveau. Puis il   15
me faut aller mener à Charon vingt-sept âmes de coquins, qui sont morts
de langueur ce jourd'hui par les rues; et treize qui se sont entretués aux

(*3*)   Juno. On a cru que c'était la sœur de François Ier Marguérite
de Navarre favorable aux nouvelles opinions. [4]

[4] There is no note on this passage in the 1732 edition.

cabarets, et dix-huit au bordeau; huit (*4*) petits enfants que les vestales
ont suffoqués, et cinq druïdes (*5*) qui se sont laissés mourir de manie et
mal rage. Quand aurai-je fait toutes ses commissions? où est-ce que l'on   20
relie le mieux? à Athènes, en Germanie, à Venise, ou à Rome? Il me
semble que c'est à Athènes. Il vaut mieux que j'y descende. Je passerai par
la rue des Orphèvres, et par la rue des Merciers, où je verrai s'il y a rien
pour madame Juno. Et puis de là je m'en irai aux libraires, pour chercher
quelque chose de nouveau à Pallas. Or me convient-il garder surtout que   25
l'on ne sache de quelle maison je suis. Car où les Athéniens ne surfont la
chose aux autres que deux fois autant qu'elle vaut, ils me la voudraient
vendre quatre fois au double.

BYRPHANES

Que regardes-tu là, mon compagnon?

CURTALIUS

Que je regarde? Je vois maintenant ce que j'ai tant de fois trouvé en écrit,   30
et que je ne pouvais croire.

(*4*)   Huit petits enfants, il y avait alors beaucoup de déborde-
ment dans les couvents de religieuses et on les accusait de défaire
leurs enfants.[5]

(*5*)   *Idem* les druïdes étaient les docteurs de Sorbonne dont
Rabelais et Marot parlent tant, on leur reprochait beaucoup de
vices et beaucoup d'ignorance.[6]

[5] Compare: 'C'est ici un trait satirique contre les religieuses, que l'auteur appelle
vestales par ironie; il taxe en passant ces bienheureuses recluses d'un crime sans doute
assez commun dans les cloîtres, du temps de l'auteur' (*Cymbalum*, 1732, p.178).

[6] Compare: 'Docteurs de Sorbonne ou autres ecclésiastiques morts en ce temps-là
en démence. Rabelais dans une Préface de son *Quart Livre*, différente de celles des
éditions communes, et qui n'est que dans celle de Valence, donne à peu près la même
idée en cet endroit où il parle des Sorbonistes ses censeurs: "Il n'y aura pas à rire pour
nous désormais, quand verrons ces fous lunatiques, aucuns ladres, aucuns bougres,
aucuns ladres et bougres ensemble, courir les champs, rompre les bancs, grincer des
dents, fendre carreaux, battre pavé, se pendre, se noyer, se précipiter, et à bride
avalée courir à tous les diables"' (*Cymbalum*, 1732, p.178-79).

BYRPHANES

Et que diable est-ce?

CURTALIUS

C'est Mercure, le messager des dieux, que j'ai vu descendre du ciel en terre.

BYRPHANES

Ô! quelle rêverie! Il le te semble, pauvre homme! tu as cela songé en   35
veillant. Sus, sus, allons boire, et ne pense plus à telle vaine illusion.

CURTALIUS

Par le corbieu! il n'y a rien plus vrai. Ce n'est pas moquerie. Il s'est là posé, et crois qu'il passera tantôt par ici. Attendons un petit. Tiens, le vois-tu là?

BYRPHANES

Il ne s'en faut guère que je ne crois ce que tu me dis, vu aussi que je vois la   40
chose à l'œil. Pardieu! voilà un homme accoutré de la sorte que les poètes nous décrivent Mercure. Je ne sais que faire de croire que ce le soit.

CURTALIUS

Tais-toi; voyons un petit qu'il deviendra. Il vient droit à nous.

MERCURE

Dieu garde les compagnons. Vend-on bon vin céans? Corbieu, j'ai grand soif.   45

CURTALIUS

Monsieur, je pense qu'il n'en y a point de meilleur dedans Athènes. Et puis, monsieur, quelles nouvelles?

MERCURE

Par mon âme, je n'en sais nulles. Je viens ici pour en apprendre. Hôtesse, faites venir du vin, s'il vous plaît.

41

CURTALIUS

Je t'assure que c'est Mercure sans autre; je le connais à son maintien, et   50
voilà quelque cas qu'il apporte des cieux. Si nous vallons rien, nous
saurons que c'est, et lui déroberons, si tu me veux croire.

BYRPHANES

Ce serait à nous une grande vertu, et gloire, de dérober non seulement un
larron, mais l'auteur de tous larrecins, tel qu'il est.

CURTALIUS

Il laissera son paquet sur ce lit, et s'en ira tantôt voir par toute la maison de   55
céans, s'il trouvera rien mal mis à point pour le happer, et mettre en sa
poche. Cependant nous verrons que c'est qu'il porte là.

BYRPHANES

C'est très bien dit à toi.

MERCURE

Le vin est venu? Ça compagnons, passons de là en cette chambre, et
allons taster du vin.   60

CURTALIUS

Nous ne faisons que partir de boire; toutefois, monsieur, nous sommes
contents de vous tenir compagnie, et de boire encore avec vous.

MERCURE

Or, messieurs, tandis que le vin viendra, je m'en vois un petit à l'ébat,
faites rincer des verres cependant, et apporter quelque chose à manger.

CURTALIUS

Le vois-tu là, le galant? Je connais ses façons de faire. Je veux qu'on me   65
pende s'il retourne qu'il n'ait fouillé pas tous les coins de céans, et qu'il
n'ait fait sa main, comme que ce soit, et t'assure bien qu'il ne retournera
pas si tôt. Pour ce, voyons cependant que c'est qu'il a ici, et le dérobons
aussi, si nous pouvons.

42

BYRPHANES

Dépêchons-nous donc, qu'il ne nous surprenne sur le fait.   70

CURTALIUS

Voici un livre.

BYRPHANES

Quel livre est-ce?

CURTALIUS *lit.*

Quæ in hoc libro continentur:
Chronica rerum memorabilium quas
Jupiter gessit antequam esset ipse.   75
Fatorum prescriptum: sive, eorum quæ
Futura sunt, certæ dispositiones,
Catalogus Heroum Immortalium, qui
Cum Jove vitam victuri sunt sempiternam.

Vertubieu! voici un beau livre, mon compagnon! Je crois qu'il ne s'en   80
vend point de tel dedans Athènes. Sais-tu que nous ferons? Nous en
avons un de là, qui est bien de ce volume, et aussi grand; va le quérir, le
mettons en son sac en lieu de cestui-ci, et le refermons comme il était, il ne
s'en doutera jà.

BYRPHANES

Par le corbieu! nous sommes riches. Nous trouverons tel libraire qui nous   85
baillera dix mille écus de la copie. C'est le livre de Jupiter; (6) lequel
Mercure vient faire relier (comme je pense). Car il tombe tout en pièces
de vieillesse. Tiens, voilà celui que tu dis, lequel ne vaut de guère mieux,
et te promet que à les voir. Il n'y a pas grande différence de l'un à l'autre.

(6)   On a pensé que le livre de Jupiter était les Décrétales, et
que celui qui ne vaut guère mieux est un livre de Calvin. [7]

---

[7] Voltaire's note is noticeably more anodine than the note on this same passage in
the 1732 edition: 'La comparaison du Livre des Destinées au livre que les deux
voleurs lui supposent, et tout le discours de Byrphanes peuvent être pris en bonne et
en mauvaise part. On laisse au lecteur la liberté d'en juger' (*Cymbalum*, 1732,
p.184-85).

CURTALIUS

Voilà qui va bien, le paquet est tout ainsi qu'il était, il n'y saurait rien   90
connaître.

MERCURE

Sus, buvons, compagnons je viens de visiter le logis de céans, lequel me
semble bien beau.

BYRPHANES

Le logis est beau, monsieur, pour cela qu'il contient.

MERCURE

Et puis que dit-on de nouveau?   95

CURTALIUS

Nous n'en savons rien monsieur, si nous n'en apprenons de vous.

MERCURE

Or bien, je bois à vous, messieurs.

BYRPHANES

Monsieur, vous soyez le très bien venu; nous vous allons pleiger.

MERCURE

Quel vin est-ce ci?

CURTALIUS

Vin de Beaulne.   100

MERCURE

Vin de Beaulne! Corbieu! Jupiter ne boit point de nectar meilleur.

BYRPHANES

Ce vin est bon; mais il ne faut pas accomparager le vin de ce monde au
nectar de Jupiter.

MERCURE

Je renie bieu, Jupiter n'est point servi de meilleur nectar.

CURTALIUS

Avisez bien que c'est que vous dites. Car vous blasphémez grandement, 105
et dites que vous n'êtes pas homme de bien, si vous voulez soutenir cela;
voire par le sambieu.

MERCURE

Mon ami, ne vous colérez pas tant. J'ai tasté des deux, et vous dis que
cestui-ci vaut mieux.

CURTALIUS

Monsieur, je ne me colère point, ni je n'ai point bu de nectar, comme vous 110
dites qu'avez fait. Mais nous croyons ce qu'en est écrit, et ce que l'on en
dit. Vous ne devez point faire comparaison de quelque vin qui croisse en
ce monde-ci, au nectar de Jupiter. Vous ne seriez pas soutenu en cette
cause.

MERCURE

Je ne sais comment vous le croyez, mais il est ainsi comme je le vous dis. 115

CURTALIUS

Je puisse mourir de male mort, monsieur, (et me pardonnez s'il vous
plaît), si vous voulez maintenir cette opinion, si je ne vous fais mettre en
lieu où vous ne verrez vos pieds de trois mois, tant pour cela, que pour
quelque chose que vous ne croyez pas que je sache. (Ecoute, mon
compagnon, il a dérobé je sais bien quoi là-haut en la chambre. Par le 120
corbieu! il n'y a rien si vrai.) Je ne sais qui vous êtes, mais ce n'est pas bien
fait à vous de tenir ces propos-là: vous vous en pourriez bien repentir, et
d'autres cas que vous avez faits il n'y a pas longtemps; et sortez de céans
hardiment; car, par la morbieu! si je sors premier que vous, ce sera à vos
dépens. Je vous aménerai des gens qu'il vaudrait mieux que vous eussiez à 125
faire à tous les diables d'enfer qu'au moindre d'eux.

BYRPHANES

Monsieur, il dit vrai, vous ne devez point ainsi vilainement blasphémer.

Et ne vous fiez en mon compagnon que bien à point. Par le corbieu! il ne vous dit chose qu'il ne fasse, si vous lui échauffez guère le poil.

MERCURE

C'est pitié d'avoir affaire aux hommes! Que le grand diable ait part à 130
l'heure que mon père Jupiter me donna jamais l'office pour trafiquer et converser entre les humains. Hôtesse, tenez, payez-vous, prenez ce qu'il vous faut. Et bien, êtes-vous contente?

L'HÔTESSE

Oui, monsieur.

MERCURE

Madame, que je vous dis un mot à l'oreille, s'il vous plaît. Savez-vous 135
point comment s'appellent ces deux compagnons, qui ont bu delà avec moi?

L'HÔTESSE

L'un s'appelle Byrphanes, et l'autre Curtalius.

MERCURE

C'est assez; adieu, madame. Mais pour le plaisir que vous m'avez fait, tant de m'avoir donné de si bon vin, que de me dire les noms de ces méchants, 140
je vous promets et assure que votre vie sera allongée de cinquante ans en bonne santé, et joyeuse liberté, outre l'institution et ordonnance de mes cousines les Destinées.

L'HÔTESSE

Vous me promettez merveilles, monsieur, pour un rien: mais je ne le puis croire, pour ce que je suis bien assurée que cela ne pourrait jamais 145
advenir. Je crois que vous le voudriez bien; aussi ferais-je de ma part: car je serais bien heureuse de vivre si longuement en tel état que vous me dites. Mais si ne s'en fera-t-il rien pourtant.

MERCURE

Dites-vous? ho, vous en riez, et vous en moquez? Non, vous ne vivrez pas tant voirement; et si serez tout le temps de votre vie en servitude, et 150
malade toutes les lunes jusqu'au sang. Or vois-je bien que la mauvaiseté

46

des femmes surmontera celle des hommes. Hardiment, il ne s'en fera rien, puisque vous ne l'avez pas voulu croire. Vous n'aurez jamais hôte (quelque plaisir que lui ayez fait) qui vous paie de si riches promesses. Voilà de dangereux marauds. Tudieu! Je n'eus jamais plus belle peur: car je crois qu'ils m'ont bien vu prendre ce petit image d'argent, qui était sur le buffet en haut, que j'ai dérobé pour en faire un présent à mon cousin Ganimedes, lequel me baille toujours ce qui reste en la coupe de Jupiter, après qu'il a pris son nectar. C'était de quoi ils parlaient ensemble. S'ils m'eussent une fois pris, j'étais infâme, moi, et tout mon lignage céleste. Mais si jamais ils tombent en mes mains, je les recommanderai à Charon, qu'il les fasse faire un petit chômer sur le rivage; et qu'il ne les passe de trois mille ans. Et si vous jouerez encore un bon tour, messieurs Byrphanes et Curtalius; car devant que je rende le Livre d'Immortalité à Jupiter mon père, lequel je vais faire relier, j'en effacerai vos beaux noms, si je les y trouve écrits, et celui de votre belle hôtesse, qui est si dédaigneuse; qu'elle ne veut croire ni accepter que l'on lui fasse du bien.

CURTALIUS

Par mon âme, nous lui en avons bien baillé! C'était ainsi qu'il fallait besogner, Byrphanes, afin d'en vider la place. C'est Mercure lui-même, sans faillir.

BYRPHANES

C'est lui sans autre, voirement; voilà le plus heureux larcin qui fût jamais fait. Car nous avons dérobé le prince et patron des voleurs, qui est un acte digne de mémoire immortelle: et si avons recouvert un livre dont il n'est point de semblable au monde.

CURTALIUS

La pipée est bonne; vu que au lieu du sien, nous lui en avons mis un qui parle bien d'autres matières. Je ne crains que une chose; c'est que si Jupiter le voit, et qu'il trouve son livre perdu, il ne foudroie et abîme tout ce pauvre monde ici, qui n'en peut mais, pour la punition de notre forfait. Il n'y aurait guère à faire: car il est assez tempestatif quand il se y met. Mais je te dirai que nous ferons. Pour ce que je pense, que tout ainsi que rien n'est contenu en ce livre qui ne se fasse, ainsi rien ne se fait qui n'y soit contenu. Nous regarderons cependant si cettuy notre larcin y est

155

160

165

170

175

180

47

point prédit et pronostiqué, et s'il dit point, que nous le rendrons quelquefois, à celle fin que nous soyons plus assurés du fait.

BYRPHANES

S'il y est nous le trouverons en cet endroit, car voici le titre: *Fata, et eventus anni...* 185

CURTALIUS

St. st. cache ce livre. Car je vois Ardelio qui vient, lequel le voudrait voir. Nous le verrons plus amplement une autre fois tout à loisir.

DIALOGUE SECOND

La Pierre philosophale

Argument

Mercure, averti par Trigabus de l'occupation des philosophes, qui cherchent la pierre philosophale, se travestit en vieillard, pour aller les voir dans l'arène du théâtre, où il se raille de leur crédulité et de leur égarement.

Personnages

TRIGABUS, MERCURE, RHETULUS, CUBERCUS,
DRARIG

TRIGABUS

Je puisse mourir, Mercure, si tu es qu'un abuseur, et fusses-tu fils de Jupiter trois fois, afin que je te le dise, tu es un caut varlet. Te souvient-il du bon tour que tu fis? oncques puis ne fus-tu ici. Tu en baillas bien à nos rêveurs de philosophes.

5

MERCURE

Comment donc?

TRIGABUS

Comment? quand tu leur dis que tu avais la (*7*) pierre philosophale, et la

(*7*)   La pierre philosophale est l'argent que Rome extorquait de toutes les provinces catholiques à ce qu'on prétendait. [8]

[8] Voltaire seems to wilfully underplay the subversive potential of this metaphor. Compare the note on this speech in the 1732 edition: 'Si j'osais débiter ici mes soupçons, je dirais que Mercure joue dans ces Dialogues un rôle bien odieux pour le Christianisme. Je dirais, par exemple, qu'on prétend ici ridiculiser celui qui nous apporta, descendant des cieux, la vérité éternelle; vérité qui par les divisions qu'elle a causées, a (s'il est permis de le dire) bouleversé tout l'univers, permettant qu'à cause d'elle il se remplit de schismes, d'hérésies, d'opinions extravagantes, etc. Je dirais encore, que la suite du discours que Trigabus tient ici est une raillerie impie et outrée

49

leur montras, pour laquelle ils sont encore en grande peine, dont ils 10
t'importunèrent tant par leurs prières, que toi doubtant à qui tu la
donnerais entière, vins à la briser, et mettre en poudre du théâtre, où ils
étaient disputants (comme ils ont de coûtume) à celle fin que un chacun en
eût quelque peu; leur disant qu'ils cherchassent bien, et que s'ils
pouvaient recouvrer d'icelle pierre philosophale, tant petite pièce fût- 15
elle, ils feraient merveilles, transmueraient les métaux, rompraient les
barres des portes ouvertes, guériraient ceux qui n'auraient point de mal,
interpréteraient le langage des oiseaux, impétreraient facilement tout ce
qu'ils voudraient des dieux, pourvu que ce fût chose licite, et qui dût
advenir, comme après le beau temps la pluie, fleurs et serein au printemps, 20
en été poudre et chaleurs, fruits en automne, froid et fanges en hiver; bref,
qu'ils feraient toutes choses et plusieurs autres. Vraiment, ils n'ont cessé
depuis ce temps de fouiller et remuer le sable du théâtre, pour en cuider
trouver des pièces. C'est un passe-temps que de les voir éplucher. Tu
dirais proprement que ce sont petits enfants qui s'ébattent à la poudrette, 25
sinon quand ils viennent à se battre.

MERCURE

Et bien, n'en y a-t-il pas eu un qui en ait trouvé quelque pièce?

TRIGABUS

Pas un, de par le diable! Mais il n'y a celui qui ne se vante qu'il en a grande
quantité; tellement que si tout ce qu'ils en [montrent] était amassé
ensemble, il serait dix fois plus gros que n'était la pierre en son entier. 30

MERCURE

Il pourrait bien être, que pour des pièces d'icelle pierre philosophale, ils
auraient choisi parmi le sable du sable même, et si n'y aurait pas guère à
faire. Car il est bien difficile de les connaître d'entre le sable, parce qu'il
n'y a comme point de différence.

---

de ce que cette vérité a opéré, quand elle a commencé de s'établir ici-bas, et qu'on a
affecté d'y mêler des contradictions et des opérations ridicules pour la mieux
détruire. Si ces soupçons avaient lieu, adieu la sainteté du *Cymbalum* et du pieux
dessein de ruiner le paganisme' (*Cymbalum*, 1732, p.192-93).

TRIGABUS

Je ne sais; mais j'ai vu plusieurs affirmer qu'ils en avaient trouvé de la 35
vraie, et puis bientôt après douter si c'en était; et finalement jeter là toutes
les pièces qu'ils en avaient, pour se mettre à en chercher d'autres. Puis
derechef après en avoir bien amassé, ne se pouvaient assurer ni persuader
que c'en fût. Tellement que jamais ne fut exhibé un tel jeu, un si plaisant
ébattement, ni une si noble fable que ceste-ci. Corbieu! tu les nous as bien 40
mis en besogne, nos veaux de philosophes!

MERCURE

N'ai pas?

TRIGABUS

Sambieu! je voudrais que tu eusses vu un peu les déduits, comment ils
s'entrebattent par terre, et comment ils s'ôtent des mains l'un de l'autre les
mies d'arène qu'ils trouvent; comment ils rechignent entre eux, quand ils 45
viennent à confronter ce qu'ils en ont trouvé. L'un se vante qu'il en a plus
que son compagnon; l'autre lui dit que ce n'est pas de la vraie. L'un veut
enseigner comme c'est qu'il en faut trouver, et si n'en peut pas recouvrer
lui-même l'autre lui répond qu'il le sait aussi bien et mieux que lui. L'un
dit que pour en trouver des pièces, il se faut vêtir de rouge et vert; l'autre 50
dit qu'il vaudrait mieux être vêtu de jaune et bleu. L'un est d'opinion qu'il
ne faut manger que six fois le jour avec certaine diète; l'autre tient que de
dormir avec les femmes (*8*) n'y est pas bon. L'un dit qu'il faut avoir de la
chandelle, et fût-ce en plein midi; l'autre dit du contraire. Ils crient, ils se
démènent, ils s'injurient, et Dieu sait les beaux procès criminels qui en 55
sourdent. Tellement qu'il n'y a cour, rue, temple, fontaine, four, moulin,
place, cabaret, ni bordeau, que tout ne soit plein de leurs paroles, caquets,
disputes, factions, et envies. Et si en y a aucuns d'entre eux, qui sont si
outrecuidants et opiniâtres, que pour la grande persuasion qu'ils ont que

(*8*) Le dormir avec les femmes est une allusion au célibat
ordonné aux prêtres dans l'Eglise romaine.[9]

[9] Compare: 'Bonaventure des Périers pourrait bien avoir ici en vue le célibat des
ecclésiastiques. On sait assez que la prohibition du mariage au clergé est un dogme de
l'Eglise' (*Cymbalum*, 1732, p.196).

l'arène par eux choisie est de la vraie pierre philosophale, promettent   60
rendre raison et juger de tout, des cieux, des champs élyséens; de vice; de
vertu; de vie; de mort; de paix; de guerre; du passé; de l'avenir; de toutes
choses et plusieurs autres; tellement qu'il n'y a rien en ce monde de quoi il
ne faille qu'ils en tiennent leurs propos, voire jusques aux petits chiens des
garces des druïdes, et jusques aux poupées de leurs petits enfants. Il est   65
bien vrai qu'il y en a quelques-uns (ainsi que j'ai ouï dire) lesquels on
estime avoir trouvé des pièces: mais icelles n'ont eu aucune vertu ni
propriété, sinon qu'ils en ont transformé des hommes en cigales, qui ne
font autre chose que caqueter jusques à la mort; d'autres en perroquets
injurieux, non entendant ce qu'ils jargonnent; et d'autres en ânes propres   70
à porter gros faix, et opiniâtres à endurer forces coups de bâtons. Bref,
c'est le plus beau passe-temps, et la plus joyeuse risée de considérer leur
façon de faire, que l'on vit oncques, et dont l'on ouït jamais parler.

MERCURE

A bon escient?

TRIGABUS

Voire, par le corbieu! Et si tu ne m'en veux croire, viens t'en, je te mènerai   75
au théâtre, où tu verras (9) le mystère, et en rira tout ton beau soûl.

MERCURE

C'est très bien dit, allons-y; mais j'ai grand peur qu'ils me connaissent.

TRIGABUS

Ôte ta verge, tes talaires, et ton chapeau; ils ne te connaîtront jamais ainsi.

(9)   Tu verras le mystère, allusion visible au mystère qu'on
jouait alors sur le théâtre. [10]

[10] Compare: 'Mystère, dans ce temps-là, voulait dire en général spectacle, parce
que les mystères de la religion ont été les sujets de nos premiers poèmes dramatiques.
Le mot de théâtre qui précède ne permet pas de douter de cette signification de mystère
en cet endroit (Cymbalum, 1732, p.199).

MERCURE

Non, non; je ferai bien mieux; je m'en vais changer mon visage en autre
forme. Or me regarde bien au visage, pour voir que je deviendrai.   80

TRIGABUS

Vertu-bieu! qu'est ceci? quel Proteus, ou Maître Gonin tu es? Comment
tu as tantôt eu changé de visage? Ou tu étais un beau jeune gars, tu t'es fait
devenir un vieillard tout gris. Ha! j'entends bien maintenant d'où cela
procède; c'est par la vertu des mots que je t'ai vu cependant marmonner
entre tes lèvres. Mais, par le corbieu! Si faut-il que tu m'en montres la   85
science, ou tu ne seras pas mon ami; je payerai tout ce que tu voudras. S'il
advient que je sache une fois cela, et que je prenne tel visage que je
voudrai, je ferai tant que l'on parlera de moi. Or je ne t'abandonnerai
jamais que tu ne le me aies enseigné. Je te supplie, Mercure: mon ami,
apprends-moi les paroles qu'il faut dire, afin que je tienne cela de toi.   90

MERCURE

Vraiment, je le veux bien, parce que tu es bon compagnon; je le
t'enseignerai avant que je parte d'avec toi. Allons premièrement aux
arènes, et puis après je te le dirai.

TRIGABUS

Or bien, je me fie en ta parole. Vois-tu cettui-là qui se promène si
brusquement? Je voudrais que tu l'ouïsses un petit raisonner. Tu ne vis   95
oncques en ta vie le plus plaisant badin de philosophes. Il montre je ne sais
quel petit grain d'arène, et dit par ses bons dieux que c'est de la vraie
pierre philosophale, voire, et du fin cœur d'icelle. Tiens, là; comment il
tourne les yeux en la tête. Est-il content de sa personne? Vois-tu
comment il n'estime rien le monde au prix de soi?   100

MERCURE

En voilà un autre, qui n'est pas moins rébarbatif que lui. Approchons-
nous un petit, et voyons les mines qui feront entre eux, et oyons les
propos qu'ils tiendront.

TRIGABUS

C'est bien dit.

53

RHETULUS (*10*)

Vous avez beau chercher, messieurs; car c'est moi qui a trouvé la fève du   10
gâteau.

CUBERCUS

Mon ami, ne vous glorifiez ja tant. La pierre philosophale est de telle
propriété qu'elle perd sa vertu, si l'homme présume trop de soi, après
qu'il en a trouvé des pièces. Je pense bien que vous en avez: mais souffrez
que les autres en cherchent, et en aient aussi bien que vous, s'il leur est   110
possible. Mercure qui la nous a baillée, n'entend point que nous usions de
ces reproches entre nous, mais veut que nous nous entraimions l'un
l'autre comme frères; car il ne nous a pas mis à la quête d'une si noble et
divine chose pour dissension, mais plutôt pour dilection. Toutefois (à ce
que je vois) nous faisons tout le contraire.   11

RHETULUS

Or vous avez beau dire, ce n'est que sable, tout ce que vous autres avez
amassé.

DRARIG

Vous mentez par la gorge. En voilà une pièce, qui est de la vrai pierre
philosophale? mieux que la vôtre.

RHETULUS

N'as-tu pas de honte de présenter cela pour pierre philosophale? Est-il   120
pas bon à voir que ce n'est que sable? fi, fi, ôte cela.

DRARIG

Pourquoi me l'as-tu fait tomber? Elle sera perdue. Je puisse mourir de
male rage, si j'étais homme de guerre, ou que j'eusse une épée, si je ne te
tuais tout raide, sans jamais bouger de la place! Comment est-il possible

(*10*)   On a cru que ce Rhétulus était Luther.[11]

[11] Compare: 'Je crois à ce discours et aux suivants reconnaître Martin Luther
(Lutherus en latin). Il est au reste vraisemblable, que Rhetulus est l'anagramme de
Lutherus, et non d'un certain Thurelus' (*Cymbalum*, 1732, p.203).

54

que je la puisse trouver maintenant? J'avais tant pris de peine à chercher,   125
et ce méchant, maudit, et abominable me l'a fait perdre.

RHETULUS

Tu n'as pas perdu grand-chose, ne te chaille.

DRARIG

Grand-chose! Il n'y a trésor en ce monde pour lequel je l'eusse voulu
bailler. Que males furies te puissent tourmenter. Ô! traître, envieux que
tu es, ne me pouvais-tu autrement nuire, sinon de me faire perdre en un   130
moment tous mes labeurs, depuis trente ans? Je m'en vengerai quoi qu'il
tarde.

CUBERCUS

J'en ai quinze ou seize pièces, entre lesquelles je suis bien assuré qu'il y en
a quatre (pour le moins) qui sont de la plus vraie qu'il est possible de
recouvrer.   135

TRIGABUS

Or çà, messieurs, dîtes-nous (s'il vous plaît) que c'est que vous autres
philosophes cherchez tant tous les jours parmi l'arène de ce théâtre?

CUBERCUS

A quoi faire demandez-vous? savez-vous pas bien que nous cherchons
des pièces de la pierre philosophale, laquelle Mercure mit jadis en poudre,
et nous la répandit en ce lieu?   140

TRIGABUS

Et pour quoi faire de ces pièces?

CUBERCUS

Pour quoi faire, dea? pour transmuer les métaux, pour faire tout ce que
nous voudrions, et impétrer tout ce que nous demanderions des dieux.

MERCURE

Est-il bien possible?

55

CUBERCUS

S'il est possible? En doutez-vous?   1.

MERCURE

Voire, j'en doute. Car vous qui avez dit naguère que vous en aviez pour le
moins quatre pièces de la vraie, pourriez bien faire par le moyen de l'une
(si toutes ne les y voulez employer) que votre compagnon pourrait
facilement recouvrer la sienne; laquelle l'autre lui a fait perdre, dont il est
demi-enragé. Et moi qui n'ai point d'argent, vous prierais volontiers que   1
ce fût votre bon plaisir de me convertir en écu? quinze livres de monnaie
(sans plus) que j'ai en ma bourse; vous n'y sauriez rien perdre, il ne vous
pourrait coûter que le vouloir, ou la parole, si tant était que ces pièces
([que] vous avez) eussent tant d'efficace que vous dites.

CUBERCUS

Je vous dirai, monsieur. Il ne se faut pas prendre ainsi. Vous devez   1
entendre qu'il n'est pas possible que la pierre soit de telle vertu qu'elle
était jadis, quand elle fût brisée nouvellement par Mercure, pour ce
qu'elle est toute éventée depuis le temps qu'il l'a répandue par le théâtre.
Et si vous dis bien un point, qu'il n'est ja besoin qu'elle montre sa valeur
(quant ainsi serait qu'elle l'aurait encore). Et davantage, Mercure lui peut   1
soustraire, et restituer sa vertu ainsi qu'il lui plaît.

MERCURE

Il n'est ja besoin, dites-vous: pourquoi vous rompez-vous donc la tête, les
yeux, et les reins à la chercher si obstinément?

RHETULUS

Non, non: ne dites point cela. Car elle est autant puissante et vertueuse
qu'elle fut jamais, nonobstant qu'elle soit éventée, comme vous dites. Si   1
ce que vous en avez ne montre point par œuvre et affect quelque vertu,
c'est bien signe que ce n'en est point de la vraie. Quant au regard de ce
que j'en ai; je vous avertis bien d'un cas, que j'en fais ce que je veux. Car
non seulement je transmue les métaux, comme l'or en plomb (je vous dis,
le plomb en l'or) mais aussi j'en fais transformation sur les hommes,   1
quand par leurs opinions transmuées, bien plus dures que nul métal, je
leur fais prendre autre façon de vivre. Car à ceux qui n'osaient naguère

56

regarder les vestales, je fais maintenant trouver bon de coucher avec
elles. (*11*) Ceux qui se soulaient habiller à la bohémienne, je les fais
accoutrer à la turque. Ceux qui par ci-devant allaient à cheval, je les fais   175
trotter à pied. Ceux qui avaient coutume de donner, je les contrains de
demander. Et si fais bien mieux; car je fais parler de moi par toute la
Grèce; tellement qu'il en y a tels, qui soutiendront jusque à la mort contre
tous, que j'en ai de la vraie; et plusieurs autres belles choses que je ferai
par le moyen d'icelles pièces, lesquelles seraient trop longues à raconter.   180
Or ça, bon homme, que te semble-t-il de nos philosophes.

MERCURE

Il me semble qu'ils ne sont guère sages, monsieur, ni vous aussi.

RHETULUS

Pourquoi?

MERCURE

De se tant travailler et débattre, pour trouver et choisir par l'arène de si
petites pièces d'une pierre mise en poudre; et de perdre ainsi leur temps en   185
ce monde ici, sans faire autre chose que chercher ce que à l'aventure il
n'est pas possible de trouver, et qui (peut-être) n'y est pas. Et puis, ne
dites-vous pas que ce fut Mercure qui la vous brisa, et répandit par le
théâtre?

(*11*)   Je ferai trouver bon de coucher avec elle, cela indique
manifestement les premiers moines défroqués protestants qui
épousaient des religieuses: il paraît par là que Bonaventure Des
Périers se moquait principalement de la religion protestante, et
c'est peut-être pour avoir excité la colère des deux partis qu'il se tua   5
de désespoir; mais ce qui est encore plus vrai: c'est que ce livre
ennuie aujourd'hui les deux partis. [12]

---

[12] Voltaire here drives home his general thesis about this book; the note on this
passage in the 1732 edition is more limited in scope: 'Luther épousa une religieuse,
comme l'on sait. A son exemple plusieurs religieux en épousèrent sans doute aussi, en
abandonnant la religion catholique' (*Cymbalum*, 1732, p.206-207).

RHETULUS

Voire, ce fut Mercure. 19

MERCURE

Ô pauvres gens! vous fiez-vous en Mercure, le grand auteur de tous abus et tromperies? Savez-vous pas bien qu'il n'a que le bec, et que par ces belles raisons et persuasion, il vous ferait bien entendre des vessies que sont lanternes, et des nuées que sont poilles d'airain? Ne doutez-vous point qu'il ne vous ait baillé quelque autre pierre des champs, ou, peut- 19 être, de l'arène même, et puis qu'il vous ait fait à croire que c'est la pierre philosophale, pour se moquer de vous, et prendre son passe-temps des labeurs, colères, et débats qu'il vous voit avoir, en cuidant trouver la chose laquelle n'est point.

RHETULUS

Ne dites pas cela, monsieur. Car sans faillir c'était la pierre philosophale. 20
On en a trouvé des pièces, et en a-t-on vu certaines expériences?

MERCURE

Vous le dites, mais j'en doute. Car il me semble que si cela fût, vous feriez choses plus merveilleuses, vu la propriété que vous dites qu'elle a. Et mêmement, comme gens de bon vouloir que vous êtes, pourriez faire devenir tous moins, vous leur feriez avoir tout ce qui leur est nécessaire 20 sans truander.

RHETULUS

Ces bélîtres sont de besoin au monde. Car si tous étaient riches, l'on ne trouverait point à qui donner, pour exercer la belle vertu de liberalité.

MERCURE

Vous trouveriez aisément les choses perdues, et sauriez les cas dont les hommes doutent, afin de les mettre d'appointement, selon la vérité, 21 laquelle vous serait bien connue.

RHETULUS

Et que diraient les juges, avocats et enquêteurs? Que feraient-ils de tous

leurs codes, pandectes, et digestes? Qui est une chose tant honnête et
utile.

MERCURE

Quand il y aurait quelqu'un qui serait malade, et on vous manderait, vous   215
ne feriez que mettre une petite pièce d'icelle pierre philosophale sur le
patient, qu'il serait guéri incontinent.

RHETULUS

Et de quoi serviraient les médecins et apothicaires, et leurs beaux livres de
Galien, Avicenne, Hyppocrates, Egineta, et autres, qui leur coûtent tant?
Et puis, par ce moyen, tout le monde voudrait toujours guérir de toutes   220
maladies, et jamais nul ne voudrait mourir, laquelle chose serait trop
déraisonnable.

TRIGABUS

En voilà un lequel semble avoir trouvé quelque chose. Tenez, comment
les autres y accourent d'envie, et se mettent à chercher au même lieu.

RHETULUS

Ils font très bien de chercher, car ce qui n'est trouvé se trouvera.   225

MERCURE

Voire. Mais depuis le temps que vous cherchez, si n'est-il point de bruit
que vous ayez fait aucun acte digne de la pierre philosophale; qui me fait
douter que ce ne l'est point; ou si ce l'est, qu'elle n'a point tant de vertu
que l'on dit; mais que ce ne sont que des paroles, et que votre pierre ne
sert que à faire des contes.   230

RHETULUS

Je vous ai ja dit plusieurs cas que j'ai faits par le moyen de ce que j'en ai.

MERCURE

Et puis, qu'est-ce que cela? Ce grand babil et haut caquet que vous avez
est cause, et non pas votre grain de sable. Vous tenez cela tant seulement
de Mercure, et non autre chose; car tout ainsi qu'il vous a payés de
paroles, vous faisant accroire que c'était la pierre philosophale, aussi   235

contentez-vous le monde de belle pure parole. Voilà de quoi je pense que vous êtes tenus à Mercure.

TRIGABUS

Je puisse mourir, si j'étais que du sénat, si je ne vous envoyais bien tous à la charrue, aux vignes, ou es galères. Pensez-vous qu'il fait beau voir un tas de gros veaux perdre tout le temps de leur vie à chercher des petites pierres, comme les enfants? Encore si cela venait à quelque profit, je ne dirais pas: mais ils ne font rien de tout ce qu'ils cuident, qu'ils rêvent, et promettent. Par le corbieu! ils sont plus enfants que les enfants mêmes. Car des enfants encore, on fait quelque chose, s'en sert-on aucunement. S'ils s'amusent à quelque jeu, l'on les fait cesser aisément pour les faire besogner. Mais ces badins et rêveurs de philosophes, quand ils se sont une fois mis à chercher des grains d'arène parmi ce théâtre; pensant trouver quelque pièce de leur belle pierre philosophale, on ne les peut jamais retirer de ce sot jeu de barbue et perpétuelle enfance; ains vieillissent, et meurent sur la besogne. Combien en ai-je vu qui devaient faire merveilles? oui dea, des naveaux, ils en ont belles lettres!

RHETULUS

On n'en trouve pas des pièces ainsi que l'on voudrait bien, et puis Mercure n'est pas toujours favorable à tous.

MERCURE

Je le pense.

RHETULUS

Or, messieurs, il ne vous déplaira point si je prends congé de vous; car voilà monsieur le sénateur Venulus, avec lequel j'ai promis d'aller souper, qui m'envoie quérir par son serviteur.

MERCURE

Adieu donc, monsieur.

TRIGABUS

Voilà de mes gens, il sera assis au haut bout de la table, on lui tranchera du meilleur; il aura *l'audivit* et le caquet par-dessus tous. Et Dieu sait s'il leur en comptera de belles.

MERCURE

Le tout par le moyen de ma pierre philosophale.

TRIGABUS

Et quoi donc? Quand ce ne serait jà que les repues franches qu'ils en ont, ils sont grandement tenus à toi, Mercure.

MERCURE

Tu vois de quoi sert mon art. Or il me faut aller encore faire quelque   265
message secret de par Jupiter mon père, à une dame laquelle demeure
auprès du temple d'Apollo; (12) et puis il me faut aussi un petit voir ma
mie avant que je retourne: adieu.

TRIGABUS

Tu ne me veux donc pas tenir promesse?

MERCURE

De quoi?   270

TRIGABUS

De m'enseigner les mots qu'il faut dire pour changer ma trogne et mon
visage en telle forme que je voudrai.

MERCURE

Oui dea, c'est bien dit. Ecoute en l'oreille.

TRIGABUS

Comment? Je ne t'ois pas. Je ne sais que tu dis; parle plus haut.

MERCURE

Voilà toute la recette, ne l'oublie pas.   275

(12)   C'est probablement Diane de Poitiers. [13]

[13] There is no note on this passage in the 1732 edition.

TRIGABUS

Qu'a-t-il dit? Par le sambieu! je ne l'ai point entendu, et crois qu'il ne m'a rien dit, car je n'ai rien ouï. S'il m'eût voulu enseigner cela, j'eusse fait mille gentillesses, je n'eusse jamais eu peur d'avoir faute de rien. Car quand j'eusse eu affaire d'argent, je n'eusse fait que transmuer mon visage en celui de quelqu'un à qui ses trésoriers en doivent, et m'en fusse allé le recevoir pour lui; et pour bien jouir de mes amours, et entrer sans danger chez ma mie, j'eusse pris souvent la forme et la face de l'une de ses voisines, à celle fin que l'on ne m'eût connu, et plusieurs autres bons tours que j'eusse faits. Ô la bonne façon de masque que c'eût été, s'il m'eût voulu dire les mots, et qu'il ne m'eût point abusé! Or je reviens à moi-même, et connais que l'homme est bien fou, lequel s'attend avoir quelque cas de cela qui n'est point, et plus malheureux celui qui espère chose impossible.

DIALOGUE TROISIÈME

Le Cri public

Mercure vient à Athènes, pour y faire faire un cri public du Livre des Destinées, qui lui avait été volé. Il rencontre Cupidon qui lui apprend que deux personnes avaient son livre, et qu'elles s'en servaient à dire la bonne aventure, et à prédire l'avenir. Mercure, par manière de passe-temps, fait parler un cheval, au grand étonnement de ceux qui l'entendent. 5

Personnages

MERCURE, CUPIDO, CELIA, PLEGON, STATIUS, ARDELIO

MERCURE

Encore suis-je grandement émerveillé comment il peut avoir si belle patience. Le forfait de Lycaon, pour lequel il fit jadis venir le déluge sur la terre, n'était point tant abominable que cestui-ci. Je ne sais à quoi il tient qu'il n'en a déjà du tout foudroyé et perdu ce malheureux monde, de dire que ces traîtres humains non seulement lui aient osé retenir son livre, où 10 est toute sa préscience; mais encore, comme si c'était par injure et moquerie, ils lui en ont envoyé un au lieu d'icelui, contenant tous ses petits passe-temps d'amours et de jeunesse, lesquels il pensait bien avoir faits à cachette de Juno, des dieux, et de tous les hommes. Comme quand il se fit taureau pour ravir Europe; quand il se déguisa en cygne pour aller 15 à Leda; quand il prit la forme d'Amphytrion pour coucher avec Alcmena; quand il se transmua en pluie d'or pour jouir de Danaé; quand il se transforma en Diane, en pasteur, en feu, en aigle, en serpent, et plusieurs autres menues folies, qu'il n'appartenait point aux hommes de savoir, et encore moins les écrire. Pensez, si Juno trouve une fois ce livre, et qu'elle 20 vienne à lire tous ces beaux faits, quelle fête elle lui mènera? Je m'ébahis comment il ne m'a jeté du haut en bas, comme il fit jadis Vulcanus, lequel en est encore boiteux du coup qu'il prit, et sera toute sa vie. Je me suis rompu le cou, car je n'avais pas mes talaires aux pieds pour voler, et me garder de tomber. Il est vrai que ce a été bien ma faute en partie; car je y 25 devais bien prendre garde, de par dieu! avant que l'emporter de chez le relieur. Mais qu'y eussé-je fait? C'était la veille des bacchanales, il était presque nuit. Et puis tant de commissions que j'avais encore à faire, me troublaient si fort l'entendement, que je ne savais que je faisais. D'autre part, je me fiais bien au relieur, car il me semblait bien bon homme, aussi est-il; quand ce ne serait ja que pour les bons livres qu'il relie et manie tous les jours. J'ai été vers lui depuis. Il m'a juré avec grands serments qu'il m'avait rendu le même livre que je lui avais baillé, dont je suis bien assuré qu'il ne m'a été changé en ses mains. Où est-ce que je fus ce jour-là? Il m'y faut songer. Ces méchants avec lesquels je bus en l'hôtellerie du charbon blanc, ne m'auraient-ils point dérobé, et mis cestui-ci en son lieu? Il pourrait bien être; car je m'absentai d'eux assez longtemps, cependant qu'on était allé tirer le vin. Hé! par mon serment, je ne sais comment ce vieux rassoté n'a honte! Ne pouvait-il pas avoir vu autrefois dedans le livre (auquel il connaissait toutes choses) que icelui livre devait quelquefois devenir? Je crois que sa lumière l'a ébloui; car il fallait bien que cestui accident y fût prédit, aussi bien que tous les autres, ou que le livre fût faux. Or s'il s'en courrouce, qu'il s'en déchauffe. Je n'y saurais que faire. Qu'est-ce qu'il m'a baillé ici en mémoire? *De par Jupiter l'altitonnant soit fait un cri public par tous les carrefours d'Athènes, et, s'il est besoin, aux quatre coins du monde, que s'il y a personne qui ait trouvé un livre intitulé: 'Quae in hoc libro continentur: chronica rerum memorabilium, quas Jupiter gessit antequam esset ipse. Fatorum præscriptum, sive orum quæ futura sunt, certæ dispositiones. Catalogus heroum immortalium qui cum Jove vitam victuri sunt sempiternam'. Ou s'il y a quelqu'un qui sache aucune nouvelle d'icelui livre, lequel appartient à Jupiter, qu'il le rende à Mercure, lequel il trouvera tous les jours en l'Académie, ou en la grande place, et icelui lui aura pour son vin la première requête qu'il lui fera. Que s'il ne le rend dedans huit jours après le cri fait, Jupiter a délibéré de s'en aller par les douze maisons du Ciel, où il pourra aussi bien deviner celui qui l'aura, que les astrologues; dont faudra que icelui qui l'a le rende, non sans grande confusion et punition de sa personne. Et qu'est ceci? Mémoire à Mercure de bailler à Cleopatra, de par Juno, la recette qui est ci-dedans ce papier ployé, pour faire des enfants, et en délivrer avec aussi grande joie que quand on les conçoit, et apporter ce qui s'ensuit.* Voire dea; apporter? Je le ferai tantôt, attendez-vous-y. *Premièrement un perroquet, qui sache* (*13*) *chanter toute l'Iliade*

(*13*)   On prétendit que ce morceau désignait plusieurs personnes connues, et que ce fut la vraie origine de la persécution. [14]

[14] There is no note on this passage in the 1732 edition.

d'Homère. Un corbeau, qui puisse causer et haranguer à tous propos. Une pie,
qui sache tous les préceptes de philosophie. Un singe, qui joue au quillard. Une
guenon, pour lui tenir son miroir le matin quand elle s'accoutre. Un miroir
d'acier de Venise, des plus grands qu'il pourra trouver. De la civette, de la 65
céruse, une grosse de lunettes, des gants parfumés. Le carquan de pierrerie que
fait faire les Cent nouvelles nouvelles. Ovide de l'Art d'aimer, et six paires de
potences d'ébène. Je ne puisse jamais remonter au cieux, si je fais rien de
tout cela. Et voilà son mémoire et sa recette en pièces, elle ira chercher un
autre valet que moi. Par le corbieu! comment me serait-il possible de 70
porter toutes ces besognes là-haut? Ces femmes ici veulent que l'on leur
fasse mille services, comme si l'on était bien tenu à elles; mais au diable
l'une qui dit, *Tiens, Mercure, voilà pour avoir un feutre de chapeau.* Et puis
qu'est ceci? *Mémoire à Mercure de dire à Cupido, de par sa mère Venus* (ha
est-ce vous, Venus? vous serez obéie vraiment), *que le plutôt qu'il pourra,* 75
il s'en voise tromper et abuser ces vestales (lesquelles cuident être si sages et
prudentes) pour leur remontrer un petit leur malheureuse folie et témérité; et
que pour ce faire il s'adresse à Somnus, qui lui prêtera volontiers de ses
garçons, avec lesquels il ira de nuit à icelles vestales, et leur fera tâter et
trouver bon en dormant, ce qu'en veillant elles ne cessent de blâmer; et qu'il 80
écoûte bien les propos de regrets et repentances que chacune tiendra à part soi,
pour lui en mander toutes nouvelles bien au long, et le plus tôt qu'il lui sera
possible. Item, dire à ces dames et demoiselles, qu'elles n'oublient pas leurs
tourets de nez, quand elles iront par la ville; car ils sont bien bons pour se rire et
moquer de plusieurs choses que l'on voit, sans que le monde s'en apperçoive. 85
Item, avertir ces jeunes filles, qu'elles ne faillent pas d'arroser leurs violettes
devers le soir, quand il fera sécheresse, et qu'elles ne se voisent pas coucher de si
bonne heure, qu'elles n'aient reçu et donné le bonsoir à leurs amis; et qu'elles se
donnent bien garde de se coiffer sans miroir, et qu'elles apprennent et recordent
souvent toutes les chansons nouvelles. Qu'elles soient grâcieuses, courtoises, et 90
aimables aux amants; qu'elles aient plusieurs oui aux yeux, et force nenni en
la bouche; et que surtout elles se fassent bien prier, à tout le moins que par leurs
dits elles ne viennent point si tôt à déclarer leur volonté, ains qu'elles la
dissimulent le plus qu'elles pourront; pour ce que c'est tout le bon, la parole fait
le jeu. Bien, il n'y aura point de faute, si je trouve Cupido. Encore des 95
commissions? Ha! c'est madame Minerve. Je connais bien son écriture.
Certes je ne lui voudrais faillir, pour perdre mon immortalité. *Mémoire à*
Mercure de dire aux poètes, de par Minerve, qu'ils se déportent de plus écrire
l'un contre l'autre, ou elle les désavouera; car elle n'en aime ni approuve

aucunement la façon, et qu'ils ne s'amusent point tant à la vaine parole de   100
mensonge, qu'ils ne prennent garde à l'utile silence de vérité; et que s'ils
veulent écrire d'amour, que ce soit le plus honnêtement, chastement et
divinement qu'il leur sera possible, et à l'exemple d'elle. Davantage,
savoir si le poète Pindarus a rien encore mis en lumière, et recouvrer tout ce
qu'il aura fait, et apporter tout ce qu'il pourra trouver de la façon des peintres   105
appellés Zeuxis, Parrasius, et autres de ce temps, mêmement touchant le fait
de broderie; tapisserie, et patrons d'ouvrages à l'aiguille. Et avertir toute la
compagnie des neuf muses qu'elles se donnent bien garde d'un tas de gens qui
leur font la cour, faisant semblant les servir et aimer; mais ce n'est que pour
quelque temps, afin qu'ils acquièrent bruit et nom de poètes, et que par le   110
moyen d'elles (comme de toutes autres choses, dont ils se savent bien aider) ils
puissent trouver accès envers Plutus, pour les richesses duquel elles se sont vues
souvent être méprisées et abandonnées, dont elles devraient bien être sages
dorénavant. Vraiment, madame Minerve, je le ferai pour l'amour de vous.
Qui est cestui-là qui vole là? Par dieu! je gage que c'est Cupido.   115

CUPIDO

Qui est-ce là? Hé! bonjour, Mercure. Est-ce toi? et puis quelles
nouvelles? Que se dit de bon là-haut en votre cour céleste? Jupiter est-
il plus amoureux?

MERCURE

Amoureux? De par le diable il n'a garde pour le présent! Mais la mémoire
et souvenance de ses amours lui tourne maintenant en grand ennui et   120
fâcherie.

CUPIDO

Comment donc?

MERCURE

Parce que ces paillards humains en ont fait un livre, lequel de male
aventure je lui ai apporté au lieu du sien, où il regardait toujours quand il
voulait commander quel temps il devait faire, lequel j'étais allé faire   125
relier: mais il m'a été changé. Je m'en vais pour le faire crier à son de
trompe, afin que s'il y a quelqu'un qui l'ait, qu'il le rende. Il m'en a bien
cuidé manger.

66

CUPIDO

Il me semble que j'ai ouï parler d'un livre le plus merveilleux que l'on vit
oncques, que deux compagnons ont, avec lequel (ainsi qu'on dit) ils   130
disent la bonne aventure à un chacun, et savent aussi bien deviner ce qui
est à venir, que jamais fit Tyresias, ou le Chesne de Dodone. Plusieurs
astrologues briguent pour l'avoir, ou en recouvrer la copie. Car ils disent
qu'ils feraient leurs éphémérides, pronostications, et almanachs beaucoup plus sûrs et véritables. Et davantage, ces galants promettent aux   135
gens de les enrôler au Livre d'Immortalité pour certaine somme d'argent.

MERCURE

Voire? par le corbieu! c'est ce livre-là sans autre. Il n'y a que danger qu'ils
n'y écrivent des usuriers, rongeurs de pauvres gens, des bou..., et des
larrons, et qu'ils en effacent des gens de bien, parce qu'ils n'ont que de
leur donner. Jupiter en aurait bien, de par le Diable! Et où les pourrais-je   140
trouver?

CUPIDO

Je ne t'en saurais que dire, car je ne suis point curieux de ces matières-là.
Je ne pense sinon à mes petits jeux, menus plaisirs, et joyeux ébattements,
et entretenir ces jeunes dames; à jouer au cachemouchet au domicile de
leurs petits cœurs, où je pique et laisse souvent de mes légères flèches; à   145
voltiger par leurs cervaux, et leur chatouiller leurs tendres mouelles, et
délicates entrailles; à me montrer et promener dedans leurs riants yeux,
ainsi qu'en belles petites galeries; à baiser et sucer leurs lèvres vermeilles;
à me laisser couler entre leurs durs tétins, et puis de là me dérober, et m'en
aller en la vallée de jouissance, où est la fontaine de jouvence, en laquelle   150
je me joue, je me raffraîchis et recrée, et y fais mon heureux séjour.

MERCURE

Ta mère m'a ici baillé un mémoire pour t'avertir de quelque chose. Tiens,
tu le verras tout à loisir, et feras le contenu: car j'ai grand hâte; adieu.

CUPIDO

Tout beau, tout beau, seigneur Mercure.

67

MERCURE

Vertubieu! tu me arracheras mes talaires; laisse-moi aller, Cupido, je te   15~

prie. Je n'ai pas si grande envie de jouer que toi.

CUPIDO

Pourtant que je suis jeunette,
Ami n'en prene₂ émoi:
Je ferais mieux la chosette,
Qu'une plus vieille que moi.   16c

MERCURE

Ha que tu as bon temps! Tu ne te soucies guère s'il doit pleuvoir ou

neiger, comme fait notre Jupiter, lequel en a perdu le livre.

CUPIDO

Toujours les amoureux auront bon jour:
Toujours, et en tout temps,
Les amoureux auront bon temps.   16~

MERCURE

Voire, voire, nous en sommes bien.

CUPIDO

Il y a, mademoiselle,
Il y a je ne sais quoi...

Qui est cette belle fille que je vois là-bas en un verger seulette? Est-elle

point encore amoureuse? Il faut que je la voie en face. Nenni, et toutefois   17c

je sais bien que son ami languit pour l'amour d'elle. Ha! vous aimerez,

belle dame, sans merci, avant qu'ayez marché trois pas.

CELIA

Ô ingrâte et méconnaissante que je suis! En quelle peine est-il maintenant

pour l'amour de moi? Or connais-je à cette heure (mais las! c'est bien trop

tard) que la puissance d'amour est merveilleusement grande, et que l'on   175

ne peut éviter la vengeance d'icelui. N'ai-je pas grand tort d'ainsi

mépriser et éconduire cestui qui m'aime tant, voire plus que soi-

même? Veux-je toujours être autant insensible qu'une statue de marbre? Vivrai-je toujours ainsi seulette? Hélas! il ne tient qu'à moi; ce n'est que ma faute, et folle opinion. Ha, petits oisillons, que vous me chantez et montrez bien ma leçon! Que nature est bonne mère, de m'enseigner par vos motets et petits jeux que les créatures ne se peuvent passer de leurs semblables! Or vous ferais-je volontiers une requête, c'est que vous ne m'importunassiez plus par vos menus jargons. Car j'entends trop ce que vous voulez dire, et que ne me fassiez plus voir les spectacles de vos amoureux assemblements, car cela ne me peut réjouir; ainsi me fait juger que je suis la plus malheureuse créature qui soit en ce monde. Hélas! quand reviendra-t-il mon ami? J'ai grand peur que je ne lui aie été si farouche, qu'il ne retourne plus. Si fera, s'il m'a autant aimée, ou aime encore comme je l'aime maintenant. Il me tarde bien que je ne le voie. S'il revient jamais, je lui ferai bien un plus doux accueil, et meilleur traitement que je n'ai pas fait par ci-devant.

CUPIDO

Va, va, de par Dieu! va, dit la fillette,
Puisque remède n'y puis mettre...

Or elle est bien, la bonne dame, elle en a ce qu'il lui en faut.

MERCURE

N'est-ce pas pitié? soit que je revienne en terre, ou que je retourne aux cieux, toujours le monde, et les dieux, me demandent, si j'ai, ou si je sais rien de nouveau. Il faudrait une mer de nouvelles, pour leur en pêcher tous les jours de fraîches. Je vous dirai, à celle fin que le monde ait de quoi en forger, et que j'en puisse porter là-haut, je m'en vais faire tout à cette heure que ce cheval-là parlera à son palefrenier, qui est dessus, pour voir qu'il dira. Ce sera quelque chose de nouveau, à tout le moins. Gargabanado, Phorbantas, Sarmotoragos. Ô qu'ai-je fait! J'ai presque proféré tout haut les paroles qu'il faut dire pour faire parler les bêtes. Je suis bien fou, quand j'y pense. Si j'eusse tout dit, et qu'il y eût ici quelqu'un qui m'eût ouï, il en eût pu apprendre la science.

PHLEGON

Il a été un temps que les bêtes parlaient. Mais si le parler ne nous eût point été ôté, non plus qu'à vous, vous ne nous trouveriez pas si bêtes que vous faites.

STATIUS

Qu'est-ce à dire ceci? par la vertubieu, mon cheval parle! (*14*)   21c

PHLEGON

Voire dea, je parle. Et pourquoi non? Entre vous hommes, pour ce que à vous seuls la parole est demeurée, et que nous pauvres bêtes n'avons point d'intelligence entre nous, pour cela que nous ne pouvons rien dire, vous savez bien usurper toute puissance sur nous, et non seulement dites de nous tout ce qu'il vous plaît. Mais aussi, vous montez sur nous, vous   21§ nous piquez, vous nous battez, il faut que nous vous portions, que nous vous vêtions, que nous vous nourrissions; et vous nous vendez, vous nous tuez, vous nous mangez. D'où vient cela? C'est par faute que nous ne parlons pas. Que si nous savions parler et dire nos raisons, vous êtes tant humains (ou devez être) que après nous avoir ouï, vous nous   22(traiteriez autrement, comme je pense.

STATIUS

Par la morbieu! il ne fut oncques parlé de chose si étrange que ceste-ci. Bonnes gens, je vous prie, venez ouïr cette merveille; autrement vous ne le croiriez pas; par le sang bieu, mon cheval parle!

ARDELIO

Qui a-t-il là que tant de gens y accourent, et s'assemblent en un troupeau?   22§ Il me faut voir que c'est.

STATIUS

Ardelio, tu ne sais pas? par le corbieu, mon cheval parle!

ARDELIO

Dis-tu? voilà grand merveille! Et que dit-il?

(*14*)   Les chevaux d'Achille, le bélier de Phrixus, l'âne de Balaam ont parlé. [15]

[15] There is no note on this passage in the 1732 edition.

STATIUS

Je ne sais, car je suis tant étonné d'ouïr sortir paroles d'une telle bouche, que je n'entends point ce qu'il dit. 230

ARDELIO

Mets pied à terre, et l'écoutons un petit raisonner. Retirez-vous, messieurs, s'il vous plaît; faites place; vous verrez aussi bien de loin que de près.

STATIUS

Or ça que veux-tu dire, belle bête, par tes paroles?

PHLEGON

Gens de bien, puisqu'il a plu au bon Mercure de m'avoir restitué le parler, 235 et que vous en vos affaires prenez bien tant de loisir que de vouloir écouter la cause d'un pauvre animal que je suis. Vous devez savoir que cestui, mon palefrenier, me fait toutes les rudesses qu'il peut, et non seulement il me bat, il me pique, il me laisse mourir de faim. Mais...

STATIUS

Je te laisse mourir de faim? 240

PHLEGON

Voire, tu me laisses mourir de faim.

STATIUS

Par la morbieu! vous mentez; et si vous le voulez soutenir, je vous couperai la gorge.

ARDELIO

Non ferez, dea. Seriez-vous bien si hardi de tuer un cheval qui sait parler? Il est pour faire un présent au roi Ptolomée, (15) le plus exquis qu'on vît 245

(15) Serait-ce la traduction des Septante présentée à un Ptolomée? [16]

[16] There is no note on this passage in the 1732 edition. Voltaire tells the story of 'la traduction des septante' in 'Aristée' in the *Questions sur l'Encyclopédie*, vol.2, also published in 1770 (M.xvii.366-67).

jamais; et si vous avertis bien que tout le trésor de Cresus ne le pourrait pas payer. Pour ce, avisez bien que vous ferez, et ne le touchez point, si vous êtes sage.

STATIUS

Pouquoi dit-il donc ce qui n'est pas vrai?

PHLEGON

Te souvient-il point, quand dernièrement on t'avait baillé de l'argent pour la dépense de quatre chevaux que nous sommes, que tu faisais ton compte ainsi? *Vous avez force foin, et force paille: faites grand chère, vous n'aurez que pour tant d'avoine le jour, le reste sera pour aller banqueter avec ma mie.*

STATIUS

Il t'eût mieux valu que tu n'eusses jamais parlé; ne te soucies.

PHLEGON

Encore ne m'en chault-il de tout cela. Mais quand je rencontre quelque jument au mois que nous sommes en amour (ce qui ne nous advient qu'une fois l'an) il ne me veut pas souffrir monter sur elle, et toutefois je le laisse bien tant de fois le jour monter sur moi. Vous hommes, voulez un droit pour vous, et un autre pour vos voisins. Vous êtes bien contents d'avoir tous vos plaisirs naturels; mais vous ne les voulez pas laisser prendre aux autres, et mêmement à nous pauvres bêtes. Combien de fois t'ai-je vu amener des garces en l'étable pour coucher avec toi? Combien de fois m'a-t-il fallu être témoin de ton beau gouvernement? Je ne te voudrais pas requérir que tu me laissasses ainsi amener des juments en l'étable pour moi, comme tu amènes des garces pour toi; mais quand nous allons aux champs, tu le me pourrais bien laisser faire en la saison, à tout le moins un petit coup. Il y a six ans qu'il me chevauche, et si ne m'a pas encore laissé faire cela une pauvre fois.

ARDELIO

Par dieu! tu as raison, mon ami, tu es le plus gentil cheval, et la plus noble bête que l'on vit jamais. Touche-là. J'ai une jument qui est à ton commandement. Je la te prêterai volontiers, parce que tu es bon compagnon, et que tu le vaux. Tu en feras ton plaisir; et de ma part je

serais bien aise et joyeux si je pouvais avoir de ta sémence, quand ce ne
serait jà que pour dire, *voilà de la race du cheval qui parlait.* 275

STATIUS

Par le corbieu! je vous en garderai bien, puisque vous vous êtes mêlé de
parler si avant. Sus, sus, allons, et vous délibérez de trotter hardiment, et
ne faites point la bête, si vous êtes sage, que je ne vous avance bien de ce
bâton.

ARDELIO

Adieu, adieu, compagnon; te voilà bien peneux de ce que ton cheval a si 280
bien parlé à toi.

STATIUS

Par la vertu bieu! je l'accoutrerai bien, si je puis être à l'étable, quelque
parleur qu'il soit.

ARDELIO

Or jamais je n'eusse cru qu'un cheval eût parlé, si je ne l'eusse vu et ouï.
Voilà un cheval qui vaut cent millions d'écus. Cent millions d'écus! on ne 285
le saurait trop estimer. Je m'en vais conter le cas à maître Cerdonius,
lequel ne l'oubliera pas en ses annales.

MERCURE

Voilà déjà quelque chose de nouveau, pour le moins. Je suis bien aise qu'il
y avait belle compagnie de gens, Dieu merci, qui ont ouï et vu le cas. Le
bruit en sera tantôt par la ville, quelqu'un le mettra par écrit et par 290
aventure qui y ajoutera du sien, pour enrichir le conte. Je suis assuré que
j'en trouverai tantôt la copie à vendre vers ces libraires. Cependant qu'il
viendra quelques autres nouvelles, je m'en vais faire mes commissions, et
spécialement chercher la trompette de la ville, pour faire crier s'il y a
personne qui ait point trouvé ce diable de livre. 295

DIALOGUE QUATRIÈME

Les Chiens d'Acteon

Argument

Deux chiens, qui avaient appartenu autrefois à Acteon, s'entretiennent de la différence qu'il y a entre la vie publique et la vie privée, et de la sotte curiosité des hommes pour les choses nouvelles et extraordinaires.

Personnages

HYLACTOR et PAMPHAGUS

[HYLACTOR]

S'il plaisait à Anubis que je pusse trouver un chien lequel sût parler, entendre, et tenir propos, comme je fais, que je serais aise! car je ne me veux pas avancer de parler que ce ne soit à mon semblable. Et toutefois je suis bien assuré, que si je voulais dire la moindre parole devant les hommes, que je serais le plus heureux chien qui fût jamais. Je ne sais prince, ni roi en ce monde, qui fût digne de m'avoir, vu l'estime que l'on pourrait faire de moi. Si j'en avais tant seulement dit autant que j'en viens de dire en quelque compagnie de gens, le bruit en serait déjà jusque aux Indes, et dirait-on par tout: *Il y a en un tel lieu un chien qui parle.* On viendrait de tous les quartiers du monde là où je serais, et baillerait-on de l'argent pour me voir, et ouïr parler *(16)*. Et encore ceux qui n'auraient vu et ouï, gagneraient souvent leur écot à raconter aux étrangers, et aux pays lointains, de ma façon et de mes propos. Je ne pense pas que l'on ait vu chose plus merveilleuse, plus exquise, ni plus délectable. Si me regarderai-je bien toutefois de rien dire devant les hommes, que je n'ai trouvé premièrement quelque chien qui parle, comme moi; car il n'est pas possible qu'il n'en y ait encore quelqu'un au monde. Je sais bien qu'il ne me saurait échapper si petit mot, que incontinent ils ne courussent tous à moi, pour en ouïr davantage. Et peut-être que à cette cause ils me

(16)   Cela signifierait-il les faux miracles? [17]

[17] There is no note on this passage in the 1732 edition.

74

voudraient adorer en Grèce, tant sont les humains curieux de nouveauté. Or encore n'ai-je rien dit, et ne dirai entre les hommes que je n'ai trouvé quelque chien qui ait parlé à moi. Toutefois que c'est une grande peine de 25 se taire, mêmement à ceux qui ont beaucoup à dire, comme moi. Mais voici que je fais, quand je me trouve seule, et que je vois que personne ne me peut ouïr. Je me prends à dire à par moi tout ce que j'ai sur le cœur, et vide ainsi mon flux de ventre (je vous dis de langue) sans que le monde en soit abreuvé. Et bien souvent, en allant par les rues, à l'heure que tout le 30 monde est couché, j'appelle pour mon passe-temps quelqu'un de nos voisins par son nom, et lui fais mettre la tête à la fenêtre, et crier une heure, *qui est la*? Après qu'il a prou crié, et que personne ne lui répond, il se colère, et moi de rire. Et quand les bons compagnons de chiens s'assemblent pour aller battre le pavé, je m'y trouve volontiers, afin que je 35 parle libéralement entre eux, pour voir si j'en trouverai point qui entende et parle comme moi. Car ce me serait une grande consolation, et la chose que je plus désire en ce monde. Or quand nous jouons ensemble, et nous mordons l'un l'autre, je leur dis toujours quelque chose en l'oreille, les appelant par leurs noms et surnoms, en leur demandant s'ils parlent 40 point, de laquelle chose ils sont aussi étonnés que si cornes leur venaient. Car voyant cela ils ne sauraient que penser, si je suis homme déguisé en chien, ou chien qui parle. Et afin que je dise toujours quelque chose, et que je ne demeure sans parler, je me prends à crier, *au meurtre, bonnes gens, au meurtre*! Adonc tous les voisins s'éveillent, et se mettent aux 45 fenêtres. Mais quand ils voient que ce n'est que moquerie, ils s'en retournent coucher. Cela fait, je passe en une autre rue, et crie tant que je puis, *aux larrons, aux larrons, les boutiques sont ouvertes*! Cependant qu'ils se lèvent je m'en vais plus avant, et quand j'ai passé un coin de rue, je commence à crier, *au feu, au feu, le feu est en votre maison*! Incontinent 50 vous les verriez tous saillir en place, les uns en chemise, les autres tous nus, les femmes toutes déchevelées, criant *où est-ce*? *où est-ce*? Et quand ils ont prou été en cette sueur, et qu'ils ont bien cherché et regardé partout, ils trouvent à la fin que ce n'est rien, dont s'en retournent achever leurs besognes, et dormir sûrement. Puis quand j'ai bien fait toutes les 55 folies de mes *Nuits attiques*, jusques au chapitre, *Qui sunt leves et importuni loquutores*, pour mieux passer le demeurant de mes fantaisies, un peu devant que le jour vienne, je me transporte au parc de nos ouailles faire le loup en la paille; ou je m'en vais déraciner quelque arbre mal planté, ou brouiller et mêler les filets de ces pêcheurs; ou mettre des os et des pierres 60

au lieu du trésor que Pygargus l'usurier a caché en son champ; ou je vais
pisser aux pots du potier, et chier en ses beaux vases; et si d'aventure je
rencontre le guet, j'en mords trois ou quatre pour mon plaisir, et puis je
m'en fuis tant que je puis, criant, *qui me pourra prendre, si me prenne*. Mais
quoi qu'il en soit, si suis-je bien mari, que je ne trouve quelque   65
compagnon, lequel sache aussi parler. Toutefois si ai-je bonne espérance
d'en trouver, ou il n'en y aura point au monde. Voilà Gargilius avec tous
ses chiens qui s'en va à la chasse. Je m'en vais ébattre eux, afin de savoir
s'il en y a point en la compagnie quelqu'un qui parle. Dieu garde
Espagnol mon ami Dieu garde mon compagnon lévrier. Oui dea! ils sont   70
tous muets; au diable le mot que l'on saurait avoir d'eux! N'est-ce pas
pitié? Puisque ainsi est que je n'en trouve pas un qui me puisse répondre,
je voudrais savoir quelque poison ou herbe qui me fît perdre la parole, et
me rendît aussi bien muets qu'ils sont. Je serais bien plus heureux, que de
languir ainsi du misérable désir que j'ai de parler, et ne trouver oreilles   75
commodes pour ce faire, telles que je les désire. Et toi, compagnon, ne
saurais-tu rien dire, parle à des bêtes. Dis, hé, mastin, parles-tu point?

PAMPHAGUS

Qui appelles-tu mastin? Mastin toi-même.

HYLACTOR

Hé! mon compagnon, mon ami, pardonne-moi, s'il te plaît, et m'accolle,
je te prie. Tu es celui que j'ai le plus désiré et cherché en ce monde. Et   80
voilà un faut pour l'amour de Diane, qui m'a rendu tant heureux en cette
chasse, que je y ai trouvé ce que je cherchais. En voilà encore un autre
pour toi, gentil Anubis, et cestui-là pour Cerberus, qui garde les enfers.
Dis-moi ton nom, s'il te plaît.

PAMPHAGUS

Pamphagus.   85

HYLACTOR

Est-ce toi, Pamphagus, mon cousin, mon ami? Tu connais donc bien
Hylactor?

PAMPHAGUS

Voire dea, je connais bien Hylactor: où est-il?

HYLACTOR

C'est moi.

PAMPHAGUS

Par ta foi? Pardonne-moi, Hylactor, mon ami, je ne te pouvais 90
reconnaître, car tu as une oreille coupée, et je ne sais quelle cicatrice
au front que tu ne soulais pas avoir. Dont t'est venu cela?

HYLACTOR

Ne t'en enquiers plus avant, je te prie, la chose ne vaudrait pas le raconter,
parlons, d'autre matière. Où as-tu été? Et qu'as-tu fait depuis que nous
perdîmes notre bon maître Acteon? 95

PAMPHAGUS

Ha le grand malheur! tu me renouvelles mes douleurs. Ô! que je perdis
beaucoup en sa mort, Hylactor, mon ami: car je faisais grand chère lors,
où maintenant je meurs de faim.

HYLACTOR

Par mon serment, nous avions bon temps, quand j'y pense. C'était un
homme de bien que Acteon, et vrai gentilhomme, car il aimait bien les 100
chiens. On n'eût osé frapper le moindre de nous, quoi qu'il eût fait; et
avec cela que nous étions bien traités: tout ce que nous pouvions prendre,
fût en la cuisine, ou garde-manger, ou ailleurs, était nôtre, sans que
personne eût été si hardi de nous battre ou toucher. Car il l'avait ainsi
ordonné, pour nous nourrir plus libéralement. 105

PAMPHAGUS

Hélas! il est vrai. Le maître que je sers maintenant n'est pas tel, il s'en faut
beaucoup; car il ne tient compte de nous, ni ses gens ne nous baillent rien à
manger la plupart du temps. Et toutes les fois que l'on nous trouve en la
cuisine, on nous hue, on nous hare, on nous menace, on nous chasse, on
nous bat, tellement que nous sommes plus meurtris et déchirés de coups 110
de que vieux coquins.

HYLACTOR

Voilà que c'est, Pamphagus, mon ami, il faut prendre patience. Le meilleur remède que je sache pour les douleurs présentes, c'est d'oublier les joies passées, en espérance de mieux avoir. Ainsi que au contraire le souvenir des maux passés, sans crainte d'iceulx, ni de pis, fait trouver les biens présents bien meilleurs et beaucoup plus doux. Or sais-tu que nous ferons, Pamphagus, mon cousin? laissons-leur courre le lièvre, et nous écartons toi et moi pour deviser un petit plus à loisir. 115

PAMPHAGUS

J'en suis content; mais il ne nous faut guère demeurer.

HYLACTOR

Tant peu que tu voudras. Peut-être que nous ne nous reverrons de longtemps. Je serai bien aise de te dire plusieurs choses, et d'en entendre aussi de toi. Nous voici bien, ils ne nous sauraient voir en ce petit bocage. Et puis leur gibier ne s'adresse pas par deça. Cependant je te demanderais si tu sais point la cause pourquoi toi et moi parlons, et tous les autres chiens sont muets. Car je n'en trouvai jamais qui me sût rien dire fors que toi, et si en ai beaucoup vu en mon temps. 120 125

PAMPHAGUS

N'en sais-tu rien? je te le vais dire. Te souvient-il bien quand nos compagnons Melancheres, Theridamas et Oresitrophus saillirent sus Acteon leur bon maître et le nôtre, lequel Diane avait nouvellement transformé en cerf, et que nous autres accourûmes, et lui baillâmes tant de coups de dents qu'il mourut en la place. Tu dois savoir, comme j'ai depuis vu, en je ne sais quel livre qui est en notre maison... 130

HYLACTOR

Comment! tu sais donc bien lire? où as-tu appris cela?

PAMPHAGUS

Je te le dirai après, mais écoute ceci premièrement. Tu dois entendre que quand un chacun de nous faisait ses efforts de le mordre, d'aventure je le mordis en la langue, laquelle il tirait hors la bouche, si bien que j'en emportai une bonne pièce que j'avalai. Or dit le compte, que cela fut cause de me faire parler; il n'y a rien de si vrai; car aussi Diane le voulait. Mais parce que je n'ai point encore parlé devant les hommes, on cuide que ce ne soit qu'une fable. Toutefois, si est-on toujours après pour trouver 135 140

les chiens qui mangèrent la langue d'Acteon cerf; car le livre dit qu'il y en
eût deux, dont j'en suis l'un.

HYLACTOR

Corbieu! je suis bien l'autre; car j'ai souvenance que j'en mangeai un bon
lopin de sa langue. Mais je n'eusse jamais pensé que la parole me fût venue
à cause de cela.   145

PAMPHAGUS

Je t'assure, Hylactor, mon ami, qu'il est ainsi que je te le dis; car je l'ai vu
en écrit.

HYLACTOR

Tu es bien heureux de te connaître ainsi aux livres, où l'on voit tant de
bonnes choses. Que c'est un beau passe-temps! Je voudrais que Diane
m'eût fait la grâce d'en savoir autant que toi.   150

PAMPHAGUS

Et je voudrais bien que je n'en susse ja tant; car de quoi sert cela à un
chien, ni le parler avec? Un chien ne doit autre chose savoir sinon abayer
aux étrangers, servir de garde à la maison, flatter les domestiques, aller à
la chasse, courir le lièvre et le prendre, ronger les os, lécher la vaisselle, et
suivre son maître.   155

HYLACTOR

Il est vrai. Mais toutefois si fait-il bon savoir quelque chose davantage; car
on ne sait où l'on se trouve. Comment, tu n'as donc point encore donné à
entendre aux gens que tu sais parler?

PAMPHAGUS

Non.

HYLACTOR

Et pourquoi?   160

PAMPHAGUS

Parce qu'il ne m'en chaut; car j'aime mieux me taire.

HYLACTOR

Toutefois si tu voulais dire quelque chose devant les hommes, tu sais bien
que les gens de la ville non seulement te iraient écouter, s'émerveillant et
prenant plaisir à t'ouïr; mais aussi ceux de tout le pays à l'environ, voire
de tous côtés du monde, viendraient à toi, pour te voir et ouïr parler. 165
N'estimes-tu rien voir à l'entour de toi dix millions d'oreilles qui
t'écoutent, et autant d'yeux qui te regardent en face.

PAMPHAGUS

Je sais bien tout cela. Mais quel profit m'en viendrait davantage? Je
n'aime point la gloire de causer, afin que je te dise. Car avec ce que me
serait une peine, il n'y aurait si petit coquin à qui il ne me faillît tenir 170
propos et rendre raison. On me tiendrait en chambre, je le sais bien; on
me frotterait, on me peignerait, on m'accoutrerait, on m'adorerait, on me
dorerait, on me dorloterait; bref, je suis bien assuré que l'on me voudrait
faire vivre autrement que le naturel d'un chien ne requiert; mais...

HYLACTOR

Et bien? serais-tu pas content de vivre un petit à la façon des hommes? 175

PAMPHAGUS

A la façon des hommes! Je te jure par les trois têtes de Cerberus, que
j'aime mieux être toujours ce que je suis, que plus avant ressembler les
hommes en leur misérable façon de vivre; quand ne serait ja que pour le
trop parler dont il me faudrait user avec eux.

HYLACTOR

Je ne suis pas de ton opinion. Vrai est que je n'ai point encore parlé devant 180
eux. Mais sans cela que j'avoue en fantaisie de trouver premièrement
quelque compagnon qui sût parler comme moi, je n'eusse pas tant mis à
leur dire quelque chose; car j'en vivrais mieux, plus honorablement, et
magnifiquement. Ma parole serait préférée à celle de tous les hommes,
quoi que je dise: car incontinent que j'ouvrirais la bouche pour parler, 185
l'on ferait faire silence pour m'écouter. Ne sais-je pas bien que c'est que
des hommes? Ils se fâchent volontiers des choses présentes, accoûtumées,
familières, et certaines; et aiment toujours mieux les absentes, nouvelles,
étrangères, et impossibles. Et sont si sottement curieux, qu'il ne faudrait

qu'une petite plume qui s'élevât de terre le moins du monde, pour les amuser tous quant qu'ils sont. 190

PAMPHAGUS

Il n'y a rien si vrai, que les hommes se fâchent d'ouïr parler l'un l'autre, et voudraient bien ouïr quelque chose d'ailleurs que d'eux-mêmes. Mais considérez aussi qu'à la longue il leur ennuyerait de t'ouïr causer. Un présent n'est jamais si beau ni si plaisant qu'à l'heure qu'on le présente, et 195 que avec belles paroles on le fait trouver bon. On n'a jamais tant de plaisir avec Licisca que la première fois que l'on la couvre. Un collier n'est jamais si neuf que le premier jour qu'on le met; car le temps envieillit toutes choses, et leur fait perdre la grâce de nouveauté. Aurait l'on prou ouï parler les chiens, on voudrait ouïr parler les chats, les bœufs, les 200 chèvres, les ouailles, les ânes, les pourceaux, les puces, les oiseaux, les poissons, et tous les autres animaux. Et puis qu'aurait-l'on davantage quand tout serait dit? Si tu considères bien, il vaut mieux que tu sois encore à parler, que si tu eusses déjà tout dit.

HYLACTOR

Or je ne m'en pourrais pas tenir longuement. 205

PAMPHAGUS

Je m'en rapporte à toi. On te aura en fort grand admiration pour un temps. On te prisera beaucoup, tu mangeras de bons morceaux, tu seras bien servi de tout, excepté que l'on ne te dira pas, *duquel voulez-vous?* car tu ne bois point de vin, comme je crois. Au reste, tu auras tout ce que tu demanderas, mais tu ne seras pas en telle liberté que tu désirerais; car bien 210 souvent il te faudra parler à l'heure que voudrais dormir et prendre ton repos; et puis, je ne sais si à la fin on ne se fâchera point de toi. Or il est temps de nous retirer par devers nos gens. Allons-nous en à eux; mais il faut faire semblant d'avoir bien couru et travaillé, et d'être hors d'haleine.

HYLACTOR

Qu'est-ce que je vois là au chemin? 215

PAMPHAGUS

C'est un paquet de lettres qui est tombé à quelqu'un.

HYLACTOR

Je te prie, déplie-le, et regarde voir que c'est, puisque tu sais bien lire.

PAMPHAGUS

Aux antipodes supérieurs.

HYLACTOR

Aux antipodes supérieurs! (*17*) Je crois qu'il y aura quelque chose de nouveau.

22

PAMPHAGUS

Les antipodes inférieurs, aux antipodes supérieurs.

HYLACTOR

Mon dieu, qu'elles viennent de bien loin!

PAMPHAGUS

Messieurs les antipodes, par le désir que nous avons de humainement converser avec vous, à celle fin d'apprendre de vos bonnes façons de vivre, et vous communiquer des nôtres, suivant le conseil des astres, avions fait passer par le centre de la terre aucun de nos gens pour aller par devers vous. Mais vous, ayant aperçu cela, leur avez estouppé le trou de votre côté, de sorte qu'il faut qu'ils demeurent aux entrailles de la terre. Or nous vous prions que votre bon plaisir soit leur donner passage, autrement nous vous en ferons sortir par-delà de tant de côtés et en si grande abondance, que vous ne saurez auquel courir. Tellement que ce que l'on vous prie de faire de grâce et amour, serez contraints souffrir par force, à votre grande honte et confusion, et à dieu soyez. Vos bons amis, les antipodes inférieurs. Voilà bien des nouvelles.

22

23

HYLACTOR

C'est mon; et merveilleuses.

(*17*) Les antipodes inférieurs ne sont-ils pas les protestants, et les supérieurs, les catholiques?[18]

[18] There is no note on this passage in the 1732 edition.

82

PAMPHAGUS

Ecoute, on me husche. Il m'en faut aller. Nous lirons le demeurant des   235
lettres une autre fois.

HYLACTOR

Mais où est-ce que tu les mettras? Cache-les là en quelque trou de cette
pyramide, et les couvre d'une pierre. On ne les trouvera jamais, et puis
aujourd'hui à quelque heure, si nous sommes de loisir, ou demain, qui est
le jour des saturnales, nous les viendrons achever de lire; car j'espère qu'il   240
y aura quelques bonnes nouvelles. Aussi bien te veux-je apprendre
plusieurs belles fables que j'ai ouï raconter autrefois? comme la *Fable de
Prometheus*; la *Fable du grand Hercules de Lybie*, la *Fable du Jugement de
Paris*; la *Fable de Saphon*, la *Fable de Erus* qui revêquit, et la *Chanson de
Ricochet*, si d'aventure tu ne la sais.   245

PAMPHAGUS

Tu m'en bailles bien. Je suis tout versé de telles matières. Hâtons-nous, je
te prie, et nous taisons, que nos gens, qui sont ici près, ne nous oient
parler.

HYLACTOR

Je ne parlerai donc meshui? Si ferai par Diane, si je puis être en notre
maison; car je ne m'en pourrais plus tenir. Adieu donc.   250

PAMPHAGUS

Et n'oublie pas de bien ouvrir la bouche, et tuer la langue, afin de faire les
mines d'avoir bien couru. (*Pamphagus seul.*) Ce folâtre Hylactor ne se
pourra tenir de parler, afin que le monde parle aussi de lui. Il ne saurait
dire si peu de paroles, qu'il n'assemblât tantôt beaucoup de gens, et que le
bruit n'en courût incontinent par toute la ville; tant sont les hommes   255
curieux et devisant volontiers les choses nouvelles et étrangères.

Les
Souvenirs
de
Madame de Caylus

Critical edition

by

Janet Godden and Virgil Topazio

CONTENTS

> Professor Virgil Topazio
> sadly died in 2000, before his
> work on this text was finished.

INTRODUCTION

The *Souvenirs* of Mme de Caylus belong to the memoir genre of literature, and she herself has been highly regarded as a stylist.[1] Voltaire's role in the publication of the *Souvenirs* has long been recognised, but his motivation and the nature of his contribution have hitherto been little studied. In this edition we reproduce the text of the *Souvenirs* in its entirety, but the commentary and annotation are confined to material relevant to Voltaire as editor of Mme de Caylus.[2]

i. *Mme de Caylus and her life at court*

Mme de Caylus was born Marthe-Marguerite Le Valois, in Poitou in 1671. On her mother's side she was the great-granddaughter of Théodore-Agrippa d'Aubigné, whose only son was the father of Mme de Maintenon, making her a cousin once removed of Mme de Maintenon, or 'à la mode de Bretagne' her niece.[3] At the age of seven she was taken away from her protestant father and brought up at Versailles by Mme de Maintenon, and in 1686, at the age of fifteen, she was married to the elderly comte de Caylus, a military diplomat, who had the reputation of a bore and a drunkard. Mme de Maintenon's reasons for arranging this unsuitable marriage are not clear. In the *Siècle de Louis XIV* Voltaire records that Mme de

---

[1] For example Sainte-Beuve: 'Cette plume légère touche tout à point [...] elle prend dans chaque personne le trait dominant et saisit ce qu'il faut faire voir en chacun. [...] L'observation de Mme de Caylus est droite et prompte; elle va au fond des caractères sans qu'il y paraisse' (*Causeries du lundi*, 15 vols, Paris 1850-1856, iii.58).

[2] The most recent annotated edition is *Souvenirs de Madame de Caylus*, ed. Bernard Noël (Paris 1986). Noël's edition reproduces Voltaire's preface and includes most of his notes, interspersed with additional editorial notes. It largely supersedes the edition by Emile Raunié, *Souvenirs et correspondance de Mme de Caylus* (Paris 1881).

[3] Mme de Maintenon was born Françoise d'Aubigné in 1635, the daughter of Constant d'Aubigné, son of Théodore-Agrippa.

Maintenon was able to give her niece only a modest dowry, the rest being contributed by the king.[4] The comte was encouraged to remain at the front, and the young Mme de Caylus enjoyed life at Versailles, where her privileged relationship gave her an entrée everywhere. In particular she embarked on a lasting liaison with the duc de Villeroi (1663-1734): ' Sa liaison avec le duc de Villeroi éclata; mais cet amant était un homme plein de vertu, bienfaisant, modeste, et le meilleur choix que Mme de Caylus pût faire', comments Voltaire.[5] This scandal caused her to be banished from Versailles for some years. The comte de Caylus died in 1704, leaving Mme de Caylus with two sons. She did not remarry.

Mme de Caylus was a young woman of great charm. Saint-Simon left this recollection of her: 'Jamais un visage si spirituel, si touchant, si parlant, jamais une fraîcheur pareille, jamais tant de grâces ni plus d'esprit, jamais tant de gaieté et amusement, jamais de créature plus séduisante.'[6] Many years later, in the 'Catalogue des écrivains' that accompanied the *Siècle*, Voltaire wrote of her as 'Mme de Caylus, l'une des plus aimables personnes de ce siècle par sa beauté et son esprit'.[7] Saint-Simon also describes the milieu that Mme de Caylus created for herself at Versailles, how she was cultivated by those anxious to gain the ear of Mme de Maintenon and hence of the king, and how the king distrusted her frivolity and mockery (of which she gives an example in lines 2241-59).[8] Dangeau's *Journal* is sprinkled with references to her presence among the entourage of Mme de Maintenon and in the select lists of ladies of the court accompanying the king and Mme de Maintenon on drives and excursions.

After the death of Louis XIV Mme de Maintenon retired to

[4] *Le Siècle de Louis XIV*, ch.27, *Œuvres historiques*, ed. R. Pomeau (Paris 1957), p.937.
[5] Note 67.
[6] Saint-Simon, *Mémoires*, ed. Yves Coirault, 8 vols (Paris 1983-1988), ii.539.
[7] Entry on La Fare, *OH*, p.1170.
[8] See Saint-Simon, *Mémoires*, ii.861.

Saint-Cyr and Mme de Caylus left Versailles for Paris, where she
lived near the palais du Luxembourg. Her letters to Mme de
Maintenon describe a life of small pleasures, particularly the visits
of her elder son, of the duc de Villeroi and other former friends,
but punctuated by periods of ill health.[9] She made occasional visits
to Saint-Cyr to see Mme de Maintenon, who died in 1719. Saint-
Simon paints a slightly different picture:

Elle [ne] craignit pas de revoir le duc de Villeroi tous les jours, et qui,
après la mort du roi et de madame de Maintenon, ne bougea plus de chez
elle, et y soupait tous les soirs en maître de la case jusqu'à sa mort, dont il
pensa mourir de douleur, quoique quelquefois las l'un de l'autre. La
pauvre femme s'était souvent moquée de sa dévotion de Paris depuis son
retour à la cour, et des nuits des jours saints qu'elle avait passé devant le
Saint Sacrement à Saint-Sulpice. Elle n'était pas bonne, et avait de quoi
être fort méchante.[10]

Mme de Caylus died on 15 April 1729, at the age of fifty-six.

Voltaire was a contemporary of the younger comte de Caylus,
and was acquainted with him. In June 1733 he was collecting
Caylus's engravings (D624), to which he refers in the *Temple du
goût* with the line 'Brassac, chantez; gravez Caïlus', adding the note
'N... marquis de Caïlus est célèbre par son goût pour les arts, et par
la faveur qu'il donne à tous les bons artistes. Il grave lui-même et
met une expression singulière dans ses desseins.'[11] Thiriot told
Voltaire of Caylus's death in 1765 with the words: 'M. le comte de
Caylus vient de mourir et en philosophe qui laisse après lui bien des
regrets de gens de lettres et de jeunes artistes avec qui il partageait
ses revenus' (D12876; 10 September 1765).

[9] A selection of the letters of Mme de Caylus is printed by Raunié; and see also
Pierre-E. Leroy and Marcel Loyau (eds), *L'Estime et la tendresse. Mme de
Maintenon, Mme de Caylus et Mme de Dangeau, correspondances intimes* (Paris 1998).
[10] See his 'addition' to Dangeau's Journal for 10 February 1707, *Journal du
marquis de Dangeau*, ed. Eudoxe Soulié and Louis Dussieux, 19 vols (Paris, Firmin-
Didot Frères, 1854-1860), xi.300.
[11] *Le Temple du goût*, *OC*, vol.9, p.182.

2. The genesis of the 'Souvenirs'

Tradition has it that Mme de Caylus wrote her *Souvenirs* during a two-year period of illness around 1728. She herself tells us that she was asked by friends to record her memories (lines 4-7), and in view of the complex manuscript tradition it is worth noting that there is still some question as to whether she wrote them down herself or dictated them to her elder son. It was afterwards maintained by François-Louis-Claude Marin, former secretary of the younger comte de Caylus, that the comte had persuaded his mother to put together her recollections in order to distract her from the boredom of being bed-ridden. 'Elle répondit que sa tête n'était pas assez libre pour donner une forme convenable à des mémoires. "Eh bien! répliqua M. de Caylus, nous intitulerons cela Souvenirs, et vous ne sera assujettie à aucun ordre de date, à aucune liaison." Madame de Caylus y consentit, et c'est au pied de son lit que M. de Caylus écrivit cet ouvrage sous la dictée de sa mère.'[12] This story is inconsistent with the claim by Mlle d'Aumale, secretary of Mme de Maintenon, that she had received from Mme de Caylus 'ses mémoires écrits de sa main',[13] but it is possible, even probable, since Mme de Caylus was a sick woman, that she wrote some parts herself and dictated others. It seems likely that both she and Mlle d'Aumale were initially asked by the sisters at Saint-Cyr to write down their recollections of Mme de Maintenon, with whom much of the *Souvenirs* are concerned,[14] and

[12] *Journal des débats*, 1804. Marin is commenting here on A. A. Renouard's 1806 edition of the *Souvenirs*. Reproduced in Raunié, p.328.

[13] Marie Jeanne d'Aumale was the secretary of Mme de Maintenon. She was at the time putting together her own memoir of the court of Louis XIV and Mme de Maintenon, into which she had interspersed parts of the *Souvenirs*. This work was never published, but it was used by La Beaumelle as a source for his editions of the letters and memoirs of Mme de Maintenon: *Lettres de Mme de Maintenon*, 2 vols (Nancy 1752; BV2266), and *Mémoires pour servir à l'histoire de Mme de Maintenon, et à celle du siècle passé* (1756; Avignon 1757; BV1794).

[14] This is the assumption of Auger in the 'Notice biographique' that prefaced his edition of the *Souvenirs* of 1804.

Mme de Caylus implies as much in a letter to Mlle d'Aumale written within a few weeks of the death of Mme de Maintenon in 1719: 'Vous devriez à vos heures de loisir, qui ne vous manquent pas, écrire les principaux événements de sa vie; nous les reverrions ensemble, ce serait notre consolation de nous rappeler ce que nous avons vu et su.' [15]

The *Souvenirs* are not reminiscences of the life of Mme de Caylus herself, of which she says little, but miscellaneous recollections of what she observed, or was told by Mme de Maintenon, about the court of Louis XIV in the 1680s and '90s, and in particular the intrigues and quarrels around Mme de Maintenon and her circle. On the whole they are written with the detachment of a by-stander, and this is the impression that Mme de Caylus deliberately conveys ('tout ce que je sais', 'à quoi je ne jurerais pas', 'je sais seulement'), but in places characters or events are evidently seen through the eyes of Mme de Maintenon. There is neither a thematic nor a chronological arrangement. There are a couple of instances of almost word-for-word repetition, noticed by Voltaire (lines 2051-62 are a repeat of lines 1507-18, and 1783-86 a repeat of 1199-201). Elsewhere Mme de Caylus says that she will return to a subject later but does not always do so. Of the foundation of Saint-Cyr she says that the subject is worth treating at length but then gives a rather vague and summary account. Some of this may perhaps point to the *Souvenirs* having been worked on by another hand, perhaps that of the comte de Caylus, before the manuscript took its final form. [16] Marin's explanation for their lack of order may perhaps be retrospective justification.

The *Souvenirs* end abruptly, and as we know them they are clearly unfinished. The most likely explanation is that Mme de Caylus was overtaken by her illness, but it is possible that a later portion dealing with the last decade of the king's life was

---

[15] Leroy and Loyau (eds), *L'Estime et la tendresse*, p.440.

[16] Jean de Booy, 'Diderot, Voltaire et les Souvenirs de Mme de Caylus', *Revue des sciences humaines* 109 (1963), p.24-36, argues that the *Souvenirs* were pieced together from disjointed fragments after the death of Mme de Caylus.

suppressed or destroyed as concerning events too recent for circulation. Publication of the *Souvenirs* of Mme de Caylus would certainly have had novelty and curiosity value among court circles, even forty years after her death, although the excitement of anticipation may not have been wholly borne out by the reality of the printed volume.

3. *Publication*

Voltaire's involvement with the *Souvenirs* seems to have arisen through his connection with Marin and to date from 1766. Marin had been a royal censor since 1759, and *secrétaire général de la librairie* since 1763. Voltaire recognised the importance to him of the influence that Marin could wield in this latter position and set out to cultivate his acquaintance. [17] As we have seen, Marin himself was also close to the comte de Caylus, and in July 1766 he added the following long postscript to a letter to Voltaire (D13432):

Je voudrais vous demander un service. Vous avez entendu parler des souvenirs de Mme de Caylus. Le comte de Caylus qui avait beaucoup d'amitié pour moi me donna une copie du manuscrit de sa mère en me faisant promettre de n'en faire usage ni pendant sa vie ni pendant la vie de la personne à qui il laisserait ses papiers. Il les avait laissés à M. de Bombarde qui vient de mourir. Je serais par conséquent libre de faire imprimer ce ms mais j'ai de très fortes raisons pour ne pas m'en mêler. Cet ouvrage fera sûrement du bruit, il pourra déplaire à quelques familles et il n'est pas possible de le faire paraître à Paris. D'un autre côté il est à présumer que les héritiers de M. de Bombarde ne se feront point scrupule de donner ou de vendre ce ms. Je voudrais donc en profiter sans être compromis et vous me rendriez service de demander à MM. Cramer s'ils voudraient acquérir ce ms. Je voudrais bien en avoir une cinquantaine de Louis, s'il était possible, car dans ma maudite place j'ai beaucoup de travail et point de profit. Vous pensez bien, Monsieur, que dans cette

---

[17] D11797, D11831, D12114, D12118, and others. See William Hanley, 'Voltaire and Marin', in *Voltaire et ses combats*, ed. U. Kölving and C. Mervaud, 2 vols (Oxford 1997), i.467-82.

négociation, il ne doit jamais être question de moi, que le secret serait entre vous et moi seulement et je vous prierai même de vouloir bien brûler ma lettre ou me le renvoyer. Si le marché convient à M. Cramer, je vous ferais parvenir le manuscrit par la poste et sans frais. Il ne formera qu'un seul volume ou deux petits. Vous voyez, Monsieur, que j'use librement des offres de service que vous avez bien voulu me faire. Je vous en demande pardon, et j'ai lieu de compter sur vos bontés et encore plus sur le secret que je prends la liberté de vous confier.

We do not know Voltaire's response. His relations with Marin remained good during the following years, so we can only conclude that the transaction was completed to the satisfaction of both. We have no evidence for Voltaire acquiring the manuscript of the *Souvenirs* through any other source.

It was generally known from the outset that Voltaire himself was responsible for the first publication of the *Souvenirs*, dated 1770 'Chez Jean Robert, à Amsterdam', and that he was the author of the accompanying unsigned preface and notes. He makes this clear himself in five letters written late in 1769 and early 1770 to his old friend the maréchal duc de Richelieu. 'J'ai à vous dire', he writes in October 1769, 'qu'on imprime actuellement dans les pays étrangers les souvenirs de Mme de Caylus. Elle fait un portrait fort plaisant de Monsieur le duc de Richelieu votre père' (D15947). A month later he is waiting for copies (D15991, D16005), and by 3 December some at least have arrived:

Enfin, Monseigneur, voici les Souvenirs de Mme de Caylus que j'attendais depuis si longtemps; ils sont détestablement imprimés. C'est dommage que Mme de Caylus eu si peu de mémoire. Mais enfin, comme elle parle de tout ce que vous avez connu dans votre première jeunesse [...] je suis persuadé que ces souvenirs vous en rappelleront mille autres, et par là vous feront un grand plaisir. [...] Je vous supplie d'être assez bon pour me dire si les souvenirs de Mme de Caylus vous ont amusé.[18]

---

[18] D16019. See lines 1120-57 and notes. Richelieu must rank among those who would not have been gratified, though they may have been amused, by the depiction of their relations in the *Souvenirs*.

The number of editions of the *Souvenirs*, albeit with few differences, supports the evidence for some early dissemination of the manuscript before publication – possibly before the death of the comte de Caylus since, as we have seen, Mlle d'Aumale maintained that she received her copy from Mme de Caylus herself, and Louis Racine evidently obtained some fragments before 1747.[19] It is hard to see how memoirs of such interest could have remained uncopied from 1729 to the late 1760s.

According once more to Marin, in an account given by Grimm as a note to his description of the *Souvenirs* in December 1769, it is clear that readings from the manuscript *Souvenirs* took place before selected groups of friends. In order, presumably, to distance himself from the printed edition, Marin tells a curious tale about Caylus lending the manuscript overnight – against his, Marin's, advice – to 'un homme de lettres que je n'aurai pas l'indiscrétion de nommer pour ne pas flétrir la grande réputation dont il a joui, qui n'est cependant pas un de ceux qui honorent aujourd'hui la littérature'. Marin continues:

Quelque temps après nous apprîmes que cet ouvrage avait été imprimé en Hollande. Il me fut facile par mes liaisons avec les libraires de France et des pays étrangers [...] de découvrir l'auteur de cet infidélité. Je sus que le manuscrit avait était vendu pour vingt-cent louis à un libraire de Hollande. J'appris de plus, par un ouvrier de l'imprimerie chargée des ouvrages de la personne en question, que cet ouvrier et deux autres scribes, après avoir détaché les feuillets et copiant, l'un le folio recto, et l'autre le verso, avaient transcrit dans la journée le manuscrit qui est grand in-folio, que j'ai actuellement sous les yeux et qui fut rendu exactement à l'heure indiquée.[20]

This account does not explain how Voltaire came into the picture, and it is not easy to know what to make of it. Nineteenth-century editors did not know of Marin's letter to Voltaire of 1766, and a

---

[19] Louis Racine, *Mémoires sur la vie de Jean Racine* (Lausanne, Bousquet, 1747), in Racine *Œuvres complètes*, ed. R. Picard (Paris 1950), p.69-71, 75-76.

[20] Quoted in Grimm, *CL*, viii.383n. An almost identical account appeared in the *Journal des débats* for 1804, reprinted by Raunié, p.329.

tradition arose that the young man who borrowed the manuscript was Diderot. This can almost certainly be discounted. It rests on shaky evidence, in which Diderot's name is not mentioned,[21] and on the fact that Caylus is known to have disliked Diderot. It now seems likely that Marin was covering his own tracks with regard to disposing of his manuscript to Voltaire.

We do not know the reason for the delay between the second half of 1766 – after the death of Bombarde and Voltaire's exchange with Marin – and the appearance of the first printed edition of the *Souvenirs* at the end of 1769. There may have been a delay in Voltaire's acquisition of the manuscript itself, although a gap of three years seems unlikely. In the late 1760s Voltaire was certainly keen to get into the public domain everything he could about the reign of Louis XIV in order to keep alive interest in the *Siècle*. The new edition of 1761 had given rise to further criticism from various quarters including La Beaumelle,[22] provoking Voltaire to produce a new edition of the *Siècle* in 1768, and then publish the *Defénse de Louis XIV* in 1769. Apart from a long passage about the edict of Nantes, references to the king in the *Souvenirs* are mainly concerned with his *amours*, and there is an absence of recollections about serious subjects, but in his preface Voltaire sees the *Souvenirs* and his history almost as complementary, and he dismisses the lack of information about wars or foreign policy: 'Mais tous ces objets ayant été presque épuisés dans l'histoire du siècle de Louis XIV, on peut voir avec plaisir de petits détails qui font connaître plusieurs personnages dont on se souvient encore' (lines 19-22). The second consideration is that towards the end of 1769 Voltaire may well have learned that another publisher was about to bring out his own edition of the *Souvenirs*.

[21] *Journal des débats*, 1804. This second letter, accompanying a reprint of the account earlier published by Grimm, was written to refute the 'Commentaire historique' of the edition of 1804. See de Booy, 'Diderot, Voltaire et les Souvenirs de Mme de Caylus', *passim*.

[22] See *Lettre de M. de La Beaumelle à M. de Voltaire* (London, J. Nourse [Paris], 1763; BV1793).

4. *Voltaire's preface and annotation*

Although it is by no means impossible that Voltaire met Mme de Caylus personally he makes no mention of having done so. At the time when he was making a name for himself in Paris society in the 1720s she was living in retirement, probably already in poor health. But she may have been connected to Bolingbroke and his circle at La Source, [23] of which Voltaire was also part, and among his friends and acquaintances in the Société du Temple Voltaire certainly knew a number of her contemporaries. This makes it rather more strange that during the late 1730s and '40s when he was actively soliciting eye-witness accounts for the composition of the *Siècle* Voltaire seems not to know of the manuscript *Souvenirs*. [24] 'Des petites aventures de cour' [25] were precisely what Voltaire was looking for to lighten the history of religious and foreign affairs and it is safe to assume that if he knew of the *Souvenirs*, or had reliably heard them quoted, he would have included such material in the *Anecdotes sur Louis XIV* (1748), the forerunner of the three chapters of anecdotes in the *Siècle* and the repository for most of the personal details in the *Siècle*. It may be, therefore, that the private readings to small circles of friends mentioned by Marin did not take place until the 1750s or early '60s. We should note that in the *Anecdotes sur Louis XIV* Voltaire makes a point of correcting the name of one of the witnesses at the secret marriage of Mme de Maintenon and the king in favour of the witness named by Mme de Caylus. [26] He does not name her as his source, however, and on

[23] Bolingbroke's second wife was also related to Mme de Maintenon, although not to Mme de Caylus.

[24] Voltaire's searches for first-hand accounts are described in the introduction to the *Anecdotes sur Louis XIV*, ed. Serge Rivière, *OC*, vol.30C, p.116-37.

[25] Préface, lines 10-11.

[26] 'Mais ce fut M. de Montchevreuil et non M. de Forbin qui assista comme témoin' (*Anecdotes sur Louis XIV*, p.171; see also p.132); cf. below, 'Ce sont M. d'Harlai [...] M. et Mme de Montchevreuil, Bontems et une femme de chambre de Mme de Maintenon' (lines 1800-804). See also Marc Serge Rivière, 'Voltaire

balance it is more likely that his information came from else-where. [27]

Voltaire's preface consists of around ten lines about Mme de Caylus and the unaffected conversational nature of the *Souvenirs*, forty lines on the value of personal reminiscences of this kind to set against histories of war and religion, and some fifty lines about the particular value of these *Souvenirs* in countering various inaccuracies put about by La Beaumelle, particularly with regard to Mme de Maintenon. From reading this second half of the preface it is hard not to think that it is here that the principal interest of the *Souvenirs* lies in Voltaire's eyes. The annotation, on the other hand, does not give the impresssion of having been prepared with the express purpose of refuting La Beaumelle. His editions of the letters and mémoires of Mme de Maintenon are an evident source for some of the notes, although he himself is alluded to directly only in notes *63* and *72*.

The *Souvenirs* are augmented by 77 footnotes, although these are not announced on the title page as part of the attraction of the work, as they are with Dangeau's *Journal*. The *Souvenirs* are less densely annotated than the *Journal* – 77 notes accompany 2345 lines of text, as opposed to the *Journal* with 156 notes to 2000 lines of text – but scarcely any are of the purely dismissive nature of many of the notes to the *Journal*. Seven of the notes (our notes *2, 4, 6, 7, 9, 28* and *77*) also occur as footnotes to the edition published by Marc-Michel Rey before he added Voltaire's notes to create his own second edition as described below. These seven notes, together with a few more that appear as part of the text in Voltaire's edition, [28] were assumed by nineteenth-century editors to be by

---

reader of women's memoirs', *SVEC* 371 (1999), p.23-52. Voltaire mentions the mémoires of Mlle d'Aumale (though not those of Mme de Caylus) in a letter about La Beaumelle's mémoires of Mme de Maintenon (D6890; June 1756).

[27] On the possibility of Voltaire learning of the *Souvenirs* from the duc d'Antin, see preface, lines 4-5 and note.

[28] For example, Voltaire's lines 1660-66 and 1947-50 are notes in the Rey edition.

Mme de Caylus herself. The addition of numbered or asterisked notes to such randomly written recollections seems a curious concept, and perhaps supports the supposition that the manuscript was worked on by the comte de Caylus or others after the death of Mme de Caylus. Whatever the answer, these notes are not by Voltaire, since they were clearly present in both the 'Jean Robert' and the 'Rey' manuscripts. A possible exception is Rey's first note, 'Il fut accusé d'avoir fait de la fausse monnaie', to the sentence 'Le fils fut malheureux et méritait ses malheurs par sa conduite' (line 37). This note does not occur in any of the editions published by Voltaire. He may have overlooked it, or decided not to include it, but it is possible that it did not appear on his manuscript. Two further notes – *1* and *10* – are incorporated into the text of the Rey edition, so probably did not originate with Voltaire.

Of the remaining 71 notes by Voltaire himself a sprinkling are short, laconic asides,[29] typical of some of his annotation of Dangeau's *Journal* and of some of his own marginalia. Some provide dates or other identifiers essential to this somewhat rambling text, others fill out anecdotes of court gossip and intrigue cited in the text. Mme de Caylus does not shrink from making disobliging comments about people and emphasising their failings, but it is surprising in some instances to find Voltaire himself descending to gossip at this level. In note *21* he writes in the first person, and almost in the style of Mme de Caylus herself. About a dozen notes are related directly to Mme de Maintenon, and about half a dozen consist of attacks on her confessors. The most detailed notes are to the passages concerning the performances of *Esther* and *Andromaque* at Saint-Cyr[30] which would have been of particular interest to Voltaire. It is hard to believe that it was ever his intention to annotate the whole manuscript to this level of intensity. Voltaire's notes fall more unevenly across the book than they do in his edition of Dangeau's *Journal*, with comparatively

---

[29] See, for instance, notes *12*, *13*, *14*, *31*, *34*, *35*, *42*, *48*, *68*.
[30] See, for instance, notes *24*, *52*, *54*, *56*, *57*, *58*, *75*.

little annotation to the early parts of the *Souvenirs*. Working from the first edition in 176 pages we calculate that the first third of the volume contains nine notes, of which seven are also found in the Rey edition; the second third of the volume contains thirty-six notes of which only one occurs in the Rey edition, and the final third contains thirty notes of which only one is in the Rey edition, and this last note *77* is the only note to the last fifteen pages of the volume.

The *Souvenirs* seem to have attracted surprisingly little attention. Grimm gives a full account on 1 December 1769, beginning:

> Le patriarche s'est aussi fait l'éditeur des *Souvenirs de Madame la marquise de Caylus*, qu'il a même enrichis des notes, et à la tête desquels il a mis une courte préface, dans laquelle La Beaumelle est aussi maltraité que dans la *Défense de Louis XIV*. Ces *Souvenirs* forment un volume de cent-soixante-seize pages, et ne sont pas achevés; ce n'est proprement qu'un fragment que plusieurs personnes connaissent depuis longtemps en manuscrit, et qui avait beaucoup de réputation.[31]

While waiting for the first copy of the *Souvenirs* in November 1769 Voltaire wrote to Richelieu: 'Je n'ai pu encore, Monseigneur, avoir les Souvenirs; mais j'ai l'honneur de vous envoyer un petit ouvrage qui ne doit pas vous déplaire, car après tout vous avez servi sous Louis XIV; vous avez été blessé au siège de Fribourg. Il me semble qu'il vous aimait. La manie qu'on a aujourd'hui de le dénigrer me paraît bien étrange' (D16005). The 'petit ouvrage' in question must have been the *Défense de Louis XIV contre l'auteur d'Ephémerides*,[32] who had harshly criticised the recent edition of the *Siècle*. There is little evident connection between the subject matter of the *Défense de Louis XIV* and the *Souvenirs*, although at one point Voltaire not only refers to the *Souvenirs* but quotes from

[31] *CL*, viii.383-87. Grimm discusses the *Souvenirs* themselves at length, but he does not comment further on Voltaire or his annotation or preface.

[32] M.xxviii.327-40; and see R. Pomeau, *Ecraser l'infâme, Voltaire en son temps*, 2nd edn (Oxford and Paris 1995), ii.340. The main author of the *Ephémerides* was Pierre-Samuel Dupont de Nemours, to whom Turgot wrote about the *Défense* (D16011).

them.[33] The final pages of the *Défense* are, however, taken up, like the preface to the *Souvenirs*, with criticism of La Beaumelle. Voltaire's war with La Beaumelle had taken on a new lease of life in the late 1760s.[34] In particular he had savaged La Beaumelle's *Mémoires pour servir à l'histoire de Mme de Maintenon* in *Les Honnêtetés littéraires* of 1767.[35]

Writing to the Geneva publisher Christophe Philibert[36] in August 1770, La Beaumelle specifies the *Souvenirs* among the numerous works in which he had been unfairly criticised by Voltaire, and proposes his own solution (D16613):

Je n'ai point renoncé à faire rougir M. de Voltaire ou l'écrivain qui a pris son nom, de s'être si souvent oublié vis à vis de moi. [...] Il me parut tout simple de donner une édition des œuvres de M. de Voltaire avec des notes courtes et utiles dans le goût de l'édition qu'il m'avait fait l'honneur de donner chez vous des *Mémoires de madame de Maintenon*.

5. *The text*

No manuscript of the *Souvenirs* has come down to us, but in addition to the version that Voltaire presumably obtained from Marin, we know of (1) the copy said by Mlle d'Aumale to have been given to her by Mme de Caylus, (2) the copy left to Bombarde in the papers of the comte de Caylus, and (3) the fragments seen by Louis Racine. In their printed form the *Souvenirs* exist in three editions, each of which is found in two states.

The traditionally accepted first edition, and in any case the first edition with Voltaire's preface and notes, was printed 'A Amsterdam, chez Jean Robert' (our JR), This is almost certainly

---

[33] M.xxviii.335.

[34] See Pomeau, *Ecraser l'infâme*, *VST*, vol.2, p.218-19.

[35] *Les Honnêtetés littéraires*, M.xxvi.161-67.

[36] With whom Voltaire had published an edition of La Beaumelle's *Mémoires pour servir à l'histoire de Mme de Maintenon* [...] *augmentée des remarques critiques de M. de Voltaire* in 1757.

a fictitious address denoting publication in Geneva, as was noted at the time. [37] The difference between the states of this edition, with preface and 77 notes, lies in the final two pages. The fuller edition, our base text, is in 176 pages, and as we have seen this is the edition reviewed by Grimm on 1 December 1769. Copies also exist in 174 pages, and with pages 173-74 repeated instead of pages 175-76. In all states the text ends with a row or more of ellipses. We must conclude, therefore, that Voltaire decided that the final page and a half was better omitted and inserted a cancel, or that the edition in 174 pages was an error, or that after having it printed he came across an edition with extra material at the end and had his own text reprinted.

Marc-Michel Rey in Amsterdam also published the *Souvenirs* in 1770, from a different manuscript as noted above. His case is clearer. Both his editions include the final material about the duchesse de Bourgogne. The difference between the two states here is that Rey's first printing contains only the text of the *Souvenirs* with a handful of footnotes that almost certainly originated from marginal notes in the manuscript (these were absorbed by Voltaire into his own scheme of annotation, as we have seen). Rey then came across a copy of Voltaire's first edition and reissued his own text with his own 'Préface et Remarques tirées de l'Edition faite à Genève'. These included most of Voltaire's notes (though the original manuscript notes retained their place as footnotes). Rey also added a short 'Avertissement' explaining all this, from which we learn that the notes, gathered together at the front of the volume, were intended to be at the back. Rey's printing is *encadrée*, on good quality paper and appears a more prestigious edition than the 'Jean Robert' edition. The few, significant differences from the Jean Robert edition are further evidence for the existence of a different manuscript. [38]

---

[37] The name Jean Robert is otherwise unknown among the printers and booksellers of Amsterdam in the eighteenth century. It does not occur in I. H. Van Eeghen's 6-volume *De Amsterdamse boekhandel*.

[38] In addition to some passages lacking in the Jean Robert editions, and noted in

The printer of the 'seconde édition', 'A Chateau Fernei' (our CF) is unknown. This edition contains the preface and Voltaire's notes as printed in the Jean Robert edition. It also contains the final material about the duchesse de Bourgogne. The two states have the same text and notes, with very few variants from the Robert edition. The edition is of interest for the inclusion of the *Défense de Louis XIV*. Bengesco (ii.257 and 417) did not consider it to be a pirate edition.

The obvious conclusion from the activity surrounding these editions is that as soon as word was spread that a printed edition was about to appear, or had appeared, the possessors of other manuscripts hastened to cash in their copies.[39] Later editors claimed to have had access to manuscript material. Renouard declared that his edition was based on the original manuscript made available to him by Marin.[40] Monmerqué refuted Renouard's claims, alleging that he himself had found the authentic text 'rétabli, par fragments il est vrai, dans les Mémoires inédits d'une autre élève de Saint-Cyr, fort avant dans l'intimité de madame de Maintenon et de sa nièce, Mademoiselle d'Aumale'.[41] Most nineteenth-century editions correct the errors of the Robert editions but include the final paragraphs in full; however, the substantive edition published by Emile Raunié in 1881 omits the final sentence.

---

the footnotes to the text, there are a few minor stylistic improvements, such as the repetition 'je dis tranquille' before 'parce que la paix' (line 1019), the reading 'sa veste brune' for 'sa tête brune' (line 1286), and the addition of 'son humeur' before 'capable' (line 1490).

[39] See H. Clouzot, 'Le véritable texte des *Souvenirs* de Mme de Caylus', *Revue des travaux de l'Académie des sciences morales et politiques* 98 (1938), p.355-73.

[40] *Les Souvenirs de Madame de Caylus*, ed. A. A. Renouard (Paris 1806), Avertissement.

[41] L. J. N. Monmerqué in *Collection complète des Mémoires relatifs à l'histoire de France*, ed. A. Petitot and L. J. N. Monmerqué (1822). Asselineau, however, cast some doubt on whether Monmerqué's text was more reliable than previous texts, a doubt shared by Sainte-Beuve: see Charles Asselineau, *Les Souvenirs de madame de Caylus*, nouvelle éd. avec une Introduction et des notes (Paris 1860), p.xxxiii.

Editions and translation

JR1

LES / SOUVENIRS / DE / MADAME / DE / CAYLUS, / A Amsterdam / Chez *JEAN ROBERT*, / [*thin-thick-thin rule*] / M.DCC.LXX.

In-8°, viii-174 p. P.80 is misprinted 60.

Contains Voltaire's preface and notes, the latter with alphabetical indicators starting from (*a*) on each page. The text ends: 'je ne puis douter de sa tendresse pour le Roi.' followed by one and a half lines of ellipses, then 'FIN'.

Bengesco 1907 (ii.414-15).

Paris, BnF: Lb37 138, Z Bengesco 372. (In Z Beuchot 1039 pages 173-74 repeated.)

JR2

LES / *SOUVENIRS* / DE / MADAME / DE CAYLUS. / [*last line in decorated caps*] / [*large ornament*] / A Amsterdam, / Chez *JEAN ROBERT*. / [*thin-thick-thin rule*] / M.C.LXX.

In-8°, viii-176 p.

i-viii Préface; 1-176 Les Souvenirs de madame de Caylus.

P.176 ends 'plûtot une galanterie innocente qu'une passion.' followed by a line of ellipses, then 'FIN'. The words that end JR1, '...sa tendresse pour le Roi.', occur halfway down p.174; the next sentence begins 'Mais Madame la dauphine'. Last signature is L₃ on p.165. The words 'de si bonne foi' (rather than 'de bonne foi', see comment by Bengesco) are found on p.174.

See Bengesco, ii.416.

Geneva, ImV: Caylus 1770/1. Oxford, Taylor: V8 CC3 1770 (4).[42]

---

[42] Taylor V8 CC3 1770 (2) is identical to 1770 (1), but has the Jean Robert title page cut down in size and pasted into an edition of the Rey printing below.

REY1

[i] Souvenirs [ii blank][43] [iii] LES / SOUVENIRS / De Madame / De CAYLUS. / [ornament] / A Amsterdam, / Chez Marc-Michel Rey, / M DCC LXX. [iv blank] 1-252 Les Souvenirs de madame de Caylus.

In-8°, xxii-252 p. The edition is *encadrée*. There are twelve footnotes to the text, numbered in one sequence.

See Bengesco, ii.415.

London, BL: 10660. aa. 22. Oxford, Taylor: V8 CC3 1770 (1); and see above, note to JR2.

REY2

[i] Souvenirs [ii blank] [iii] LES / SOUVENIRS / De Madame / De CAYLUS. / [ornament] / A Amsterdam, / Chez Marc-Michel Rey, / M DCC LXX. [iv blank] [v] Préface et Remarques tirées de l'Edition faite à Genève des Souvenirs de Madame de Caylus [vi] Avertissement du libraire d'Amsterdam;[44] 3-8 Préface; 9-21 Notes; 22 Errata;[45] 1-252 Les Souvenirs de madame de Caylus.

In-8°, xxii-252 p. The edition is *encadrée*. There are twelve footnotes to the text, numbered in one sequence.

See Bengesco, ii.415.

Paris, BnF: 8° Lb37. 138 A.

[43] The half title 'Souvenirs' may have been misplaced. The make-up of the Rey edition seems confused. As we have seen, the notes, intended to be printed at the back, are placed at the front.

[44] 'Ayant appris, depuis la publication de cet ouvrage, qu'on en avait fait à Genève une édition accompagnée d'une Préface et de Remarques, j'ai jugé que, pour ne laisser rien à désirer dans mon édition d'ailleurs fidèlement exécutée d'après le manuscrit, il convenait de réimprimer cette Préface et ces notes, pour être mises à la suite du volume avec quelques corrections de fautes d'impression touchant des noms propres.'

[45] Consisting of the correction of eight names, all but one of which have been amended to the spelling of the Jean Robert edition.

LES

SOUVENIRS

DE

MADAME

DE CAYLUS.

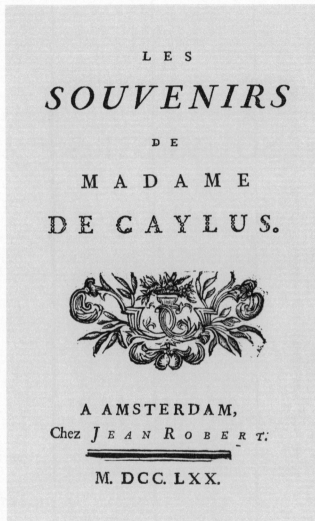

A AMSTERDAM,
Chez *JEAN ROBERT*.

M. DCC. LXX.

3. *Les Souvenirs de Mme de Caylus*
A Amsterdam Chez Jean Robert. Title page of edition JR2.
Geneva, ImV: BI Caylus 1770/1.

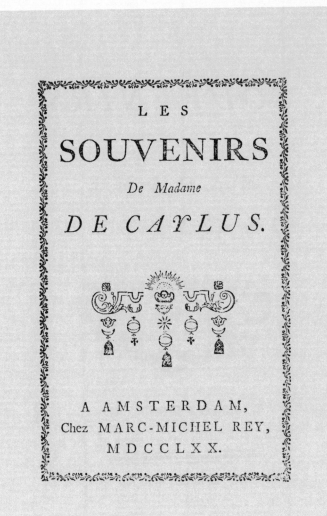

LES
SOUVENIRS
De Madame
DE CAYLUS.

A AMSTERDAM,
Chez MARC-MICHEL REY,
M DCCLXX.

4a. *Les Souvenirs de Mme de Caylus*
A Amsterdam Chez Marc-Michel Rey.
Title page of editions REY1-2.

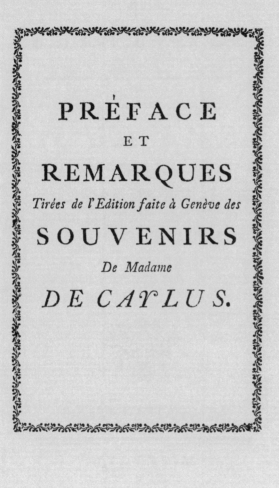

PRÉFACE
ET
REMARQUES
Tirées de l'Edition faite à Genève des
SOUVENIRS
De Madame
DE CAYLUS.

4b. *Les Souvenirs de Mme de Caylus*
A Amsterdam Chez Marc-Michel Rey.
Page v of edition REY2.

LES
SOUVENIRS
DE MADAME
DE
CAYLUS,

SUR

LES INTRIGUES AMOUREUSES
DE LA COUR, AVEC DES NOTES
DE M. DE VOLTAIRE.

Seconde E'dition , augmentée de la Défenſe de
LOUIS XIV , *pour ſervir de ſuite à ſon Siecle.*

'AU CHATEAU FERNEI!

M. DCC. LXX.

5. *Les Souvenirs de Mme de Caylus*
Au Château Fernei. Title page of edition CFI.
Geneva, ImV: BI Caylus 1770/6.

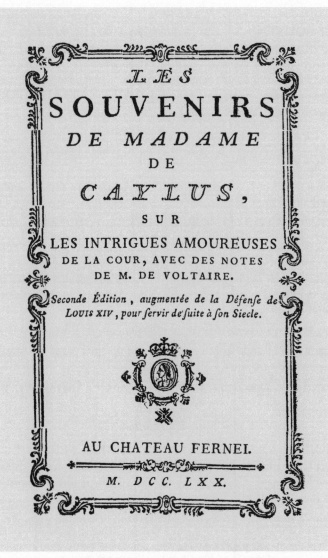

LES
SOUVENIRS
DE MADAME
DE
CAYLUS,
SUR
LES INTRIGUES AMOUREUSES
DE LA COUR, AVEC DES NOTES
DE M. DE VOLTAIRE.

Seconde Édition, augmentée de la Défense de
Louis XIV, pour servir de suite à son Siecle.

AU CHATEAU FERNEI.

M. DCC. LXX.

6. *Les Souvenirs de Mme de Caylus*
Au Château Fernei. Title page of edition CF2.
Geneva, ImV: BI Caylus 1770/5.

CF1

LES / SOUVENIRS / *DE MADAME* / DE / *CAYLUS.* / SUR / LES INTRIGUES AMOUREUSES / DE LA COUR, AVEC DES NOTES / DE M. DE VOLTAIRE. / *Seconde Edition, augmentée de la Défense de* / *Louis XIV, pour servir de suite à son Siècle.* / [*ornament of two branches with bow underneath and bow between*] / AU CHATEAU FERNEI. / [*thick-thin rule*] / M. DCC. LXX.

In-8°, 3-[1]86 p.

3-161 Les Souvenirs de madame de Caylus; 162-86 Défense de Louis XIV.

Contains the three final paragraphs of the Amsterdam edition; ends with one and a half lines of spaced dots.

Geneva, ImV Caylus 1770/6. Paris, BnF: LB 37 138B,[46] Z Bengesco 373.

CF2

The same text in 194 pages. On the title page an ornament with a crown on top and a head in a frame beneath. The thick-thin rule has a flourish at each end and in the centre. Title page *encadrée*.

[3]-169 Souvenirs; [170]-294 (*recte* 194) Défense de Louis XIV.

The pagination jumps from 120 to 129, and the final pages are numbered 293-94 instead of 193-94.

Geneva, ImV Caylus 1770/5. Oxford, Taylor: V8 CC3 (1770) (3).

iii. *Translation*

MEMOIRS, ANECDOTES, AND CHARACTERS OF THE COURT OF LEWIS XIV, translated from Les Souvenirs, or, Recollections of Madame de Caylus, tr. by Mrs Elizabeth Griffith, London, 1770. 2 vols in-12°. In British Museum: 10662. b. 27.

Contains a four-page preface by Mrs Griffith before the *Memoirs*.[47]

---

[46] Opposite the title page of this copy is a pencil note, partly worn away, reading 'l'édition de 1770 donnée par Jean Robert (Voltaire) avec une préface [où l'on...] bien Voltaire est-elle antérieure ou postérieure de celle-cie'.

[47] Elizabeth Griffith (1720-1793) published several translations as well as being the author of plays and novels.

6. *Treatment of the base text*

The base text is JR2, the Jean Robert edition with the two final pages. Voltaire's notes are printed in a larger type size than the main text in order to distinguish his specific contribution. Variants to Voltaire's notes are drawn from REY2 and CF.

The following errors have been corrected in Voltaire's preface and notes: Préface, line 19: 'violents' for 'violent'; Préface, lines 58-59: 'soixante et un ans' for 'soixante et un an'; note 9: 'eue' for 'eues'; note 21: 'qu'elle' for 'quelle'; note 58: 'on peut' for 'ont peut', 'l'est' for 'c'est'; note 66: 'La voyant' for 'Le voyant'. The duplicate indicator for note 27 (after 'rendre,' in line 1516), has been omitted.

The punctuation of Voltaire's preface and notes has been retained, with the exception of a comma added after 'mal' in note 5 (note absent from Rey). The spelling of proper names has been respected, although Cailus/Caylus and Scaron/Scarron have been standardised. Titles of works have been italicised and quotation marks and an initial capital added to speech. The following aspects of orthography, grammar and presentation in the base text of Voltaire's notes have been modified to conform to present-day usage:

I. Spelling

1. Consonants
– *p* was not used in the syllable ending *-ems*: longtems, tems.
– *s* was used in the syllable ending *-ez*: fâchés, remarqués.
– *t* was not used in the syllable endings *-ans* and *-ens*: charmans, enfans, impertinens, sentimens.
– *z* was used in: hazard.
– a single consonant was used in: couroux, Scaron.
– double consonants were used in: compatissons, jetta, jetter, lotterie, traitté.
  – were not used in: domage.
– archaic forms were used in: gourmant, jusques, patétique, sçavoir and its forms, Sçêne(s).

2. Vowels
– *e* was used in place of *a* in: rempant.

- *i* was used in place of *y* in: aiant, Cailus (and Caylus), Himen, stile.
- *y* was used in place of *i* in: ayent, paye.
- archaic forms were used in: avanture, encor, fesait, guaiement, prétieuse, prétieux.

II. Accents

1. The acute accent

- was used in place of the grave in: s'habituérent, maniére, poussérent, premiére, prés, régnent, répéte, singuliére.
- was used in place of the circumflex in: théátre.
- was not used in: enoncer, éte, exagerés, Fenelon, génereuses, interesse, legères, malgre, protegé, reciprocquement, répetons.

2. The grave accent

- was used in place of the acute in: Nimègue, Prèsident.
- was not used in: légereté, a (*for* à), Baviere, célebre, déja, derniere(s), fidele, grossiere, lumiere, Marie-Thérese, mere, niece, ou (*for* où), premiere(s), répete, secretement, siecle.

3. The circumflex accent

- was used in: Savoîe, vû (past participle).
- was used in place of the grave in: Eugêne, Sçêne(s).
- was not used in: ame(s), eut, diplome, disgrace(s), fut, put (subjunctive), Vendome.

4. The dieresis

- was used in place of the grave in: Poëtes.
- was not used in: contigues, oui (*for* ouï).

III. Capitalisation

- Initial capitals were attributed to: Abbé, Altière, Ambassadeur, Chevalier, Comédie, Comédiens, Comte, Confesseurs, Conseil, Conseillers, Cour(s), Dauphine, Déesse, Dieu, Duc, Duchesse, Empereur, Empire, Epouse, Evêque, Gazette, Heureux Epoux, Himen, Libraires, Livre, Mari, Marquis, Marquise, Mémoires, Officier, Oraison, Personnages, Poëtes, Président, Prêtre, Prince, Princesse(s), Prose, Province, Régence, Régiment, Reine, Roi, Roman, Royaume, Salmigondis, Sçêne(s), Spectateurs, Théâtre, Tragédie, Vers

- and to adjectives denoting nationality: Françaises.
- were not attributed to: ancien Testament, fronde.

VI. Hyphenation

- the hyphen was used in: à peu-près, même-tems, très-amusant, très-dénigré(s), très-fort, très-voluptueux, très-vrai.
  - was not used in: beaux arts, lui même (inconsistently), ving[t] quatre.

V. Various

- the ampersand was used.
- M., Mme and Mlle were not abbreviated.
- Saint was abbreviated St
- ellision was used in: quelqu'argent.

The orthography, grammar and presentation of Mme de Caylus's text have been modified to conform to present-day usage. Punctuation has been retained with the exception of minor modifications and corrections to inconsistencies. Italics have been removed and quotation marks added to speech, with an initial capital added to the first word. Titles of works have been italicised. The spelling of proper names has been respected, but where there was more than one spelling, this has been standardised, and accents corrected. 'Montespan' has been corrected to 'Mortemart' in line 894. Superfluous commas occurring after the subject of a sentence have been deleted. In a few instances the indicators to the notes have been moved from what appear to have been positions at the end of a line in the manuscript to a more logical point in the sentence.

LES
SOUVENIRS
DE
MADAME DE CAYLUS

PRÉFACE

Cet ouvrage de Mme de Caylus est un de ceux qui font le mieux connaître l'intérieur de la cour de Louis XIV. Plus le style en est simple et négligé, plus sa naïveté intéresse. On y retrouve le ton de sa conversation; elle n'a point *tâché*, comme disait M. le duc d'Antin.[1] Elle était du nombre des femmes qui ont de l'esprit et du 5 sentiment sans en affecter jamais. C'est grand dommage qu'elle ait eu si peu de souvenir, et qu'elle quitte le lecteur lorsqu'il s'attend qu'on lui parlera des dernières années de Louis XIV et de la régence.[2] Peut-être même l'esprit philosophique qui règne aujourd'hui ne sera pas trop content de petites aventures de 10 cour, qui sont l'objet de ces mémoires. On veut savoir quels ont été les sujets des guerres; quelles ressources on avait pour les finances; comment la marine dépérit après avoir été portée au plus haut point où on l'eût jamais vue chez aucune nation; à quelles extrémités Louis XIV fut réduit; comment il soutint ses malheurs, 15 et comment ils furent réparés; dans quelle confusion son confesseur Le Tellier jeta la France, et quelle part Mme de Maintenon put avoir à ces troubles intestins aussi tristes et aussi honteux que ceux de la Fronde avaient été violents et ridicules. Mais tous ces objets ayant été presque épuisés dans l'histoire du siècle de Louis XIV, on 20 peut voir avec plaisir de petits détails qui font connaître plusieurs personnages dont on se souvient encore.

[1] The duc d'Antin, legitimate son of Mme de Montespan, died in 1736. It may be that the expression quoted was one generally associated with him rather than a recollection in 1769 of what he said about Mme de Caylus. In the *Anecdotes sur Louis XIV* (p.154-55) Voltaire mentions two incidents that he learned at first hand from the duc d'Antin, and in *Le Siècle de Louis XIV* he writes: 'Le duc d'Antin se distingua dans ce siècle par un art singulier, non pas de dire des choses flatteuses, mais d'en faire' (*OH*, p.960).

[2] Voltaire used the same words about the unfinished *Souvenirs* in a letter to Richelieu (D16019) cited above.

Ces particularités même servent dans plus d'une occasion à jeter de la lumière sur les grands événements.

D'ordinaire les petits détails des cours si chers aux contemporains, périssent avec la génération qui s'en est occupée; mais il y a des époques et des cours dont tout est longtemps précieux. Le siècle d'Auguste fut de ce genre. Louis XIV eut des jours aussi brillants quoique sur un théâtre beaucoup moins vaste et moins élevé. Louis XIV ne commandait qu'à une province de l'empire d'Auguste; mais la France acquit sous ce règne tant de réputation par les armes, par les lois, par de grands établissements en tout genre, par les beaux-arts, par les plaisirs mêmes, que cet éclat se répand jusque sur les plus légères anecdotes d'une cour qui était regardée comme le modèle de toutes les cours, et dont la mémoire est toujours précieuse.

Tout ce que raconte Mme la marquise de Caylus est vrai; on voit une femme qui parle toujours avec candeur. Ses souvenirs serviront surtout à faire oublier cette foule de misérables écrits sur la cour de Louis XIV, dont l'Europe a été inondée par des auteurs faméliques qui n'avaient jamais connu ni cette cour, ni Paris.

Mme de Caylus nièce de Mme de Maintenon, parle de ce qu'elle a entendu dire et de ce qu'elle a vu, avec une vérité qui doit détruire à jamais toutes ces impostures imprimées, et surtout les prétendus mémoires de Mme de Maintenon, [3] compilés par l'ignorance la plus grossière, et par la fatuité la plus révoltante, écrits d'ailleurs de ce mauvais style des mauvais romans qui ne sont faits que pour les antichambres.

Que penser d'un homme qui insulte au hasard les plus grandes familles du royaume, en confondant perpétuellement les noms, les

---

[3] The following passages are a sustained attack on La Beaumelle's *Mémoires pour servir à l'histoire de Madame de Maintenon*. Voltaire wrote in a similar tone at the time: 'Je lis cette compilation des mémoires de Mme de Maintenon, et j'admire comment un homme a l'audace de publier tant de sottises, tant de mensonges et de contradictions, d'insulter tant de familles, de parler si insolemment de tout ce qu'il ignore, et comment on a la bonté de le souffrir' (D6890; to d'Argental).

événements, qui vous dit d'un ton assuré que M. de Maisons premier président du parlement avec plusieurs conseillers, n'attendaient qu'un mot du duc Dumaine pour se déclarer contre la régence du duc d'Orléans; tandis que M. de Maisons, qui ne fut 55 jamais premier président, avait arrangé lui-même tout le plan de la régence! [4]

Qui prétend que la princesse des Ursins à l'âge de soixante et un ans avait inspiré à Philippe V roi d'Espagne, une violente passion pour elle. [5] 60

Qui ose avancer que les articles secrets du traité de Rastadt excluaient Philippe V du trône; comme s'il y avait eu des articles secrets à Rastadt. [6]

Qui a l'impudence d'affirmer que Monseigneur fils de Louis XIV épousa Mlle Chouin; [7] et rappelle sur cette fausseté tous les contes 65 absurdes imprimés chez les libraires de Hollande.

Qui pour donner du crédit à ces contes, cite l'exemple d'Auguste, lequel selon lui était amoureux de Cléopâtre. C'est bien savoir l'histoire! [8]

Voilà par quels gredins la plupart de nos histoires secrètes 70 modernes ont été composées. Quand Mme de Caylus n'aurait servi par ses mémoires qu'à faire rentrer dans le néant, les livres de ces misérables, elle aurait rendu un très grand service aux honnêtes gens amateurs de la vérité.

---

[4] *Mémoires*, p.228; with a *signet* in Voltaire's copy, see *CN*, v.36.

[5] Voltaire also ridicules this story in a note to the *Siècle*, ch.28 (*OH*, p.957).

[6] Voltaire's copy of the *Mémoires* has a marginal line against the words 'ceux qui savent que les articles secrets de Rastadt l'excluent du trône' (*CN*, v.36). The issue turns on whether the emperor Charles VI specifically acknowledged the legitimacy of the Bourbon claim to the Spanish throne as opposed to simply renouncing his own claim.

[7] *Mémoires*, ch.5, p.208-29. Voltaire's copy has 'Chouin' written in the margin. See below, note 63 to the *Souvenirs*.

[8] Voltaire has a marker against La Beaumelle's comment à propos of the marriage of Louis XIV and Mme de Maintenon: 'L'histoire nous présente cent passions plus surprenantes, si aujourd'hui quelque chose pouvait surprendre. Cléopatre déjà vieilli enchaîne Auguste' (*CN*, v.30).

SOUVENIRS

Le titre de *mémoires*, quoique de toutes les façons d'écrire la plus simple et la plus libre, m'a cependant paru encore trop sérieux pour ce que j'ai à dire et pour la manière dont je le dis. J'écris des souvenirs sans ordre, sans exactitude et sans autre prétention que celle d'amuser mes amis ou du moins de leur donner une preuve de ma complaisance; ils ont cru que je savais des choses particulières d'une cour que j'ai vue de près et ils m'ont priée de les mettre par écrit. Je leur obéis, sûre de leur fidélité et de leur amitié je ne puis craindre leur imprudence et je m'expose volontiers à leur critique.

Je commencerai ces souvenirs par Mme de Maintenon dont l'esprit, le mérite et les bontés qu'elle eut pour moi ne s'effaceront jamais de ma mémoire. Mais ni la prévention que donne l'éducation ni les mouvements de ma reconnaissance ne me feront rien dire de contraire à la vérité.

Mme de Maintenon était petite-fille de Théodore Agrippa d'Aubigné, élevé auprès de Henri IV dans la maison de Jeanne d'Albret reine de Navarre et connu surtout par ses écrits et son zèle pour la religion protestante, mais plus recommandable encore par sa sincérité dont il parle lui-même dans un manuscrit que j'ai vu de sa main et dans lequel il dit que sa rude probité le rendait peu propre auprès des grands.

Il eut l'honneur de suivre Henri IV dans toutes les guerres qu'il eut à soutenir; et se retira après la conversion de ce prince dans sa petite maison de Mursay près de Niort en Poitou. (*1*)

(*1*) Il en fait la description dans le baron de Feneste et c'est de lui-même dont il parle sous le nom d'Enée.[1]

note (*1*) REY: [*incorporates this note in the text after* Poitou.]

[1] *Les Aventures du baron de Feneste*, book 2, ch.5. The *Aventures* are related as a dialogue between the baron and an old man, Enay, who represents wisdom and experience.

Le zèle d'Agrippa d'Aubigné pour la religion et son attachement pour son maître lui firent tenir un discours après l'assassinat de Jean Châtel qui lui fit beaucoup d'honneur dans le parti des huguenots. 'Vous n'avez', dit-il à Henri IV, 'renié J. C. que de bouche, vous avez été blessé à la bouche, mais si vous le renoncez de cœur, vous serez blessé au cœur'. 25

M. d'Aubigné s'occupa dans sa retraite à écrire l'histoire universelle de son temps, et il donna dans la préface de ce livre une louange à Henri IV qui m'a toujours parue si propre à lui et si belle que je ne puis m'empêcher de la rapporter ici. Il appelle Henri IV le *conquérant du sien*, éloge qui renferme, ce me semble en deux mots toute la justice de sa cause et toute la gloire des autres conquérants. 30

Théodore Agrippa d'Aubigné, dont je parle, épousa Suzanne de Zay de la maison de Luzignan. Il eut de ce mariage un fils et deux filles, l'ainée épousa M. de Caumont d'Adde, et l'autre M. de Villette mon grand-père. Le fils fut malheureux et mérita ses malheurs par sa conduite, il épousa étant prisonnier dans le château Trompette de Bordeaux Jeanne de Cardillac fille de Pierre de Cardillac lieutenant de M. le duc d'Epernon et gouverneur sous ses ordres de cette place. Sa femme ne l'abandonna jamais dans ses malheurs et accoucha dans la conciergerie de Niort de Françoise d'Aubigné, depuis Mme Scarron et ensuite Mme de Maintenon. 35 40

Je me souviens d'avoir entendu raconter que Mme d'Aubigné étant venue à Paris demander au cardinal de Richelieu la grâce de son mari, ce ministre avait dit en la quittant, elle serait bienheureuse si je lui refusais ce qu'elle me demande. 45

Il est aisé d'écrire qu'un tel homme n'avait pas beaucoup de religion, mais il est rare qu'il en parlât à sa fille et à un enfant. Car j'ai ouï dire à Mme de Maintenon, que la tenant entre ses bras il lui disait, 'Est-il possible que vous qui avez de l'esprit puissiez croire tout ce qu'on vous apprend dans votre catéchisme?' 50

Les mauvaises affaires que M. d'Aubigné s'était faites, l'obligèrent à la fin de prendre un établissement en Amérique. Il y mena sa famille, qui consistait en une femme, deux garçons et cette petite fille, qui n'avait, je crois que dix-huit mois, et qui fut si malade dans le trajet, qu'on fut prêt à la jeter à la mer la croyant morte. 55

44 REY: mari, [*adds indicator for note 1*: Il fut accusé d'avoir fait de la fausse monnaie.]

M. d'Aubigné (2) mourut à la Martinique à son second voyage, car je crois avoir entendu dire qu'il en avait fait deux. Quoiqu'il en soit, Mme d'Aubigné revint veuve en France avec ses enfants. Elle trouva leurs biens vendus et dissipés par les créanciers de leur père, et par 60 l'injustice de quelques-uns de ses parents. Ma grand-mère, sœur de leur père et femme de mérite, prit soin de cette famille malheureuse, et surtout de la petite fille qu'elle demanda à Madame sa mère, et qu'elle élevait comme ses propres enfants, mais mon grand-père et ma grand-mère étant huguenots, Mme de Neuillant, mère de la maréchale de Navailles et 65 parente de M. d'Aubigné, demanda à la reine mère un ordre pour retirer cet enfant de leurs mains.

Mme de Neuillant voulut faire par là sa cour à la reine, mais son avarice la fit bientôt repentir de s'être chargée d'une demoiselle sans bien, et elle chercha à s'en défaire à quelque prix que ce fut. C'est dans ce 70 dessein qu'elle l'amena à Paris, et qu'elle la mit dans un couvent, elle se fit catholique après une longue résistance pour sa jeunesse, car je crois, qu'elle n'avait pas encore quatorze ans faits.

Je me souviens à propos de cette conversion d'avoir entendu dire à Mme de Maintenon, qu'étant convaincue sur les articles principaux de la 75 religion, elle résistait encore et ne voulait se convertir qu'à condition qu'on ne l'obligeât pas de croire que sa tante qui était morte, et qu'elle avait vue vivre dans sa religion comme une sainte, fût damnée.

Après que Mme de Neuillant eut fait Mlle d'Aubigné catholique, elle la maria au premier qui se présenta, et ce fut M. Scarron, trop connu par ses 80 ouvrages pour que j'aie rien de nouveau à dire de lui.

Voilà donc Françoise d'Aubigné, à quatorze ans dans la maison d'un homme de la figure et du caractère de M. Scarron, remplie de jeunes gens attirés par la liberté qui régnait chez lui. C'est là cependant que cette jeune personne imprima par ses manières honnêtes et modestes, tant de respect 85 qu'aucuns n'osèrent jamais prononcer devant elle une parole à double

(2)   Il mourut au retour de son second voyage de la Martinique, dans un voyage qu'il fit à Orange. [2]

note (2), 2   REY: à Orange ou sur la route.

[2] The note on the original manuscript contains a slight error: he died at Martinique in 1647.

entente, et qu'un de ces jeunes gens dit, s'il fallait prendre des libertés avec la reine, ou avec Mme Scarron, je ne balancerais pas, j'en prendrais plutôt avec la reine. Elle passait ses carêmes à manger un hareng au bout de la table, et se retirait aussitôt dans sa chambre, parce qu'elle avait compris qu'une conduite moins exacte et moins austère à l'âge où elle était, ferait que la licence de cette jeunesse n'aurait plus de frein et deviendrait préjudiciable à sa réputation. Ce n'est pas d'elle seule que je tiens ces particularités. Je les tiens de mon père, de M. le marquis de Beuvron et de plusieurs autres qui vivaient dans la maison dans ce même temps.

Je me souviens d'avoir ouï raconter qu'étant un jour obligée d'aller parler à M. Fouquet elle affecta d'y aller dans une si grande négligence que ses amis étaient honteux de l'y mener. Tout le monde sait ce qu'était alors M. Fouquet, son faible pour les femmes et combien les plus hautes hupées et les mieux chaussées cherchaient à lui plaire.

Cette conduite, et la juste admiration qu'elle causa parvinrent jusqu'à la reine. Le baron de La Garde lui en parla le premier, et fut cause qu'à la mort de M. Scarron, cette princesse touchée de la vertu et du malheur d'une fille de condition, réduite à une aussi grande pauvreté, lui donna une pension de 2000 liv. avec laquelle Mme Scarron se mit dans un couvent, et ce fut aux hospitalières du Faubourg Saint-Marceau. Avec cette modique pension on la vit toujours honnêtement et simplement vêtue. Ses habits n'étaient que d'étamine du Lude, du linge uni, mais bien chaussée et de beaux jupons, et sa pension avec celle de sa femme de chambre et ses gages suffisaient à sa dépense, elle avait même encore de l'argent de reste et n'a jamais passé de temps si heureux. Elle ne comprenait pas (disait-elle) alors qu'on pût appeler cette vie une vallée de larmes.

Le maréchal d'Albret, qu'elle avait connu chez M. Scarron, l'avait liée d'amitié avec sa femme, preuve certaine encore de la vertu qu'il avait reconnue dans Mme Scarron, car les maris de ce temps-là, quelques galants qu'ils fussent, n'aimaient pas que leurs femmes en vissent d'autres dont la réputation eût été entamée.

Mme la maréchale d'Albret était une femme de mérite sans esprit, mais Mme de Maintenon dont le bon sens ne s'égara jamais, crut dans un âge aussi peu avancé qu'il valait mieux s'ennuyer avec de telles femmes, que de se divertir avec d'autres. La maréchale d'Albret la prit en si grande amitié qu'elle fit son possible pour l'engager à venir demeurer chez elle,

90

95

100

105

110

115

120

ce qu'elle refusa, mais elle y allait souvent dîner et on l'y retenait   125
quelquefois à coucher.

Mme Scarron s'attirait cette amitié par une grande complaisance et par
une attention continuelle à lui plaire, à laquelle la maréchale était peu
accoutumée: et j'ai ouï dire que quand elles allaient à quelques spectacles,
cette pauvre femme qui n'entendait rien aux choses qu'on représentait,   130
voulait toujours avoir auprès d'elle Mme Scarron pour qu'elle lui
expliquât ce qu'elle voyait elle-même devant ses yeux, et la détournait
ainsi de l'attention qu'elle aurait voulu donner aux pièces les plus
intéressantes et les plus nouvelles.

C'est cette même maréchale d'Albret, accusée malgré sa dévotion et   135
son mérite d'aimer un peu trop le vin, ce qui paraissait d'autant plus
extraordinaire en ce temps-là, est que les femmes n'en buvaient presque
jamais, ou du moins ce n'était que de l'eau rougie. Je me souviens à
propos de la maréchale et de son goût pour le vin, d'avoir ouï raconter
que se regardant au miroir et se trouvant le nez rouge, elle se dit à elle-   140
même, 'Mais où est-ce que j'ai pris ce nez-là?' Et que M. de Matha de
Bourdeille qui était derrière elle, répondit entre bas et haut, 'Au buffet'.

Ce même Matha était un garçon d'esprit infiniment naturel, et par là de
la meilleure compagnie du monde. Ce fut lui, qui voyant la maréchale
d'Albret dans une grande affliction sur la mort, ou de son père ou de son   145
frère, et qui dans sa douleur ne voulait point prendre de nourriture lui dit,
'Avez-vous résolu, madame de ne manger de votre vie? S'il est ainsi vous
avez raison, mais si vous avez à manger un jour croyez-moi il vaut autant
manger tout à l'heure'. Ce discours là persuada, elle se fit apporter un
gigot de mouton. C'est lui encore à qui l'on demanda comment il pouvait   150
faire pour être si légèrement vêtu en hiver, à quoi il répondit, 'Je gèle de
froid'.

Le maréchal d'Albret avait deux parentes qui demeuraient avec
Madame sa femme, Mlle de Pons et Mlle Martel, toutes deux aimables,
mais de caractère différent. Ces deux filles ne s'aimaient pas et ne   155
s'accordaient guère que sur le goût qu'elles avaient l'une et l'autre pour
Mme de Maintenon.

Mme de Montespan, parente aussi du maréchal d'Albret se joignait à
cette société, et c'est là qu'elle connut Mme de Maintenon. Elles se plurent
mutuellement et se trouvèrent l'une et l'autre autant d'esprit qu'elles en   160
avaient en effet.

Mme de Maintenon avait encore l'hôtel de Richelieu où elle allait souvent, également désirée par tout, mais je parlerai ailleurs de M. de Richelieu.

C'est sans doute à peu près dans le même temps qu'une des princesses de Nemours devint reine de Portugal. Les amis de Mme de Maintenon lui parlèrent si avantageusement d'elle, qu'elle eut envie de l'emmener et le lui fit proposer. Cette occasion paraissait favorable pour l'état de sa fortune: mais il était triste de quitter son pays et de renoncer à une vie pleine d'agrément. Elle fut quelque temps en balance et bien affligée pendant la durée du combat que les raisons pour et contre excitaient en elle; mais enfin son étoile l'emporta, elle refusa les offres de cette reine.

Je me souviens d'avoir ouï raconter encore que Mme la princesse des Ursins, alors Mme de Chalais, faisait de fréquentes visites à l'hôtel d'Albret. Je lui ai entendu dire depuis à elle-même parlant à Mme de Maintenon, qu'elle souffrait impatiemment que le maréchal d'Albret et les autres seigneurs importants eussent toujours des secrets à lui dire pendant qu'on la laissait avec la jeunesse comme si elle eût été incapable de parler sérieusement. Mme de Maintenon avouait avec la même sincérité qu'elle ne s'ennuyait pas moins de ses confidences que Mme des Ursins enviait et qu'elle aurait souvent voulu qu'on l'eût cru moins solide pour la laisser se divertir et ne la pas contraindre à écouter les fréquents murmures et les projets des courtisans. Cet échantillon marque, ce me semble, la différence du caractère de ces deux femmes, qui depuis ont joué de si grands rôles; car il faut avouer que Mme de Maintenon n'était pas née pour les affaires. Elle craignait les intrigues par la droiture de son cœur et elle était faite pour les délices de la société, par l'agrément de son esprit; mais avant de raconter les suites qu'eurent les commencements de connaissance entre Mme de Maintenon et Mme de Montespan, je dirai un mot de ma famille et de ce qui me regarde en particulier.

La paix étant faite, (3) le roi tranquille et glorieux crut qu'il ne manquait à sa gloire que l'extirpation d'une hérésie qui avait fait tant de ravages dans le royaume. Ce projet était grand et beau et même politique,

(3)   La paix de Nimègue.[3]

note (3)   REY: [absent]

---

[3] August 1678. The treaty ended the Dutch war waged by Louis XIV.

si on le considère indépendamment des moyens qu'on a pris pour 195
l'exécuter. Les ministres et plusieurs évêques, pour faire leur cour ont
eu beaucoup de part à ces moyens, non seulement en déterminant le roi à
prendre de ceux qui n'étaient pas de son goût, mais en le trompant dans
l'exécution de ceux qui avaient été résolus.

Mais il est bon de dire, pour rendre ma pensée plus claire, que M. de 200
Louvois eut peur voyant la paix faite de laisser trop d'avantage sur lui aux
autres ministres, et surtout à M. Colbert et à M. de Seignelay son fils, et
qu'il voulut à quelque prix que ce fut mêler du militaire, dans un projet
qui ne devait être fondé que sur la charité et la douceur. Des évêques
gagnés par lui abusèrent de ces paroles de l'Evangile, *contraignez-les* 205
d'entrer et soutinrent qu'il fallait user de violence quand la douceur ne
suffisait pas, puisque après tout si cette violence ne faisait pas de bons
catholiques dans le temps présent, elle ferait au moins que les enfants des
pères que l'on aurait ainsi forcés le deviendraient de bonne fois. D'un
autre côté, M. de Louvois demanda au roi la permission de faire passer 210
dans les villes huguenotes des régiments de dragons, l'assurant que la
seule vue de ses troupes, sans qu'elles fissent rien de plus que de se
montrer, détermineraient les esprits à écouter plus volontiers la voix des
pasteurs qu'on leur enverrait. Le roi se rendit contre ses propres lumières
et contre son inclination naturelle qui le portait toujours à la douceur. On 215
passa ses ordres et on fit à son insu des cruautés qu'il aurait punies si elles
étaient venues à sa connaissance; car M. de Louvois se contentait de lui
dire chaque jour, tant de gens se sont convertis comme je l'avais dit à
votre majesté, à la seule vue de ses troupes.

Le roi était naturellement si vrai qu'il n'imaginait pas quand il avait 220
donné sa confiance à quelqu'un, qu'il pût le tromper: et les fautes qu'il a
faites n'ont souvent eu pour fondement que cette opinion de probité pour
des gens qui ne la méritaient pas. [4]

Ces violences en la manière militaire dont on fit les conversions dont je
viens de parler, ne furent employées qu'après la cassation de l'édit de 225
Nantes: mais avant qu'on en vînt là, le roi fit de son mieux pour gagner
par ses bienfaits les gens les plus considérables d'entre les huguenots et il
avait déclaré qu'aucun ne serait admis dans les charges et n'avancerait
dans ses armées, soit de terre, soit de mer que les catholiques.

---

[4] See *Défense de Louis XIV*: 'Mme de Caylus [...] dit expressément dans ses
souvenirs que "le roi fut trompé dans cette longue et malheureuse affaire par ceux en
qui ce monarque avait mis sa confiance"' (*OH*, p.1291).

Mme de Maintenon voulut à son exemple travailler à la conversion de   230
sa propre famille: mais comme elle ne crut pas pouvoir gagner mon père
par l'espérance d'une grande fortune, ni convaincre son esprit par la force
du raisonnement, elle prit la résolution de concert avec M. de Seignelay
de lui faire faire un voyage de long cours sur mer pour avoir du moins le
loisir de disposer de ses enfants. J'avais deux frères qui, quoique fort   235
jeunes, avaient fait plusieurs campagnes, l'aîné s'était trouvé à huit ou
neuf ans à ce combat fameux de Messine où Ruyter fut tué et il y reçut une
légère blessure: la singularité du fait et le courage que cet enfant avait
témoigné le firent faire nommer enseigne après le combat.

La campagne finie mon père vint à la cour et y amena mon frère.   240
L'action qu'il avait vue et une jolie figure qu'il avait en ce temps-là, lui
attirèrent l'attention et les caresses de Mme de Montespan et de toute la
cour. Si mon père avait voulu l'y laisser et se faire catholique, ils s'en
seraient l'un et l'autre mieux trouvés pour leur fortune: mais mon père
résista à toutes les offres qui lui furent faites et s'en retourna chez lui.   245
Ainsi Mme de Maintenon se trouva forcée, pour avoir la liberté de
disposer de mon frère, de lui faire faire cette campagne dont je viens de
parler et de faire servir son fils avec M. de Châteaurenaut, lui laissant
seulement le cadet qui n'était pas entré moins jeune dans la marine.

A peine mon père fut-il embarqué qu'une de ses sœurs, que ma mère   250
avait été voir à Niort la pria de me laisser chez elle jusqu'au lendemain:
ma mère y consentit avec peine; car, quoiqu'elle fût catholique, elle
n'était nullement dans la confidence des desseins qu'on avait sur moi,
parce qu'on la voulait ménager par rapport à mon père. A peine ma mère
fut-elle partie de Niort que ma tante accoutumée à changer de religion et   255
qui venait de se convertir pour la seconde ou troisième fois, partit de son
côté et m'emmena à Paris; nous trouvâmes sur la route M. de Saint-
Hermine, une de ses sœurs et Mlle de Caumont, aussi étonnée qu'affligée
de me voir. Pour moi contente d'aller, sans savoir où l'on me menait, je
n'étais de rien: mais comme les autres étaient des personnes faites que   260
Mme de Maintenon avait demandées à leurs parents, il avait été décidé
dans le conseil des huguenots qu'on ne pouvait les lui refuser, puisqu'elle
ne demandait qu'à les voir et qu'elle promettait de ne les pas contraindre
dans leur religion. On eut donc pour elle cette complaisance d'autant plus
volontiers qu'on n'avait rien à craindre de leur légèreté; et en effet la   265
résistance de ces jeunes personnes fut infiniment glorieuse au calvinisme.

Nous arrivâmes ensemble à Paris où Mme de Maintenon vint aussitôt

me chercher et m'emmena seule à Saint-Germain. Je pleurai d'abord
beaucoup, mais je trouvai le lendemain la messe du roi si belle que je
consentis à me faire catholique à condition que je l'entendrais tous les   270
jours et qu'on me garantirait du fouet, c'est là toute la controverse qu'on
employa et la seule abjuration que je fis.

M. de Châteaurenaut eut ordre d'envoyer mon frère à la cour: il y
arriva presque aussitôt que moi et fit une plus longue résistance, mais
enfin il se rendit: on le mit à l'Académie et il quitta la marine. Mon père   275
surpris et affligé au retour de sa campagne écrivit à Mme de Maintenon
des lettres pleines d'amertume et de reproches et l'accusa d'ingratitude à
l'égard de sa mère, tante de Mme de Maintenon, d'injustice et de dureté
par rapport à lui: mais comme elle était soutenue de l'autorité du roi, il
fallut céder à la force. On promit seulement à mon père de ne pas   280
contraindre ses enfants, s'ils ne voulaient pas se faire catholiques.

Ils se convertirent l'un et l'autre et après leur académie et le temps
qu'ils devaient être aux mousquetaires: on donna à l'aîné une charge de
cornette des chevaux légers qu'il vendit quand la guerre recommença
pour acheter le régiment dauphin cavalerie, et au cadet le régiment de la   285
Reine Dragons à la tête duquel il fut tué au combat de Stinkerque.

Pour moi on m'élevait avec un soin dont on ne saurait trop louer
Mme de Maintenon: il ne se passait rien à la cour sur quoi elle ne me fît
faire des réflexions selon la portée de mon esprit, m'approuvant quand je
pensais bien, me redressant quand je pensais mal; ma journée était   290
remplie par des maîtres, la lecture et des amusements honnêtes et réglés:
on cultivait ma mémoire par des vers qu'on me faisait apprendre par
cœur: et la nécessité de rendre compte de ma lecture ou d'un sermon, si
j'en avais entendu, me forçait à y donner de l'attention. Il fallait encore
que j'écrivisse tous les jours une lettre à quelqu'un de ma famille, ou à tel   295
autre que je voulais choisir, et que je la portasse les soirs à Mme de
Maintenon qui l'approuvait ou la corrigeait, selon qu'elle était bien ou
mal; en un mot elle n'oubliait rien de ce qui pouvait former ma raison et
cultiver mon esprit.

Si je suis entrée dans ce détail ce n'est pas pour en tirer une vaine   300
gloire, mais pour marquer par des faits bien au-dessus des louanges la
conduite et le caractère de Mme de Maintenon: et il est impossible ce me
semble de faire réflexion au poste qu'elle occupait et au peu de loisir
qu'elle avait, sans admirer l'attention qu'elle donnait à un enfant, dont
après tout elle n'était chargée que parce qu'elle l'avait bien voulu.   305

Mon père après avoir résisté non seulement aux bontés, mais aux promesses du roi et avoir compté pour rien de n'être pas fait chef d'escadre à son rang, après avoir résisté à l'éloquence de M. de Meaux qu'il aimait naturellement, s'embarqua de nouveau sur la mer et fit pendant cette campagne des réflexions qu'il n'avait pas encore faites. L'évangile de l'ivraie et du bon grain lui parut alors clair contre le schisme: il vit que ce n'était pas aux hommes à les séparer; ainsi convaincu, mais ne voulant tirer de sa conversion aucun mérite pour sa fortune, il perdit par là les récompenses temporelles qu'il en aurait pu attendre: si bien même qu'en venant après à la cour, le roi lui ayant fait l'honneur de lui parler avec sa bonté ordinaire sur sa conversion, mon père répondit avec trop de sécheresse, que c'était la seule occasion de sa vie où il n'avait point eu pour objet de plaire à sa majesté.

J'arrivai à Saint-Germain au mois de janvier 1681. La reine vivait, Monseigneur le dauphin était marié depuis un an et Mme de Maintenon dans une faveur déclarée paraissait aussi bien avec la reine qu'avec le roi: cette princesse attribuait à la nouvelle favorite les bons procédés que le roi avait pour elle depuis quelque temps, et elle la regardait avec raison sur un pied bien différent des autres.

Mais avant de parler des choses que j'ai vues, il est bon de raconter celles que j'ai entendu dire.

J'ai pu voir Mme de Fontanges: mais ou je ne l'ai pas vue, ou il ne m'en souvient pas. Je me souviens seulement d'avoir vu à Saint-Germain passer le roi pendant quelques temps du château vieux au neuf pour l'aller voir tous les soirs: on disait qu'elle était malade et en effet elle partit quelques mois après pour aller mourir à Port Royal de Paris. Il courut beaucoup de bruits sur cette mort au désavantage de Mme de Montespan; mais je suis convaincue qu'ils étaient sans fondement, et je crois selon que je l'ai entendu dire à Mme de Maintenon que cette fille s'est tuée, pour avoir voulu partir de Fontainebleau le même jour que le roi quoiqu'elle fût en travail et prête à accoucher. Elle fut toujours languissante depuis, et mourut enfin peu regrettée.

Mme de Montespan n'aurait pas appréhendé la durée du crédit de Mme de Fontanges: elle aurait été bien sûre que le roi serait toujours revenu à elle, si elle n'avait eu que cet obstacle: son caractère plus ambitieux que tendre, lui avait fait souvent regarder avec indifférence les infidélités du roi: et comme elle agissait quelquefois par dépit, elle avait elle-même contribué à fortifier les commencements du goût que le roi

avait pris pour la beauté de Mme de Fontanges. J'ai ouï dire qu'elle l'avait
fait venir chez elle et qu'elle n'avait rien oublié pour la faire paraître plus   345
belle aux yeux du roi; elle y réussit et en fut fâchée, mais la mort la délivra
bientôt d'une rivale aussi dangereuse par la beauté que peu redoutable par
l'esprit.

Mme de Fontanges joignait à ce peu d'esprit des idées romanesques,
que l'éducation de la province et les louanges dues à sa beauté lui avaient   350
inspirées: et dans la vérité le roi n'a jamais été attaché qu'à sa figure; il
était même honteux lorsqu'elle parlait et qu'ils n'étaient pas tête à tête.
On s'accoutume à la beauté, mais on ne s'accoutume point à la sottise
tournée du côté du faux, surtout lorsqu'on vit en même temps avec des
gens de l'esprit et du caractère de Mme de Montespan à qui les moindres   355
ridicules n'échappaient pas et qui savait si bien les faire sentir aux autres
par ce tour unique à la maison de Mottemart. Cependant Mme de
Fontanges aima véritablement le roi et elle répondit un jour à Mme de
Maintenon qui l'exhortait à se guérir d'une passion qui ne pouvait plus
faire que son malheur: 'Vous me parlez', lui dit-elle, 'de quitter une   360
passion comme on parle de quitter un habit'.

Je me souviens aussi d'avoir entendu parler de Mme de la Vallière. On
sait qu'elle a précédé Mme de Montespan, et ce n'est pas l'histoire de
chaque maîtresse que je prétends faire, je veux seulement écrire les faits
qui me sont demeurés plus particulièrement dans l'esprit, soit que j'en aie   365
été témoin ou que je les aie entendu raconter par Mme de Maintenon.

Le roi prit donc de l'amour pour Mme de Montespan, dans le temps
qu'il vivait avec Mme de la Vallière en maîtresse déclarée: et Mme de
Montespan en maîtresse peu délicate vivait avec elle, même table et
presque même maison. Elle aima mieux d'abord qu'elle en usât ainsi, soit   370
qu'elle espérât par là abuser le public et son mari; soit qu'elle ne s'en
souciât pas, ou que son orgueil lui fît plus goûter le plaisir de voir à tous
les instants humilier sa rivale, que la délicatesse de sa passion ne la portait
à la crainte de ses charmes. Quoiqu'il en soit c'est un fait certain, mais un
jour fâchée contre le roi pour quelque autre sujet, (ce qui lui arrivait   375
souvent) elle se plaignit de cette communauté avec une amertume qu'elle
ne sentait pas: elle y trouvait disait-elle, peu de délicatesse de la part du
roi. Ce prince pour l'apaiser répondit avec beaucoup de douceur et de
tendresse, et finit par lui dire que cet établissement s'était fait insensiblement. 'Oui pour vous', reprit Mme de Montespan, 'mais très sensiblement   380
pour moi'.

Le personnage singulier de Mme de la Vallière pendant plus de deux ans, mérite de n'être pas oublié. Tout le monde l'a su, tout le monde en a parlé: mais comme il pourrait être au nombre de ces choses qui ne s'écrivent point et qu'on oublie, je veux en faire un article dans mes souvenirs.

Mme de la Vallière, était née tendre et vertueuse. Elle aima le roi et non la royauté. Le roi cessa de l'aimer pour Mme de Montespan. Si à la première vue ou du moins après des preuves certaines de cette nouvelle passion elle s'était jetée dans les carmélites, ce mouvement aurait été naturel et conforme à son caractère. Elle prit un autre parti, et demeura non seulement à sa cour, mais même à la suite de sa rivale. Mme de Montespan abusant de ses avantages affectait de se faire servir par elle, donnait des louanges à son adresse et assurait qu'elle ne pouvait être contente de son ajustement si elle n'y mettait la dernière main. Mme de la Vallière s'y portait de son côté avec tout le zèle d'une femme de chambre dont la fortune dépendrait des agréments qu'elle prêterait à sa maîtresse. Combien de dégoûts, de plaisanteries et de dénigrements n'eut-elle pas à essuyer pendant l'espace de deux ans qu'elle demeura ainsi à la cour! à la fin desquels elle vint prendre publiquement congé du roi. Il la vit partir d'un œil sec, pour aller aux carmélites où elle à vécu d'une manière aussi édifiante que touchante.

Elle disait souvent à Mme de Maintenon avant de quitter la cour, 'Quand j'aurai de la peine aux carmélites, je me souviendrai de ce que ces gens-là, m'ont fait souffrir' (en parlant du roi, et de Mme de Montespan) ce qui marque que sa patience n'était pas tant un effet de son insensibilité, qu'une épreuve peut-être mal entendue et téméraire. Je laisse aux dévots à en juger. Il est certain que le style de la dévotion convenait mieux à son esprit que celui de la cour, puisqu'elle a paru en avoir beaucoup de ce genre. Je l'ai vue dans les dernières années de sa vie, et je l'ai entendue avec un son de voix qui allait jusqu'au cœur, dire des choses admirables de son état et du bonheur dont elle jouissait déjà malgré l'austérité de sa pénitence.

Je me souviens d'avoir ouï raconter que feu M. l'évêque de Meaux Bossuet, lui ayant annoncé la mort de M. le comte de Vermandois son fils, elle avait par un mouvement naturel répandu beaucoup de larmes; mais que revenant tout à coup à elle, elle dit à ce prélat, 'C'est trop pleurer la mort d'un fils dont je n'ai pas encore pleuré la naissance'.

J'ai vu Mme de Montespan aux carmélites bien des années après, et

dans le temps qu'elle-même n'était plus à la cour, y revenir chercher   420
Mme de la Vallière devenue pour elle une espèce de directeur.

Mais mes souvenirs me rappellent à la cour où Mme de Maintenon
jouait un grand rôle auprès de la reine: elle avait été faite dame d'atours de
Mme la dauphine de Bavière. Et le roi avait acheté pour elle la terre de
Maintenon en 1674 ou 1675, dont il voulut qu'elle prît le nom. (4)   425

Mais les commencements de la faveur de Mme de Maintenon ont tant
de liaison et de rapport à Mme de Montespan, que je ne puis parler de
l'une sans me souvenir de l'autre. Il est donc nécessaire de dire un mot des
commencements de leur connaissance pour en raconter les suites.

Mme de Maintenon m'a dit souvent qu'elle avait connu Mme de   430
Montespan chez le maréchal d'Albret, et qu'elle n'avait point alors cette
humeur qu'elle a fait paraître depuis: ajoutant que ses sentiments étaient
honnêtes, sa conduite réglée et sa réputation bien établie.

Elle devint peu après dame du palais de la reine, par la faveur de
Monsieur, et le roi ne fit alors aucune attention à sa beauté: toute sa faveur   435
se bornait à sa maîtresse qu'elle amusait à son coucher qui durait
longtemps parce que la reine s'était fait une habitude d'attendre toujours
le roi pour se mettre au lit. Cette princesse était si vertueuse qu'elle
n'imaginait pas facilement que les autres femmes ne fussent pas aussi
sages qu'elle, et pour faire voir jusqu'à quel point allait son innocence,   440
quoique avec beaucoup de hauteur dans ses sentiments, il suffit de
rappeler ici ce qu'elle dit à une carmélite qu'elle avait priée de lui aider à
faire son examen de conscience pour une confession générale qu'elle
avait dessein de faire. Cette religieuse lui demanda si en Espagne, dans sa
jeunesse avant d'être mariée, elle n'avait point eu envie de plaire à   445
quelques-uns des jeunes gens de la cour du roi son père, 'Oh non ma
mère.' dit-elle, 'il n'y avait point de roi'.

Mais enfin Mme de Montespan plut au roi, elle en eut des enfants, et il

(4)   J'ai vu dans une lettre écrite à M. D'aubigné que le roi lui
avait ordonné de prendre le nom de Maintenon. [5]

note (4)   REY: [= *note 3, in parentheses*]

[5] The land was acquired in 1674, but Louis XIV did not raise it to a marquisate
until 1687, four years after his marriage to Mme de Maintenon. Her change of name
was resented by Scarron's friends.

fut question de les mettre entre les mains d'une personne qui sût les bien élever et les bien cacher. Elle se souvint de Mme de Maintenon et elle crut qu'il n'y avait personne qui en fût plus capable; elle lui en fit donc faire la proposition à quoi Mme de Maintenon répondit que pour les enfants de Mme de Montespan elle ne s'en chargerait pas, mais que si le roi lui ordonnait d'avoir soin des siens elle lui obéirait. Le roi l'en pria et elle les prit avec elle.

Si ce fut pour Mme de Maintenon le commencement d'une fortune singulière, ce fut aussi le commencement de ses peines et de sa contrainte. Il fallut s'éloigner de ses amis, renoncer aux plaisirs de la société pour lesquels elle semblait être née et il le fallut sans en pouvoir donner de bonnes raisons aux gens de sa connaissance. Cependant comme il n'était pas possible de s'en éloigner tout d'un coup: pour remédier aux inconvénients qui pouvaient arriver dans une aussi petite maison que la sienne dans laquelle il était aisé de surprendre une nourrice, d'entendre crier un enfant et tout le reste; elle prit pour prétexte la petite d'Hudicourt, et la demanda à Madame sa mère qui la lui donna sans peine par l'amitié qui était entre elles, et pour le goût qu'elle lui connaissait pour les enfants. Cette petite fille fut depuis Mme de Montgon, (5) dame du palais de Mme la dauphine de Savoie.

Je me souviens d'avoir ouï raconter beaucoup de particularités de ces temps-là, qui ne méritent pas, je crois, d'être écrites quoique le récit m'en ait infiniment amusée. Je n'en dirai qu'un mot.

On envoyait chercher Mme de Maintenon quand les premières

(5)   Mère de l'abbé de Montgon auteur des mémoires, où le cardinal de Fleuri est très dénigré. [6]

note (5)   REY: [absent]

[6] Charles-Alexandre de Montgon, *Mémoires de M. l'abbé de Montgon* [...] *contenant les différentes négociations dont il a été chargées dans les cours de France, d'Espagne et de Portugal* [...] *depuis l'année 1725 jusqu'au présent* (5 vols, 1748-1749; BV2503). Voltaire acquired these memoirs on publication (D3903), and commented on the excessive number of volumes (D4899; also *Histoire de l'empire de Russie sous Pierre le Grand*, OC, vol.46, p.398). Montgon's dealings with Fleury relate to tentative negotiations in 1728 for the king of Spain to claim the French throne should Louis XV die childless. His account contains details of otherwise little known transactions with Spain that interested Voltaire when he read them; but there seems to be no reason for mentioning Fleury here.

douleurs pour accoucher, prenaient à Mme de Montespan. Elle emportait l'enfant, le cachait sous son écharpe, se cachait elle-même sous un masque, et prenant un fiacre, revenait ainsi à Paris. Combien de frayeurs 475 n'avait-elle point que cet enfant ne criât! Ces craintes se sont souvent renouvelées puisque Mme de Montespan, a eu sept enfants du roi.

Mais je me souviens d'avoir ouï raconter qu'elle fut si pénétrée de douleur au premier, que sa beauté s'en ressentit. Elle devint maigre, jaune et si changée qu'on ne la reconnaissait pas. Loin d'être née débauchée, le 480 caractère de Mme de Montespan était naturellement éloigné de la galanterie, et porté à la vertu. Son projet avait été de gouverner le roi, par l'ascendant de son esprit. Elle s'était flattée non seulement d'être maîtresse de son propre goût, mais de la passion du roi. Elle croyait qu'elle lui ferait toujours désirer ce qu'elle avait résolu de ne lui pas 485 accorder: la suite fut plus naturelle. Elle se désespéra, comme je l'ai dit, à la première grossesse, se consola à la seconde et porta dans les autres l'imprudence aussi loin qu'elle pouvait aller. Cependant on cachait avec le même soin les enfants, dont elle paraissait publiquement grosse.

Il arriva une fois que le feu prit à une poutre de la chambre de ses 490 enfants à Paris. Ce feu qui n'avait pas encore eu d'air, était comme endormi et Mme de Maintenon, en prenant les mesures nécessaires sans faire de bruit, jugea cependant que ce feu pourrait s'allumer tout à coup, et de façon qu'il ne serait pas possible de laisser entrer beaucoup de monde: elle envoya en diligence à Saint-Germain, pour demander à 495 Mme de Montespan, ce qu'il faudrait qu'elle fît en pareil cas; sur quoi elle dit pour toute réponse à celui qu'on avait envoyé: 'J'en suis bien aise, dites à Mme Scarron que c'est une marque de bonheur pour les enfants.'

L'aîné des enfants du roi et de Mme de Montespan mourut à l'âge de trois ans. Mme de Maintenon en fut touchée comme une mère tendre, et 500 beaucoup plus que la véritable: sur quoi le roi dit, en parlant de Mme de Maintenon, 'Elle sait bien aimer, il y aurait du plaisir à être aimé d'elle'.

Mme de Montespan eut cinq enfants de suite. Je ne sais s'ils furent reconnus tous ensemble ou séparément. Je sais seulement que ne pouvant les faire légitimer, sans nommer la mère parce qu'il n'y avait point eu 505 d'exemple d'une pareille reconnaissance: et pour qu'il y en eût on fit précéder celle des enfants du roi, par celle du bâtard du comte de Saint-Pol, fils de Mme de Longueville, qui se trouvait dans le même cas, puisqu'il était fils de la maréchale de la Ferté, et qu'elle l'avait eu du vivant de son mari. 510

Le roi fit ensuite reconnaître les siens, savoir M. le duc du Maine, M. le comte de Vexin, Mlle de Nantes, Mlle de Tours, l'aînée étant morte sans être reconnue, et M. le comte de Toulouse et Mlle de Blois, depuis la duchesse d'Orléans n'étaient pas encore nés.

Mme de Maintenon alla à la cour avec ces enfants du roi; mais elle s'attacha particulièrement à M. le duc du Maine dont l'esprit promettait beaucoup. Heureux, je l'oserai dire, si l'usage ou la fortune de Mme de Maintenon lui avaient permis de demeurer plus longtemps auprès de lui, et qu'elle eût pu achever son éducation comme elle l'avait commencée. Elle n'aurait rien ajouté à l'agrément de son esprit, mais elle lui aurait peut-être inspiré plus de force et de courage, j'entends celui de l'esprit, qualités si nécessaires aux hommes élevés au-dessus des autres. Il faut avouer aussi que la figure de M. le duc du Maine, sa timidité naturelle et le goût du roi, (car il n'aimait pas naturellement que ceux qu'il admettait dans sa familiarité fussent infiniment répandus dans le grand monde) ont contribué à éloigner ce prince, du commerce des hommes dont il aurait fait les délices s'il en avait été connu. La timidité rend les hommes farouches, quand ils se font surtout un devoir de ne la pas surmonter.

Le mariage de M. le duc du Maine mit le comble à ses malheureuses dispositions. Il épousa une princesse du sang, d'un caractère entièrement opposé au sien, aussi vive et entreprenante qu'il était doux et tranquille. Cette princesse abusa de sa douceur, elle secoua bientôt le joug qu'une éducation peut-être trop sévère lui avait imposé, elle dédaigna de faire sa cour au roi pour tenir la sienne à Sceaux, où pour sa dépense elle ruina Monsieur son mari, lequel approuvait ou n'osait s'opposer à ses volontés. Le roi lui en parla, mais inutilement, et voyant enfin que ses représentations ne servaient qu'à faire souffrir intérieurement un fils qu'il aimait, il prit le parti du silence et le laissa croupir dans son aveuglement et sa faiblesse.

Je me souviens à propos du mariage de M. le duc du Maine, que le roi qui pensait toujours juste, aurait désiré que les princes légitimes ne se fussent jamais mariés. 'Ces gens-là', disait-il à Mme de Maintenon, 'ne devraient jamais se marier'. Mais Monsieur, le duc du Maine ayant voulu l'être, cette même sagesse du roi aurait fait du moins qu'il aurait choisi une fille d'une des grandes maisons du royaume sans les persécutions de M. le prince qui regardait ces sortes d'alliances, comme la fortune de la sienne. Je sais même que le roi avait eu dessein de choisir Mlle d'Uzès, et qu'il était sur le point de le déclarer lorsque M. de Barbesieux vint lui faire part de son mariage avec elle, ce qui fit que le roi n'y songea pas davantage. 'Tout est en conjoncture dans cette vie', disait le maréchal de Clairambault, 'et la destinée de Mlle D'Uzès en est une preuve'. 550

Le comte du Vexin mourut jeune et ne vécut que pour faire voir par ses infirmités qu'il était heureux de mourir. Mme de Montespan ne haïssait ni les remèdes, ni les expériences et j'ai ouï dire qu'on lui avait fait treize cautères le long de l'épine du dos. On le destinait à l'Eglise et il possédait 555 déjà plusieurs grands bénéfices, entre lesquels était l'abbaye de Saint-Denis qui fut depuis donnée à la maison royale de Saint-Cyr.

Mlle de Tours leur sœur mourut à peu près au même âge de huit à neuf ans. La quatrième était Mlle de Nantes, dont j'aurai souvent occasion de parler dans mes *Souvenirs*. Je dirai seulement ici qu'on n'oubliait rien dans 560 son éducation pour faire valoir les talents propres à plaire qu'elle avait reçus de la nature, elle répondit parfaitement à son éducation, mais ses grâces et ses charmes sont bien au-dessus de mes éloges. Ce n'est pas pourtant ni une taille sans défaut, ni ce qu'on appelle une beauté parfaite. Ce n'est pas non plus, à ce que je crois, un esprit d'une étendue infinie, 565 quoi qu'il en soit, elle a si bien tout ce qu'il faut pour plaire qu'on ne juge de ce qui lui manque, que lorsque la découverte de son cœur laisse la raison libre. Cette découverte devrait être aisé à faire, puisqu'elle ne s'est jamais piquée d'amitié; et cependant la pente naturelle qu'on a à se flatter soi-même et la séduction de ses agréments, est telle qu'on ne l'en veut pas 570 croire elle-même, et qu'on attend pour se désabuser une expérience personnelle qui ne manque guère.

Après ces cinq enfants Mlle de Montespan fut quelque temps sans en avoir eu, et ce fut dans cet intervalle que se fit cette fameuse séparation et ce raccommodement si glorieux à M. l'évêque de Meaux, à Mme de 575 Montausier, et à toutes les personnes de mérite et de vertu qui étaient alors à sa cour.

La rupture se fit dans le temps d'un jubilé. Le roi avait un fond de religion qui paraissait même dans ses plus grands désordres avec les femmes; car il n'eut jamais que cette faiblesse. Il était né sage et si régulier 580 dans sa conduite, qu'il ne manqua jamais d'entendre la messe tous les jours que deux fois dans toute sa vie et c'était à l'armée. Les grandes fêtes lui causaient du remords, également troublé de ne pas faire ses dévotions ou de les faire mal. Mme de Montespan avait les mêmes sentiments, et ce n'était pas seulement pour se conformer à ceux du roi qu'elle les faisait 585 paraître. Elle avait été parfaitement bien élevée, par une mère d'une si grande piété, et qui avait jeté dans son cœur des semences de religion, dès sa plus tendre enfance dont elle ne se défit jamais. Elle les fit voir comme le roi dans tous les temps, et je me souviens d'avoir ouï raconter, que vivant de la façon dont je viens de parler avec le roi, elle jeûnait si austèrement les carêmes, qu'elle faisait peser son pain.

Un jour la duchesse d'Uzès, étonnée de ses scrupules ne put s'empêcher de lui en dire un mot. 'Et pourquoi madame', reprit Mme de Montespan, 'faut-il parce que je fais un mal, faire tous les autres?'

Enfin le jubilé, dont je viens de parler, arriva. Ces deux amants, pressés par leur conscience se séparèrent de bonne foi, ou du moins ils le crurent. Mme de Montespan vint à Paris, visita les églises, jeûna, pria et pleura ses péchés; le roi de son côté, fit tout ce qu'un bon chrétien doit faire. Le jubilé fini, gagné ou non gagné, il fut question de savoir si Mme de Montespan reviendrait à la cour. 'Pourquoi non?' disaient ses parents et ses amis, même les plus vertueux, 'Mme de Montespan par sa naissance et par sa charge doit y être; elle peut y être, elle peut y vivre aussi chrétiennement qu'ailleurs'. M. l'évêque de Meaux fut de cet avis. Il restait cependant une difficulté, 'Mme de Montespan', ajoutait-on, 'paraîtra-t-elle devant le roi sans préparation? Il faudrait qu'ils se vissent avant que de se rencontrer en public pour éviter les inconvénients de la surprise'. Sur ce principe, il fut conclu que le roi viendrait chez Mme de Montespan: mais pour ne pas donner à la médisance le moindre sujet de mordre, on convint que des dames respectables, et les plus graves de la cour, seraient présentes à cette entrevue, et que le roi ne verrait Mme de Montespan qu'en leur compagnie comme il avait été décidé. Mais insensiblement il la tira dans une fenêtre, ils se parlèrent bas assez longtemps, pleurèrent et se dirent ce qu'on a accoutumé de dire en pareil cas; ils firent ensuite une profonde révérence à ces vénérables matrones, passèrent dans une autre chambre, et il en avint Mme la duchesse d'Orléans, et ensuite M. le comte de Toulouse.

Je ne puis me refuser de dire ici une pensée qui me vint dans l'esprit. Il me semble qu'on voit encore dans le caractère, dans la physionomie, et dans toute la personne de Mme la duchesse d'Orléans, des traces de ce combat de l'amour et du jubilé.

Ces deux grossesses furent traitées avec beaucoup de mystère. On cacha ces deux derniers enfants avec soin, un des deux naquit à Maintenon, pendant une campagne du roi: et Mme de Montespan avec Mme de Thianges, y firent un assez long séjour: mais Mme de Maintenon

ne fut pas chargée de ces derniers enfants comme elle l'avait été des   625
autres. M. de Louvois les fit élever à Paris dans une maison au bout de la
rue de Vaugirard.

Je me souviens de les avoir vu reconnaître pendant que j'étais encore
chez Mme de Maintenon. Ils parurent à Versailles sans préparation. La
beauté de M. le comte de Toulouse surprit et éblouit tous ceux qui le   630
virent. Il n'en était pas de même de Mlle de Blois, (car c'est ainsi qu'on
l'appela jusqu'à son mariage,) la flatterie a fait depuis que ses favorites
l'entretenaient continuellement de sa grande beauté, langage qui devait
d'autant plus lui plaire, qu'elle y était moins accoutumée.

Les figures avaient un grand pouvoir sur l'esprit de Mme de   635
Montespan, ou pour mieux dire elle comptait infiniment sur l'impression
qu'elles ont accoutumé de faire sur le commun des hommes, et les effets
qu'elles produisent. C'est sans doute par là, qu'elle eut tant de peine à
pardonner à Mlle de Blois, d'être née aussi désagréable. Mme de Thianges
sœur de Mme de Montespan, et dont je parlerai quelquefois, encore   640
moins raisonnable sur ce point ne pouvait supporter que la portion du
sang de Mortemart, que cet enfant avait reçu dans ses veines, n'eut pas
produit une machine parfaite. Ainsi Mlle de Blois passait sa vie à
s'entendre reprocher ses défauts, et comme elle était naturellement
timide et glorieuse, elle parlait peu, et ne laissait rien voir du côté de   645
l'esprit qui put les réparer. Le roi en eut pitié et c'est peut-être l'origine
des grands biens qu'il lui a faits, et la première cause du rang où il la fit
monter depuis.

Mme la duchesse d'Orléans ne laissait pas d'avoir de la beauté, une
belle peau, une belle gorge, de beaux bras et de belles mains, mais peu de   650
proportion dans ses traits. Telle qu'elle était, Mme de Thianges aurait dû
avoir un peu d'indulgence pour elle, puisqu'elle lui ressemblait beaucoup.
Quant à l'esprit, il est certain que Mme la duchesse d'Orléans en a,
quoiqu'à dire la vérité elle en ait peu montré dans sa conduite, par rapport
à sa famille depuis la mort du roi.   655

Je reviens à Mme de Maintenon, qui vécut chez Mme de Montespan
avec M. le duc du Maine, jusqu'au temps où elle le promena en différents
endroits pour chercher du remède à sa jambe. Ce prince était né droit et
bien fait, et le fut jusqu'à l'âge de trois ans que les grosses dents lui
percèrent, en lui causant des convulsions si terribles, qu'une de ses jambes   660
se retira beaucoup plus que l'autre. On essaya en vain tous les remèdes de
la faculté de Paris, après lesquels on le mena à Anvers, pour le faire voir à

un homme, dont on vantait le savoir et les remèdes; mais comme on ne voulut pas que M. du Maine fut connu pour ce qu'il était, Mme de Maintenon fit ce voyage sous le nom supposé d'une femme de condition de Poitou, qui menait son fils à cet empirique, dont les remèdes étaient apparamment bien violents, puisqu'il allongea cette malheureuse jambe, beaucoup plus que l'autre sans la fortifier, et les douleurs extrêmes qu'il souffrit, ne servirent qu'à la lui faire traîner comme nous voyons. Malgré le mauvais succès M. du Maine ne laissa pas de faire encore deux voyages à Barège, aussi inutilement que le reste. Connu en France pour être fils du roi, on lui rendit dans tous les lieux où il passa, des honneurs qu'on aurait à peine rendus au dauphin.

Mme de Maintenon, fut bien aise en passant par le Poitou et la Xaintonge, de revoir sa patrie, sa famille et ses connaissances. M. d'Aubigné, en ce temps-là gouverneur de Coignac, y reçut M. le duc du Maine avec une magnificence qui devait lui plaire, mais le plus grand plaisir qu'elle eut dans ces différents voyages, fut de n'être pas à la cour. Elle en trouva encore un autre dans la conversation de M. Fagon, alors médecin de M. le duc du Maine. C'est là que se forma entr'eux cette estime et cette amitié qui ne s'est pas démentie. Plus M. Fagon vit Mme de Maintenon, plus il admira sa vertu, et goûta son esprit. Je le cite comme un bon juge du vrai mérite.

Au retour de ces voyages la faveur de Mme de Maintenon augmenta, et celle de Mme de Montespan diminua avec la même rapidité. Son humeur s'en ressentit, et Mme de Maintenon, qui voulait encore la ménager et qui sans doute ne prévoyait pas jusqu'où sa saveur devait la conduire, pensait sérieusement à se retirer, ne désirant que la tranquillité et le repos de sa première vie. Je le sais, et pour le lui avoir entendu dire et par des lettres que j'ai vues depuis sa mort, écrites de sa main, et adressées à un docteur de Sorbonne, nommé l'abbé Gobelin son confesseur, mais son étoile singulière, ne lui permit pas d'accomplir un projet si sensé. Tout l'acheminait au grand personnage que nous lui avons vu jouer depuis.

J'ai vu encore dans ces mêmes lettres, qu'on avait voulu la marier au vieux duc de Villars, pour s'en défaire peut-être plus honnêtement. Je rapporte ici la manière dont elle s'en est expliquée elle-même avec son confesseur. 'Mme de Montespan et Mme de Richelieu, travaillent présentement à un mariage pour moi qui, pourtant, ne s'achèvera pas. C'est un duc, assez malhonnête homme et fort gueux. Ce serait une source d'embarras et de déplaisirs qu'il serait imprudent de s'attirer; j'en ai déjà assez dans ma condition singulière (6) et enviée de tout le monde, sans aller en chercher dans un état qui fait le malheur des trois quarts du genre humain.'

Il faut avouer que le roi, dans les premiers temps eut plus d'éloigne-   705
ment que d'inclination pour Mme de Maintenon: mais cet éloignement n'était fondé que sur une espèce de crainte de son mérite, et sur ce qu'il la soupçonnait d'avoir dans l'esprit le précieux de l'hôtel de Rambouillet, dont les hôtels d'Albret et de Richelieu, où elle avait brillé, étaient une suite et une imitation, quoique avec des correctifs et qu'il leur manquât un   710
Voiture, pour en faire passer à la postérité les plaisanteries et les amusements.

On se moquait à la cour de ces sociétés de gens oisifs, uniquement occupés à développer un sentiment et à juger d'un ouvrage d'esprit. Mme de Montespan elle-même, malgré le plaisir qu'elle avait trouvé   715
autrefois dans ces conversations, les tourna après en ridicule pour divertir le roi.

L'éloignement de ce prince, pour Mme de Maintenon, aurait paru plus naturel s'il eut été fondé sur ce qu'il savait bien qu'elle condamnait le scandale donné à toute la France par la manière dont il vivait avec une   720
femme mariée, et enlevée à son mari. Elle lâchait même souvent sur ce sujet des traits, dont on ne devait pas lui savoir gré, et tels que celui-ci: elle dit un jour au roi, à une revue des mousquetaires, 'Que feriez-vous, sire, si on vous disait qu'un de ces jeunes gens, vit publiquement avec la femme d'un autre, comme si elle était la sienne?' Il est vrai que j'ignore   725
aussi le temps où elle fit cette question, et qu'il est à présumer qu'elle se croyait alors bien sûre de sa faveur. J'ignore aussi quelle fut la réponse du roi, mais le discours est certain et suffit pour faire voir quels ont été les sentiments et la conduite de Mme de Maintenon à cet égard, d'autant plus qu'elle était encore dans ce temps-là chez Mme de Montespan, auprès de   730
ses enfants.

(6)   La singularité de sa condition, et de son état venait sans doute de ce qu'elle se trouvait à la cour, la veuve de Scarron, dont pourtant elle n'avait jamais été la femme.

note (6), 1   REY: [= *note 4, indicator after* assez, *line* 702] condition et

Cependant le roi, si prévenu dans les commencements contre Mme de Maintenon, qu'il ne l'appelait d'un air de dénigrement en parlant à Mme de Montespan, que votre bel esprit, s'accoutuma à elle et comprit qu'il y avait tant de plaisir à l'entretenir, qu'il exigea de sa maîtresse, par une délicatesse dont on ne l'eût peut-être pas cru capable, de ne lui plus parler les soirs quand il serait sorti de sa chambre. Mme de Maintenon s'en aperçut, et voyant qu'on ne lui répondait qu'un oui et qu'un non assez sec, 'J'entends', dit-elle, 'ceci est un sacrifice', et comme elle se levait Mme de Montespan l'arrêta, charmée qu'elle eût pénétré le mystère. La conversation n'en fut que plus vive après, et elles se dirent sans doute dans un genre différent, l'équivalent de ce que Ninon, avait dit du billet de La Chârtre. (7) 735 740

On peut juger par cet échantillon, que le roi n'était pas incapable de délicatesse et que Mme de Montespan n'était pas en droit de lui reprocher, comme elle lui reprocha une fois, de n'être point amoureux d'elle, mais de se croire seulement redevable au public d'être aimé de la plus belle femme de son royaume. Il est vrai que le roi n'était point l'homme du monde le plus fidèle en amour, et qu'il a eu pendant son commerce avec Mme de Montespan, quelques autres aventures galantes dont elle se souciait peu, et elle n'en parlait que par humeur ou pour se divertir. 745 750

Je ne sais pourtant si Mme de Soubise lui fut aussi indifférente, quoiqu'elle parut ne s'en pas soucier. Mme de Montespan découvrit cette intrigue, par l'affectation que Mme de Soubise avait de mettre de certains pendants d'oreilles d'émeraudes, les jours que M. de Soubise allait à Paris. Sur cette idée elle observa le roi, le fit suivre et il se trouva que c'était effectivement le signal du rendez-vous. 755

Mme de Soubise avait un mari qui ne ressemblait en rien à celui de Mme de Montespan et pour lequel il fallait avoir des ménagements. D'ailleurs Mme de Soubise était trop solide pour s'arrêter à des 760

(7) M. de la Chârtre avait exigé un billet de Mlle de Lenclos, un billet comme quoi, elle lui serait fidèle pendant son absence, et étant avec un autre dans le moment le plus vif, elle s'écria le beau billet qu'a la Chârtre.

note (7), 1-4 REY: [= note 5, indicator after Chastre, line 743] exigé de Mlle de L'Enclos un billet, comme quoi elle lui serait fidèle pendant son absence; et étant avec un autre, dans le moment le plus vif, elle s'écria: ah! le beau billet qu'a la Chastre!

délicatesses de sentiment, que la force de son esprit et la froideur de son tempérament lui feraient regarder comme des faiblesses honteuses, uniquement occupée des intérêts et de la grandeur de sa maison, tout ce qui ne s'opposait pas à ses vues lui était indifférent.

Mme de Soubize a soutenu son caractère et suivi les mêmes idées dans le mariage de Monsieur son fils, avec l'héritière de la maison de Ventadoux. Veuve du prince de Turenne dernier mort, les discours du public et la mauvaise conduite effective de la personne ne l'arrêtèrent pas, elle pensa ce que Mme Cornuel en dit alors, que ce serait un grand mariage dans un siècle.

Pour dire la vérité, je crois que Mme de Soubise et Mme de Montespan n'aimaient guère plus le roi l'une que l'autre. Toutes deux avaient de l'ambition, la première pour sa famille, la seconde pour elle-même. Mme de Soubise voulait élever sa maison et l'enrichir; Mme de Montespan voulait gouverner et faire sentir son autorité. Mais je ne pousserai pas plus loin le parallèle, je dirai seulement que si l'on en excepte la beauté et la taille, qui pourtant n'étaient en Mme de Soubise que comme un beau tableau ou une belle statue, elle ne devait pas disputer un cœur avec Mme de Montespan. Son esprit uniquement porté aux affaires rendait sa conversation froide et plate. Mme de Montespan au contraire rendait agréables les matières les plus sérieuses, anoblissait les plus communes. Aussi je crois que le roi n'a jamais été fort amoureux de Mme de Soubise et que Mme de Montespan aurait eu tort d'en être inquiète. Bien des gens ont cru le cardinal de Rohan fils du roi; mais s'il y a eu un des enfants de Mme de Soubise qui fût de lui, il est mort il y a longtemps.

Malgré ces infidélités du roi, j'ai souvent entendu dire que Mme de Montespan aurait toujours conservé du crédit sur son esprit, si elle avait eu moins d'humeur et si elle avait moins compté sur l'ascendant qu'elle croyait avoir. L'esprit qui ne nous apprend pas à vaincre notre humeur, devient inutile quand il faut ramener les mêmes gens qu'elle a écartés, et si les caractères doux souffrent plus longtemps que les autres, leur fuite est sans retour.

Le roi trouva une grande différence dans l'humeur de Mme de Maintenon, il trouva une femme toujours modeste, toujours maîtresse d'elle-même, toujours raisonnable et qui joignait encore à des qualités si rares les agréments de l'esprit et de la conversation.

Mais elle eut à souffrir avant de s'être fait connaître. Il est aisé de juger

765

770

775

780

785

790

795

qu'une femme dont l'humeur est plus forte que l'envie de plaire à son maître et à son amant ne ménage pas une amie qu'elle croit lui devoir être soumise. Il paraît même que la mauvaise humeur de Mme de Montespan augmentait à proportion de la raison et de la modération qu'elle découvrait dans Mme de Maintenon. Et peut-être à mesure que le roi revenait des préventions qu'il avait eues contre elle. Il était cependant bien difficile qu'on pût prévoir les suites qu'auraient un jour ces commencements d'estime.

Je rapporterai ici quelques fragments des lettres que Mme de Maintenon écrivait à l'abbé Gobelin, on y verra mieux que je ne pourrais l'exprimer, ce qu'elle eut à souffrir, et quels étaient ses véritables sentiments. Il est vrai qu'il serait à désirer que ces lettres fussent datées. Mais les choses marquent assez le temps où elles ont été écrites. (8)

'Mme de Montespan, et moi avons eu une conversation fort vive; elle en a rendu compte au roi à sa mode, et je vous avoue que j'aurai bien de la peine à demeurer dans un état où j'aurai tous les jours de pareilles aventures. Qu'il me serait doux de me remettre en liberté! J'ai eu mille fois envie d'être religieuse. Mais la peur de m'en repentir m'a fait passer par dessus des mouvements que mille personnes auraient appelés vocation... Je ne saurais comprendre que la volonté de Dieu, soit que je souffre de Mme de Montespan. Elle est incapable d'amitié, et je ne puis m'en passer. Elle ne saurait trouver en moi les oppositions qu'elle y trouve sans me haïr, elle me redonne au roi, comme il lui plaît et m'en fait perdre l'estime. Je suis avec lui sur le pied d'une bizarre qu'il faut ménager.' (Dans une autre lettre.) 'Il se passe ici des choses terribles entre Mme de Montespan et moi, le roi en fut hier témoin et ces procédés-là

(8) Toutes les lettres de Mme de Maintenon à son confesseur font bien voir le caractère de la dévote ambitieuse et celui du prêtre à qui elle en rend compte. [7]

note (8), 1-3 REY: [= note 6, indicator after lettres, line 810] (Ces lettres sont à St Cyr.)

[7] Cf. Siècle, ch.27: '[Le cœur] de Mme de Maintenon paraît à la fois plein d'une ambition et d'une dévotion qui ne se combattent jamais. Son confesseur Gobelin approuve également l'une et l'autre; il est directeur et courtisan; sa pénitente, devenue ingrate envers Mme de Montespan dissimule toujours son tort: le confesseur nourrit cette illusion' (OH, p.936).

joints aux maux continuels de ses enfants, me mettent dans un état que je 825
ne pourrai longtemps soutenir.'

C'est apparemment à cette lettre qu'il faut rapporter ce que j'ai ouï
raconter à Mme de Maintenon, qu'étant un jour avec Mme de Montespan
dans une prise la plus violente du monde, le roi les surprit, et les voyant
toutes deux fort échauffées, il demanda ce qu'il y avait. Mme de 830
Maintenon prit la parole, d'un grand sang froid, et dit au roi: 'Si votre
majesté veut passer dans cette autre chambre, j'aurai l'honneur de le lui
apprendre.' Le roi y alla, Mme de Maintenon le suivit, et Mme de
Montespan demeura seule. Sa tranquillité en cette occasion paraît très
surprenante, et j'avoue que je ne la pourrais croire, s'il m'était possible 835
d'en douter.

Quand Mme de Maintenon se vit tête à tête avec le roi elle ne
dissimula rien, elle peignit l'injustice et la dureté de Mme de Montespan
d'une manière vive, et fit voir combien elle avait lieu d'en appréhender les
effets. Les choses qu'elle citait, n'étaient pas inconnues du roi, mais 840
comme il aimait encore Mme de Montespan, il chercha à la justifier et
pour faire voir qu'elle n'avait pas l'âme si dure, il dit à Mme de
Maintenon, 'Ne vous êtes-vous pas souvent aperçue que ses beaux
yeux se remplissent de larmes lorsqu'on lui raconte quelque action
généreuse et touchante?' Avec cette disposition, il est à présumer, comme 845
je l'ai dit, que si Mme de Montespan eût voulu, elle aurait encore
gouverné longtemps ce prince.

Cette conversation de Mme de Maintenon avec le roi fut suivie de
plusieurs autres: mais le mariage de Monseigneur fit trouver à Mme de
Maintenon, dans la maison de Mme la dauphine, une porte honorable 850
pour se soustraire à la tyrannie de Mme de Montespan.

Cependant avant de quitter le chapitre des choses qui la regardent, la
vérité m'oblige de convenir d'après Mme de Maintenon, que si Mme de
Montespan avait des défauts, elle avait aussi de grandes qualités. Sensible
à la bonne gloire, elle laissait à Mme de Thianges sa sœur le soin de se 855
prévaloir des avantages de la naissance, et se moquait souvent de son
entêtement sur ce chapitre.

Mais puisque je parle de Mme de Thianges, je dirai un mot des trois
sœurs.

Mme de Montespan, disait M. l'abbé Têtu, parle comme une personne 860
qui lit, Mme de Thianges comme une personne qui rêve, et Mme de
Fontevrault comme une personne qui parle. Il pouvait avoir raison sur les

deux autres, mais il avait tort sur Mme de Montespan, dont l'éloquence était sans affectation.

Je n'ai point eu l'honneur de connaître Mme l'abbesse de Fontevrault. Je sais seulement par tous les gens qui l'ont connue, qu'on ne pourrait rassembler dans la même personne, plus de raison, plus d'esprit et plus de savoir. Son savoir fut même un effet de sa raison. Religieuse sans vocation, elle chercha un amusement convenable à son état, mais ni les sciences, ni la lecture, ne lui firent rien perdre de ce qu'elle avait de naturel.

Mme de Thianges, folle sur deux chapitres, celui de sa personne et celui de sa naissance, d'ailleurs dénigrante et moqueuse, avait pourtant une sorte d'esprit, beaucoup d'éloquence et rien de mauvais dans le cœur, elle condamnait même souvent les injustices et la dureté de Madame sa sœur et j'ai ouï dire à Mme de Maintenon qu'elle avait trouvé en elle de la consolation dans leurs démêlés.

Il y aurait des contes à faire à l'infini sur les deux points de sa folie: mais il suffira de dire pour celle de sa maison qu'elle n'en admettait que deux en France, la sienne et celle de la Rochefoucault (9) et que si elle ne disputait pas au roi l'illustration elle lui disputait quelquefois l'ancienneté parlant à lui-même. Quant à sa personne elle se regardait comme un chef-d'œuvre de la nature, non tant pour la beauté extérieure que pour la délicatesse des organes qui composaient sa machine et pour réunir les deux objets de sa folie, elle s'imaginait que sa beauté et la perfection de son tempérament procédaient de la différence que la naissance avait mise entre elle et le commun des hommes.

Mme de Thianges était l'aînée de plus de dix ans de Mme de Montespan et je ne sais comment il se pouvait faire qu'ayant été élévées par une mère sévère, elles prissent tant de liberté. Je n'en serais pas étonnée de la part de M. le duc et de M. Mortemart leur père qui, je crois, n'était pas fort scrupuleux et dont j'ai entendu raconter plusieurs bons mots qui sont autant de preuves et de la mauvaise humeur de la femme et

(9)   Elle distinguait la maison de La Rochefoucault des autres en faveur des fréquentes alliances qu'elle a eues avec la maison de La Rochefoucault.

note (9), 1-3   REY: [= note 7] autres, en faveur des fréquentes alliances qu'elle a eues avec la maison de Rochechouart.

du libertinage du mari: tel que celui-ci. M. de Mortemart étant rentré fort
tard à son ordinaire, sa femme qui l'attendait lui dit: 'D'où venez-vous? 895
Passerez-vous votre vie avec des diables?' A quoi M. de Mortemart
répondit, 'Je ne sais d'où je viens, mais je sais que mes diables sont de
meilleure humeur que votre bon ange'.

J'ai ouï dire au feu roi que Mme de Thianges s'échappait souvent de
chez elle pour le venir trouver lorsqu'il déjeunait avec des gens de son 900
âge. Elle se mettait avec eux à table en personne persuadée qu'on n'y
vieillit point. (10) Cette éducation ne devait point contribuer à la bien
marier: cependant elle épousa M. le marquis de Thianges de la maison de
Damas et elle lui apporta en dot le dénigrement qu'elle avait pour tout ce
qui n'était pas de son sang ni dans son alliance et comme les terres de la 905
maison de Thianges sont en Bourgogne où elle fit quelque séjour, l'ennui
qu'elle y eut, lui inspira une aversion pour tous les Bourguignons qu'elle
conserva jusqu'à la fin de ses jours: en sorte que la plus grande injure
qu'elle pouvait dire à quelqu'un était de l'appeler Bourguignon. Elle eut
de ce mariage un fils et deux filles; mais elle ne vit dans ce fils que cette 910
province qu'elle détestait et dans sa fille aînée que sa propre personne
qu'elle adorait. Elle la maria au duc de Nevers, la cadette épousa le duc de
Sforce et partit aussitôt après son mariage pour l'Italie, dont elle ne revint
qu'après la décadence de la faveur de Mme de Montespan. Je l'ai vue à son
retour encore assez jeune pour juger de sa beauté. Mais elle n'avait que de 915
la blancheur, d'assez beaux yeux et un nez tombant dans une bouche fort
vermeille qui fit dire à M. de Vendôme qu'elle resemblait à un perroquet
qui mange une cerise.

Mme de Thianges n'avait pas tort d'admirer Mme de Nevers, tout le
monde l'admirait avec elle, mais personne ne trouvait qu'elle lui 920

(10)   C'est elle qui la première a dit qu'on ne vieillit point à
table, c'était une maxime du célèbre gourmand Broussin avant que
Mme de Thiange fût au monde.[8]

note (10)   REY: [*Incorporates this note in the text in parentheses after* point.]

[8] Pierre Brulant de Genlis, marquis Du Broussin. In the 'Catalogue de la plupart
des écrivains français' appended to *Le Siècle de Louis XIV* Voltaire mentions him as
a member of 'toute cette société du Marais' characterised by 'la facilité, la gaïeté, la
liberté' (*OH*, p.1147). An epigram about his gourmandise is quoted in the article
'Credo' of the *Dictionnaire philosophique* (ed. Christiane Mervaud, *OC*, vol.35, p.648).

ressemblât comme elle se l'imaginait. Mme de Montespan fit ce qu'elle put pour inspirer au roi du goût pour sa nièce: mais il ne donna pas dans le piège, soit qu'on s'y prit d'une manière trop grossière capable de le révolter, ou que sa beauté n'eût pas fait sur lui l'effet qu'elle produisait dans tous ceux qui la regardaient.

Au défaut du roi, Mme de Nevers se contenta de M. le prince qu'on appelait en ce temps-là M. le duc. L'esprit, la galanterie, la magnificence quand il était amoureux réparaient en lui une figure qui tenait plus du gnome que de l'homme. Il a masqué sa galanterie pour Mme de Nevers par une infinité de traits, mais je ne parlerai que de celui-ci. M. de Nevers avait accoutumé de partir pour Rome de la même manière dont on va souper à ce qu'on appelle aujourd'hui une guinguette et on avait vu Mme de Nevers monter en carrosse persuadée qu'elle allait seulement se promener, entendre dire à son cocher *à Rome*. Mais comme avec le temps elle connut mieux Monsieur son mari et qu'elle se tenait plus sur ses gardes, elle découvrit qu'il était sur le point de lui faire faire encore le même voyage et en avertit M. le prince, lequel aussi fertile en inventions que magnifique, lorsqu'il s'agissait de satisfaire ses goûts, pensa par la connaissance qu'il avait du génie et du caractère de M. de Nevers qu'il fallait employer son talent ou réveiller sa passion pour les vers. Il imagina donc de donner une fête à Monseigneur à Chantilly. Il la proposa, on l'accepta. Il alla trouver M. de Nevers et supposa avec lui un extrême embarras pour le choix du poète qui ferait les paroles du divertissement, lui demandant en grâce de lui en trouver un et de le vouloir conduire, sur quoi M. de Nevers s'offrit lui-même comme M. le prince l'avait prévu. Enfin la fête se donna, elle coûta plus de cent mille écus et Mme de Nevers n'alla point à Rome. (*11*)

Pour terminer l'article des nièces de Mme de Montespan je parlerai succinctement de l'aînée des filles du maréchal de Vivonne son frère, la seule qui ait paru à la cour du temps de sa faveur. Elle épousa le prince d'Elbeuf par les soins et les représentations continuelles de Mme de Maintenon à qui elle fit pitié, car je ne sais pas par quelle fatalité Madame

(*11*)   M. le duc pour entrer secrètement chez Mme de Nevers dont le mari était si jaloux, avait acheté deux maisons contiguës à l'hôtel de Nevers.

note (*11*)   REY: [*absent*]

sa tante eut tant de peine à l'établir. Rien cependant ne lui manquait, beauté, esprit, agrément; et Mme de Montespan quoiqu'elle ne l'aimât pas, ne l'a jamais blâmée, que sur ce qu'elle n'avait pas, disait-elle l'air 955 assez noble. Quant au duc d'Elbeuf on sait l'usage qu'il a fait de sa naissance, d'un courage qui en était digne, d'une figure aimable et d'un esprit auquel il ne manquait que de savoir mieux profiter de ces grands et rares avantages de la nature. Il a passé sa jeunesse à être le fléau de toutes les familles par ses mauvais procédés avec les femmes et par se vanter 960 souvent de faveurs qu'il n'avait pas reçues. Comme il n'y avait pas moyen de mettre dans son catalogue celles de Madame sa femme, il semble qu'il ait voulu s'en dédommager par les discours qu'il en a tenus et par une conduite fort injuste à son égard.

Mme de Maintenon conserva avec le duc d'Elbeuf une liberté qu'elle 965 avait prise dans la maison de Mme de Montespan où on ne l'appelait en badinant que *le goujat* pour marquer la vie qu'il menait et la compagnie qu'il voyait et elle lui a fait souvent des réprimandes aussi justes que bien reçues. Le roi avait du faible pour ce prince et lui parlait avec bonté, lui pardonnait ses fautes, et ne lui a presque jamais rien refusé de ce qu'il lui 970 demandait, mais enfin Madame sa femme n'a pas été heureuse et Mme de Montespan ne l'a pas assez soutenue dans ses peines domestiques.

Je reviens au caractère de la tante dont la dureté a paru dans des occasions où il est rare d'en montrer et plus singulier encore d'en tirer vanité. Un jour que le carrosse de Mme de Montespan passa sur le corps 975 d'un pauvre homme sur le pont de Saint-Germain, Mme de Montausier, Mme de Richelieu, Mme de Maintenon et quelques autres qui étaient avec elles en furent effrayées et saisies comme on l'est d'ordinaire en de pareilles occasions; la seule Mme de Montespan ne s'en émut pas et elle reprocha même à ces dames leur faiblesse. 'Si c'était', leur disait-elle, 'un 980 effet de la bonté de votre cœur et une véritable compassion, vous auriez le même sentiment en apprenant que cette aventure est arrivée loin comme près de vous'.

Elle joignit à cette dureté de cœur (*12*) une raillerie continuelle et elle

(*12*)   Comment accorder cette dureté avec les larmes compatissantes et généreuses dont elle parle page 50?[9]

note (*12*)   REY: [*absent*]

[9] See above, lines 844-45.

portait des coups dangereux à ceux qui passaient sous ses fenêtres 9ı
pendant qu'elle était avec le roi. 'L'un était', disait-elle, 'si ridicule,
que ses meilleurs amis pouvaient s'en moquer sans manquer à la morale;
l'autre qu'on disait être honnête homme', 'Oui', reprenait-elle, 'il faut lui
savoir gré de ce qu'il le veut être'; un troisième ressemblait au valet de
carreau ce qui donna même à ce dernier un si grand ridicule qu'il a fallu 9
depuis tout le manège d'un Manceau pour faire la fortune qu'il a faite, car
elle ne s'en tenait pas à la critique de son ajustement, elle se moquait aussi
de ses phrases et n'avait pas tort.

Ces choses peuvent passer pour des bagatelles, et elles le sont en effet
entre des particuliers, mais il n'en est pas de même quand il est question 9
du maître. Ces bagatelles et ces traits satyriques reviennent dans des
occasions importantes et décisives pour la fortune. En un mot on ne
paraissait guère impunément sous les yeux de Mme de Montespan et
souvent un courtisan satisfait de s'être montré, n'en a retiré qu'un
mauvais office dont il a été perdu sans en démêler la cause. 10

Mais malgré ces défauts, Mme de Montespan avait des qualités peu
communes, de la grandeur d'âme et de l'élévation dans l'esprit. Elle le fit
voir dans les sujets qu'elle proposa au roi pour l'éducation de Monseigneur: elle ne songea pas seulement au temps présent, mais à l'idée que
la postérité aurait de cette éducation par le choix de ceux qui devaient y 10
contribuer. Car en effet si on considère le mérite et la vertu de M. de
Montausier, (13) l'esprit et le savoir de M. de Meaux, quelle haute idée
n'aura-t-on pas et du roi qui fait élever si dignement son fils et du dauphin
qu'on croira savant et habile parce qu'il le devait être?

On ignorera les détails qui nous ont fait connaître l'humeur de M. de 10
Montausier et qui l'ont fait voir plus propre à rebuter un enfant tel que
Monseigneur, né doux, paresseux et opiniâtre, qu'à lui inspirer les
sentiments qu'il devait avoir.

La manière rude avec laquelle on le forçait d'étudier lui donna un si
grand dégoût pour les livres qu'il prit la résolution de n'en jamais ouvrir 10
quand il serait son maître. Il a tenu parole, mais comme il était bien né, et
qu'il avait un bon modèle devant les yeux dans la personne du roi son père
qu'il admirait et qu'il aimait, son règne aurait été heureux et tranquille
parce que la paix étant faite et sachant bien que le roi n'avait pas envie de

(13) Remarquez ce contraste.

note (13) REY: [absent]

recommencer la guerre, il y aurait de lui-même pensé longtemps et jamais 1020
qu'avec justice. Il aurait suivi le même plan de gouvernement, nous
n'aurions vu de changement que dans le lieu de son séjour, qu'il aurait, je
crois partagé entre Paris et Meudon.

Mme de Montespan dans les mêmes vues pour la gloire du roi fit choix
de M. Racine et de M. Despréaux pour en écrire l'histoire, si c'est une 1025
flatterie on conviendra qu'elle n'est pas d'une femme commune, ni d'une
maîtresse ordinaire.

Cependant Mme de Montespan s'aperçut que le roi lui échappait,
lorsque le mal était sans remède. Elle commença à s'appuyer de M. de la
Rochefoucault regardé comme un espèce de favori. Elle mit M. de 1030
Louvois dans ses intérêts et voulut enfin regagner par l'intrigue, ce
qu'elle avait perdu par son humeur et par l'opinion où elle avait toujours
été que celui dont l'esprit est supérieur doit gouverner celui qui en a
moins. Mais à quoi sert cette prétendue supériorité quand les passions
nous aveuglent et nous font prendre les plus mauvais partis? 1035

Le roi ne savait peut-être pas si bien discourir qu'elle, quoiqu'il parlât
parfaitement bien. Il pensait juste, s'exprimait noblement et ses réponses
les moins préparées renfermaient en peu de mots tout ce qu'il y a de mieux
à dire selon les temps, les choses et les personnes. Il avait bien plus que sa
maîtresse l'esprit qui donne de l'avantage sur les autres. Jamais pressé de 1040
parler, il examinait, il pénétrait les caractères et les pensées: mais comme il
était sage et qu'il savait combien les paroles des rois sont pesées, il
renfermait souvent en lui-même ce que sa pénétration lui avait fait
découvrir. S'il était question de parler de choses importantes, on voyait
les plus habiles et les plus éclairés étonnés de ses connaissances, persuadés 1045
qu'il en savait plus qu'eux et charmés de la manière dont il s'exprimait.
S'il fallait badiner, s'il faisait des plaisanteries, s'il daignait faire un conte,
c'était avec des grâces infinies, un tour noble et fin que je n'ai vu qu'à lui.

La principale vue de Mme de Montespan, de M. de la Rochefoucault et
de M. de Louvois fut de perdre Mme de Maintenon et d'en dégoûter le roi. 1050
Mais ils s'y prirent trop tard, l'estime et l'amitié qu'il avait pour elle,
avaient déjà pris de trop fortes racines. Sa conduite était d'ailleurs trop
bonne et ses sentiments trop purs pour donner le moindre prétexte à
l'envie et à la calomnie.

J'ignore les détails de cette cabale dont Mme de Maintenon ne m'a 1055
parlé que très légèrement et seulement en personne qui sait oublier les
injures, mais qui ne les ignore pas.

Si j'ai dis que M. de la Rochefoucault était une espèce de favori, c'est que depuis la disgrâce de M. de Lauzun, causée par la manière insolente dont il parla au roi, après la rupture de son mariage, avec Mademoiselle, ce prince avait pris la résolution de n'en jamais avoir; c'est-à-dire, de favori déclaré. Ainsi M. de la Rochefoucault eut tous les avantages de la faveur par les bienfaits, et le roi se garantit des inconvénients attachés à cette qualité.

M. de Lauzun peu content d'épouser Mademoiselle, voulut que le mariage se fît de couronne à couronne. Et par de longs et vains préparatifs, il donna le loisir à M. le prince d'agir et de faire révoquer la permission que le roi lui avait accordée, pénétré de douleur, il ne garda plus de mesures et se fit arrêter et conduire dans une longue et dure prison (14) par la manière dont il parla à son maître.

Sans cette folle vanité le mariage se serait fait. Le roi avec le temps aurait calmé le prince et M. de Lauzun se serait vu publiquement le mari de la petite-fille d'Henri IV refusée à tant de princes et de rois pour ne les pas rendre trop puissants. Il se serait vu cousin germain de son maître. Quelle fortune détruite en un moment par une gloire mal placée?

Peut-être aussi n'avait-il plu à Mademoiselle que par ce même caractère audacieux et pour avoir été le seul homme qui eût osé lui parler d'amour, (15) mais comme cet événement est écrit partout, je ne me suis arrêté que par la singularité.

Mademoiselle faible et sujette à des mouvements violents qu'elle soutenait mal ne cacha pas sa douleur. Après la rupture de son mariage elle se mit au lit et reçut des visites comme une veuve désolée et j'ai ouï dire à Mme de Maintenon qu'elle s'écriait dans son désespoir. 'Il serait là. Il serait là.' C'est-à-dire il serait dans mon lit, car elle montrait sa place vide.

On a prétendu mal à propos que M. de Lauzun avait été bien avec Mme de Montespan avant qu'elle fût maîtresse du roi. Rien n'est plus faux, si j'en crois ce que Mme de Maintenon m'en a souvent dit.

Par la suite des temps Mademoiselle négocia avec Mme de Montespan

(14)   Beaucoup trop dure sans doute.

(15)   Par les mémoires de Mademoiselle, il est manifeste que ce fut elle qui en parla la première.

note (14)   REY: [absent]
note (15)   REY: [absent]

pour le retour de M. de Lauzun et c'est en cette considération qu'elle fit   1090
une donation à M. le duc du Maine de la souveraineté de Dombes et du
comté d'Eu. Mais M. de Lauzun ne fit que saluer le roi, et vécut ensuite à
Paris jusqu'à la révolution d'Angleterre dont je parlerai ailleurs.

Monseigneur fut marié en 1680 et Mme de Maintenon entrant en
charge en ce temps-là, n'eut plus rien à démêler avec Mme de Montespan.   1095

Elles ne se voyaient plus l'une chez l'autre, mais partout où elles se
rencontraient, elles se parlaient et avaient des conversations si vives et si
cordiales en apparence, que qui les aurait vues sans être au fait des
intrigues de la cour, aurait cru qu'elles étaient les meilleurs amies du
monde.   1100

Ces conversations roulaient sur les enfants du roi pour lesquels elles
ont toujours agi de concert. L'habitude et le goût qu'elles avaient l'une et
l'autre pour leur esprit faisait aussi qu'elles avaient du plaisir à
s'entretenir quand l'occasion s'en présentait.

Je me souviens à propos de ce goût indépendant de leurs procédés et   1105
de leurs mécontentements qu'elles se trouvèrent embarquées à faire un
voyage de la cour dans le même carrosse, et je crois tête à tête. Mme de
Montespan prit la parole et dit à Mme de Maintenon: 'Ne soyons pas la
dupe de cette affaire-ci, causons, comme si nous n'avions rien à démêler,
bien entendu', ajouta-t-elle 'que nous ne nous en aimerons pas davantage,   1110
et que nous reprendrons nos démêlés au retour'. Mme de Maintenon
accepta la proposition et elles se tinrent parole en tout.

Le roi avant de nommer Mme de Maintenon seconde dame de la cour
de Mme la dauphine, eut la politesse pour Mme la maréchale de Rochefort
de lui demander, si cette compagne ne lui ferait point de peine en   1115
l'assurant en même temps qu'elle ne se mêlerait pas de la garde-robe.

La conduite de Mme de Maintenon ne démentit pas ces assurances. Sa
faveur occupait tout son temps et son caractère encore plus que sa faveur
ne lui permettait pas d'agir d'une autre manière.

Mme la duchesse de Richelieu fut faite dame d'honneur de Mme la   1120
dauphine, Mme de Maintenon et même Mme de Montespan dans tous les
temps avaient inspiré au roi une si grande considération pour elle, qu'il ne
voulut pas lui donner le dégoût d'avoir une surintendante au-dessus
d'elle.

Il fit aussi M. de Richelieu chevalier l'honneur pour lui faire plaisir.   1125
Voici, je crois, l'occasion de parler de l'hôtel de Richelieu, comme je l'ai
promis.

Mme de Richelieu, (*16*) sans biens, sans beauté, sans jeunesse, et même sans beaucoup d'esprit, avait épousé par son savoir faire, au grand étonnement de toute la cour et de la reine mère qui s'y opposa, l'héritier du cardinal de Richelieu un homme revêtu des plus grandes dignités de l'état, parfaitement bien fait, et qui par son âge aurait pu être son fils, mais il était aisé de s'emparer de l'esprit de M. de Richelieu. Avec de la douceur et des louanges sur sa figure, son esprit et son caractère, il n'y avait rien qu'on ne pût obtenir de lui; il fallait seulement prendre garde à sa légèreté naturelle, car il goûtait et se dégoûtait facilement. Mme de Maintenon m'a dit que ses amis s'apercevaient même de la place qu'ils avaient dans son cœur par celle que leurs portraits occupaient dans sa chambre au commencement d'une connaissance et d'une amitié. Il faisait aussitôt peindre ceux qu'il croyait aimés, les mettait au chevet de son lit, et peu après ils cédaient leurs places à d'autres, reculaient jusqu'à la porte, gagnaient l'antichambre et puis le grenier et enfin il n'en était plus question.

Mme de Richelieu continua après son mariage à ménager les faiblesses et à supporter les caprices de Monsieur son mari, elle le voyait se ruiner à ses yeux par ses jeux et sa dépense sans jamais en faire paraître un instant de mauvaise humeur. L'un et l'autre avaient du goût pour les gens d'esprit et ils en rassemblaient chez eux, comme le maréchal d'Albret. Ce qu'il y avait de meilleur à Paris en hommes et en femmes y venait, et c'était à peu près les mêmes gens, excepté que l'abbé Têtu intime ami de Mme de Richelieu dominait à l'hôtel de Richelieu et s'en croyait le voiture. C'était un homme plein de son propre mérite d'un savoir médiocre et d'un caractère à ne pas aimer la contradiction, aussi ne

(*16*) Anne Marguerite d'Acigné fille de Jean Léonard d'Acigné, comte de Grand Bois, morte en 1698. [10]

note (*16*) REY: [*absent*]

[10] Anne-Marguerite d'Acigné was the second wife of the duc de Richelieu, and mother of the maréchal duc de Richelieu to whom Voltaire wrote announcing the appearance of the *Souvenirs* (see Introduction). Mme de Caylus, on the other hand, was referring to the duc's first wife, Anne Poussard de Fors de Vigean, widow of the maréchal d'Albret. She befriended Mme de Maintenon after the death of Scarron for which she was rewarded with positions at court. Voltaire's misidentification in note *16* may have been a genuine error, or it may have been an elaborate tease.

goûtait-il pas le commerce des hommes, il aimait mieux briller seul au milieu d'un cercle de dames auxquelles il en imposait, ou qu'il flattait plus ou moins selon qu'elles lui plaisaient: il faisait des vers médiocres et son style était plein d'antithèses et de pointes. 1155

Le commerce de l'abbé Têtu avec les femmes a nui à sa fortune et le roi n'a jamais pu se résoudre à le faire évêque. Je me souviens qu'un jour Mme d'Hudicourt parla en sa faveur et sur ce que le roi lui dit qu'il n'était pas assez homme de bien pour conduire les autres, elle répondit, 'Sire, il attend pour le devenir que vous l'ayez fait évêque'. 1160

Mme de Coulanges femme de celui qui a tant fait de chansons, augmentait la bonne compagnie de l'hôtel de Richelieu, elle avait une figure et un esprit agréables, une conversation remplie de traits vifs et brillants et ce style lui était si naturel que l'abbé Gobelin (17) dit après une confession générale qu'elle lui avait faite: 'Chaque péché de cette dame est une épigramme.' Personne en effet après Mme de Cornuel n'a plus dit de bons mots que Mme de Coulanges. 1165

M. de Barillon amoureux de Mme de Maintenon, mais maltraité comme amant et fort estimé comme ami, n'était pas ce qu'il y avait de moins bon dans la société. Je ne l'ai vu qu'au retour de son ambassade d'Angleterre, après laquelle il trouva Mme de Maintenon au plus haut point de sa faveur, et comme il vit un jour le roi et toute la cour empressé autour d'elle, il ne put s'empêcher de dire tout haut. 'Avais-je grand tort?' Mais piqué de ne la pouvoir aborder, il dit aussi un autre jour sur le rire immodéré et le bruit que faisaient les dames qui étaient avec elle, 'Comment une personne d'autant d'esprit et de goût peut-elle s'accommoder du rire et de la bavarderie d'une récréation de couvent telle que me paraît la conversation de ces dames?' Ce discours rapporté à Mme de Maintenon ne lui déplut pas: elle en sentit la vérité. 1170 1175 1180

Le cardinal d'Estrée n'était pas moins amoureux dans ces temps dont

(17) Quel Gobelin qu'un homme qui pour divertir la compagnie caractérise les confessions de ses dévotes! Quel directeur de Mme de Maintenon! Il avait besoin d'être dirigé par elle, aussi l'était-il.

note (17) REY: [absent]

je parle et il a fait pour Mme de Maintenon beaucoup de choses galantes qui sans toucher son cœur plaisaient à son esprit. (*18*)

M. de Guillerague par la constance de son amour, son esprit et ses chansons doit aussi trouver place dans le catalogue des adorateurs de Mme de Maintenon, enfin je n'ai rien vu, ni rien entendu dire de l'hôtel de Richelieu qui ne donnât également une haute opinion de sa vertu et de ses agréments.

Mlle de Pons et Mlle d'Aumale depuis Mme d'Hudicourt et Mme la maréchale de Schomberg avaient aussi leurs amants déclarés, sans que la réputation de cette dernière en aît reçu la moindre atteinte et si l'on a parlé différemment de Mme d'Hudicourt, c'est qu'on ne regardait pas alors un amour déclaré qui ne produisait que des galanteries publiques, comme des affaires dont on se cache et dans lesquelles on apporte du mystère.

Mme de Schomberg était précieuse, Mlle de Pons bizarre, naturelle, sans jugement, pleine d'imagination, toujours nouvelle et divertissante; telle enfin que Mme de Maintenon m'a dit plus d'une fois: 'Mme d'Hudicourt n'ouvre pas la bouche sans me faire rire, cependant je ne me souviens pas, depuis que nous nous connaissons de lui avoir entendu dire une chose que j'eusse voulu avoir dite.' (*19*)

Il est temps de sortir de l'hôtel de Richelieu pour retourner à la cour, et reprendre ce que j'avais commencé à dire de la maison de Mme la dauphine de Bavière où Mme de Maintenon eut beaucoup de part, tant au choix de Mme la duchesse de Richelieu, qu'à l'égard des autres charges. Cependant Mme de Richelieu n'aima Mme de Maintenon que dans la mauvaise fortune et dans le repos d'une vie oisive. La vue d'une faveur qu'elle croyait mériter mieux qu'elle, l'emporta sur le goût naturel, l'estime et la reconnaissance. La première place dans la confidence du roi, parut à ses yeux un vol qu'elle ne put pardonner à son amie, mais désespérant d'y parvenir elle se tourna du côté de Mme la dauphine. Et par des craintes, des soupçons et mille fausses idées elle contribua à

(*18*)   Voilà bien de la galanterie, tant profane que sacerdotale?

(*19*)   Mme de Caylus se répète ici, c'est une preuve de la négligence et de la simplicité dont elle écrivait ces mémoires qui ne sont en effet que des souvenirs sans ordre.

note (*18*)   REY: [*absent*]
note (*19*)   REY: [*absent*]

l'éloignement que cette princesse eut pour le monde. Mme la dauphine voyait la nécessité d'être bien avec la favorite pour être bien avec le roi son beau-père: mais la regardant en même temps comme une personne dangereuse dont il fallait se défier elle se détermina à la retraite où elle était naturellement portée et ne découvrit qu'après la mort de Mme de Richelieu dans un éclaircissement qu'elle eut avec Mme de Maintenon la fausseté des choses qu'elle lui avait dites. Etonnée de la voir aussi affligée elle marqua sa surprise et par l'enchaînement de la conversation elle mit au jour les mauvais procédés de cette infidèle amie. (20)

Si cet éclaircissement fournit à Mme de Maintenon un motif de consolation, elle ne put voir sans douleur combien elle avait été abusée: mais il produisit un changement favorable dans l'esprit de Mme la dauphine, elle songea dans ce moment à s'attacher plus étroitement à Mme de Maintenon. Elle lui proposa de remplir la place de Mme de Richelieu et elle le demanda au roi comme une chose qu'elle désirait passionnément.

Le roi avait eu la même pensée et ce fut son premier mouvement lorsqu'il apprit la mort de Mme de Richelieu: mais Mme de Maintenon refusa constamment un honneur que sa modestie lui faisait regarder comme au-dessus d'elle. C'est sans doute ce qu'elle veut dire dans une de ses lettres à M. d'Aubigné que j'ai lue et qui est à Saint-Cyr, et comme je suis persuadée qu'on ne pourrait jamais la faire si bien parler qu'elle parle elle même; je vais copier l'article de cette lettre qui répond au sujet dont je parle. 'Je ne pourrais vous faire connétable quand je le voudrais: et quand je le pourrais je ne le voudrais pas. Je suis incapable de vouloir demander rien que de raisonnable à celui à qui je dois tout et que je n'ai pas voulu qui fît pour moi-même une chose au-dessus de moi. Ce sont des sentiments dont vous pâtissez peut-être, mais peut-être aussi si je n'avais pas le fond d'honneur qui les inspire je ne serais pas où je suis. Quoiqu'il en soit vous êtes heureux si vous êtes sage.'

Ce refus fit beaucoup de bruit à la cour: on y trouva plus de gloire que de modestie et j'avoue que mon enfance ne m'empêcha pas d'en porter le

(20) La véritable raison fut que Mme de Richelieu qui avait protégé autrefois Mme Scarron ne put supporter d'être totalement éclipsée par Mme de Maintenon.

note (20) REY: [absent]

même jugement. Je me souviens que Mme de Maintenon me fit venir à son ordinaire pour voir ce que je pensais: elle me demanda si j'aimais mieux être la nièce de la dame d'honneur, que la nièce d'une personne qui refuserait de l'être. A quoi je répondis sans balancer que je trouvais celle qui refusait infiniment au-dessus de l'autre: et Mme de Maintenon contente de ma réponse m'embrassa.

Il fallut donc choisir une autre dame d'honneur: mais comme Mme de Navailles avait dégoûté le roi de celles qui avaient de la fermeté, et qui pouvaient être trop clairvoyantes, celles qui lui succédèrent, à l'exception de Mme de Richelieu, le dégoûtèrent à leur tour de la douceur et du manque d'esprit. Il était cependant difficile de trouver dans la même personne, titres, vertu, esprit, représentation. Et le nombre des duchesses quelque grand qu'il soit, étant pourtant limité, le roi fut embarrassé dans ce choix: Mme de Maintenon essaya inutilement de le déterminer en faveur de Mme la duchesse de Créquy dame d'honneur de la feue reine, elle n'en tira que cette réponse, 'Ah madame changeons au moins de sotte'. L'occasion lui parut alors trop favorable pour la duchesse d'Arpajon son ancienne amie et sœur du marquis de Beuvron (auquel elle était bien aise de faire plaisir) pour ne la pas proposer, le roi l'accepta, et Mme d'Arpajon a parfaitement rempli l'idée qu'on avait d'elle.

Mme de Maintenon plaça encore dans la maison de Mme la dauphine, Mme de Montchevreuil femme de mérite, si l'on borne l'idée du mérite à n'avoir point de galanteries. C'était une femme froide et sèche dans le commerce, d'une figure triste, d'un esprit au-dessous du médiocre et d'un zèle capable de dégoûter les plus dévots de la piété, mais attachée à Mme de Maintenon à qui il convenait de produire à la cour une ancienne amie d'une réputation sans reproche avec laquelle elle avait vécu dans tous les temps sûre et secrète jusqu'au mystère. J'ignore l'occasion et les commencements de leur connaissance, je sais seulement que Mme de Maintenon a passé souvent dans sa jeunesse plusieurs mois à Montchev-reuil.

Je ne prétends pas dissimuler ce qui s'est dit sur M. de Villarceaux (21)

(21) Cet endroit était délicat à traiter, il est certain que Mme Scarron avait enlevé à Ninon Villarceaux son amant. J'ignore jusqu'à quel point M. de Villarceaux poussa sa conquête, mais je

note (21) REY: [absent]

parent et de même maison que Mme de Montchevreuil. Si c'est par lui que cette liaison s'est formée elle ne décide rien contre Mme de Maintenon, puisqu'elle n'a jamais caché qu'il eût été de ses amis. Elle parla pour son fils, et obtint le cordon bleu pour lui; on voit même encore à Saint-Cyr une lettre écrite à Mme de Villarceaux où elle fait le détail de l'entrée du roi à Paris après son mariage dans laquelle elle parle de ce même M. de Villarceaux et voici ce qu'elle en dit: 'Je cherchai M. de Villarceaux mais il avait un cheval si fougueux qu'il était à vingt pas de moi avant que je le reconnusse: il me parut bien et des plus galamment habillés quoique des moins magnifiques, sa tête brune lui seyait fort bien et il avait fort bonne grâce à cheval.' 1280 1285

Cependant quelque persuadée que je sois de la vertu de Mme de Maintenon, je ne ferais pas comme M. de Lassé qui pour trop affirmer un jour que ce qu'on avait dit sur ce sujet était faux, s'attira une question singulière de la part de Madame sa femme, fille naturelle de M. le prince, ennuyée de la longueur de la dispute et admirant comment Monsieur son mari pouvait être autant convaincu qu'il le paraissait, elle lui dit d'un sang-froid admirable, 'Comment faites-vous, monsieur pour être si sûr de ces choses-là?' Pour moi il me suffit d'être persuadée de la fausseté des bruits désavantageux qui ont couru et d'en avoir assez dit pour montrer que je ne les ignore pas. 1290 1295

Je reviens à Mme de Montchevreuil pour laquelle toute la faveur et l'amitié de Mme de Maintenon ne purent obtenir que la place de gouvernante des filles: c'était peu pour elle, mais on y attacha des grandes distinctions: elle fut regardée comme une quatrième dame qui suivait et servait Mme la dauphine au défaut des dames d'honneur et de la 1300

---

sais que Ninon ne fit que rire de cette infidélité qu'elle n'en sut nul mauvais gré à sa rivale, et que Mme de Maintenon aima toujours Ninon.[11] 5

[11] Cf. *Sur Mlle de L'Enclos* (1751), where Voltaire puts this slightly differently: 'Lorsque Mlle d'Aubigné (depuis Mme de Maintenon) [...] qui n'avait alors aucune fortune eut cru bonne faire en épousant Scarron, Ninon devint sa meilleure amie. [...] Ce qui est moins à la mode c'est qu'elles eurent le même amant et ne se brouillèrent pas. M. de Villarceaux quitta Mme de Maintenon pour Ninon. Elle eut deux enfants de lui' (M.xxiii.509). It is curious that Voltaire writes this note in the first person.

dame d'atours et la chambre composée des plus grands noms du royaume, fut établie sur un pied différent de celle des filles de la reine.

Le roi jeune et galant alors avait contribué aux choses peu exemplaires 130 qui s'y étaient passées. On sait les démêlés qu'il eut avec Mme de Navailles pour une fenêtre qu'elle fit boucher et qu'elle suspendit par là certaines visites nocturnes que son austère vertu ne crut pas devoir tolérer. Elle dit en face au roi qu'elle ferait sa charge, et qu'elle ne souffrirait pas que la chambre des filles fut deshonorée: sur quoi le roi 131 déclara qu'elle serait à l'avenir dans la dépendance de Mme la comtesse de Soissons surintendante. Mme de Navailles soutint toujours ses droits avec la même fermeté et s'attira enfin une disgrâce honorable que Monsieur son mari voulut partager avec elle.

Ainsi le roi instruit par sa propre expérience et corrigé par les années, 131 n'oublia, rien de ce qui pouvait mettre les filles d'honneur de Mme la dauphine sur un bon pied. Voici les noms et à peu près le caractère des six premières.

Mlle de Laval avait un grand air, une belle taille, un visage agréable et dansait parfaitement bien. On prétend qu'elle plut au roi. Je ne sais ce qui 132 en est, il la maria avec M. de Roquelaure et le fit duc à brevet comme l'avait été Monsieur son père.

Les premières vues de M. de Roquelaure n'avaient pas été pour Mlle de Laval. La faveur de Mme de Maintenon qu'on voyait augmenter chaque jour le fit penser à moi, mais il me demanda inutilement, Mme de 132 Maintenon répondit que j'étais un enfant qu'elle ne songeait pas si tôt à établir et qu'il ferait bien d'épouser Mlle de Laval. M. de Roquelaure surpris à ce discours, ne put s'empêcher de dire, 'Pourrais-je l'épouser avec les bruits qui courent? Qui m'assurera qu'ils sont sans fondement?' 'Moi', reprit Mme de Maintenon, 'je vois les choses de près et je n'ai point 133 d'intérêt à vous tromper'. Il la crut, le mariage se fit, et le public moins crédule tint plusieurs discours, et en fit tenir à M. de Roquelaure de peu convenables. On fit aussi des chansons comme on ne manque jamais d'en faire à Paris sur tous les événements.

Mlle de Brion n'était pas jeune: on disait qu'elle avait été belle; mais il 133 n'y paraissait plus. Ne pouvant donc faire usage d'une beauté passée elle se tourna du côté de l'intrigue à quoi son esprit était naturellement porté. Elle tira le secret de ses compagnes, se rendit nécessaire à Monseigneur et obtint par là de la cour de quoi se marier.

Mlle de Gontaut sa sœur avait de la beauté, peu d'esprit, mais une si 134

grande douceur et tant d'égalité d'humeur qu'elle s'est toujours fait aimer
et honorer de tous ceux qui l'ont connue. Le roi la maria au marquis
d'Urfé, qu'il fit menin de Monseigneur.

Mlle de Tonnère n'était pas belle, mais bien faite, folle et malheureuse.
M. de Rhodès grand-maître de cérémonies encore plus fou qu'elle dans ce   1345
temps-là en devint amoureux, et fit des extravagances si publiques pour
elle, qu'il la fit chasser de la cour. Mlle de Richelieu par un faux air
d'austérité qui devenait à la mode depuis la dévotion du roi, l'emmena à
Paris d'une manière peu convenable et qui ne fut approuvée de personne:
elle la mit dans un carrosse de suite avec des femmes de chambre.   1350

Mlle de Rambures avait le style de la famille de Nogent dont était
Madame sa mère, vive, hardie et avec l'esprit qu'il faut pour plaire aux
hommes sans être belle. Elle attaqua le roi et ne lui déplut pas, c'est-à-dire
assez pour lui adresser plutôt la parole qu'à une autre; elle en voulut
ensuite à Monseigneur et elle réussit dans ce dernier projet, Mme la   1355
dauphine s'en désespéra: mais elle ne devait s'en prendre qu'à elle-même
et à les façons d'agir.

Mlle de Jarnac laide et malsaine ne tiendra pas beaucoup de place dans
mes souvenirs. Elle vécut peu et tristement, elle avait disait-on un beau
teint pour éclairer sa laideur.   1360

Mlle de Levestein, depuis Mme de Dangeau entra fille d'honneur à la
place de Mlle de Laval: et comme j'aurai souvent occasion de parler
d'elle, il est bon de donner ici une légère idée de sa personne et de son
caractère. On sait qu'elle est de la maison Palatine. Un de ses ancêtres
pour n'avoir épousé qu'une simple demoiselle perdit son rang. (22) Et sa   1365
postérité n'a plus été regardée comme des princes souverains, mais
MM. de Levestein ont toujours porté le nom et les armes de la maison
Palatine et ont été depuis comtes de l'empire et alliés aux plus grandes
maisons de l'Allemagne.

M. le cardinal de Furstemberg après une longue et dure prison qu'il   1370
s'attira par son attachement à la France vint s'y établir, et emmena à la
cour Mlle de Levestein sa nièce, celle même dont je parle, donc la beauté
jointe à une taille de nymphe qu'un ruban couleur de feu (qu'elle portait

(22)   Il ne perdit point son rang de prince mais ses enfants n'en
purent jouir, faute d'un diplôme de l'empereur.

note (22)   REY: [absent]

comme les hommes portent le cordon bleu, parce qu'elle était chanoi-
nesse) relevait encore, mais sa sagesse et sa vertu y causèrent une plus   13
juste admiration.

Cependant cette haute naissance, cette figure charmante et une vertu si
rare n'a trouvé que M. d'Angeau capable d'en connaître le prix. Il était
veuf et n'avait qu'une fille de son premier mariage, d'ailleurs chevalier
d'honneur de Mme la dauphine, charge qu'il avait achetée de M. le duc de   13
Richelieu, menin de Monseigneur et un bien considérable lui donnaient
tous les agréments qu'on peut avoir à la cour. La signature de son contrat
causa d'abord quelques désagréments à Madame sa femme. Mme la
dauphine surprise qu'elle s'appelât comme elle, voulut faire rayer son
véritable nom, (23) Madame entra dans ses sentiments; mais on leur fit   13
voir si clairement qu'elle était en droit de le porter, que ces princesses
n'eurent plus rien à dire et même Madame a toujours rendu à Mme de
Dangeau ce qui était dû à sa naissance et à son mérite, et elle a eu pour elle
toute l'amitié dont elle était capable.

Mme la dauphine était non seulement laide, mais si choquante que   13
Sanguin envoyé par le roi en Bavière dans le temps qu'on traitait son
mariage ne put s'empêcher de dire au roi au retour, 'Sire sauvez le
premier coup d'œil', cependant Monseigneur l'aima et peut-être n'aurait
aimé qu'elle, si la mauvaise humeur et l'ennui qu'elle lui causa ne
l'avaient forcé à chercher des consolations et des amusements ailleurs.   13

Le roi par une condescendance dont il se repentit, avait laissé auprès
de Mme la dauphine une femme de chambre allemande élevée avec elle et
à peu près du même âge: cette fille nommée Bessola sans avoir rien de
mauvais, fit beaucoup de mal à sa maîtresse et beaucoup de peine au roi.
Elle fut cause que Mme la dauphine par la liberté qu'elle eut de   14
s'entretenir et de parler allemand avec elle, se dégoûta de toute autre
conversation et ne s'accoutuma jamais à ce pays-ci. Peut-être que les
bonnes qualités de cette princesse y contribuèrent: ennemie de la
médisance et de la moquerie, elle ne pouvait supporter ni comprendre
la raillerie et la malignité du style de la cour; d'autant moins qu'elle n'en   14

(23)   Il y a une petite méprise M. de Dangeau avait fait énoncer
dans le contrat de Bavière Levestein, on mit Levestein de Bavière.

note (23)   REY: [absent]

162

entendait pas les finesses. En effet j'ai vu les étrangers, ceux mêmes dont l'esprit paraissait le plus tourné aux manières françaises, quelquefois déconcertés par notre ironie continuelle, et Mme la dauphine de Savoie que nous avions eue enfant n'a jamais pu s'y accoutumer: elle disait assez souvent à Mme de Maintenon qu'elle appelait sa tante par un badinage 1410 plein d'amitié, 'Ma tante on se moque de tout ici'.

Enfin les bonnes et les mauvaises qualités de Mme la dauphine de Bavière, mais surtout son attachement pour Bessola lui donnèrent un goût pour la retraite peu convenable aux premiers rangs. Le roi fit de vains efforts pour l'en retirer. Il lui proposa de marier cette fille à un 1415 homme de qualité afin qu'elle pût être comme les autres dames; manger avec elles quand l'occasion se présenterait, et la suivre dans ses carrosses; mais la dauphine, par une délicatesse ridicule, répondit qu'elle ne pouvait y consentir, parce que le cœur de Bessola serait partagé.

Cependant le roi soutenu des conseils de Mme de Maintenon, et porté 1420 par lui-même à n'être plus renfermé comme il avait été avec ses maîtresses, ne se rebuta pas, et il crut à force de bons traitements, par le tour galant et noble, dont il accompagnait ses bontés, ramener l'esprit de Mme la dauphine, et l'obliger à tenir une cour. Je me souviens d'avoir ouï raconter, et de l'avoir encore vu, qu'il allait quelquefois chez elle, 1425 suivi de ce qu'il y avait de plus rare en bijoux et en étoffes, dont elle prenait ce qu'elle voulait; et le reste composant plusieurs lots, que les filles d'honneur et les dames qui se trouvaient présentes, tiraient au sort, ou bien elles avaient l'honneur de les jouer avec elle, et même avec le roi; pendant que le hoca fut à la mode, et avant que le roi par sa sagesse, eût 1430 défendu un jeu aussi dangereux, il le tenait chez Mme la dauphine. Mais il payait, quand il perdait, autant de louis que les particuliers mettaient de petites pièces.

Des façons d'agir si aimables, et dont toute autre belle-fille aurait été enchantée, furent inutiles pour Mme la dauphine, et elle y répondit si mal, 1435 que le roi rebuté, la laissa dans la solitude où elle voulait être, et toute la cour l'abandonna avec lui.

Elle passait sa vie renfermée dans de petits cabinets derrière son appartement, sans vue et sans air, ce qui joint à son humeur naturellement mélancolique, lui donna des vapeurs. Ces vapeurs, prises pour des 1440 maladies effectives, lui firent faire des remèdes violents; et enfin, ces remèdes, beaucoup plus que ses maux lui causèrent la mort, après nous avoir donné trois princes. Elle mourut persuadée que sa dernière couche

lui avait donné la mort, et elle dit en donnant sa bénédiction à M. le duc de
Berry! 'Ah! mon fils, que tes jours coûtent chers à ta mère.' (*24*)

Il est aisé de comprendre qu'un jeune prince, tel qu'était Monseigneur
alors, avait dû s'ennuyer infiniment entre Madame sa femme et la Bessola:
et d'autant plus qu'elles se parlaient toujours allemand, langue qu'il
n'entendait pas, sans faire attention à lui. Il résista cependant, par l'amitié
qu'il avait pour Mme la dauphine; mais poussé à bout, il chercha à
s'amuser chez Mme la princesse de Conti, fille du roi et de Mme de la
Vallière. Il y trouva d'abord de la complaisance, et du plaisir parmi la
jeunesse qui l'environnait: ainsi il laissa Mme la dauphine jouir
paisiblement de la conversation de son allemande. Elle s'en affligea,
quand elle vit le mal sans remède, et s'en prit mal à propos à Mme la
princesse de Conti. Son aigreur pour elle, et les plaintes qu'elle fit souvent
à Monseigneur, ne produisirent que de mauvais effets. Si nos princes sont
doux, ils sont opiniâtres, et s'ils échappent une fois, ils ne reviennent plus.
Mme de Maintenon l'avait prévu, et avait averti inutilement Mme la
dauphine.

Monseigneur, ainsi rebuté, ne se contenta pas d'aller, comme je l'ai dit,
chez Mme la princesse de Conti; il s'amusa aussi avec les filles d'honneur
de Mme la dauphine, et devint amoureux de Mlle de Rambures; mais le
roi instruit par sa propre expérience, et voulant prévenir les désordres que
l'amour et l'exemple de Monseigneur, causeraient infailliblement dans la
chambre des filles, prit la résolution de la marier. Plusieurs partis se
présentèrent, dont elle ne voulut point. M. de Polignac fut le seul avec
lequel elle crut ne pas perdre sa liberté; c'était le seul aussi que le roi ne
voulait pas, à cause de Mme la comtesse de Polignac sa mère, qu'il avait
trouvée mêlée dans les affaires de Mme la comtesse de Soissons, et qu'il
avait exilée dans le même temps. Le refus du roi ne rebuta pas Mlle de
Rambures: elle l'assura qu'elle savait mieux que lui, ce qu'il lui fallait; et

(*24*)   Beau vers de l'*Andromaque* de Racine. La dauphine de
Bavière ne manquait, ni de goût ni de sensibilité; mais sa santé
toujours mauvaise la rendait incapable de société. On lui contestait
ses maux; elle disait, il faudra que je meure pour me justifier. Et ses
maux empiraient par le chagrin d'être laide dans une cour où la
beauté était nécessaire.

note (*24*)   REY: [*absent*]

qu'en un mot, M. de Polignac lui convenait. Le roi piqué, répondit qu'elle était la maîtresse de se marier à qui elle voudrait; mais qu'elle ne devait pas compter, en épousant malgré lui M. de Polignac, de vivre à la cour. 1475
Elle tint bon; se maria, et vint à Paris. Je laisse à juger si M. de Polignac a justifié le discernement de sa première femme.

Il est, je crois, à propos de parler présentement de Mme la princesse de Conti, fille du roi, de cette princesse belle comme Mme de Fontanges, agréable comme sa mère, avec la taille et l'air du roi son père, et auprès de 1480 laquelle les plus belles et les mieux faites, n'étaient pas regardées. Il ne faut pas s'étonner que le bruit de sa beauté, se soit répandu jusqu'à Maroc, où son portrait fut porté. (25) Cependant le plus grand éclat de Mme la princesse de Conti, n'a duré que jusqu'à sa petite vérole, qu'elle eut à dix-sept ou dix-huit ans: elle lui prit à Fontainebleau, et elle la donna à 1485 Monsieur son mari, qui en mourut dans le temps qu'on le croyait hors d'affaire, et qu'il le croyait si bien lui-même, qu'il expira en badinant avec Madame sa femme et ses amis.

On ne peut nier, que la coquetterie de Mme la princesse de Conti, ne fût extrême. Son esprit est médiocre, et capable de gâter d'excellentes 1490 qualités, qui sont réellement en elle. Elle est bonne amie, généreuse, et a rendu de grands services aux personnes pour lesquelles elle a eu de la bonté; mais plusieurs se sont crues dispensées d'en conserver de la reconnaissance. Il faut excepter de ce nombre la princesse de Lorraine,

(25)   Cela est très vrai, l'ambassadeur de Maroc, en recevant le portrait du roi, demanda celui de la princesse sa fille. Comme elle eut le malheur d'essuyer beaucoup d'infidélité de ses amants, Périgny fit un couplet pour elle.

> Pourquoi refusez-vous l'hommage glorieux, 5
> D'un roi qui vous attend et qui vous croira belle,
> Puisque l'hymen à Maroc vous appelle.
> Partez, c'est peut-être en ces lieux
> Qu'il vous garde un amant fidèle. [12]

note (25)   REY: [absent]

[12] Périgny, président aux enquêtes, conseiller d'Etat and lecteur du roi, was précepteur du Dauphin from 1666 until his death in 1670. He was renowned as a composer of light epigrams. See further Raunié, p.113-14.

Mme de Lillebonne, et Mme de Commercy; j'ai vu de près, la fidélité de leur attachement, et la persévérance inébranlable de leur reconnaissance.

Je ne sais si l'humeur de Mme la princesse de Conti contribuait à révolter les conquêtes que la beauté lui faisait faire, ou par quelle fatalité elle eut aussi peu d'amants fidèles, que d'amants reconnaissants; mais il est certain qu'elle n'en conserva pas. Et ce qui se passa entre elle et Mlle Chouin, est aussi humiliant que singulier.

Mlle Chouin était une fille à elle, d'une laideur à se faire remarquer, d'un esprit propre à briller dans une antichambre, et capable seulement de faire le récit des choses qu'elle avait vues. C'est par ces récits qu'elle plut à sa maîtresse, et ce qui lui en attira sa confiance. Cependant cette même Mlle Chouin, enleva à la plus belle princesse du monde, le cœur de M. de Clermont Chate, en ce temps-là officier des gardes.

Il est vrai qu'ils pensaient à s'épouser: et sans doute qu'ils avaient compté, par la suite des temps, non seulement d'y faire consentir Mme la princesse de Conti, mais d'obtenir par elle et par monseigneur, des grâces de la cour, dont ils auraient un grand besoin. L'imprudence (26') d'un courrier pendant une campagne, déconcerta leurs projets, et découvrit à Mme la princesse de Conti, de la plus cruelle manière, qu'elle était trompée par son amant et par sa favorite. Ce courrier de M. de Luxembourg, remit à M. de Barbesieux toutes les lettres qu'il avait. Ce ministre se chargea de les faire rendre, mais il porta le paquet au roi: on peut aisément juger de l'effet qu'il produisit, et de la douleur de Mme la princesse de Conti. Mlle Chouin fut chassée, M. de Clermont exilé; et on lui ôta son bâton d'exempt. (27)

Nous retrouverons ailleurs Mlle Chouin, et on la verra jouer par la suite un meilleur et plus grand rôle.

Mme la princesse de Conti donna l'exemple aux autres filles naturelles

(26') On ouvrait toutes les lettres. Cette infidélité ne se commet plus nulle part, comme on sait.

(27) Excellente raison, prise dans les droits du pouvoir suprême, pour exiler un officier, et pour apprendre aux jeunes gens à ne plus quitter les belles pour les laides.

note (26'), 2 CF: plus en nulle
        REY: [note absent]
note (27) REY: [absent]

du roi, d'épouser des princes du sang. Mme de Montespan, persuadée que le mariage de la fille de Mme de la Vallière, serait le modèle et le premier degré de l'élévation de ses propres enfants, contribua à celui-ci de tous ses soins. Le grand Condé de son côté, ce héros incomparable, regarda cette alliance comme un avantage considérable pour sa maison. Il crut effacer, par là, l'impression que le souvenir du passé avait laissé de désavantageux contre lui dans l'esprit du roi. M. le prince son fils, encore plus attaché à la cour, n'oublia rien pour témoigner sa joie; et il marqua dans cette occasion, comme dans toutes les autres de sa vie, le zèle et la bassesse d'un courtisan qui voudrait faire sa fortune. J'oserai même assurer, et parce que j'ai vu, et parce que j'ai appris des gens bien informés, que le roi n'aurait jamais pensé à élever si haut ses bâtards, sans les empressements que ces deux princes de Condé avaient témoignés pour s'unir à lui, par ces sortes de mariages.

MM. les princes de Conti, avaient été élevés avec Monseigneur le dauphin, dans les premières années de leur vie, et par une mère d'une vertu exemplaire. Ils avaient tous deux de l'esprit, et étaient fort instruits. Mais le gendre du roi, gauche dans toutes ses actions, n'était goûté de personne, par l'envie qu'il eut toujours de paraître ce qu'il n'était pas. Le second, avec toutes les connaissances et l'esprit qu'on peut avoir, n'en montrait qu'autant qu'il convenait à ceux à qui il parlait; simple, naturel, profond et solide, frivole, même quand il fallait le paraître, il plaisait à tout le monde; et comme il passait pour être un peu vicieux, on disait de lui, ce qu'on a dit de César. (28)

M. le prince de Conti, pour faire l'homme dégagé, et montrer qu'il

(28) Qu'il était le mari de bien des femmes, et la femme de bien des hommes. De Bausse lui disait, 'Que vous êtes aimable, monseigneur! Vous souffrez gaiement qu'on vous contrarie, qu'on vous raille, qu'on vous pille, qu'on vous, etc.' C'est le même qui fut élu roi de Pologne.[13]

note (28), 1-5 REY: [= note 8] Qu'il était le mari de toutes les femmes, et la femme de tous les maris.//

[13] François-Louis de Bourbon, younger prince de Conti (1664-1709), was put forward by Louis XIV for the elective Polish crown in 1697. Augustus II, elector of Saxony, was preferred by a rival party, however, and the prince de Conti was unable to gain his throne.

n'avait pas la faiblesse d'être jaloux; amenait chez Madame sa femme les jeunes gens de la cour les plus éveillés, et les mieux faits. Cette conduite comme on le peut croire, fournit une ample matière, à des histoires dont je ne parlerai que quand l'occasion s'en présentera, et lorsque je les croirai propres à éclairer les faits que j'aurai à raconter.

Je vais présentement parler de la mort de la reine, Marie-Thérèse d'Autriche. Elle mourut en peu de jours, (29) d'une maladie qu'on eût crue pas d'abord considérable; mais une saignée, faite mal à propos, fit rentrer l'humeur d'un clou, dont à peine s'était-on aperçu. Cette princesse perdit la vie dans le temps que les années et la piété du roi, la lui rendaient heureuse. Il avait pour elle des attentions, auxquelles elle n'était pas accoutumée. Il la voyait plus souvent, et cherchait à l'amuser; et comme elle attribuait cet heureux changement à Mme de Maintenon, elle l'aima, et lui donna toutes les marques de considération qu'elle pouvait imaginer. Je me souviens même, qu'elle me faisait l'honneur de me caresser toutes les fois que j'avais celui de paraître devant elle; mais cette pauvre princesse avait tant de crainte du roi, et une si grande timidité naturelle, qu'elle n'osait lui parler, ni s'exposer au tête-à-tête avec lui.

J'ai ouï dire à Mme de Maintenon, qu'un jour le roi ayant envoyé chercher la reine, pour ne pas paraître seule en sa présence; elle voulut qu'elle la suivît, mais elle ne fit que la conduire jusqu'à la porte de la chambre, où elle prit la liberté de la pousser pour la faire entrer, et remarqua un si grand tremblement, dans toute sa personne, que ses mains mêmes tremblaient de timidité.

C'était un effet de la passion vive, qu'elle avait toujours eue pour son mari, et que les maîtresses avaient rendue si longtemps malheureuse. Il fallait aussi que le confesseur de cette princesse n'eût point d'esprit, et ne fût qu'un cagot, ignorant des véritables devoirs de chaque état. J'en juge par une lettre de Mme de Maintenon, à l'abbé Gobelin, où elle dit: 'Je suis ravie que le monde loue ce que fait le roi. Si la reine avait un directeur comme vous, il n'y aurait pas de bien qu'on ne dût attendre de l'union de la famille royale; mais on eut toutes les peines du monde, sur la *media*

(*29*)   En 1683, 30 juillet.

note (*29*)   REY: [*absent*]

noche, à persuader son confesseur, qui l'a conduit par un chemin plus propre, selon moi, à une carmélite, qu'à une reine.' (*30*)

Enfin, soit par la faute du confesseur, soit par la timidité de la reine, ou par la violence, comme je l'ai dit, d'une passion si longtemps malheureuse, il faut avouer qu'elle n'avait rien en elle, de ce qui pouvait la faire   1585
aimer; et qu'au contraire, le roi avait en lui, toutes les qualités les plus propres à plaire, sans être capable d'aimer beaucoup. Presque toutes les femmes lui avaient plu, (*31*) excepté la sienne, dont il exerça la vertu par ses galanteries: car le roi n'a jamais manqué à la considération qu'il devait à la reine, et a toujours eu pour elle des égards qui l'auraient rendue   1590
heureuse, si quelque chose avait pu la dédommager de la perte d'un cœur qu'elle croyait lui être dû.

Entre toutes les maîtresses du roi, Mme de Montespan est celle qui fit le plus de peine à la reine, tant par la durée de cette passion, et le peu de ménagement qu'elle eut pour elle, que par les anciennes bontés de cette   1595
princesse. Mme de Montespan avait été dame du palais, par le crédit de Monsieur, et elle fut quelque temps à sa cour, sans que le roi fît attention, ni à sa beauté, ni aux agréments de son esprit. Sa faveur se bornait à la reine, qu'elle divertissait à son coucher pendant qu'elle attendait le roi: car il est bon de remarquer que la reine ne se couchait jamais, à quelque   1600
heure que ce fût, qu'il ne fût rentré chez elle; et malgré tant de galanteries, le roi n'a jamais découché d'avec la reine.

Elle aimait alors Mme de Montespan, parce qu'elle la regardait comme une honnête femme, attachée à ses devoirs, et à son mari. Ainsi sa surprise fut égale à sa douleur, quand elle la trouva dans la suite si   1605
différente de l'idée qu'elle en avait eue? Le chagrin de la reine ne fut pas adouci par la conduite et les procédés de Mme de Montespan, d'autant plus que ceux de M. de Montespan, obligèrent le roi pour retenir sa maîtresse à la cour, et pour lui donner des distinctions, sans qu'elle les partageât avec lui, de la faire surintendante de la maison de la reine.   1610

(*30*)   Quel salmigondis de confesseurs et de maîtresses! Quelles pauvretés!

(*31*)   Et réciproquement.

note (*30*)   REY: [*absent*]
note (*31*)   REY: [*absent*]

Je sais peu le détail de ce qui se passa alors, au sujet de M. de
Montespan. Tout ce que j'en puis dire, c'est qu'on le regardait comme un
malhonnête homme et un fou. Il n'avait tenu qu'à lui, d'emmener sa
femme; et le roi, quelque amoureux qu'il fût, aurait été incapable dans les
commencements, d'employer son autorité contre celle d'un mari. Mais
M. de Montespan, bien loin d'user de la sienne, ne songea d'abord qu'à
profiter de l'occasion pour son intérêt et sa fortune. Et ce qu'il fit ensuite,
ne fut que par dépit, de ce qu'on ne lui accorda pas ce qu'il voulait. Le roi
se piqua à son tour, et pour empêcher Mme de Montespan, d'être exposée
à ses caprices, il la fit surintendante de la maison de la reine, laissant faire
en province à ce misérable garçon, (*32*) toutes ses extravagances.

J'ai trouvé dans les lettres de Mme de Maintenon, à l'abbé Gobelin, (*33*) qu'il y avait eu une séparation en forme au Châtelet de Paris,
entre M. et Mme de Montespan. Mme de Maintenon en parle, par rapport
à la sûreté d'une fondation, que Mme de Montespan voulait faire aux
hospitalières. On voit encore, par là qu'elle a dans tous les temps été
occupée de bonnes œuvres.

La mort de la reine ne donna à la cour qu'un spectacle touchant. Le roi
fut plus attendri qu'affligé; mais comme l'attendrissement produit
d'abord les mêmes effets, et que tout paraît considérable dans les
grands, la cour fut en peine (*34*) de sa douleur. Celle de Mme de
Maintenon, que je voyais de près, (*35*) me parut *sincère*, et fondée sur

(*32*)   Ce mot de garçon qui n'a point de féminin, ne convient
pas à un homme marié. Au reste, il se fit faire un carrosse de deuil,
dont les pommeaux étaient des cornes.[14]

(*33*)   Il est triste que Mme de Maintenon ait tant écrit à cet abbé
Gobelin, qui était un tracassier rampant avare comme Harpagon, et
processif comme Chicanau.

(*34*)   Ah! Très peu en peine.

(*35*)   Oui da!

note (*32*)   REY: [*absent*]
note (*33*)   REY: [*absent*]
note (*34*)   REY: [*absent*]
note (*35*)   CF, REY: [*absent*]

[14] Voltaire has misread 'Gascon' as 'garçon'.

l'estime et la reconnaissance. Je ne dirai pas la même chose des larmes de Mme de Montespan, que je me souviens d'avoir vue entrer chez Mme de Maintenon, sans que je puisse dire pourquoi, ni comment. Tout ce que je sais, c'est qu'elle pleurait beaucoup, et qu'il paraissait un trouble dans toutes ses actions, fondé sur celui de son esprit, et peut-être sur la crainte de retomber entre les mains de Monsieur son mari.

La reine expirée, Mme de Maintenon voulut revenir chez elle; mais M. de la Rochefoucault la prit par le bras, et la poussa chez le roi, en lui disant: 'Ce n'est pas le temps de quitter le roi, il a besoin de vous.' Ce mouvement ne pouvait être dans M. de la Rochefoucault, qu'un effet de son zèle et de son attachement pour son maître, où l'intérêt de Mme de Maintenon n'avait assurément point de part. Elle ne fut qu'un moment avec le roi, et revint aussitôt dans son appartement, conduite par M. de Louvois, qui l'exhortait d'aller chez Mme la dauphine, pour l'empêcher de suivre le roi à Saint-Cloud, et lui persuader de garder le lit, parce qu'elle était grosse, et qu'elle avait été saignée. 'Le roi n'a pas besoin', disait M. de Louvois, 'de ces démonstrations d'amitié, et l'état a besoin d'un prince'.

Le roi alla à Saint-Cloud, où il demeura depuis le vendredi que la reine mourut, jusqu'au lundi qu'il en partit, pour aller à Fontainebleau; et le temps où Mme la dauphine était obligée de garder le lit pour sa grossesse se trouvant expiré, elle alla joindre le roi, et fit le voyage avec lui. Mme de Maintenon la suivait, et parut aux yeux du roi dans un si grand deuil, avec un air si affligé, que lui, dont la douleur était passée, ne put s'empêcher de lui en faire quelques plaisanteries; à quoi je ne jurerais pas qu'elle ne répondit en elle-même, comme le maréchal de Grammont à Mme Hérault.

Mme Hérault avait soin de la ménagerie, et dans son espèce, était bien à la cour. Elle perdit son mari: et le maréchal de Grammont, toujours courtisan, prit un air triste, pour lui témoigner la part qu'il prenait à sa douleur; mais comme elle répondit à son compliment, 'Hélas! le pauvre homme a bien fait de mourir'. Le maréchal répliqua, 'Le prenez-vous, par là Mme Hérault? Ma foi je ne m'en soucie pas plus que vous'. Cette réponse a passé depuis, en proverbe à la cour.

1660-66 REY: [*this paragraph becomes note 9, indicator after* Mme Herault, *line* 1659, *with variants at line* 1661-62: Grammont bon courtisan; *and line* 1665: soucie guère'. Cette]

Pendant le voyage de Fontainebleau, dont je parle, la faveur de Mme de Maintenon parvint au plus haut. Elle changea le plan de sa vie; et je crois qu'elle eut pour principale règle, de faire le contraire de ce qu'elle avait vu chez Mme de Montespan. *(36)*

Mmes de Chevreuse et de Beauvilliers, avec lesquelles elle se lia d'une étroite amitié, avaient le mérite auprès d'elle, de n'avoir jamais fait leur cour à Mme de Montespan, malgré l'alliance que M. Colbert leur père avait faite de sa troisième fille avec le duc de Mortemart son neveu. Ce mariage coûta au roi quatorze cent mille livres; *(37)* huit cent mille livres pour payer les dettes de la maison de Mortemart, et six cent mille pour la dot de Mlle Colbert. Cependant, ni cette alliance, ni le goût, que ces dames avaient naturellement pour la cour, ne purent les déterminer à faire la leur à Mme de Montespan: elles crurent que Mme de Maintenon leur offrait une porte honnête pour se rapprocher du roi; et en profitèrent avec une joie d'autant plus grande, qu'elles s'en voyaient plus éloignées par la mort de la reine, dont elles étaient dames du palais. Cette liaison devint intime en peu de temps, et dura jusqu'à la disgrâce de M. de Cambrai. Mais je réserve à parler ailleurs, et de cette disgrâce, et de la faveur de M. de Cambrai, auquel ces dames furent si attachées.

Si Mmes de Chevreuse et de Beauvilliers, recherchèrent l'amitié de Mme de Maintenon, elle ne fut pas fâchée de son côté de faire voir au roi, par leur empressement, la différence que des personnes de mérite mettaient entre Mme de Montespan et elle. *(38)*

A ces dames, se joignirent Mme de Montchevreuil, Mme la princesse d'Harcourt, et Mme la comtesse de Grammont. M. de Brancas, chevalier d'honneur de la reine, fameux par ses distractions, et ami intime de Mme de Maintenon, était le père de Mme la princesse d'Harcourt, que

(36) Et de succéder à Marie-Thérèse.

(37) Cela est immense, cette somme ferait aujourd'hui à peu près deux millions huit cent mille livres; et c'est le peuple qui paie.

(38) Cela fait voir que Mme de Maintenon en savait plus que Mme de Montespan.

note *(36)* REY: [*absent*]
note *(37)* REY: [*absent*]
note *(38)* REY: [*absent*]

Mme de Maintenon avait mariée, et à laquelle elle s'est toujours intéressée par ces raisons nécessaires à dire, pour la justifier d'une amitié qu'on lui a toujours reprochée; à quoi il faut ajouter que Mme de Maintenon n'a jamais su les histoires qu'on en a faites, et qu'elle n'a vu dans Mme la princesse d'Harcourt, que ses malheurs domestiques et sa piété apparente. (*39*) 1695

Mme la comtesse de Grammont (*40*) avait pour elle, le goût et l'habitude du roi; car Mme de Maintenon la trouvait plus agréable qu'aimable. Il faut avouer aussi qu'elle était souvent anglaise, insupportable, quelquefois flatteuse, dénigrante, hautaine et rampante. (*41*) Enfin, malgré les apparences, il n'y avait de stable en elle, que sa mine; que rien ne pouvait abaisser, quoiqu'elle se piquât de fermeté dans ses sentiments, et de constance dans ses amitiés. Il est vrai aussi qu'elle faisait toujours paraître beaucoup d'esprit, dans les formes que son humeur et ses desseins lui faisaient prendre. Mme de Maintenon joignit à l'envie de plaire au roi, en attirant chez elle Mme la comtesse de Grammont, le motif de la soutenir dans la piété, (*42*) et d'aider autant qu'il lui était possible, une conversion fondée sur celle de Ducharmel. C'était un gentilhomme lorrain, connu à la cour par le gros jeu qu'il jouait. Il était riche, et 1700 1705 1710

(*39*)   Toujours sur la fin du règne de Louis XIV la débauche sous le masque de la dévotion. La galanterie auparavant avait été moins fausse et plus aimable.

(*40*)   C'était une Hamilton que ses frères avaient obligé le comte de Grammont à épouser malgré lui. [15]

(*41*)   Caractère qui n'est pas extraordinaire en Angleterre.

(*42*)   Quelle piété!

note (*39*)   REY: [*absent*]
note (*40*)   REY: [*absent*]
note (*41*)   REY: [*absent*]
note (*42*)   REY: [*absent*]

[15] Elizabeth Hamilton, comtesse de Grammont (1648-1708), was the sister of Anthony Hamilton, author of the *Mémoires du comte de Grammont*, who brought about the marriage. She was a renowned beauty. Voltaire is tacitly following Mme de Caylus in viewing her through the eyes of Mme de Maintenon.

heureux: ainsi il faisait beaucoup de dépense, (*43*) et était à la mode à la cour; mais il la quitta brusquement, et se retira à l'Institution, sur une vision qu'il crut avoir eue; et la même grâce, par un contrecoup heureux, touscha aussi Mme la comtesse de Grammont. Peut-être que l'inégalité qu'elle a fait paraître dans sa conduite, et dont j'ai été témoin, était fondée sur le combat qui se passait continuellement en elle, entre sa raison et ses inclinations; car il faut avouer qu'elle n'avait rien qui tendît la piété.

Je crois qu'il n'est pas hors de propos de parler ici de Mme d'Hudicourt, quoiqu'elle ne fût pas encore revenue à la cour dans ce temps dont je parle; elle y revint peu après. Comme elle est une des plus singulières personnes que j'y aie vues: et qu'une infinité de circonstances la rappelleront souvent à ma mémoire; il est bon de la faire connaître.

Mme d'Hudicourt était cette même Mlle de Pons parente du maréchal d'Albret dont la chronique scandaleuse prétend qu'il avait été amoureux, (*44*) amie de Mme de Maintenon et de Mme de Montespan jusqu'à sa disgrâce. Il est certain que sa fortune ne répondait pas à sa naissance, et qu'elle n'aurait pu venir en ce pays-ci, sans le maréchal d'Albret, ni avec bienséance sans Madame sa femme à laquelle il était aisé d'en faire accroire. Elle parut donc à la cour avec elle; et elle ne put y paraître sans que sa beauté et ses agréments y fissent du bruit. Le roi ne la vit pas avec indifférence, et balança même quelques temps entre Mme de la Vallière et elle: mais les amies de Mme la maréchale d'Albret poussées peut-être par le maréchal, lui représentèrent qu'il ne fallait pas laisser plus longtemps cette jeune personne à la cour où elle était sur le point de se perdre à ses yeux, et qu'elle en partagerait la honte; puisque c'était elle qui l'y avait amenée. Sur cette remontrance la maréchale la ramena brusquement à Paris, sur le prétexte d'une maladie supposée du maréchal d'Albret.

(*43*) C'était un fat, à prétendues bonnes fortunes, et l'esprit le plus mince. La fameuse princesse Palatine, qui passait pour avoir un esprit si solide, avait eu une pareille vision. Elle avait cru entendre parler une poule, l'évêque Bossuet en fait mention dans son oraison funèbre. Son poulailler opéra sa conversion.

(*44*) Le maréchal d'Albret avait eu aussi beaucoup de goût pour Mme Scarron.

note (*43*) REY: [*absent*]
note (*44*) REY: [*absent*]

Mme d'Hudicourt n'était pas mauvaise à entendre sur cette circon- 1740
stance de sa vie, surtout quand elle en parlait au roi même; scène dont j'ai
été quelquefois témoin. Elle ne lui cachait pas combien sa douleur fut
grande quand elle trouva le maréchal d'Albret en bonne santé et qu'elle
reconnut le sujet pour lequel on avait supposé cette maladie. Ce fut en
vain qu'elle retourna après le voyage de Fontainebleau à la cour, la place 1745
était prise par Mme de la Vallière.

Mme d'Hudicourt vieille fille sans bien quoique avec une grande
naissance se trouva heureuse d'épouser le marquis d'Hudicourt. Et
Mme de Maintenon (45) son amie y contribua de tous ses soins. Amie
aussi de Mme de Montespan, elle vécut avec elle à la cour jusqu'à sa 1750
disgrâce, donc je ne puis raconter les circonstances parce que je ne les sais
que confusément. Je sais seulement qu'elle roulait sur des lettres de
galanterie écrites à M. de Béthune ambassadeur en Pologne, homme
aimable et de bonne compagnie: car quoique je ne l'aie jamais vu, je
m'imagine le connaître parfaitement à force d'en avoir entendu parler à 1755
ses amis, lesquels se sont presque tous trouvés des miens. (46)

Sans doute qu'il y avait plus que de la galanterie dans les lettres de
Mme d'Hudicourt à M. de Béthune et il n'y a pas d'apparence que le roi et
Mme de Montespan eussent été si sévères sur leur découverte d'une
intrigue où il n'y aurait eu que de l'amour. Selon toutes les apparences 1760
Mme d'Hudicourt rendit compte de ce qui se passait de plus particulier à
la cour. Je sais que Mme de Maintenon dit au roi que pour cesser de voir et
abandonner son amie, il fallait qu'on lui fit voir ses torts d'une manière
convaincante. On lui montra ces lettres (47) dont je parle, et elle cessa
alors de la voir. Mme d'Hudicourt partit après pour s'en aller à 1765
Hudicourt, où elle a demeuré plusieurs années et où le chagrin la
rendit si malade qu'elle fut plusieurs fois à l'extrémité. Une chose bien
particulière qui lui arriva dans une de ses maladies, c'est qu'elle se démit

(45)   Alors Mme Scarron.

(46)   C'etait un homme d'un génie supérieur très voluptueux et
très amusant.

(47)   Toujours des lettres interceptées qui causent des dis-
grâces.

note (45)   REY: [absent]
note (46)   REY: [absent]
note (47)   REY: [absent]

le pied dans son lit, et comme on ne s'en aperçut pas, elle demeura boiteuse, et cette femme si droite et si déliberée ne pouvait plus marcher quand elle revint à la cour. 177

Je ne l'ai vue qu'à son retour, si changée qu'on ne pouvait pas imaginer qu'elle eût été belle. Elle y fut quelques temps sans voir Mme de Maintenon, mais elle m'envoyait assez souvent chez elle, parce que j'avais l'honneur d'être sa parente, elle me témoignait mille amitiés. 177

Insensiblement tout s'effaça. Le roi rendit à Mme de Maintenon la parole qu'elle lui avait donnée de ne jamais voir Mme d'Hudicourt; et elle la vit à la fin avec autant d'intimité que si elles n'avaient jamais été séparées. Pour moi je trouvais Mme de Maintenon heureuse d'être en commerce avec une personne d'aussi bonne compagnie; naturelle, d'une 178 imagination si vive et si singulière qu'elle trouvait toujours moyen d'amuser et de plaire. Cependant en divertissant Mme de Maintenon elle ne s'attirait pas son estime, puisque je lui ai entendu dire, 'Je ris des choses que dit Mme d'Hudicourt, il m'est impossible de résister à ses plaisanteries: mais je ne me souviens pas de lui avoir jamais rien entendu 178 dire que je voulusse avoir dit'.

Je n'ai rien à ajouter à ce que j'ai déjà dit de Mme de Montchevreuil, si ce n'est qu'elle fut la confidente des choses particulières qui se passèrent après la mort de la reine et qu'elle seule en eut le secret.

Pendant le voyage de Fontainebleau qui suivit la mort de la reine, je 179 vis tant d'agitation dans l'esprit de Mme de Maintenon que j'ai jugé depuis en la rappelant à ma mémoire qu'elle était causée par une incertitude violente de son état, de ses pensées, de ses craintes et de ses espérances; en un mot son cœur n'était pas libre: et son esprit fort agité pour cacher ces divers mouvements et pour justifier les larmes que son 179 domestique et moi lui vîmes quelquefois répandre, elle se plaignait de vapeurs, et elle allait disait-elle chercher à respirer dans la forêt de Fontainebleau avec la seule Mme de Montchevreuil; elle y allait même quelquefois à des heures indues. [16]

Je me garderai bien de pénétrer un mystère respectable (48) pour moi 180

(48)   Ce n'est plus un mystère.

note (48)   REY: [absent]

[16] After 'heures indues' the Rey edition adds: 'Enfin les vapeurs passèrent, le calme succéda à l'agitation, et ce fut à la fin de ce même voyage.'

par tant de raisons, je nommerai seulement ceux qui vraisemblablement ont été dans le secret. Ce sont M. d'Harlai en ce temps-là archevêque de Paris, M. et Mme de Montchevreuil, Bontems et une femme de chambre de Mme de Maintenon, fille aussi capable que qui que ce soit de garder un secret et dont les sentiments étaient fort au-dessus de son état.

J'ai vu depuis la mort de Mme de Maintenon des lettres d'elle, gardées à Saint-Cyr qu'elle écrivait à ce même abbé Gobelin que j'ai déjà cité. Dans les premières on voit une femme dégoûtée de la cour et qui ne cherche qu'une occasion honnête de la quitter; dans les autres qui sont écrites après la mort de la reine, cette même femme ne délibère plus, le devoir est pour elle marqué et indispensable d'y demeurer. Et dans ces temps différents la piété est toujours la même. (49)

C'est dans ce même temps que Mme de Maintenon s'amusa à former insensiblement et par degrés la maison royale de Saint-Louis: mais il est bon, je crois, d'en raconter l'histoire en détail.

Mme de Maintenon avait un goût et un talent particulier, pour l'éducation de la jeunesse. L'élévation de ses sentiments, et la pauvreté où elle s'était vue réduite, lui inspiraient, surtout, une grande pitié pour la pauvre noblesse; en sorte qu'entre tous les biens qu'elle a pu faire dans sa faveur, elle a préféré les gentilshommes aux autres; et je l'ai vue toujours choquée de ce qu'excepté de certains grands noms, on confondait trop à la cour la noblesse avec la bourgeoisie.

Elle connut à Montchevreuil une ursuline dont le couvent avait été ruiné et qui peut-être n'en avait pas été fâchée: car je crois que cette fille n'avait pas une grande vocation. Quoi qu'il en soit elle fit tant de pitié à Mme de Maintenon qu'elle s'en souvint dans sa fortune et loua pour elle une maison: on lui donna des pensionnaires, dont le nombre augmenta à proportion de ses revenus. Trois autres religieuses se joignirent à Mme de Brinon (car c'est le nom de cette fille dont je parle) et cette communauté s'établit d'abord à Montmorency, ensuite à Ruel, mais le roi ayant quitté Saint-Germain pour Versailles, et agrandi son parc, plusieurs maisons s'y trouvèrent renfermées, entre lesquelles était Noisy le Sec. Mme de

(49)   Et l'abbé Gobelin l'encourage par ses lettres et ne lui parle plus qu'avec un profond respect, et l'abbé de Fénelon précepteur des Enfants de France ne la nomme plus qu'Esther.

note (49)   REY: [absent]

1805

1810

1815

1820

1825

1830

Maintenon le demanda au roi pour y mettre Mme de Brinon (50) avec sa communauté. C'est là qu'elle eut la pensée de l'établissement de Saint-Cyr. Elle la communiqua au roi et bien loin de trouver en lui de la contradiction, il s'y porta avec une ardeur digne de la grandeur de son âme: cet édifice superbe, par l'étendue des bâtiments, fut élevé en moins d'une année, et en état de recevoir deux cent cinquante demoiselles, trente-six dames pour les conduire, et tout ce qu'il faut pour servir une communauté aussi nombreuse. Si je dis des dames, et non religieuses, en parlant de celles qui devaient être à la tête de cette maison, c'est que la première idée avait été d'en faire des espèces de chanoinesses, qui n'auraient pas fait de vœux solennels; mais comme on y trouva des inconvénients, il fut résolu quelques temps après la translation de Noisy à Saint-Cyr, d'en faire de véritables religieuses: on leur donna des constitutions, et l'on fit un mélange de l'ordre des ursulines, avec celui des filles de Sainte-Marie.

On sait que pour entrer à Saint-Cyr, il faut faire également preuve de noblesse et de pauvreté; et s'il s'y glisse quelquefois des abus dans un de ces deux points, ce n'est, ni la faute des fondateurs, ni celle des dames religieuses de cette maison. Le généalogiste du roi fait les preuves de la noblesse: l'évêque et l'intendant de la province, certifient la pauvreté; si donc, ils se laissent tromper, ou qu'ils le veulent bien être, c'est que tout est corruptible, et que la prévoyance humaine, ne peut empêcher les abus qui se glisseront toujours dans les établissements les plus solides et les plus parfaits.

Les louanges qu'on donnerait à celui-ci, seraient faibles et inutiles; il parlera autant qu'il durera, infiniment mieux à l'avantage de ses fondateurs, qu'on ne pourrait faire par tous les éloges; et il fera toujours désirer que les rois, successeurs de Louis XIV, soient, non seulement dans la volonté de maintenir un établissement si nécessaire à la noblesse; mais de le multiplier, s'il est possible, quand une longue et heureuse paix, le leur permettra.

Quel avantage, n'est-ce point, pour une famille aussi pauvre que noble, et pour un vieux militaire criblé de coups, après s'être ruiné dans le

(50)   On peut dire hardiment, que cette Mme de Brinon était une folle, qui brûlait d'envie de jouer un rôle.

note (50)   REY: [absent]

service, de voir revenir chez lui une fille bien élevée, sans qu'il lui en ait rien coûté pendant treize années, qu'elle a pu demeurer à Saint-Cyr, apportant même un millier d'écus, qui contribuent à la marier, ou à la faire vivre en province! Mais ce n'est là que le moindre objet de cet établissement; celui de l'éducation, que cette demoiselle a reçue, et qu'elle répand ensuite dans une famille nombreuse, est vraiment digne des vues, des sentiments et de l'esprit de Mme de Maintenon. (*5i*)

Mme de Brinon présida dans les commencements de cet établissement, à tous les réglements qui furent faits, et l'on croyait qu'il était nécessaire pour les maintenir. Mais comme elle en était encore plus persuadée que les autres, elle se laissa si fort emporter par son caractère, naturellement impérieux, que Mme de Maintenon se repentit de s'être donné à elle-même une supérieure aussi hautaine. Elle renvoya donc cette fille, dans le temps qu'on la croyait au comble de la faveur; car les gens de la cour qui la regardaient comme une seconde favorite, la ménageaient, lui écrivaient, et la venaient quelquefois voir; chose qui ne plut pas encore à Mme de Maintenon. Enfin, pendant un voyage de Fontainebleau, elle eut ordre de sortir de Saint-Cyr, et d'aller dans tel autre lieu qu'il lui conviendrait, avec une pension honnête.

De tous les gens qui la connaissaient, qui lui faisaient la cour auparavant, et à qui elle avait fait plaisir, il ne se trouva que Mme la duchesse de Brunswich, qui la voulut bien recevoir: elle la garda chez elle, jusqu'à ce qu'elle eût écrit à Madame sa tante, princesse Palatine, en ce temps-là abbesse de Montbuisson, qui voulut bien la recevoir. Mme la duchesse de Brunswich lui fit l'honneur de l'y mener elle-même; et elle fut non seulement bien reçue, mais bien traitée jusqu'au dernier moment de sa vie.

Mme de Maintenon, qui a toujours estimé et respecté Mme la duchesse de Brunswich, respectable par tant d'autres endroits, lui sut le meilleur gré du monde, de son procédé en cette occasion.

Mme de Brinon aimait les vers et la comédie, et au défaut des pièces de Corneille et de Racine, qu'elle n'osait faire jouer, elle en composait de

(*5i*)   Cet établissement utile, a été surpassé par celui de l'Ecole militaire, imaginé par M. Paris du Verney, et proposé par Mme de Pompadour.

note (*5i*)   REY: [*absent*]

détestables, à la vérité; mais c'est cependant à elle, et à son goût pour le théâtre, qu'on doit les deux belles pièces que Racine a faites pour Saint-Cyr. Mme de Brinon avait de l'esprit, et une facilité, incroyable d'écrire et de parler: car elle faisait aussi des espèces de sermons fort éloquents; et tous les dimanches après la messe, elle expliquait l'Evangile, comme aurait pu faire M. Le Tourneur.

Mais je reviens à l'origine de la tragédie dans Saint-Cyr. Mme de Maintenon voulut voir une des pièces de Mme de Brinon: elle la trouva telle qu'elle était; c'est-à-dire, si mauvaise qu'elle la pria de n'en plus faire jouer de semblable, et de prendre plutôt quelques belles pièces de Corneille ou de Racine, choisissant seulement celles où il y avait le moins d'amour. Ces petites filles représentèrent *Cinna*, assez passablement pour des enfants qui n'avaient été formées au théâtre que par une vieille religieuse. Elles jouèrent ensuite *Andromaque*, et soit que les actrices en fussent mieux choisies, ou qu'elles commençassent à prendre des airs de la cour, dont elles ne laissaient pas de voir, de temps en temps, ce qu'il y avait de meilleur: cette pièce ne fut que trop bien représentée, au gré de Mme de Maintenon; (*52*) et elle lui fit appréhender que cet amusement ne leur insinuât des sentiments opposés à ceux qu'elle voulait leur inspirer. Cependant, comme elle était persuadée que ces sortes d'amusements sont bons à la jeunesse, qu'ils donnent de la grâce; apprennent à mieux prononcer, et cultivent la mémoire (car elle n'oubliait rien de tout ce qui pouvait contribuer à l'éducation de ces demoiselles, dont elle se croyait avec raison, particulièrement chargée) elle écrivit à M. Racine, après la représentation d'*Andromaque*, 'Nos petites filles viennent de jouer *Andromaque*, et l'ont si bien jouée, qu'elles ne la joueront plus, ni aucune de vos pièces'. Elle le pria, dans cette même lettre, de lui faire dans ses moments de loisir quelque espèce de poème

(*52*)   Il n'est pas étonnant que de jeunes filles de qualité, élevées si près de la cour, aient mieux joué *Andromaque*, où il y a quatre personnages amoureux, que *Cinna*, dans lequel l'amour n'est pas traité fort naturellement, et n'étale guère que des sentiments exagérés, et des expressions un peu ampoulées: d'ailleurs une conspiration de Romains, n'est pas trop faite pour des filles françaises.

note (*52*)   REY: [*absent*]

moral ou historique, dont l'amour fût entièrement banni, et dans lequel il
ne crût pas que sa réputation fût intéressée, puisqu'il demeurerait enseveli
dans Saint-Cyr, ajoutant qu'il ne lui importait que cet ouvrage fût contre
les règles, pourvu qu'il contribuât aux vues qu'elle avait de divertir les
demoiselles de Saint-Cyr en les instruisant.   1930

Cette lettre jeta Racine dans une grande agitation. Il voulait plaire à
Mme de Maintenon: le refus était impossible à un courtisan, et la
commission délicate pour un homme qui comme lui, avait une grande
réputation à soutenir; et qui, s'il avait renoncé à travailler pour les
Comédiens, ne voulait pas du moins détruire l'opinion que ses ouvrages   1935
avaient donnée de lui. Despréaux qu'il alla consulter, décida pour la
négative: ce n'était pas le compte de Racine. Enfin, après un peu de
réflexion, il trouva dans le sujet d'Esther ce qu'il fallait pour plaire à la
cour, Despréaux lui-même en fut enchanté, et l'exhorta de travailler avec
autant de zèle qu'il en avait eu pour l'en détourner. Racine ne fut pas   1940
longtemps sans porter à Mme de Maintenon, non seulement le plan de sa
pièce (car il avait accoutumé de les faire en prose scène par scène, avant
d'en faire les vers), mais il porta même le premier acte tout fait. Mme de
Maintenon en fut charmée, et sa modestie ne put l'empêcher de trouver
dans le caractère d'Esther, et dans quelques circonstances de ce sujet, des   1945
choses flatteuses pour elle. La Vasthy (53) avait ses applications, Aman
avait de grands traits de ressemblance. M. de Louvois avait même dit à
Mme de Maintenon, dans le temps d'un démêlé qu'il eut avec le roi, les
mêmes paroles d'Aman, lorsqu'il parle d'Assuerus, 'Il sait qu'il me doit
tout'. Indépendamment de ces idées, l'histoire d'Esther convenait   1950
parfaitement à Saint-Cyr. Les chœurs que Racine à l'imitation des
Grecs, avait toujours eu en vue de remettre sur la scène, se trouvaient
placés naturellement dans *Esther*; et il était ravi d'avoir eu cette occasion
de les faire connaître, et d'en donner le goût. Enfin je crois que si l'on fait

(*53*)   Mme de Maintenon, dans une de ses lettres dit, en parlant
de Mme de Montespan, *après la fameuse disgrâce de l'altière Vasthi,
dont je remplis la place.*[17]

1947-50   REY: [*this sentence becomes note 10, indicator after* la scène, *line* 1952.
With variant at line 1947: Il avait]
   note (*53*)   REY: [*absent*]

[17] This letter is now thought to be apocryphal.

attention aux lieux, aux temps et aux circonstances, qu'on trouvera que 19
Racine n'a pas moins manqué d'esprit dans cette occasion, que dans
d'autres ouvrages plus beaux en eux-mêmes.

Esther, fut représentée un an après la résolution que Mme de
Maintenon avait prise, de ne plus laisser jouer des pièces profanes à
Saint-Cyr. Elle eut un si grand succès, que le souvenir n'en est pas encore 19
effacé. Jusque-là, il n'avait point été question de moi, et on n'imaginait
pas que je dusse y représenter un rôle; mais me trouvant présente aux
récits que M. Racine venait faire à Mme de Maintenon de chaque scène, à
mesure qu'il les composait: j'en retenais des vers; et comme j'en récitai un
jour à M. Racine, il en fut si content, qu'il demanda en grâce à Mme de 19
Maintenon, de m'ordonner de faire un personnage, ce qu'elle fit. Mais je
n'en voulus point de ceux qu'on avait déjà destinés; ce qui l'obligea de
faire pour moi, le prologue de la pièce. Cependant ayant appris, à force de
les entendre, tous les autres rôles, je les jouai successivement, à mesure
qu'une des actrices se trouvait incommodée. Car on représenta *Esther* 19
tout l'hiver; et cette pièce qui devait être renfermée dans Saint-Cyr, fut
vue plusieurs fois du roi, et de toute sa cour, toujours avec le même
applaudissement. (*54*)

Ce grand succès mit Racine en goût. Il voulut composer une autre
pièce. Et le sujet d'Athalie (c'est-à-dire, la mort de cette reine, et la 19
reconnaissance de Joas) lui parut le plus beau de tous ceux qu'il pouvait
tirer de l'Ecriture sainte. Il y travailla sans perdre de temps; et l'hiver
d'après, cette nouvelle pièce se trouva en état d'être représentée; mais
Mme de Maintenon reçut de tous côtés tant d'avis, et tant de représentations des dévots qui agissaient en cela de bonne foi, et de la part des poètes 19
jaloux de la gloire de Racine, qui non contents de faire parler les gens de

(*54*)   On cadençait alors les vers dans la déclamation, c'était une
espèce de mélopée. Et en effet les vers exigent qu'on les récite
autrement que la prose. Comme depuis Racine, il n'y eut presque
plus d'harmonie dans les vers raboteux et barbares, qu'on mit
jusqu'à nos jours sur le théâtre, les comédiens s'habituèrent 5
insensiblement à réciter les vers comme de la prose; quelques-
uns poussèrent ce mauvais goût jusqu'à parler du ton, dont on lit la

note (*54*)   REY: [*absent*]

182

bien, écrivirent plusieurs lettres anonymes, (55) qu'ils empêchèrent *Athalie* d'être représentée sur le théâtre. On disait à Mme de Maintenon qu'il était honteux à elle d'exposer sur le théâtre des desmoiselles

gazette. Et peu jusqu'au sieur le Kain ont mêlé le pathétique, et le sublime au naturel. Mme de Caylus est la dernière qui ait conservé la déclamation de Racine: elle récitait admirablement la première 10 scène d'*Esther*; elle disait que Mme de Maintenon la lisait aussi d'une manière fort touchante. Au reste, *Esther* n'est pas une tragédie, c'est une histoire de l'Ancien Testament, mise en scènes; toute la cour en fit des applications, elles se trouvent détaillées dans une chanson de Baron, de Breteuil, qui commence 15 ainsi:

> Racine, cet homme excellent
> Dans l'antiquité si savant.[18]

(55)   Ces manœuvres de la canaille des faux dévots, et des mauvais poètes, ne sont pas rares: nous en avons vu un exemple dans la tragédie de *Mahomet*, et nous en voyons encore.[19]

note (55)   REY: [absent]

[18] Raunié quotes the poem in full, attributing it to the duc de Nevers. *Esther* was performed in January and February 1689 – see below, the entry in the *Journal de Dangeau* for 26 January. The performance of Mme de Caylus in the roles of both Esther and Assuerus is legendary (see, for instance, Saint-Simon, i.609), and her personal involvement makes her an important and reliable source for the commissioning of *Esther* by the king. Modern commentators, however, do not accept Mme de Caylus's statement that the prologue was written in order to provide her with a role after the other parts had been allocated. It is thought that the prologue was written after the play, and as a topical and political compliment to the king (Racine, *Œuvres complètes*, p.815-16).

[19] For the cabale that brought down *Mahomet*, see *OC*, vol.20B, p.25-26. Voltaire is probably also thinking of *Les Guèbres* (see *OC*, vol.66, p.472-77). More contemporaneous with the world of Mme de Caylus would have been *Hérode et Mariamne*, whose first performance was barely allowed to continue after an ill-wisher shouted out 'La Reine boit' at the climax to act II (*OC*, vol.3C, p.29).

rassemblées de toutes les parties du royaume, pour recevoir une ⟨1⟩
éducation chrétienne, et que c'était mal répondre à l'idée que l'établissement de Saint-Cyr avait fait concevoir. J'avais part aussi à ces discours, et
on trouvait encore qu'il était fort indécent à elle, de me faire voir sur un
théâtre à toute la cour.

Le lieu, le sujet des pièces, et la manière dont les spectateurs s'étaient ⟨1⟩
introduits dans Saint-Cyr, devaient justifier Mme de Maintenon, et elle
n'aurait pu ne se pas embarrasser des discours qui n'étaient fondés que sur
l'envie et la malignité; mais elle pensa différemment, et arrêta ces
spectacles dans le temps que tout était prêt pour jouer *Athalie*. Elle fit
seulement venir à Versailles une fois ou deux les actrices, pour jouer dans ⟨1⟩
sa chambre, devant le roi avec leurs habits ordinaires. Cette pièce est si
belle, que l'action n'en parut pas refroidie. Il me semble même qu'elle
produisait alors plus d'effet (*56*) qu'elle n'en a produit sur le théâtre de
Paris, où je crois que M. Racine aurait été fâché de la voir aussi défigurée
qu'elle m'a paru l'être, par une Josabeth fardée, (*57*) par une Athalie ⟨2⟩

(*56*)   Cela n'est pas vrai: elle fut très dénigrée, les cabales la
firent tomber: Racine était trop grand, on l'écrasa.[20]

(*57*)   La Josabeth fardée était la Duclos, qui chantait trop son
rôle. L'Athalie outrée était la Desmarets, qui n'avait pas encore
acquis la perfection du tragique: le Joad capucin, était Bobourg, qui
jouait en démoniaque, avec une voix aigre.[21]

note (*56*)   REY: [*absent*]
note (*57*), 1-4   REY: [= *note 11*] C'étaient la Duclos, la Desmarre et Beaubour.
Que dirait-elle aujourd'hui?

[20] This is an exaggeration, but it is the case that on its first performances *Athalie*
was less successful than *Esther*. It seemed more pertinent than the latter, however, to
audiences of the reign of Louis XV when its popularity exceeded that of *Esther*.
[21] The first performance of *Athalie* took place at the Théâtre Français in March
1716. Indignation at the Regent's allowing several performances of the play contrary
to the wishes of Mme de Maintenon has perhaps led to a jaundiced view of the
performance of the actors. The play was in general well received. Voltaire greatly
admired *Athalie*, and it is interesting that he evidently had this information about the
actors at his fingertips in 1769. Mme de Caylus's own interest in the first
performances of *Esther* and *Athalie* leads her further into the eighteenth century
than she ventures in the rest of the *Souvenirs*.

outrée, et par un grand prêtre, plus ressemblant aux capucinades du petit père Honoré, qu'à la majesté d'un prophète divin. Il faut ajouter encore, que les chœurs qui manquaient aux représentations, faites à Paris, ajoutaient une grande beauté à la pièce; et que les spectateurs, mêlés et confondus (58) avec les acteurs, refroidissent infiniment l'action; mais   2005
malgré ces défauts et ces inconvénients, elle a été admirée, et elle le sera toujours.

On fit après, à l'envie de M. Racine, plusieurs pièces pour Saint-Cyr; mais elles y sont ensevelies: il n'y a que la seule *Judith*, pièce que M. l'abbé Têtu fit faire par Boyer; et à laquelle il travailla lui-même, qui fut jouée   2010
sur le théâtre de Paris, avec le succès marqué dans l'épigramme de M. Racine.

A sa Judith, Boyer par aventure, etc.

Mais je laisse Saint-Cyr et le théâtre, pour revenir à Mme de Montespan, qui demeura encore à la cour quelques années; dévorée   2015
d'ambition et de scrupules, et qui força le roi à lui faire dire par l'évêque de Meaux, qu'elle ferait bien pour elle et pour lui de se retirer. Elle demeura quelques temps à Clagny, où je la voyais assez souvent avec Mme la duchesse: et comme elle venait aussi la voir à Versailles pendant le

(58)   Cette barbarie insupportable, dont Mme la marquise de Caylus se plaint avec tant de raison, ne subsiste plus, grâce à la générosité singulière de M. le comte de Lauraguais, qui a donné une somme considérable, pour réformer le théâtre; c'est à lui seul qu'on doit la décence et la beauté du costume, qui règnent   5
aujourd'hui sur la scène française: rien ne doit affaiblir les témoignages de la reconnaissance qu'on lui doit; il faut espérer qu'il se trouvera des âmes assez nobles pour imiter son exemple; on peut faire un fonds, moyennant lequel, les spectateurs seront assis au parterre, comme on l'est dans le reste de l'Europe.[22]   10

note (*58*), 10   CF: on fait dans
        REY: [*note absent*]

[22] Voltaire himself had campaigned vigorously to bring about this reform, which took place in 1759. See the introduction to *Sémiramis*, ed. Robert Niklaus, *OC*, vol.30A (2003), p.42, 47.

siège de Mons, où les princesses ne suivirent pas le roi, on disait que 20
Mme de Montespan était comme les âmes malheureuses, qui reviennent
dans les lieux qu'elles ont habités, expier leurs fautes. Effectivement on ne
reconnut à cette conduite, ni son esprit, ni la grandeur d'âme dont j'ai
parlé ailleurs: et même pendant les dernières années qu'elle demeura à la
cour. Elle n'y était que comme la gouvernante de Mlle de Blois; il est vrai 20
qu'elle se dépiquait de ses dégoûts, par des traits pleins de sel, et des
plaisanteries amères.

Je me souviens de l'avoir vue venir chez Mme de Maintenon, un jour
de l'assemblée de pauvres. Car Mme de Maintenon avait introduit chez
elle, ces assemblées au commencement de chaque mois, où les dames 20
apportaient leurs aumônes, (59) et Mme de Montespan comme les autres.
Elle arriva un jour avant que cette assemblée commençât; et comme elle
remarqua dans l'antichambre, le curé, les sœurs grises, et tout l'appareil
de la dévotion que Mme de Maintenon *professait*: elle lui dit en l'abordant,
'Savez-vous, madame, comme votre antichambre est merveilleusement 20
parée, pour votre oraison funèbre?' Mme de Maintenon, sensible à
l'esprit, et fort indifférente au sentiment qui faisait parler Mme de
Montespan; se divertissait de ses bons mots, (60) et était la première à
raconter ceux qui tombaient sur elle.

Les enfants légitimes du roi, ne perdirent rien à l'absence de Mme de 20
Montespan. Je suis même convaincue que Mme de Maintenon les a mieux
servis qu'elle n'aurait fait elle-même; et je paraîtrai d'autant plus croyable
en ce point, que j'avouerai franchement, qu'il me semble que Mme de
Maintenon a poussé trop loin son amitié pour eux; non qu'elle n'ait pensé
comme la France, que le roi dans les derniers temps les a voulu trop 20
élever; mais il n'était plus possible alors d'arrêter ses bienfaits, d'autant
plus que la vieillesse et les malheurs domestiques du roi, l'avaient rendu
plus faible, et Mme la duchesse du Maine plus entreprenante. J'expli-
querai plus au long ce que je pense sur cette matière, quand je raconterai
ce qui s'est passé dans les dernières années de la vie de Louis XIV. 20

(*59*) Il est très bien de faire l'aumône; mais la main gauche de
Mme de Maintenon savait trop ce que faisait la droite.

(*60*) On devait en profiter.

note (*59*)   REY: [*absent*]
note (*60*)   REY: [*absent*]

M. de Clermont Chate en ce temps-là officer des gardes ne déplut pas à
Mme la princesse de Conti dont il parut amoureux, (*61*) mais il la trompa
pour cette même Mlle Chouin dont j'ai parlé, son infidélité et sa fausseté
furent découvertes par un paquet de lettres que M. de Clermont avait
confié à un courrier de Mme de Luxembourg pendant une campagne. Ce   2055
courrier portant à M. de Barbesieux les lettres du général, il lui demanda
s'il n'avait point d'autres lettres pour la cour, à quoi il répondit qu'il
n'avait qu'un paquet pour Mlle Chouin qu'il avait promis de lui remettre
à elle-même. M. de Barbesieux prit le paquet, l'ouvrit, et le porta au
roi, (*62*) on vit dans ces lettres le sacrifice dont je viens de parler et le roi   2060
en les rendant à Mme la princesse de Conti augmenta sa douleur et sa
honte. Mlle Chouin fut chassée de la cour et se retira à Paris, où elle
entretint toujours les bontés que Monseigneur avait pour elle, il la voyait
secrètement d'abord à Choisy, maison de campagne qu'il avait achetée de
Mademoiselle, et ensuite à Meudon, ces entrevues ont été longtemps   2065
secrètes, mais à la fin en admettant tantôt une personne, tantôt une autre,
elles devinrent publiques; quoique Mlle Chouin fût presque toujours
enfermée dans une chambre quand elle était à Meudon. On se fit une
grande affaire à la cour d'être admis dans le particulier de Monseigneur et
de Mlle Chouin: Mme la dauphine de Bourgogne belle-fille de Mon-   2070
seigneur, le regarda comme une faveur et enfin le roi lui-même et Mme de
Maintenon la virent quelque temps avant la mort de Monseigneur. Ils
allèrent seuls avec la dauphine dans l'entresol de Monseigneur où elle
était. (*63*)
La liberté de mes souvenirs me fait revenir à M. le comte de   2075

(*61*)   Elle l'a déjà dit.

(*62*)   Puisque Mme la marquise de Caylus répète; répétons aussi
que M. de Barbesieux fit une mauvaise action.

(*63*)   On a prétendu que Monseigneur l'avait épousée, mais cela
n'est pas vrai. Mlle Chouin était une fille de beaucoup d'esprit, quoi
qu'en dise Mme de Caylus, elle gouvernait Monseigneur, et elle
avait su persuader au roi qu'elle le retenait dans le devoir, dont le
duc de Vendôme, le marquis de la Fare, M. de Ste Maure, l'abbé   5

note (*61*)   REY: [*absent*]
note (*62*)   REY: [*absent*]
note (*63*)   REY: [*absent*]

Vermandois fils du roi et de Mme de la Vallière, prince bien fait et de grandes espérances, il mourut de maladie à l'armée, à sa première campagne et le roi donna son bien dont il héritait à Mme la princesse de Conti sa sœur, et sa charge d'amiral à M. le comte de Toulouse le dernier des enfants du roi et de Mme de Montespan.

Mlle de Nantes sa sœur épousa M. le duc de Bourbon, et comme elle n'avait que douze ans accomplis on ne les mit ensemble que quelques années après. Ce mariage se fit à Versailles dans le grand appartement du roi, où il y eut une illumination et toute la magnificence dont on sait que le roi était capable, le grand Condé et son fils n'oublièrent rien pour témoigner leur joie, comme ils n'avaient rien oublié pour faire réussir ce mariage.

Mme la duchesse eut la petite vérole à Fontainebleau dans le temps de sa plus grande beauté, jamais on n'a rien vu de si aimable ni de si brillant qu'elle parut la veille que cette maladie lui prit: il est vrai que ceux qui l'ont vue depuis, ont peine à croire qu'elle lui eût rien fait perdre de ses agréments. Quoi qu'il en soit, elle courut risque de perdre encore plus que la beauté, et sa vie fut dans un grand péril, le grand Condé alarmé partit de Chantilly avec la goutte pour se renfermer avec elle, et venir lui rendre tous les soins non seulement d'un père tendre; mais d'une garde zélée. Le roi au bruit de l'extrémité de Mme la duchesse voulut l'aller voir, mais M. le prince se mit au travers de la porte pour l'empêcher d'entrer et il se fit là un combat entre l'amour paternel et le zèle d'un

---

de Chaubeu; et d'autres n'auraient pas été fâchés de l'écarter. En même temps elle ménageait beaucoup le parti de M. de Vendôme. Le chevalier de Bouillon, lui donnait le nom de Frosine: elle se mêla de quelques intrigues pendant la régence. Je ne sais quel polisson qui s'est mêlé de faire des mémoires de Mme de Maintenon, pour gagner quelque argent, a imaginé dans son mauvais roman, des contes sur Monseigneur et Mlle Chouin, dans lesquels il n'y a pas la moindre ombre de vérité; le monde est plein d'impertinents libelles de cette sorte, écrits par des malheureux qui parlent de tout, et n'ont rien vu.[23]

[23] It is less certain than Voltaire implies that there was no secret marriage between Monseigneur and Mme de Chouin after the death of the dauphine.

courtisan bien glorieux pour Mme la duchesse. Le roi fut le plus fort et passa outre malgré la résistance de M. le prince.

Mme la duchesse revint à la vie, le roi alla à Versailles et M. le prince demeura constamment auprès de sa belle petite-fille. Le changement de vie, les veilles et la fatigue dans un corps aussi exténué que le sien, lui causèrent la mort peu de temps après.

M. le prince de Conti profita des dernières années de la vie de ce héros, heureux dans sa disgrâce d'employer d'une manière aussi avantageuse un temps qu'il avait perdu à la cour. Mais je ne crois pas déplaire à ceux qui par hasard liront un jour mes souvenirs, de leur raconter ce que je sais de MM. les princes de Conti et surtout de ce dernier dont l'esprit, la valeur, les agréments et les mœurs ont fait dire de lui ce que l'on avait dit de Jules César.

La paix dont jouissait la France ennuyait ces princes. Ils demandèrent au roi la permission d'aller en Hongrie, le roi bien loin d'être choqué de cette proposition leur en sut gré et consentit d'abord à leur départ, mais à leur exemple toute la jeunesse vint demander la même grâce; et insensiblement, tout ce qu'il y avait de meilleur en France, et par la naissance, et par le courage, aurait abandonné le royaume, pour aller servir un prince, son ennemi naturel; si M. de Louvois n'en avait fait voir les conséquences, et si le roi n'avait pas révoqué la permission qu'il avait donnée trop légèrement. Cependant MM. les princes de Conti ne cédèrent qu'en apparence à ces derniers ordres; ils partirent secrètement avec le prince de Turenne, et M. le prince Eugène de Savoie. (*64*) Plusieurs autres devaient les suivre à mesure qu'ils trouveraient les moyens de s'échapper; mais leur dessein fut découvert par un page de ces princes qu'ils avaient envoyé à Paris, et qui s'en retournait chargé de lettres de leurs amis. M. de Louvois en fut averti, et on arrêta le page comme il était sur le point de sortir du royaume. On prit ces lettres, et M. de Louvois les apporta au roi, parmi lesquelles il eut la douleur d'en trouver de Mme la princesse de Conti sa fille, remplies de traits les plus

(*64*)   Mme de Caylus se trompe: le prince Eugène de Savoie, était déjà passé au service de l'empereur, et avait un régiment.[24]

note (*64*)   REY: [*absent*]

[24] Eugène of Savoy left France in 1683. Other circumstances would date the events described here to around 1685.

satiriques contre lui, et contre Mme de Maintenon. (*65*) Celles de MM. de   21
la Rochefoucault et de quelques autres, étaient dans le même goût; mais il
y en avait qui se contentait de quelques traits d'impiété et de libertinage.
Telle était la lettre du marquis d'Alincourt, depuis duc de Villeroi; sur
quoi le vieux maréchal de Villeroi son grand-père, qui avait encore dit:
'Au moins mon petit-fils n'a parlé que de Dieu; il pardonne, mais les   21
hommes ne pardonnent point.' Le roi écarta toute cette jeunesse.

Mme la princesse de Conti en fut quitte pour la peine, et la honte de
paraître tous les jours devant son père et son roi justement irrité, et
d'avoir recours à une femme qu'elle avait outragée pour obtenir son
pardon. Mme de Maintenon lui parla avec beaucoup de force, non pas sur   21
ce qui la regardait; car elle ne croyait pas avec raison, que ce fût elle à qui
l'on eut manqué; mais en disant des vérités dures à Mme la princesse de
Conti, elle n'oubliait rien pour adoucir le roi: et comme il était
naturellement bon, et qu'il aimait tendrement sa fille, il lui pardonna.
Cependant son cœur était véritablement blessé; il faut avouer que sa   21
tendresse pour elle, n'a jamais été la même depuis, d'autant plus qu'il
trouvait journellement bien des choses à redire dans sa conduite.

Les princes de Conti revinrent après la défaite des Turcs: l'aîné
mourut peu de temps après, comme je l'ai dit, de la petite vérole; et l'autre
fut exilé à Chantilly. Pour Mme la princesse de Conti, elle ne perdit à sa   21
petite vérole qu'un mari qu'elle ne regretta pas. D'ailleurs, veuve à dix-
huit ans; princesse du sang, et aussi riche que belle; elle eut de quoi se
consoler. On a dit qu'elle avait beaucoup plu à Monsieur son beau-frère;
et comme il était lui-même fort aimable, il est vraisemblable qu'il lui plut
aussi. (*66*)   21

(*65*)   Si c'est par légèreté, pardonnons; si par folie, compatissons, si par injure, oublions. *Cod., livre 9 titre 7.* [25]

(*66*)   Il lui plut très fort. M. le duc lui envoya un jour un sonnet,
dans lequel il comparait Mme la princesse de Conti sa belle-sœur à

note (*65*)   REY: [*absent*]
note (*66*)   REY: [*absent*]

[25] This whole episode caused a certain scandal. Several of the persons involved were
obliged to leave court for a time. Among them was the duc de Villeroi.

Le grand Condé demanda en mourant au roi, le retour à la cour de M. le prince de Conti qu'il obtint; et ce prince épousa peu de temps après Mlle de Bourbon, mariage que ce prince avait beaucoup désiré. M. le prince de Conti, qui, comme je l'ai déjà dit, avait été élevé avec Monseigneur, fut parfaitement bien avec lui; et il y a beaucoup   2160 d'apparence que s'il avait été le maître, ce prince aurait eu part au gouvernment.

Je me mariai en quatre-vingt-six. On fit M. de Caylus menin de Monseigneur, et comme j'étais extrêmement jeune; puisque je n'avais pas encore tout-à-fait treize ans. Mme de Maintenon ne voulut pas que je   2165 fusse encore établie à la cour: je vins donc demeurer à Paris chez ma belle-mère; mais on me donna en quatre-vingt-sept un appartement à Versailles, et Mme de Maintenon pria Mme de Montchevreuil son amie, de veiller sur ma conduite.

Je m'attachai malgré les remontrances de Mme de Maintenon, à   2170 Mme la duchesse. Elle eut beau me dire qu'il ne fallait rendre à ces gens-là que des respects, et ne s'y jamais attacher; que les fautes que Mme la

---

Vénus. Le prince de Conti répliqua par ces vers aussi malins que charmants.

> *Adressez mieux votre sonnet*   5
> *De la déesse de Citère.*
> *Votre épouse est ici le plus digne portrait.*
> *Et si semblable en tout que le dieu de la guerre.*
> *La voyant dans vos bras entrerait en courroux.*
> *Mais ce n'est pas la première aventure,*   10
> *Où d'un Condé Mars eût été jaloux.*
> *Adieu grand prince, heureux époux;*
> *Vos vers semblent faits par Voiture.*
> *Pour la Vénus que vous avez chez vous.*

Le Voiture de M. le duc, était le duc de Nevers.   15

La malignité de la réponse consiste dans ces mots: *si semblable en tout.* C'était comparer le mari à Vulcain. [26]

---

[26] On the verses written by the duc de Nevers for the younger prince de Conti, see above, lines 926-47.

duchesse ferait, retomberaient sur moi, et que les choses raisonnables qu'on trouverait dans sa conduite, ne seraient attribuées qu'à elle. Je ne crus pas Mme de Maintenon, mon goût l'emporta; je me livrai toute entière à Mme la duchesse, et je m'en trouvai mal. (67)

La guerre recommença en 1688 par le siège de Philisbourg, et le roi d'Angleterre fut chassé de son trône l'hiver d'après. La reine d'Angleterre se sauva la première avec le prince de Galles son fils. La fortune singulière de Lauzun fit qu'il se trouva précisément en Angleterre dans ce temps-là: on lui sait gré d'avoir contribué à une fuite à laquelle le prince d'Orange n'aurait eu garde de s'opposer. Le roi cependant l'en récompensa, comme d'un grand service rendu aux deux couronnes. A la prière du roi et de la reine d'Angleterre, il le fit duc, et lui permit de revenir à la cour, où il n'avait paru qu'une fois après sa prison. (68) M. le prince, en le voyant, dit que c'était une bombe qui tombait sur tous les courtisans. (69)

Si le prince d'Orange n'avait pas été fâché de voir partir d'Angleterre, la reine et le prince de Galles, il fut encore plus soulagé d'être défait de son beau-père.

Le roi les vint recevoir avec toute la politesse d'un seigneur particulier, qui sait bien vivre, et il a eu la même conduite avec eux, jusqu'au dernier moment de sa vie.

M. de Montchevreuil était gouverneur de Saint-Germain; et comme je quittais peu Mme de Montchevreuil, je voyais avec elle cette cour de près; il ne faut donc pas s'étonner, si ayant vu croître le prince de Galles, naître la princesse sa sœur, et reçu beaucoup d'honnêtetés du roi et de la reine d'Angleterre; je suis demeurée jacobite malgré les changements qui sont arrivés en ce pays-ci, par rapport à cette cause.

(67) Sa liaison avec le duc de Villeroi éclata; mais cet amant était un homme plein de vertu, bienfaisant, modeste, et le meilleur choix que Mme de Caylus pût faire.

(68) Trop dure, trop longue, trop injuste.

(69) La bombe n'éclata sur personne.

note (67), 2 CF: vertus,
　　　　REY: [note absent]
note (68) REY: [absent]
note (69) REY: [absent]

La reine d'Angleterre s'était fait haïr, disait-on par sa hauteur, autant   2200
que par la religion qu'elle professait en Italienne; c'est-à-dire, qu'elle y
ajoutait une infinité de petites pratiques jésuitiques partout, et bien plus
en Angleterre qu'ailleurs mal placées; cette princesse avait pourtant de
l'esprit et de bonnes qualités qui lui attirèrent une estime et un
attachement de la part de Mme de Maintenon, qui n'a fini qu'avec leurs   2205
vies. (70)

Il est vrai que Mme de Maintenon souffrait impatiemment le peu de
secret qu'ils gardaient dans leurs affaires; car on n'a jamais fait de projet
pour leur rétablissement, qui n'ait été aussitôt su en Angleterre,
qu'imaginé à Versailles; mais ce n'était pas la faute de ces malheureuses   2210
majestés. Ils étaient environnés à Saint-Germain de gens qui les
trahissaient, jusqu'à une femme de la reine, et pour laquelle elle avait
une bonté particulière, qui prenait dans ses poches les lettres que le roi ou
Mme de Maintenon lui écrivaient; les copiait pendant que la reine
dormait, et les envoyait en Angleterre. Cette femme s'appelait   2215
Mme Strikland, mère d'un petit abbé Strikland, qui dans ces derniers
temps, digne héritier de Madame sa mère, a prétendu au cardinalat par
son manège.

Je ne parlerai point de la guerre, ni des différents succès qu'elle eut
plus ou moins heureux pour la France, et toujours glorieux pour les armes   2220
du roi. Ces choses se trouvent écrites partout: une femme, et surtout de
l'âge dont j'étais, tourne ses plus grandes attentions sur des bagatelles.

Le roi alla lui-même faire le siège de Mons en quatre-vingt-onze. Les
princesses demeurèrent à Versailles, et Mme de Maintenon à Saint-Cyr,
dans une si grande solitude, qu'elle ne voulait pas même que j'y allasse. Je   2225

(70) Ce fut Mme de Maintenon, qui engagea Louis XIV,
malgré tout le conseil, à reconnaître le prétendant pour roi
d'Angleterre.[27]

note (70)   REY: [absent]

[27] Mme de Maintenon befriended the exiled English queen Mary of Modena, wife
of James II, but Louis's decision on James's death in 1701 to recognise James Stuart
the Old Pretender as heir to the English throne was based primarily on his views of
the divine right of kings. His ministers thought it unnecessary and unwise to
antagonise the English, who had decided on a protestant succession. Mary of Modena
lived on in France until 1718. See also Dangeau, lines 1348-54 and note 115.

demeurai à Versailles avec les princesses; et comme il n'y avait point d'hommes, nous y étions dans une grande liberté. Mme la princesse de Conti et Mme la duchesse, avaient chacune leurs amies différentes; et comme elles ne s'aimaient pas, leurs cours étaient fort séparées. C'est là que Mme la duchesse fit voir cette humeur heureuse et aimable, par laquelle elle contribuait elle-même à son amusement, et à celui des autres. Elle imagina de faire un roman, et de transporter les caractères et les mœurs du temps présent, sous les noms de la cour d'Auguste. Celui de Julie avait par lui-même assez de rapport avec Mme la princesse de Conti, à ne la prendre que suivant les idées qu'Ovide en donne; et non pas dans la débauche rapportée par les historiens: mais il est aisé de comprendre que ce canevas n'était pas mal choisi, et avec assez de malignité. Nous ne laissons pas d'y avoir tous nos épisodes; mais en beau, au moins pour ceux qui étaient de la cour de Mme la duchesse. Cet ouvrage ne fut qu'ébauché, et nous amusa; et c'était tout ce que nous en voulions.

Pendant une autre campagne, les dames suivirent le roi en partie; c'est-à-dire, Mme la duchesse d'Orléans, Mme la princesse de Conti et Mme de Maintenon. Mme la duchesse ne suivit pas, parce qu'elle était grosse: elle demeura à Versailles, et quoique je le fusse aussi, ce qui m'empêcha de suivre Mme de Maintenon, on ne me permit pas de demeurer avec elle. Mme de Maintenon m'envoya avec Mme de Montchevreuil à Saint-Germain, où je m'ennuyai comme on peut croire. Il arriva qu'un jour étant allée rendre une visite à Mme la duchesse, je lui parlai de mon ennui, et lui fis sans doute des portraits vifs de Mme de Montchevreuil et de sa dévotion, qui lui firent assez d'impression pour en écrire à Mme de Bouzoles, (71) d'une manière qui me rendit auprès du roi, beaucoup de mauvais offices. Le roi fut curieux de voir sur quoi leur commerce pouvait rouler; et malheureusement cet article qui me regardait, tomba ainsi entre ses mains. On regarda ces plaisanteries, qui m'avaient paru innocentes, comme très criminelles; on y trouva de l'impiété; et elles

2230

2235

2240

2245

2250

2255

(71)   Sœur de M. de Torci, amie intime de Mme la duchesse, et femme de beaucoup d'esprit. [28]

note (71)   REY: [absent]

[28] Marie-Françoise Colbert de Croissy, sister of Jean-Baptiste Colbert, marquis de Torcy, diplomat and foreign minister. Her marriage with the marquis de Bouzoles did not take place until 1696.

194

disposèrent les esprits à recevoir les impressions désavantageuses qui me firent enfin quitter la cour pour quelque temps. Ainsi Mme de Maintenon avait eu raison de m'avertir qu'il n'y avait rien de bon à gagner avec ces gens-là.

Ces choses se passèrent pendant le siège de Namur, et les dames qui suivirent le roi, s'arrêtèrent à Dinant. Ce fut aussi dans cette même année que se donna le combat de Stinkerque, où je perdis un de mes frères à la tête du régiment de la Reine Dragons. Le roi revint à Versailles après la prise de Namur. 2260

Les hivers ne se ressentaient point de la guerre. La cour était aussi nombreuse que jamais, magnifique et occupée de ses plaisirs, tandis que Mme de Maintenon bornait les siens à Saint-Cyr, et à perfectionner cet ouvrage. 2265

Le roi fit le mariage de M. le duc d'Orléans, (72) avec Mlle de Blois. Feu Monsieur y donna les mains, non seulement sans peine, mais avec joie. Madame tint quelques discours mal à propos, puisqu'elle savait bien qu'ils étaient inutiles. Il est vrai qu'il serait à désirer pour la gloire du roi, comme je l'ai déjà dit, qu'il n'eut pas fait prendre une telle alliance à son propre neveu, et à un prince aussi près de la couronne; mais les autres mariages avaient servi de degrés à celui-ci. 2270

2275

Je me souviens qu'on disait déjà que M. le duc d'Orléans était amoureux de Mme la duchesse. J'en dis un mot en badinant à Mlle de Blois; et elle me répondit d'une façon qui me surprit, avec son ton de lendore: 'Je ne me soucie pas qu'il m'aime; je me soucie qu'il m'épouse': elle a eu ce contentement. 2280

Feu Monsieur avait eu envie de préférer Mme la princesse de Conti, fille du roi, veuve depuis plusieurs années, à Mlle de Blois; et je crois que le roi y aurait consenti, si elle l'avait voulu; mais elle dit à Monsieur qu'elle préférait la liberté à tout. Cependant elle fut très fâchée, de voir sa cadette de tant d'années passer si loin devant elle. Mais je dois dire à la 2285

(72)   Tout ce qu'on dit sur ce mariage dans les mémoires de Mme de Maintenon, n'est qu'un tissu de sots mensonges. [29]

note (72)   β: [note indicator absent]
        REY: [absent]

[29] It is now generally accepted that this marriage took place.

louange de Mme la duchesse, qu'elle ne fut pas sensible à ce petit désagrément, qui la touchait de plus près; et je lui ai entendu dire que, puisqu'il fallait que quelqu'un eût un rang au-dessus d'elle, elle aimait mieux que ce fût sa sœur qu'une autre: elle était d'autant plus louable d'avoir ces sentiments, qu'elle n'avait qu'une médiocre tendresse pour sa sœur. Il est vrai qu'elles se réchauffèrent quelques années après, et que leur union parut intime: mais les communes favorites, par la suite des temps, les brouillèrent d'une manière irréconciliable; et j'aurai occasion plus d'une fois, de parler de cette brouillerie, à laquelle il faut attribuer beaucoup de nos malheurs.

Il faudrait pour faire le portrait de *Monsieur le duc d'Orléans*, un singulier pinceau, de tout ce que nous avons vu en lui, et de tout ce qu'il a voulu paraître. Il n'y avait en lui de réel que l'esprit, dont en effet il avait beaucoup; c'est-à-dire, une conception aisée, une grande pénétration, beaucoup de discernement, de la mémoire et de l'éloquence; mais malheureusement un caractère dangereux. On lui avait fait accroire que la vertu n'est qu'un nom vain, et que le monde étant partagé entre des sots et des gens d'esprit, la vertu et la morale étaient le partage des sots; et que les gens d'esprit affectaient seulement, par rapport à leurs vues d'en paraître avoir, selon qu'il leur convenait. Ce prince avait été parfaitement bien élevé; et comme dans sa jeunesse les qualités de son esprit couvraient les défauts qu'il pouvait avoir, on avait conçu de grandes espérances de lui. Je me souviens que Mme de Maintenon, instruite par ceux qui prenaient soin de son éducation, se réjouissait de ce qu'on verrait paraître dans la personne du duc de Chartres (car c'est ainsi qu'il s'est appelé jusqu'à la mort de *Monsieur*.) Un prince plein de mérite, et capable par son exemple, de faire goûter à la cour, la vertu et l'esprit, mais à peine M. le duc de Chartres fut-il marié et maître de lui, qu'on le vit adopter des goûts qu'il n'avait pas;[30] il courtisa toutes les femmes, et la liberté qu'il se donna dans ses actions et dans ses propos, souleva bientôt les dévots qui fondaient sur lui de grandes espérances. (*73*)

(*73*) Les dévots n'ont jamais eu rien à espérer de lui que des ridicules.

note (*73*) REY: [*absent*]

[30] The Rey edition ends the sentence more explicitly: 's'ennuyer sans aimer le vin, galant sans amour et même sans galanterie; mais comme ces mauvaises qualités

M. le duc du Maine se maria dans le même temps et épousa comme je l'ai dit, une fille de M. le prince: l'aînée avait épousé M. le prince de Conti cadet de celui qui mourut de la petite vérole, et Mme la duchesse du Maine n'était pas l'aînée de celle qui restait à marier, cependant on la préféra à sa sœur, sur ce qu'elle avait peut-être une ligne de plus, peut-on marquer plus sensiblement, ni même plus bassement qu'on se sente honoré d'une alliance! Mlle de Condé aînée de Mme du Maine ressentit vivement cet affront et en a conservé le souvenir jusqu'à la fin de ses jours. J'avoue qu'on lui avait fait tort et que si elle était un tant soit peu plus petite elle était beaucoup moins mal faite, (74) d'un esprit plus doux et plus raisonnable. Quoi qu'il en soit de l'une et de l'autre; Mme la duchesse portée à se moquer appelait ses belles-sœurs les poupées du sang, et quand le mariage fut déclaré, elle redoubla ses plaisanteries avec Monsieur son frère M. le duc, d'une façon qui les a par la suite brouillées très sérieusement, c'est encore une des causes d'une dissension dans la famille royale, dont les effets ont été funestes.

A peine Mme du Maine fut-elle mariée qu'elle se moqua de tout ce que M. le prince lui put dire; dédaigna de suivre les exemples de Mme la princesse, et les conseils de Mme de Maintenon, ainsi s'étant rendue bientôt incorrigible on la laissa en liberté de faire tout ce qu'elle voulut. La contrainte qu'il fallait avoir à la cour l'ennuya: elle alla à Sceaux jouer la comédie, (75) et faire tout ce qu'on a entendu dire des nuits

(74)   Elle épousa depuis M. le duc de Vendôme qui ne fut pas d'humeur de lui faire des enfants.

(75)   Elle l'aimait beaucoup et la jouait fort mal, on la vit sur le même théâtre avec Baron: c'était un singulier contraste, mais sa cour était charmante, on s'y divertissait autant qu'on s'ennuyait alors à Versailles, elle animait tous les plaisirs par son esprit, par

note (74)   REY: [absent]
note (75), 1   β: mal on
           REY: [note absent]

n'avaient pas encore paru au point où nous les avons vues depuis, on dit qu'il ressemblait au feu prince de Conti; nous verrons par la suite qu'il a bien passé ce modèle.'

blanches; (*76*) et tout le reste. M. le duc son frère pendant un temps prit un très grand goût pour elle: les vers et les pièces d'éloquence volèrent entre eux; les chansons contre eux volèrent aussi. L'abbé de Chaulieu et M. de la Farre Malesieu et l'abbé Genest secondaient le goût que M. le duc avait pour la poésie: enfin le frère et la sœur se brouillèrent au grand contentement je crois, de Mme la duchesse. 23

M. le duc avait de grandes qualités de l'esprit, de la valeur au suprême degré, il aimait le roi et l'état. Bien loin d'avoir cet intérêt qu'on a quelquefois reproché aux Condés, il était juste et désintéressé et en donna des marques après la mort de Monsier le prince son père quand il fut en possession du gouvernement de Bourgogne. M. le prince exigeait de cette province une somme d'argent considérable indépendante des droits de son gouvernement. Et M. le duc son fils en prenant sa place la remit généreusement à la province. Ce prince ne laissait pas d'avoir des défauts, il était brutal: et quant à son esprit les meilleures choses qu'il avait pensées devenaient ennuyeuses à force de les lui entendre redire. Il aimait la bonne compagnie, mais il n'y arrivait pas toujours à propos. On ne peut pas en apparence être moins fait pour l'amour qu'il l'était; cependant il se donnait à tout moment comme un homme à bonne fortune. Il aimait Madame sa femme plus qu'aucune de celles dont il voulait qu'on le crût 23. 23 23 23

---

son imagination, par ses fantaisies, on ne pouvait pas ruiner son mari plus gaiement.[31] 5

(*76*) Ces nuits blanches étaient des fêtes que lui donnaient tous ceux qui avaient l'honneur de vivre avec elle. On faisait une loterie des vingt-quatre lettres de l'alphabet, celui qui tirait le C donnait une comédie, l'O exigeait un petit opéra, le B un ballet. Cela n'est pas aussi ridicule que le prétend Mme de Caylus qui était un peu brouillée avec elle.[32] 5

note (*76*)   REY: [*absent*]

[31] Voltaire makes few references to the duchesse du Maine performing on the stage herself. This note is perhaps a little harsh in view of the hospitality that he himself enjoyed at Sceaux.

[32] Voltaire was present at some of the 'nuits blanches' de Sully. *Le Crocheteur borgne* and *Cosi Sancta* were written in response to these forfeits: see *OC*, vol.1B.

bien traité; il affectait beaucoup d'indifférence pour elle; il en était excessivement jaloux et ne voulait pas le paraître. Quoiqu'il en soit, l'état   2360 et Mme la duchesse ont fait une perte irréparable à sa mort. Ses défauts n'étaient aperçus que de ceux qui avaient l'honneur de le voir familière- ment; et ses bonnes qualités auraient été d'une grande ressource à la France à la mort de Louis XIV dont il était plus estimé qu'aimé, parce qu'en effet il était plus estimable qu'aimable.   2365

M. le prince de Conti était le contraire. Quoi qu'il eût de grandes qualités bien de la valeur et beaucoup d'esprit, cependant on peut dire qu'il était plus aimable qu'estimable. Il n'avait jamais que l'esprit qui convenait avec ceux avec qui il était. Tout le monde se croyait à sa portée jamais; je ne dis pas un prince, mais aucun homme n'a eu au même degré   2370 que lui le talent de plaire. D'ailleurs il était faible pour la cour autant qu'avec Madame sa femme; on dit qu'il était intéressé, je n'en sais rien; je sais seulement que l'état de sa fortune ne lui permettait pas de paraître fort généreux. Sa figure n'avait rien de régulier, il était grand sans être bien fait, maladroit avec de la grâce, un visage agréable; ce qui formait un tout   2375 plein d'agréments et de charmes, à quoi l'esprit et le caractère con- tribuaient, M. le duc ne l'aimait pas naturellement, ni surnaturellement par l'amour qu'il eut pour Mme la duchesse. Cependant il le copiait, et voulait souvent qu'on crût qu'il avait imaginé les mêmes choses que lui.

M. le prince de Conti, jusqu'à la passion qu'il eut pour Mme la   2380 duchesse, n'avait pas paru capable d'en avoir de bien sérieuses. Il avait eu plusieurs affaires galantes et avait fait voir plus de coquetterie que d'amour; mais il en eut un violent pour Mme la duchesse. Peut-être que le rapport des agréments qu'on trouvait en eux et la crainte des personnes intéressées ont contribué à faire naître cette passion. Il est certain du   2385 moins que les soupçons de M. le prince, les précautions de Mme la princesse et l'inquiétude de M. le duc l'ont prévenue. Il y avait longtemps que Mme la duchesse était mariée et que sa beauté faisait du bruit dans le monde sans que M. le prince de Conti parut y faire attention. Quelques personnes même s'y étaient attachées particulièrement; mais aucuns ne   2390 lui ont plu, si on excepte le comte de Mailly dont je ne répondrais pas; quoique je n'aie rien vu en passant ma vie avec elle, qui pût autoriser les bruits qui ont couru. Je l'ai bien vu amoureux; j'en ai parlé quelquefois en badinant à Mme la duchesse qui me répondit sur le même ton. Mme de Maintenon lui en a souvent parlé, et en ma présence à M. de Mailly: mais il   2395 se tirait des réprimandes qu'elle lui faisait par des plaisanteries qui réussissaient presque toujours avec Mme de Maintenon quand elles étaient faites avec esprit. Lassé pourtant des discours qu'on tenait et craignant enfin qu'ils ne revinssent au roi, il fit semblant d'être amoureux d'une autre femme. Ce prétexte réussit assez pour alarmer la famille de cette femme; et comme c'était des gens bien à la cour, ils vinrent prier Mme de Maintenon d'empêcher le comte de Mailly de continuer les airs qu'il se donnait à l'égard de leur fille; c'était ce que voulait le comte de Mailly; et il ne manqua pas de dire à Mme de Maintenon que si elle le grondait sur cette femme, il fallait au moins qu'elle fût en repos sur l'autre. Quoiqu'il en soit, le prétexte et la réalité prirent fin.

M. le prince de Conti ouvrit les yeux sur les charmes de Mme la duchesse, à force de s'entendre dire de ne pas la regarder: il l'aima passionnément et si de son côté elle a aimé quelque chose c'est assurément lui, quoiqu'il soit arrivé depuis.

On prétend, et ce n'est pas je crois sans raison, que ce prince qui n'avait été jusque-là sensible qu'à la gloire ou à son plaisir, le fut assez aux charmes de Mme la duchesse pour lui sacrifier une couronne.

On sait qu'il fut appelé par un parti en Pologne, et on prétend qu'il aurait été unanimement déclaré roi s'il l'avait bien voulu et si son amour pour Mme la duchesse n'avait pas ralenti son ambition. Je crois pourtant que beaucoup d'autres choses ont contribué au mauvais succès de son voyage en Pologne: mais comme on croyait ici dans le temps qu'il partit l'affaire certaine, et qu'il était persuadé de ne jamais revenir en France, les adieux furent aussi tendres et aussi tristes entre Mme la duchesse et lui qu'on peut se l'imaginer.

Ils avaient un confident contre lequel la jalousie et la véhémence de M. le duc ne pouvaient rien: ce confident était M. le dauphin: et je crois qu'ils n'en ont jamais eu d'autre. Cette affaire a été menée avec une sagesse et une conduite si admirable qu'ils n'ont jamais pu donner aucune prise sur eux; si bien que Mme la princesse fut réduite à convenir avec Madame sa belle-fille qu'elle n'avait d'autres raisons de soupçonner cette galanterie que parce que M. le prince de Conti et elle paraissaient faits l'un pour l'autre.

M. le prince de Conti ne goûta pas longtemps le dédommagement qu'il trouvait dans sa passion au défaut d'une couronne. Son tempérament faible le fit presque aussitôt après son retour tomber dans une langueur qui termina enfin sa vie trois ou quatre ans après; infiniment regretté de toute la France, de Monseigneur et de sa maîtresse.

Elle eut besoin de la force qu'elle a naturellement sur elle-même, pour 2435
cacher à M. le duc sa douleur. Elle y réussit d'autant plus, je crois, qu'il
était si soulagé de n'avoir plus un tel rival, ni un tel concurrent, qu'il ne se
soucia d'examiner ni le passé, ni le fond du cœur.

Mme la duchesse vécut comme un ange avec lui; elle fit même que
l'éloignement de Monseigneur pour la personne de M. le duc diminua. Il 2440
paraissait s'accoutumer à lui, et il y aurait été fort bien par la suite, si une
mort prompte ne l'avait enlevé dans le temps qu'il était, comme je l'ai déjà
dit, le plus nécéssaire à la France, et à sa maison, et à Madame sa femme.
Elle en parut infiniment affligée, et je crois que c'était de bonne foi; elle
n'avait que de l'ambition dans la tête et dans le cœur, depuis la mort de M. 2445
le prince de Conti; et M. le duc avait toutes les qualités propres à lui faire
concevoir de grandes espérances de ce côté-là. Il était impossible, de
quelque côté que la famille royale pût se tourner, que M. le duc n'eût pas
joué un grand rôle; Mme la duchesse gouvernant alors Monseigneur, et
M. le duc ayant de son côté, tout le courage, et toute la capacité nécessaire 2450
pour commander les armées, et même pour gouverner l'état.

La faveur de Mme la duchesse auprès de Monseigneur redoubla après
cette mort. Il était continuellement chez elle; et l'envie que M. le duc de
Berry avait de lui plaire, faisait aussi qu'il s'y trouvait souvent avec lui; et
comme Mme la duchesse mit dans le monde, dans ce même temps, les 2455
princesses ses filles; et qu'elles par conséquent, se trouvèrent souvent
avec Monseigneur et M. le duc de Berry, on jugea que Mme la duchesse
avait dessein de faire le mariage de Mlle de Bourbon avec M. le duc de
Berry, ou du moins on se servit de cette raison pour presser celui de Mlle
d'Orléans avec ce prince. 2460

Il faut avouer que Mme de Maintenon entra dans cette crainte, et que
son amitié pour Mme la duchesse de Bourgogne, lui fit appréhender le
grand crédit de Mme la duchesse. Elle ne put imaginer, sans une peine
extrême, que Mme la duchesse de Bourgogne se verrait un jour
abandonnée, et que toute la cour serait aux pieds de Mme la duchesse, 2465
pour plaire à Monseigneur. Elle voyait dans Mme la duchesse une
conformité de caractère, de vues et d'humeur entre elle et Mme de
Montespan, qui la détermina entièrement pour le côté d'Orléans. Mais je
me souviens que je n'ai pas encore dit un mot de Mme la duchesse de
Bourgogne. 2470

On sait que cette princesse n'avait que dix à onze ans, quand elle vint
en France. Sa grande jeunesse, et les prières de Mme la duchesse de

Savoie sa mère, firent que Mme de Maintenon en prit un soin particulier. Ou pour mieux dire l'intérêt du roi, et celui de toute la France, l'engagèrent encore plus à donner tous ses soins, pour achever l'éduca- tion que Mme la duchesse de Savoie avait si bien commencée car il faut dire la vérité, et je l'ai souvent entendu dire à Mme de Maintenon, qu'on ne peut avoir été mieux élevée, que l'avait été cette princesse. Nous n'aurions fait, disait-elle, que la gâter ici, si les bonnes qualités qui sont en elle, y avaient été moins fortement imprimées. Mme de Maintenon se mit donc en possession de la princesse de Savoie, dès qu'elle arriva ici; et elle, soit par esprit ou par sentiment, déféra entièrement à ses avis. Elle fut jusqu'à son mariage, et quelques temps encore après, fort séparée des princesses et du reste de la cour. Mme de Maintenon la formait sous les yeux du roi: elle l'environna (autant qu'il lui fut possible, de personnes de mérite; elle lui donna pour dame d'honneur Mme la duchesse du Lude) pour dame d'atours, Mme la comtesse de Mailly: et les dames du palais étaient choisies entre ce qu'il y avait de meilleur, ou du moins regardées comme telles par Mme de Maintenon.

La duchesse du Lude avait de la dignité dans l'extérieur, et une déférence à l'égard de Mme de Maintenon, qui lui tenait lieu d'esprit. On n'avait voulu dans cette place qu'une représentation, c'est aussi tout ce qu'elle avait. Elle ne faisait rien sans en rendre compte; les princesses qui voyaient qu'on éloignait Mme la duchesse de Bourgogne de leur commerce, n'en surent pas bon gré à Mme de Maintenon; et surtout Mme la duchesse, qui dans le fond ne l'aimait pas, moins par rapport à Mme de Montespan, que parce qu'elle avait voulu autrefois lui donner des avis, et qu'elle l'avait souvent blâmée dans sa conduite; mais dans le fond c'était plus pour la rendre telle qu'il convenait au roi, que pour tout autre motif. Mais comme on ne se rend pas justice, elle l'accusait d'une chose dont pourtant elle l'avait bien avertie, et qu'il n'avait tenu qu'à elle de prévenir. Il est vrai que Mme de Maintenon ayant pensé peut-être assez mal à propos, que son exemple et ses discours, pouvaient être dangereux, et gâter en un instant tout ce qu'elle aurait fait avec beaucoup de peines et de temps, auprès de Mme la duchesse de Bourgogne; elle fit en sorte qu'elle ne vît guère Mme la duchesse, et qu'elle ne lui parlât jamais en particulier. Elle ne craignait pas de même Mme la duchesse d'Orléans, dont l'esprit est moins porté à la raillerie, et qui s'était plus ménagée avec Mme de Maintenon. D'ailleurs, Mme la dauphine et Mme de Maintenon étaient entourées de femmes attachées à Mme la duchesse d'Orléans, qui

la faisaient valoir, et qui relevaient avec malignité tout ce que faisait et
disait Mme la duchesse, et lui attribuaient même des choses à quoi elle
n'avait pas même pensé.

J'ai ouï dire à Mme la duchesse, dans le temps de la déclaration du
mariage de M. le duc de Berry, qu'elle n'avait jamais parlé à Monseigneur   2515
de lui faire épouser Mlle de Bourbon. Et véritablement Monseigneur était
peu propre à recevoir de pareilles propositions, et d'entrer dans un projet
qu'il n'aurait pas confié au roi. Mme la duchesse qui le connaissait, se
serait bien gardée de lui laisser seulement croire qu'elle en eût la pensée.
Peut-être imaginait-elle que le roi étant vieux, il pourrait arriver que M. le   2520
duc de Berry n'étant pas marié, il lui serait alors facile de déterminer le
choix de Monseigneur, en faveur d'une de ses filles; mais à coup sûr, elle
ne lui aurait jamais en attendant confié cette pensée. A dire la vérité,
quoique la fille de M. le duc d'Orléans dût passer devant une fille d'une
branche cadette, il n'était pas naturel et convenable, après ce qui s'était   2525
passé en Espagne, de la marier à un prince aussi près de la couronne, et
frère du roi d'Espagne.

Il eut été à désirer, ou que le roi n'eût point marié M. le duc de Berry,
ce qui ne pressait pas, ou qu'il eût fait un autre choix. Il ne lui fallait ni une
fille de Mme la duchesse d'Orléans, par la bâtardise des mères; mais il   2530
fallait encore moins prendre la fille d'un homme qu'on avait accusé (sans
doute à tort) d'avoir eu des intelligences avec les ennemis de la couronne
d'Espagne, dans le temps qu'il y commandait les armées, pour conserver
cette couronne à Philippe V. Je laisse même à part tout ce qui s'est dit
alors; mais enfin la destinée de la France, fit qu'il pensa autrement. Ce roi 2535
si sage, consentit à ce mariage: Monseigneur y donna les mains par cette
déférence, qu'il eut toujours aux volontés du roi, et de si bonne grâce qu'il
ne parut pas même en être fâché. Mme la dauphine en fut ravie: elle
regardait ce mariage comme son ouvrage, et elle croyait qu'il assurerait le
repos, et l'agrément de sa vie après la mort du roi; mais à peine fut-il   2540
conclu, qu'elle eut lieu de s'en repentir.

Mme la duchesse de Berry ne se contraignit plus; et il est bien plus
étonnant qu'avec son caractère et son tempérament, elle eût pu prendre
autant sur elle, qu'elle y prit pendant les deux années qui précédèrent son
mariage; qu'il ne l'est qu'étant parvenue à ce qu'elle désirait, elle   2545
dédaignât de se contraindre après. Elle se montra donc le lendemain de
ses noces telle qu'elle était. [33] Mais il faut avouer qu'elle avait été élevée

[33] The Rey edition has a fuller and franker version of the sentence that

d'une manière propre à autoriser ses libertés; elle avait été quelquefois en tiers avec Mme d'Argenton et son père qui s'amusait à peindre. Il l'avait peinte un jour sans beaucoup de draperie, ce qui fut trop envenimé. Malgré cette éducation, elle sut si bien se contraindre deux ans avant son mariage, qu'on ne parlait à Mme la dauphine et à Mme de Maintenon, que de sa retenue; et Mme la duchesse d'Orléans, qui désirait ardemment ce mariage, et qui vit bien qu'il ne réussirait pas, tant que cette princesse demeurerait à Paris ou à Saint-Cloud entre les mains de son père, la fit venir à Versailles sous ses yeux. Là, cette jeune princesse qui comprit que sa fortune dépendait de sa conduite, en eut une si bonne, qu'on ne s'apercevait pas de ses inclinations; et même quelque temps avant que de venir à Versailles dès l'âge de douze ans, elle pensa qu'elle avait trop de disposition à engraisser, et que si elle continuait sa manière de vivre, ce pourrait être un obstacle aux vues qu'on avait pour elle: ce qui lui fit prendre la résolution de ne guère manger, de peu dormir, et de faire beaucoup d'exercice, quoiqu'elle fût naturellement gourmande et paresseuse. On ne peut disconvenir qu'une fille à cet âge, capable d'une pareille résolution, par le seul motif d'ambition, et sans qu'elle y fût portée par l'autorité des gens qui en avaient sur elle, devait être un jour bien dangereuse. Mais quand elle fut une fois mariée, elle crut que rien ne valait la peine de se contraindre.[34] Je ne parlerai point comment elle manifesta ses autres inclinations. Il suffit de dire qu'elle ne tarda pas à les faire connaître. Je passerai de là, à l'histoire des pendants d'oreilles, qui firent tant de bruit.

---

follows: '[...] telle qu'elle était; c'est-à-dire, une autre reine de Navarre pour les mœurs; à quoi elle ajoutait le goût du vin, et une ambition que les personnes fort dissolues n'ont ordinairement pas; mais il faut avouer qu'elle avait été elevée d'une manière bien propre à porter des mauvaises qualités aussi loin qu'elles pouvaient aller. Monsieur son père avait eu pour elle dès sa naissance une amitié singulière, et à mesure qu'elle avançait en âge, il lui confiait ses goûts et la rendait témoin de ses actions. Elle le voyait avec ses maitresses, il la faisait souvent venir en tiers entre Madame d'Argenton et lui, et comme il avait le goût de la peinture, il peignit lui-même sa fille toute nue' (p.242-43).

[34] The Rey edition has the following sentence after 'contraindre': '[contraindre], aussi s'enivra-t-elle avec Monsieur son père deux jours après son mariage dans un souper qu'il donna à Madame la dauphine à Saint-Cloud, aux yeux de cette princesse, de Madame sa mère et de Monsieur le duc de Berry: non contents d'avoir beaucoup bu à table, ils allèrent s'achever avec des liqueurs dans un petit cabinet, et Madame la dauphine fut bien honteuse d'avoir à les ramener dans cet état à Versailles' (p.242-45).

Mme la duchesse d'Orléans avait des pendants d'oreilles très beaux, que feu Monsieur avait eus de la reine mère. M. le duc d'Orléans les lui prit, pour les donner à Mme la duchesse de Berry. La manière et la chose devaient lui être désagréables; mais elle eut tort, les connaissant tous 2575 deux, d'en faire tant de bruit. Elle se plaignit, elle pleura, elle en parla au roi, qui gronda Mme la duchesse de Berry. Mme la dauphine entra pour son malheur dans cette querelle, et prit parti pour Mme la duchesse d'Orléans.

Depuis ce moment, Mme la duchesse de Bourgogne, et Mme la 2580 duchesse de Berry, ne furent plus ensemble de la même manière; car il faut avouer que dans les commencements du mariage, la première ne regardait pas l'autre comme sa belle-sœur, mais comme sa propre fille. Elle lui donnait des conseils, et elle l'avait voulu former, comme elle-même l'avait été, d'une manière propre à plaire au roi; sentiments et 2585 dispositions bien rares, non seulement dans une princesse, mais dans une femme ordinaire.

Mme la dauphine ne l'était pas; et si cette princesse avait des défauts et des faibles, elle avait aussi de grandes qualités; et il faut avouer que son commerce était charmant. Le public a de la peine à concevoir que les 2590 princes agissent simplement et naturellement, parce qu'il ne les voit pas d'assez près pour en bien juger, et parce que le merveilleux qu'il cherche toujours, ne se trouve pas dans une conduite simple et dans des sentiments réglés. On a donc mieux aimé croire que Mme la dauphine ressemblait à Monsieur son père, et qu'elle était dès l'âge de onze ans en 2595 France, aussi fine et aussi politique que lui; affectant pour le roi et Mme de Maintenon, une tendresse qu'elle n'avait pas. Pour moi, qui ai eu l'honneur de la voir de plus près: j'en juge autrement, et je l'ai vue pleurer de si bonne foi, sur le grand âge de ces deux personnes, qu'elle croyait avec raison devoir mourir devant elle, que je ne puis douter de sa 2600 tendresse pour le roi. Mais Mme la dauphine était jeune: elle était femme, et naturellement coquette, ce qui suffit pour faire comprendre qu'il y avait journellement dans sa conduite beaucoup de petites choses qu'elle aurait voulu cacher. Ce n'est pas là être fausse. Je ne dois pas même celer pour sa justification qu'il y a bien de ces petites fautes où elle s'est laissée entraîner 2605 par les autres; et quelle plus grand défaut que je lui aie connu, était d'être trop facile, et de laisser prendre trop d'empire aux jeunes personnes qui l'approchaient: ce qui l'a jetée dans quelques inconvénients qui ont pu faire quelque tort à sa réputation.

On a parlé de deux hommes, pour lesquels on a prétendu qu'elle avait   26
eu du goût. Le premier était un fou, et elle était un enfant quand il alla en
Espagne, où il fit aussi l'amoureux de la reine d'Espagne, (77) sœur de
Mme la duchesse de Bourgogne. Je ne l'ai pas connu, parce que je n'étais
pas à la cour dans ce temps-là; mais j'en sais assez, pour dire que les
passions étaient en lui des folies, et par les excès où elles le portaient, et   26
par les moyens. Cependant, comme il avait de l'esprit, il a ébloui pendant
un temps les gens les plus sages. Mme de Maintenon n'a pas même été
exempte d'avoir quelque bonne opinion de lui, ce qui a paru par des
audiences particulières, qu'elle a bien voulu lui donner quelquefois. Mme
de Maulévrier, fille du maréchal de Tessé, et bien avec Mme la dauphine,   26
jusqu'à la mort de son mari, s'y est brouillée pour n'avoir pas voulu, à ce
qu'on dit, rendre les lettres de Mme la dauphine, mais dans la vérité pour
avoir, je crois, répandu ce bruit-là sans fondement. Quoi qu'il en soit, il
est certain qu'elle a toujours été mal avec elle depuis, quoiqu'elle fût fille
du premier écuyer de cette princesse, et dont le roi s'était servi pour   26
travailler à son mariage.

Nangis est le second pour lequel Mme la dauphine a eu du goût. Je ne
parlerai pas de celui-là, comme j'ai parlé de l'autre; et j'avouerai que je le
crois comme le public. La seule chose dont je doute, c'est que cette affaire
soit allée aussi loin qu'on le croit. Et je suis convaincue que cette intrigue   26
s'est passée en regards, et en quelques lettres tout au plus. Je me le
persuade par deux raisons; l'une que Mme la dauphine était trop gardée,
et l'autre que Nangis était trop amoureux d'une femme qui l'observait de

(77)   C'était un comte de Maulévrier qui se jeta par la fenêtre et
se tua. La reine d'Espagne lui avait écrit quelquefois. Chaque mot
de la lettre était enfermé dans une boule de hoca; le paquet était
adressé à l'abbé de Caumartin depuis évêque de Blois. [35]

note (77), 1-4   REY: [= *note 12, indicator after* fou, *line* 2611] On voit bien que
c'est de M. de Maulevrier que je veux parler; et la manière dont il s'est tué justifie
assez ce que j'en ai dit. Il se jetta par une fenêtre.

[35] François-Edouard Colbert, marquis de Maulevrier, nephew of Jean Colbert,
was seriously deranged by his love for the dauphine and jealousy of Nangis. On
Good Friday 1706 he evaded those who were guarding him and threw himself out of
a window. The abbé de Caumartin was a friend of Voltaire's father (see *OC*, vol.1B,
passim).

près, et qui m'a dit à moi-même que dans les temps qu'on soupçonnait qu'il pouvait être avec Mme la dauphine, elle était bien assurée du contraire, puisqu'il était avec elle. C'était bien plutôt une galanterie innocente qu'une passion. 2635

Fin

Journal de la cour de Louis XIV depuis 1684 jusqu'à 1715, avec des Notes intéressantes

Critical edition

by

Nicholas Cronk

CONTENTS

INTRODUCTION

Voltaire read the manuscript memoirs of the marquis de Dangeau in the 1730s when he was researching *Le Siècle de Louis XIV*. He returned to the text much later, in 1770, to produce a volume of annotated extracts from the *Journal*; this represents the first ever publication of any part of Dangeau's manuscript, albeit heavily abridged, and with often ironic notes and a postface which in part disparage Dangeau's work.[1]

1. *The marquis de Dangeau and his 'Journal'*

Philippe de Courcillon, marquis de Dangeau (1638-1720) was the consummate courtier.[2] The future *marquis* began his career as a soldier, rising to become *mestre de camp* of the king's own regiment. The king came to know him well, and charged him with a number of delicate personal and diplomatic missions. Among his many posts and titles, Dangeau was appointed *gouverneur de Touraine, menin du Dauphin, chevalier d'honneur de la Dauphine* (1685), *chevalier du Saint-Esprit* (1688), *grand-maître de Saint-Lazare et du Mont-Carmel* (1693), *conseiller d'état d'épée* (1696), and *chevalier d'honneur de la duchesse de Bourgogne* (1696). Such was his distinction at court that without being either a writer or a scientist, this Mikado-like figure was elected both to the Académie française (where he succeeded Scudéry in 1668) and to the Académie des sciences (in 1704). (His brother, the abbé de Dangeau [1643-1723], a prominent *érudit* and grammarian, was also a member of the

---

[1] For their contributions to this edition, I am greatly indebted to Julia Goddard and to Myrtille Méricam, and to the earlier work of Virgil Topazio.

[2] See the 'Notice' on Dangeau's life in *Journal du marquis de Dangeau*, ed. Eudoxe Soulié and Louis Dussieux, 19 vols (Paris, Firmin-Didot Frères, 1854-1860) [hereafter *J*], i.xiii-xcvi. On Dangeau's career at court, see also Saint-Simon, *Mémoires*, 8 vols, ed. Yves Coirault (Paris 1983-1988), i.313-15, vii.706-14.

Académie française; Voltaire describes him as an 'excellent académicien'.) [3] The *marquis* served at various times as the *confidant* of Mme de Montespan, and Voltaire himself relates the story of how at one point Dangeau played the role of *confidant* and spokesman (that is, writer of letters and poems) for both Henriette d'Angleterre, sister-in-law of the king, and for the king himself without either knowing of his dual role. [4] His wife, furthermore, was a close friend and correspondent of both Mme de Maintenon and Mme de Caylus. [5] Possessing all the qualities of a courtier, and enjoying the support of Mme de Maintenon, Mme de Montespan, the queen, and Louis XIV himself, not to mention the virtually unanimous admiration of all those at court, Dangeau was ideally placed to know what was happening at Versailles.

During a thirty-five year period from May 1684 until his death in 1720 the marquis de Dangeau devoted himself to recording the day-by-day events that took place at the court of Louis XIV and during the Regency which followed. 'Dès les commencements qu'il vint à la cour', writes Saint-Simon, 'c'est-à dire vers la mort de la Reine mère, il se mit à écrire tous les soirs les nouvelles de la journée, et il a été fidèle à ce travail jusqu'à sa mort. Il le fut aussi à les écrire comme une gazette sans aucun raisonnement, en sorte qu'on n'y voit que les événements avec une date exacte, sans un mot de leur cause, encore moins d'aucune intrigue ni d'aucune sorte de mouvement de cour, ni d'entre les particuliers.' [6] Dangeau was not concerned with military or political events in his memoirs, nor did he dwell on the myriad intrigues and liaisons spawned by court life. Discretion, tact and loyalty prevailed in the *Journal* just

[3] In the 'Catalogue des écrivains' of *Le Siècle de Louis XIV* (*Œuvres historiques*, ed. R. Pomeau, Paris 1957, p.1154).

[4] *Le Siècle de Louis XIV*, ch.25 (*OH*, p.904). See also *Commentaires sur Corneille*, *OC*, vol.55, p.938-39.

[5] See Pierre-E. Leroy and Marcel Loyau (eds), *L'Estime et la tendresse. Mme de Maintenon, Mme de Caylus et Mme de Dangeau, correspondances intimes* (Paris 1998).

[6] Saint-Simon, *Mémoires*, ed. Coirault, vii.712.

as they characterised the man.[7] He confined himself to recording everyday events, which he wrote down in an impersonal, telegraphic style which betrayed, in the words of Sainte-Beuve, 'l'exactitude du physicien, du statisticien qui prend note chaque jour de certaines variations du temps et de ce qui se passe dans l'atmosphère'.[8] For Soulié and Dussieux, 'il n'y a rien dans ce Journal qui soit personnel, qui sente la vanité; il n'y a nulle médisance, encore moins aucune calumnie'.[9]

In purely literary terms, Dangeau's *Journal* obviously cannot stand comparison with the *Souvenirs* of Mme de Caylus (which Voltaire also edited at this time), let alone with the memoirs of Saint-Simon. But Dangeau's purpose was quite different. He seems to have wanted to record events in order to be able to remember at a later date exactly what had occurred on any given day, and if his *Journal* is repetitious, that is in part because it reflects the repetitious routine of court life. Questions of literary style and historical interpretation were not Dangeau's concerns. Only incidentally, as the cumulative mass of his memoirs imposed itself upon him, and later posterity, did the significance of the work for historians fully emerge. Voltaire's edition (if we can call it that) of 1770 was the first publication of any part of the memoirs. The next person after Voltaire to become interested in these memoirs was Mme de Genlis, who in 1807 began work in the Bibliothèque de l'Arsenal on an abridgement; the emperor, who awarded her a pension, prevented publication of the work, despite Talleyrand's recommendation, and her *Abrégé* was finally published only in 1817;[10] other abridged editions followed, in 1817,

[7] Dangeau did not give his manuscript a title. To avoid confusion with the *Mémoires* of Saint-Simon, we refer here to his memoirs as the *Journal*, following the practice of Voltaire, and later of Soulié and Dussieux.

[8] Sainte-Beuve, *Causeries du lundi*, lundi 25 septembre 1854 (Paris 1850-1856), xi.11.

[9] *J*, i.i.

[10] Mme de Genlis, *Abrégé des Mémoires ou Journal du Mr de Dangeau* [...] *avec des notes historiques et critiques et un abrégé de l'histoire de la Régence* (Paris, Treuttel et Würtz, 1817), 4 vols. There is another edition of 1830 (Paris, Mame).

1818 and 1830.[11] The first complete edition of Dangeau's manuscript is that of E. Soulié and L. Dussieux, published in 19 volumes (1850-1856), and still definitive.

To what extent was Dangeau's work known and read before the existence of these printed editions? The mention of Dangeau's book in a song of 1696 suggests that the king and others at court were aware of the existence of the *Journal* by that date.[12] 'Dangeau [...]', writes Saint-Simon, 'écrivait depuis plus de trente ans tous les soirs jusqu'aux plus fades nouvelles de la journée [...]. Il ne s'en cachait point, et le Roi l'en plaisantait quelquefois'.[13] The original manuscript consists of thirty-seven volumes in-folio and was kept in the library of the château de Dampierre. Only a select few, it seems, were given access to it during Dangeau's lifetime. One early reader was the abbé de Choisy, who wrote in his own *Mémoires*:

M. le marquis de Dangeau m'ayant laissé voir les journaux, qu'il écrit tous les ans de la vie du roi, j'y ai trouvé des dates fort sûres [...]. *Le Journal* de M. de Dangeau me servira d'un guide assuré, tout y est vrai; et si la grande sagesse et la trop grande circonspection de l'auteur l'ont empêché d'y mettre beaucoup de faits curieux, parce qu'ils auraient pu fâcher quelqu'un, et qu'il n'a jamais voulu fâché personne, je n'aurai pas tant d'égards qui lui [...].[14]

Another early reader was Mme de Maintenon, who read the manuscript in 1716, in her retreat at Saint-Cyr: 'Je lis avec plaisir le *Journal* de M. de Dangeau', she writes to Mme de Caylus. 'J'y apprends bien des choses dont j'ai été témoin, mais que j'ai oubliées.'[15] In another letter, she explains that Dangeau has given permission for her to read his memoirs: 'Remerciez bien

[11] See *J*, i.viii-x.

[12] *J*, i.lxv-lxvi.

[13] Saint-Simon, *Mémoires*, ed. Coirault, vi.279.

[14] *Mémoires pour servir à l'histoire de Louis XIV par feu M. l'abbé de Choisy*, 3 vols (Utrecht, Van de Water, 1727), ii.21-22.

[15] See *L'Estime et la tendrese*, p.368. See also Saint-Simon, *Mémoires*, ed. Coirault, vii.1497, note 7.

M. de Dangeau de la permission qu'il me donne sur ses *Mémoires*; ils sont si agréables que j'ai tout lu';[16] and while she admires the work, she is disappointed by the quality of the writing: 'Les *Mémoires* de M. de Dangeau m'amusent très agréablement, c'est dommage qu'il n'écrive pas aussi bien que nous.'[17] Again, we have to rely on the testimony of Saint-Simon: '[Dangeau] ne se cachait point de faire ce journal, parce qu'il le faisait de manière qu'il n'en avait rien à craindre; mais il ne le montrait pas. On ne l'a vu que depuis sa mort. Il n'a point été imprimé jusqu'à présent, et il est entre les mains du duc de Luynes, son petit-fils, qui en a laissé prendre quelques copies.'[18] Thus it would seem that a small number of copies of the manuscript began to circulate after Dangeau's death in 1720; it is said that Louis XV frequently consulted the copy owned by the duc de Luynes.[19]

One of Dangeau's earliest, most avid readers – also one of his most critical – was of course Saint-Simon. He started writing his own memoirs at the age of twenty, in July 1694, and continued to work on them for fifty-five years with only a short interruption of some months after the death of his wife in 1743. In late 1729, the duc de Luynes made his grandfather's *Journal* available to him, and Saint-Simon had made for himself a copy of the thirty-seven volume in-folio manuscript, in which he had the right-hand side left blank. He wrote his own 'Additions' to Dangeau's text between 1729 and 1738, working on them intensively in the years 1734-1736, an exercise which proved to be critical in the genesis of his own *Mémoires*.[20] Saint-Simon is famously scornful of Dangeau's *Journal*: 'Il est difficile de comprendre comment un homme a pu avoir la patience et la persévérance d'écrire un pareil ouvrage tous

---

[16] *L'Estime et la tendresse*, p.373.

[17] *L'Estime et la tendresse*, p.370; see also p.371, 375, 381.

[18] Saint-Simon, *Mémoires*, ed. Coirault, vii.713.

[19] *J*, xviii.451.

[20] Saint-Simon, *Mémoires*, ed. Coirault, i.xxx. The Soulié-Dussieux edition of Dangeau's *Journal* comprises 8,822 pages in all, of which 7,000 are devoted to Dangeau's text, and the remainder to Saint-Simon's 'Additions'.

les jours pendant plus de cinquante ans, si maigre, si sec, si contraint, si précautionné, si littéral à n'écrire que des écorces de la plus repoussante aridité.'[21] Shallow they may be, but Saint-Simon willingly concedes that historians would like to have such memoirs for other reigns: 'La fadeur et l'adulation des *Mémoires* [de Dangeau] sont encore plus dégoûtants que leur sécheresse, quoiqu'il fût bien à souhaiter que, tels qu'ils sont, on en eût de pareils de tous les règnes.'[22] And the historian in Saint-Simon appreciates – as Voltaire will later on – that the usefulness of these strangely impersonal memoirs will only increase with the passing of time:

Avec tout cela, ses *Mémoires* sont remplis de mille faits que taisent les gazettes, gagneront beaucoup en vieillissant, serviront beaucoup à qui voudra écrire plus solidement, pour l'exactitude et la chronologie, et pour éviter confusion. Enfin ils représentent avec la plus désirable précision le tableau extérieur de la cour, des journées, de tout ce qui la compose, les occupations, les amusements, le partage de la vie du Roi, le gros de celle de tout le monde, en sorte que rien ne serait plus désirable pour l'histoire que d'avoir de semblables Mémoires de tous les règnes, s'il était possible.[23]

2. *Voltaire's reading of Dangeau's 'Journal' before 1770*

Voltaire began to work regularly on *Le Siècle de Louis XIV* from the summer of 1735; assiduous in his research,[24] Voltaire was understandably attracted to Dangeau's *Journal* as an important source of documentary evidence.[25] We do not know precisely the

---

[21] Saint-Simon, *Mémoires*, ed. Coirault, vii.712.
[22] Saint-Simon, *Mémoires*, ed. Coirault, vi.279.
[23] Saint-Simon, *Mémoires*, ed. Coirault, vii.713.
[24] See René Pomeau's summary list of sources in *OH*, p.14-15.
[25] As a young man, Voltaire had known Dangeau's only son, the marquis de Courcillon, who predeceased his father, dying in 1719. The marquis de Courcillon is

circumstances in which Voltaire gained access to the manuscript, but by 1738 he had evidently made forty pages of extracts from the long work (which means that Voltaire was studying the *Journal* at the same time that Saint-Simon was writing his often caustic 'Additions').[26] In an open letter to the abbé Dubos, dated October 1738, Voltaire describes his plan for the *Siècle*: 'J'ai pour la vie privée de Louis XIV, les mémoires de M. Dangeau, en quarante volumes dont j'ai extrait quarante pages; j'ai ce que j'ai entendu dire à de vieux courtisans, valets, grands seigneurs, et autres; et je rapporte les faits dans lesquels ils s'accordent.'[27] In a letter to Bernoulli dated May 1739, Voltaire tells a slightly different story: 'Je veux faire un tableau, il ne faut donc pas le charger de trop de figures. On me communiqua il y a quelques années quarante-huit volumes in-folio des mémoires du marquis de Dangeau sur ce qui s'était passé à la cour de Louis XIV. Savez-vous combien j'en ai extrait? Huit feuillets' (D2009). There is an apparent inconsistency here: did Voltaire's extracts from Dangeau total forty pages or sixteen (eight leaves)? Perhaps Voltaire's notes totalled some forty pages, of which only around sixteen were eventually used in the final redaction of the *Siècle*? Or perhaps Voltaire, in a private letter to Bernoulli, was simply emphasising for rhetorical effect the limited extent of his debt to Dangeau? In either case, Voltaire's letter to Dubos was more in the nature of a public document, his first published statement about the composition of the *Siècle*, and it seems more reasonable therefore to place confidence in Voltaire's first claim that he had extracted forty pages from Dangeau's enormous manuscript: this question is important for the genesis

---

the effective protagonist of a poem, *A Mademoiselle Duclos*, known in the manuscript redactions as 'La Courcillonade' (*OC*, vol.1B, p.19-46); he is also referred to in two other early poems (see *OC*, vol.1B, p.150, 435).

[26] Roger Peyrefitte gives no supporting evidence for his claim that Voltaire read the memoirs of Dangeau at the château de Dampierre in 1720 (*Voltaire: sa jeunesse et son temps*, 2 vols, Paris 1985, i.471-74).

[27] D1642; Voltaire published this letter separately, and in 1761 included it in a collected edition.

of the edition that Voltaire would publish in 1770. Further evidence of Voltaire's careful study of Dangeau in this period is provided by the notebook, christened 'le sottisier' by Wagnière and now classed among the so-called 'Leningrad notebooks'.[28] Here Voltaire rewrites and condenses anecdotes told by Dangeau; and even if Voltaire signs off this section of the notebook with the words 'Fin des sots mémoires de Dangeau',[29] these notes are clearly part of his working drafts for the *Siècle*.

Voltaire's thinking about the proper use of sources was sharpened by the publication in 1745 of the sixth volume of the abbé Lenglet Du Fresnoy's edition of the *Mémoires de Condé*, since he disapproved strongly of the way in which the motivations of Ravaillac were presented in that work. In the same year Voltaire published a reply, his *Dissertation de la mort de Henri IV*, in which he sets out the need for the sceptical use of sources; and in conclusion, he cites an example from the memoirs of Dangeau:

Je lus, il y a quelques années, dix-huit tomes in-folio des *Mémoires* du feu marquis de Dangeau: j'y trouvai ces propres paroles: 'La reine d'Espagne, Marie-Louise d'Orléans, est morte empoisonnée par le marquis de Mansfeld; le poison avait été mis dans une tourte d'anguilles; la comtesse de Pernits, qui mangea la desserte de la reine, en est morte aussi; trois cameristes en ont été malades; le roi l'a dit ce soir à son petit couvert.' Qui ne croirait un tel fait, circonstancié, appuyé du témoignage de Louis XIV, et rapporté par un courtisan de ce monarque, par un homme d'honneur qui avait soin de recueillir toutes les anecdotes? Cependant il est très faux que la comtesse de Pernits soit morte alors; il est tout aussi faux qu'il y ait eu trois cameristes malades, et non moins faux que Louis XIV ait prononcé des paroles aussi indiscrètes. Ce n'était point M. de Dangeau qui faisait ces malheureux mémoires: c'était un vieux valet de chambre imbécile, qui se mêlait de faire à tort et à travers des gazettes manuscrites de toutes les sottises qu'il entendait dans les antichambres. Je suppose cependant que ces mémoires tombassent dans cent ans entre les mains de quelque compilateur: que de calomnies alors sous presse! que de mensonges répétés dans tous les journaux! Il faut

[28] *OC*, vol.81, p.208-28.
[29] *OC*, vol.81, p.227.

tout lire avec défiance. Aristote avait bien raison quand il disait que le doute est le commencement de la sagesse.[30]

This is Voltaire's first reference to Dangeau in a published work, and it reached a wide readership, since from 1748, the *Dissertation* became one of the texts included in editions of *La Henriade*. From 1745 to 1770, Voltaire's view about the need for judicious use of Dangeau's testimony will not change fundamentally. Using material collected in the process of researching the *Siècle*, Voltaire wrote a short work entitled *Anecdotes sur Louis XIV*, first published in 1748 in the Dresden collected edition of his works. Dangeau is the single most important source of the *Anecdotes*, and studying the way in which Voltaire has adapted the source for his own purposes, Marc Serge Rivière describes the *Anecdotes* as 'a half-way house between Dangeau and the *Siècle*'.[31]

Voltaire goes on to make considerable use of Dangeau's memoirs in *Le Siècle de Louis XIV* (1751), not only in the chapters (25-28) entirely given over to anecdotes, but also on a number of other occasions elsewhere in the text.[32] 'More than any other source', writes Rivière, 'Dangeau's memoirs were to help [Voltaire] characterize the spirit of the age and courtly life'.[33] He uses Dangeau to corroborate or justify his account; thus one statement is footnoted as follows: 'Du moins c'est ce que rapportent les *Mémoires* manuscrits *du marquis de Dangeau*. Ils sont quelquefois infidèles.'[34] Another footnote reads: 'Voyez les *Mémoires* manuscrits de Dangeau; on les cite ici parce que ce fait rapporté par eux a été souvent confirmé par le maréchal de la Feuillade, gendre du secrétaire d'Etat Chamillart.'[35] Voltaire uses his source critically,

[30] *OC*, vol.2, p.345-46.
[31] *OC*, vol.30C, p.134. On the presence of Dangeau in the *Anecdotes*, see *OC*, vol.30C, p.134-38.
[32] See also M. S. Rivière, 'Voltaire's use of Dangeau's *Mémoires* in *Le Siècle de Louis XIV*: the paradox of the historian-*raconteur*', *SVEC* 256 (1988), p.97-106 (p.101-105).
[33] Rivière, 'Voltaire's use of Dangeau's *Mémoires*', p.100.
[34] *Le Siècle de Louis XIV*, ch.17 (*OH*, p.805).
[35] *Le Siècle de Louis XIV*, ch.18 (*OH*, p.812).

on one occasion even suggesting in a footnote that Dangeau has been misquoted.[36] As it was, a correspondent wrote in 1765 suggesting that in one case Voltaire had placed too much reliance on Dangeau (D12805). In particular he returns in the *Siècle* to the example of the alleged poisoning of the queen of Spain 'dans une tourte d'anguille' which he had used in the conclusion to his *Dissertation de la mort de Henri IV*; again he is scathing about Dangeau's lack of critical judgment, in this particular case:

Ceux qui ont lu les mémoires compilés par le marquis de Dangeau trouveront que le roi dit en soupant: 'La reine d'Espagne est morte empoisonnée dans une tourte d'anguille: la contesse de Pernits, les cameristes Zapata et Nina, qui en ont mangé après elle, sont mortes du même poison.' Après avoir lu cette étrange anecdote dans ces mémoires manuscrites, qu'on dit faits avec soin par un courtisan qui n'avait presque point quitté Louis XIV pendant quarante ans, je ne laissai pas d'être encore en doute; je m'informai à d'anciens domestiques du roi s'il était vrai que ce monarque, toujours retenu dans ses discours, eût jamais prononcé des paroles si imprudentes: ils m'assurèrent tous que rien n'était plus faux. Je demandai à Mme la duchesse de Saint-Pierre, qui arrivait d'Espagne, s'il était vrai que ces trois personnes fussent mortes avec la reine; elle me donna des attestations que toutes trois avaient survécu longtemps à leur maîtresse. Enfin je sus que ces mémoires du marquis de Dangeau, qu'on regarde comme un monument précieux, n'étaient que des 'nouvelles à la main' écrites quelquefois par un de ses domestiques; et je puis répondre qu'on s'en aperçoit souvent au style, aux inutilités, et aux faussetés dont ce recueil est rempli.[37]

This last point is taken up in 1752 in an exchange of letters between Voltaire and the *président* Hénault: Hénault insists that the memoirs were written by Dangeau himself and not by a valet, and he denies that Dangeau contains any such account of the queen's death (D4795). Voltaire for his part is equally insistent that the detail is present in Dangeau's text: 'Je ne sais pas si les *Mémoires* de Dangeau sont imprimés, mais je me souviens bien que je les ai lus

[36] *Le Siècle de Louis XIV*, ch.17 (*OH*, p.808).
[37] *Le Siècle de Louis XIV*, ch.26 (*OH*, p.927-28).

en manuscript, il y a plus de vingt ans [...]. Je ne sais quel est l'imbécile qui a fait ces *Mémoires*, si c'est un valet de chambre, ou le secrétaire, ou le maître; mais l'auteur, quel qu'il soit, est un pauvre homme' (D4817). Undeterred, Hénault reiterates that he has no recollection of any such account in Dangeau (D4963), and Voltaire repeats that it is indeed there (D4997).

The publication of La Beaumelle's *Mémoires de Mme de Maintenon pour servir à l'histoire de Mme de Maintenon et à celle du siècle passé* (1755-1756) infuriated Voltaire, and led to a further burst of letters in 1756 in which Dangeau figured. Voltaire tells both d'Argental (D6890) and Thiriot (D6896) that La Beaumelle has made bad use of Dangeau as a source; Thiriot replies that Dangeau has been underestimated and suggests that Voltaire might make more use of him as a means of confounding La Beaumelle (D6903); a suggestion which receives a somewhat tart reply from Voltaire: 'J'ai lu les mémoires de Dangeau dont vous me parlez; il n'y a pas quatre pages à extraire' (D6906). Thiriot, unrelenting, replied to Voltaire that Dangeau was still, in his view, an under-used source (D6913). Voltaire at this time is thinking about how he might reshape his *Siècle de Louis XIV*, or, as he puts it to d'Argental in a letter of July 1756, how he might place his history 'dans son nouveau cadre' (D6935):

Si jamais on imprime les mémoires du marquis de Dangeau on verra que j'ai eu raison de dire qu'il faisait écrire les nouvelles de son valet de chambre. Le pauvre homme était si ivre de la cour qu'il croyait qu'il était digne de la postérité de marquer à quelle heure un ministre était entré dans la chambre du roi. Quatorze volumes sont remplis de ces details. Un huissier y trouverait beaucoup à apprendre; un historien n'y aurait pas grand profit à faire. Je ne veux que des vérités utiles.

Voltaire's long-running quarrel with La Beaumelle helped to keep the name of Dangeau in the mind of Voltaire and his readers. La Beaumelle, in his critique of *Le Siècle de Louis XIV*, questioned the authenticity of a remark attributed to the king; Voltaire replied to the charge in the *Supplément au Siècle de Louis XIV* (1753):

'Apprenez que c'est dans les *Mémoires* manuscrits du marquis de Dangeau que se trouvent ces paroles de Louis XIV sur le maréchal de Villeroi'. [38] La Beaumelle in his turn replied to this reply, mocking Voltaire for relying on Dangeau only when it suited him, and himself defending the quality of Dangeau's testimony:

Vous voilà donc réconcilié avec ces Mémoires du marquis de Dangeau, que vous avez si fortement décriés. Faux quand ils vous contredisent, ils sont vrais quand ils vous plaisent [...]. Quant au journal de M. de Dangeau, il est très bon. Où avez-vous pris que c'était l'ouvrage de ses laquais ou d'un vieux valet de chambre, qui écrivait le soir les impertinences et tous les mensonges qu'il avait ouis dans la journée? L'exemplaire original écrit de la main de ce seigneur, fut revu par Madame de Maintenon, qui le goûtait fort dans sa retraite de Saint-Cyr et qui de sa main en corrigea quelques méprises. [39]

Is it paradoxical that Voltaire is highly critical of Dangeau, even while making careful use of his memoirs? It may be that Voltaire sought deliberately to minimise his debt to Dangeau (as elsewhere he downplayed his debt to other sources). [40] It has also been suggested that Voltaire did not forgive the disparaging comments made about him by Dangeau, who in 1716 alludes to 'le petit Arouet, poète fort satirique', and in 1717 to 'un jeune poète accusé de faire des vers fort imprudents'; the most critical comment from this mild-mannered man is made in 1718: 'Arouet, qui a changé de nom parce qu'on était fort prévenu contre lui, à cause qu'il a offensé beaucoup de gens dans ses vers'. [41] But is it really true, as Soulié and Dussieux suggest, and as Bengesco repeats, that 'Voltaire n'oubliera jamais les vérités dites à Arouet'? [42] It seems unlikely. Such remarks may have irritated Voltaire, or they may have amused him (especially coming from the father of the marquis

[38] M.xv.121.
[39] *Lettres de Monsieur de La Beaumelle à M. de Voltaire* ('Londres, Nourse' 1763), p.144-45.
[40] See Rivière, 'Voltaire's use of Dangeau's *Mémoires*', p.101.
[41] *J*, xvi.378; xvii.92; and xvii.418.
[42] *J*, i.xiv; Bengesco, ii.413.

de Courcillon...), but in either case he had since been the object of worse criticism. There is a simpler explanation for Voltaire's ambivalent response to Dangeau. As a historian, Voltaire was obviously sensitive, as was Saint-Simon, to the historical utility of such an archive; but as a writer, he could hardly ignore the stylistic poverty of Dangeau's memoirs, nor their total lack of psychological insight.

3. *Voltaire, editor of Dangeau's 'Journal'*

Voltaire's 'edition' of Dangeau names on its title-page the place and date of publication as 'Londres, 1770'. Clearly the edition is not English, and the BnF catalogue states the place of publication as Geneva. As for the date, it has been suggested that the Dangeau edition appeared in late 1769;[43] the evidence for this seems doubtful, however. Writing to Mme Du Deffand on 1 November 1769, Voltaire refers to 'quelque chose d'honnête' which he will send her shortly: this is just possibly an allusion to the Dangeau edition, but seems more plausibly to refer to the edition of Mme de Caylus's *Souvenirs*.[44] Later, on 22 November, Voltaire speaks to the duc de Richelieu of 'un petit ouvrage': as Besterman rightly points out, this is not Dangeau's *Journal* (as earlier editions of the correspondence and Bengesco claimed) but the *Défense de Louis XIV*.[45] Thus there is nothing in the correspondence to lead us to suppose that the work appeared earlier than 1770, the date on the title-page. We do know that Voltaire's edition of *Les Souvenirs de Mme de Caylus*, which bears 'Amsterdam 1770' on its title-page, appeared in Geneva in late 1769;[46] the two works are obviously connected, but on the evidence of the surviving

[43] This claim seems to originate with Soulié and Dussieux (*J*, i.viii) and is repeated by Bengesco (ii.412). Beuchot had earlier maintained, I believe correctly, that the volume appeared in 1770 (M.xxviii.249).

[44] See D15987, note 3.

[45] See D16005, note 2.

[46] See D15947.

correspondence, it would seem that while Voltaire was happy to refer to the *Souvenirs* in writing to close friends, he prefers to keep his distance from the edition of the *Journal*. Furthermore, although the two editions of seventeenth-century memoirs are clearly linked in their genesis, there are no cross-connections between the two. Voltaire seems deliberately to have kept the two projects separate. The *Souvenirs* of Mme de Caylus are clearly more significant as a literary text, and it seems that Voltaire lavished most attention on that edition. There is evidence that the edition of Dangeau was prepared more hastily and with less care; perhaps Voltaire conceived of it as an off-shoot of the Caylus edition. The publication of the work received no significant critical response; Grimm, for example, writes at some length about the *Souvenirs* of Mme de Caylus in the *Correspondance littéraire*, but ignores completely the edition of Dangeau's *Journal*.

Certainly the *Journal de la cour de Louis XIV, depuis 1684, jusqu'à 1715; avec des Notes intéressantes* is an odd work. The name of Voltaire appears nowhere in the edition; nor for that matter does the name of Dangeau. The work consists of a series of extracts arranged chronologically, and with notes printed at the foot of the page; it concludes with a four-and-a-half page 'Témoignage de l'éditeur concernant l'auteur de ces anecdotes'. Voltaire's anonymous contribution to the edition is therefore four-fold: the title-page, including the invention of the title; the selection of the texts; the annotation; and the addition of the postface. We shall discuss these in turn.

i. *The title*

The title of the work, *Journal de la cour de Louis XIV, depuis 1684, jusqu'à 1715; avec des Notes intéressantes*, already reveals Voltaire's strategy. Dangeau did not give his manuscript a name; Mme de Maintenon, for example, in her correspondence refers to the work both as *journal* and as *mémoires*, so Voltaire's choice of *Journal* is a reasonable one. By introducing the date of 1715, and terminating with the death of the king, however, he focuses more closely on Louis XIV. The name of Dangeau is nowhere mentioned. Voltaire takes care not to put his own name on the title-page; but he does leave the reader with a small clue none the less. The phrase 'Notes intéressantes' will in due course become something of a Voltairean hallmark: also published in 1770 was his edition of Bonaventure Des Périers's *Le Cymbalum mundi, enrichi de Notes intéressantes*; the collection *Epîtres, satires, contes, odes et pièces fugitives du poète philosophe* [...] *enrichies de Notes curieuses et intéressantes* would follow in 1771; and in 1775 an edition of *La Tactique* would be 'augmentée d'une note très intéressante'.[47] If Voltaire had really wanted to conceal his identity, he would not have so deliberately drawn his reader's attention to the presence of 'Notes intéressantes'.

ii. *The selection of the texts*

In the postface, the anonymous editor comments on the preceding collection of 'anecdotes' without even a hint that they have been culled and assembled from a much larger work: thus the work of the editor in choosing and even rewriting the texts remains entirely covert. When did Voltaire assemble his anthology? It is possible that around 1769 he decided to reread in their entirety Dangeau's memoirs, but that seems unlikely. The mere logistical problems of transporting so many folio volumes to Ferney would surely have left some trace in the extant correspondence. We have the testimony of the 1738 letter to Du Bos that Voltaire had extracted some forty pages from the manuscript when he read it in the 1730s; the extracts in the 1770 edition could plausibly be the equivalent of forty pages. It seems a reasonable hypothesis therefore, though it can only be a hypothesis, that Voltaire had kept his manuscript

---

[47] See also *Les Notes de Voltaire: une écriture polyphonique*, ed. Nicholas Cronk and Christiane Mervaud, *SVEC* 2003:03, p.14-16. An earlier formula, 'avec des notes instructives', is found, for example, on the title-page of editions of *La Guerre civile de Genève* from 1768.

made in the 1730s and that he used this as the basis for the 1770 edition.

The business of reducing forty volumes to forty pages is not an easy one: what were the criteria which guided Voltaire? There are two issues here, for we need to understand both which passage or type of passage Voltaire chose to retain, and also whether, and to what extent, he adapted or even rewrote the passages he selected.

Firstly, the choice of passages. It is easy enough to see that Voltaire systematically omits whole aspects of Dangeau's *Journal*. He drops the entire final section of the *Journal* by concluding his selection in 1715, which has the obvious advantage of focusing on the king and producing a climax with the king's death (and has the incidental advantage too that he thereby necessarily omits all the Regency references to the satirical poet Arouet). Dangeau was obsessed with the petty and often tedious detail of court life (deaths, marriages agreed and conducted, pensions granted, and so forth): Voltaire omits all this. He similarly omits most of the passages concerning hunting (of which there are very many). What Voltaire most notably chooses to retain, on the other hand, are the passages which are concerned with the king, especially those which show his generosity, his compassion, his wisdom, his death.[48] This is understandable, and fits with the hypothesis that Voltaire is using in 1770 a manuscript of the 1730s: since his initial reason for reading the memoirs was to research the *Siècle*, he would naturally have given pride of place to passages dealing with the king. He includes extracts about his grandson, the duc d'Anjou, becoming king of Spain (Philip V).[49] Voltaire also includes, perhaps for reasons of local colour, some extracts about foreign dignitaries visiting court, from Algiers, Siam, the Doge.[50] And Voltaire includes the adventure story of the escape to France of

[48] See, for example, the passages for 20 April 1690, 31 October 1699, and 2 December 1713.

[49] See the passages for 14 and 16 November 1700.

[50] See the passages for 11 March 1685, 13 and 15 May 1685, and 11 July 1686.

James II, his wife and son.[51] Dangeau is of course always correct and discreet, but where there is even the slightest pretext for satirical comment on religious practices, Voltaire seizes the opportunity with both hands.[52]

Secondly, how does Voltaire change or alter the texts which he 'edits'? We do not know with certainty which manuscript Voltaire used to make his edition, and the comments which follow are based on comparisons with the Dangeau text as reproduced in the standard edition of Soulié and Dussieux. In the postface, Voltaire, speaking as the anonymous 'éditeur', claims to have corrected the spelling and style of his author, and this is indeed the case.

Voltaire sometimes silently corrects Dangeau, as when he alters Milord Harram (*J*, i.124) into Milord Arran (line 63); less successfully, he changes 'Mlle Chelzey' (*J*, i.158), almost certainly a reference to Catherine Sedley, to 'Mlle Churchill' (line 56). Voltaire often abridges and conflates events. For example, the discussion of Villette's conversion is immediately followed by the mention of another such case, that of Mme de Miossens (line 330): in Dangeau the two events occur on 6 December and 30 February, but Voltaire conflates the two in order to reinforce his ironical reflexion on the sincerity of conversions at court. Voltaire sometimes gives only the month where Dangeau gives exact dates, thus Dangeau's 1 July 1685 becomes in Voltaire just 'juillet 1685' (line 273); Voltaire quite often changes Dangeau's dates, so Dangeau's 5 October becomes 26 August (lines 63-66), Dangeau's 10 February becomes 10 January (line 1547); and he sometimes gives no date at all (compare Dangeau's 7 April 1702 with an absence in Voltaire, lines 423-28): this happens especially when Voltaire brings together, for thematic or dramatic reasons, extracts from different dates. A striking example is the death of the king, which is not presented in strict chronological order and is not broken up into days, as in Dangeau. The resulting narrative flows better and is more compelling and dramatic. (In cases where Voltaire gives an

[51] See the passage for 4 December 1688.
[52] See notes *1*, *2*, *144*, and *149*.

inaccurate date for an entry, or no date at all, we have endeavoured
to find the correct date, according to Soulié and Dussieux, and have
added it in an editorial note. For some entries it has not been
possible to locate the corresponding material in the Soulié-
Dussieux edition: this may suggest either that Voltaire was using
a manuscript with a different text, or that he was embellishing the
original.)

Voltaire sometimes abridges for the sake of clarity or better
style. Thus Dangeau: 'On a su par les lettres de Girardin,
ambassadeur du roi à Constantinople que le Grand Seigneur fut
dépossédé et mis en prison et que l'on a mis sur le trône son frère,
qui était prisonnier depuis quarante ans' (*J*, ii.82). Voltaire
rewrites this passage: 'On apprit de Constantinople que le Grand
Seigneur avait été dépossédé et renfermé dans une prison où il
tenait son frère depuis quarante ans' (lines 463-65). Here is
Dangeau's description of the king's visit to the king of England:
'Le roi alla à St Germain à deux heures. Il vit d'abord le roi
d'Angleterre, qui ouvrit les yeux un moment, quand on lui annonça
que le roi était là, qui lui dit qu'il était venu le voir pour l'assurer
qu'il pouvait mourir en repos sur le Prince de Galles' (*J*, viii.191).
Voltaire produces a briefer and clearer version: 'Le roi alla à St
Germain voir le roi d'Angleterre, qui ouvrit les yeux un moment,
quand on lui annonça le roi, qui lui dit qu'il venait pour
l'assurer qu'il pouvait mourir en repos sur le Prince de Galles'
(lines 348-51).

In cases where Dangeau uses reported speech, Voltaire prefers
to create a more vivid effect with direct speech. Dangeau: 'Le roi
donne au prince Emmanuel, frère du duc d'Elbeuf, une pension de
50 pistoles par mois, et S. M. en la lui accordant lui dit que cette
pension ne durerait qu'autant qu'il serait sage' (*J*, vii.346).
Voltaire recasts this passage as follows: 'Le roi donna une pension
de 50 pistoles par mois au frère de duc d'Elbœuf; et en lui donnant
Sa Majesté lui dit: "Cette pension ne durera qu'autant que vous
serez sage"' (lines 1187-89). In another case, Voltaire produces a
more incisive text, by introducing direct speech and by abridging

considerably his source; here is Dangeau's original: 'Durant sa promenade, il eut un peu de colique; mais, dès qu'il fut de retour ici, il ne s'en sentit plus, et fut fort gai à son souper et à son coucher. Il nous dit à son dîner, avant que d'aller à Marly, qu'il se croyait le plus ancien officier de guerre de son royaume, ayant été au siège de Bellegarde en 1649' (*J*, xiv.35). Voltaire is much brisker: 'Le roi étant à la promenade fort gai, dit à ses courtisans: "Je me crois le plus ancien officier de guerre du royaume, car j'ai été au siège de Bellegarde en 1649"' (lines 1687-89).

There are also a small number of additions to Dangeau. The doge's speech on his visit to Paris, for example (lines 190-97), does not appear in the printed edition of Dangeau, and seems to come from another source. Voltaire similarly adds the poem by Mlle de Scudéry on the visit of the doge (lines 214-45), as a silent embellishment to Dangeau's original. [53]

iii. *The footnotes*

There are in all 156 footnotes, sometimes as many as three per page. Considering the volume as a whole, 119 of the 169 pages contain the text of at least one note, which means that Voltaire's voice is extensively present. The notes are moreover printed in a type size nearly as large as that of the text above (see Fig.7). [54] Voltaire as we know was a keen annotator of his own texts, both prose and verse, and, as the evidence of his library shows, he was also an active annotator of books. [55] With the *Journal*, as in the case of Voltaire's annotated version of the *Cymbalum mundi*, Voltaire eschews

[53] Further examples of Voltaire's adaptation of Dangeau's text are to be found in Marc Serge Rivière, 'Voltaire editor of Dangeau', *SVEC*, 311 (1993), p.15-38.

[54] On the importance of type size in the presentation of footnotes, see Nicholas Cronk, 'Comment lire le *Traité sur la tolérance*? la présentation typographique de l'édition Cramer', in *Etudes sur le 'Traité sur la tolérance' de Voltaire*, ed. N. Cronk (Oxford 2000), p.120-135.

[55] See Nicholas Cronk and Christiane Mervaud, 'Stratégies de la note dans l'œuvre voltairienne', in *Les Notes de Voltaire*, p.3-36; and on Voltaire's *marginalia*, the collection of articles in *Revue Voltaire* 3 (2003).

Monseigneur & Madame la Duchef- 28 Août
se de Bourgogne pensèrent perdre la
messe un dimanche, parce que le Chapelain qui la devait dire se trouva
mal. *

On a découvert que le Roi Guillau- 3 Sept.
me avait fait consulter M. Fagon sur sa
maladie sous le nom d'un curé, & M.
Fagon qui n'avait aucun soupçon à répondu naturellement qu'il n'avait qu'à
songer à mourir. †

Le Roi d'Angleterre § se trouva 5 Sept.
très-mal ; & après ayant été un peu
mieux, il parla avec beaucoup de
pieté & de fermeté à son fils, lui disant : quelque éclattante que soit une
couronne, il vient un tems où elle est
fort indifférente ; il n'y a que Dieu
à aimer, & l'éternité à désirer : il lui

* A la postérité la plus reculée.

† Fagon répondit qu'il n'avait qu'à recevoir l'Extrême-Onction. Et c'est en cela
que consiste la méprise plaisante : notre Tacite n'entend pas la plaisanterie.

§ Il veut parler ici du Roi Jaques.

completely the formal tone of conventional annotation, and annotates his text in a highly personal voice which sometimes recalls the spontaneous tone of his handwritten *marginalia*. It is interesting that in the first half of the book (that is, up to page 85), only fifteen pages lack Voltaire's voice in the form of a footnote; in the second half, thirty-five pages lack footnotes: it would seem that Voltaire worked quickly, and perhaps lost energy or enthusiasm as he advanced through the text (the same phenomenon is seen, although the number of notes is far fewer, in his edition of the *Cymbalum mundi*).

In a few cases – they are not numerous – Voltaire provides a simple, neutral note designed to explain a reference (*14*, *114*), to finish a story (*127*, *133*), or to add historical information (*52*). At times, the comment is made with the benefit of hindsight (*46*), at other times he seeks through his note to reaffirm the truth of an apparently incredible fact (*12*, *63*, *64*). Sometimes Voltaire extends a point made by Dangeau (*59*, *70*), or adds a comment with the wisdom of hindsight: 'Louis XIV a fini par perdre Namur et sa marine' (*76*).

More often, however, the purpose of the note is to correct a false assertion made in Dangeau's text. When, in a hunting accident, one duke has the misfortune to 'wound' another, Voltaire adds pithily: 'Il lui creva un œil' (*131*). Voltaire corrects a falsehood, at length if necessary ('Tacite n'est pas au fait [...]', *43*), and he puts history right (*115*); when Dangeau is plainly wrong, he says so: 'Il n'y a rien de si faux' (*32*). [56] Similarly, Voltaire provides notes where he finds a comment of Dangeau's unclear (*29*), or implausible (*107*, *147*), or where Dangeau has simply misunderstood (*113*), is not thoughtful (*13*, *108*), has failed to analyse his material (*17*, *55*), does not know enough (*34*, *35*), or is just plain nonsensical (*137*).

Most typically Voltaire enjoys mocking the sheer triviality characteristic of much of Dangeau's memoirs (though it is true too that he has chosen to retain these passages in his anthology...):

[56] See also notes *5*, *6*, *30*, *31*, *61*, *103*, *129*.

'Ce sont là de grands anecdotes' (*3*), 'Quelle grandeur d'âme' (*7*), and so forth. When Dangeau writes, rather cryptically, 'Le roi parla aussi à M. le duc du Maine et à M. le comte de Toulouse', Voltaire, exasperated, retorts: 'Il fallait au moins nous instruire de ce qu'il leur dit' (*155*). The report by Dangeau of an utterly trivial remark made by the king provokes a note: 'Rien n'élève plus l'âme que de telles anecdotes' (*41*). When Dangeau writes: 'Monseigneur alla au lever du roi, et de là chez Mme de Maintenon', Voltaire comments: 'A quelle heure alla-t-il à la garde-robe?' (*58*). Dangeau notes that 'Monseigneur courut le loup; et une heure après, il eut une petite faiblesse qui ne venait que de ce qu'il n'avait pas déjeuné'; Voltaire comments: 'Important pour la postérité' (*87*). This last phrase becomes something of a refrain as it echoes through fifteen other notes, in a crescendo of comedy:[57] 'A la postérité, à la postérité' (*91*), 'A la postérité encore' (*92*), 'A la postérité vous dis-je' (*93*), to the point where it is sufficient to evoke the refrain with a mere '*Item*' (*98*). Dangeau's *degré zéro* writing gives Voltaire easy opportunity for humour: Dangeau informs us that 'le roi s'alla promener': 'Quels grands événements!', exclaims Voltaire, 'Ce digne courtisan devait bien ajouter le discours de ce provincial: "Je l'ai vu, il se promenait lui-même"' (*28*). On no fewer than six occasions, Voltaire mocks Dangeau by addressing him ironically as 'Tacite',[58] and this unrelenting emphasis on Dangeau's taste for trivial detail culminates in the irony of the final note: 'Voilà une gazette de cour pleine d'anecdotes admirables!' (*156*). Voltaire is critical of Dangeau not just as a chronicler but also as a stylist, and a number of his notes criticise aspects of language and style. Thus Voltaire chides Dangeau for coupling two adverbs in an infelicitous combination, quoting a verse from Molière's *Les Femmes savantes* (Act III, sc.2): 'Ces deux adverbes joints font admirablement' (*4*); and he remarks on the inappropriate language which Dangeau puts in the mouth of the king (*148*).[59]

[57] Notes *21*, *87*, *91*, *92*, *93*, *96*, *97*, *98*, *99*, *112*, *122*, *123*, *130*, *139*, *145*, and *146*.
[58] Notes *21*, *24*, *31*, *43*, *106*, and *113*.
[59] See also notes *18*, *69*, *80*, *89*.

But it would be wrong to suggest that these comments wholly undermine our, or Voltaire's, interest in Dangeau's account. On the contrary, several of the notes betray a historian's serious interest in the reign of Louis XIV. Voltaire sees himself as Louis's defender, and in this cause Dangeau can be useful to him. Dangeau gives the following account of the king's generosity: 'Le roi fit distribuer gratuitement, des grains et des farines aux peuples du Dauphiné qui avaient le plus souffert pendant que les ennemis étaient dans leur pays.' Voltaire's note shows clearly his polemical intention: 'Attention qui mérite d'être consacrée dans l'histoire, et qui démontre que Louis XIV n'était pas un tyran, comme tant de livres le disent. Ceux qui veulent flétrir sa mémoire ont plus de tort que ceux qui admiraient tout en lui' (*77*). In another note, Voltaire is explicitly critical of the minister Louvois: 'C'est là surtout ce qu'il faut condamner dans l'administration de Louis XIV et ce qui rendra la mémoire du secrétaire d'Etat Louvois peu aimable' (*79*). Voltaire is even more outspoken in his criticism of the king's confessor Le Tellier; striving to excuse the king's role in the exile of the protestants, he writes of Le Tellier that 'il abusa de la confiance de Louis XIV, jusqu'à lui faire signer l'exil ou la prison de plus de deux mille citoyens' (*153*). Voltaire also makes a series of telling and tart observations about the finances of Louis's government (*88, 102, 104*). Finally, for all his high-mindedness about Dangeau's interest in trivia, Voltaire himself is not above telling the occasional anecdote (*111*); and when it comes to an interest in the minutiae of court life, he can rival the courtier Dangeau when he expatiates on issues of etiquette (*101*), or supplements a discussion of forms of address at court (*110*).

Voltaire's second major contribution in the footnotes is to focus on the theme of religion, and the utter blandness of so much of Dangeau's commentary proves a perfect springboard for the subversive footnote. The theme is set from the start: note *1* deals with religious hypocrisy, and note *2* tackles head-on the theme of conversion and its attendant hypocrisy. The subject of conversions at court (all the more piquant given that Dangeau himself was a convert to Catholicism) is rich in potential: of the conversion of the marquis de Villette, Voltaire comments: 'Conversion veritable, puisqu'il était parent de Mme de Maintenon' (*36*); and the following note, 'Autre conversion véritable' (*37*). (It is notable that Voltaire has contracted the text here so that his notes acquire a logic of their own, imposing a theme on the otherwise randomness of Dangeau's text.) A reference to the Bulle Unigenitus, left unnamed by Dangeau, is made explicit in a note (*134*). Alongside bitter irony aimed at the policy of suppression of the Huguenots (*39, 74*), there is light-hearted irony too (*143, 144*), including jibes at the pope (*57*) and at Jesuits (*149, 152*). The king's decision to use funds from the abbaye de Saint-Denis to found the school at Saint-Cyr is the cause of good-humoured irony: 'Puisse-t-on affecter tous les revenues des couvents inutiles à des établissements utiles!' (*40*), and another note irrelevantly traces the genealogy of Christian saints back to pagan gods (*81*). Voltaire enjoys catching out Dangeau by showing that he does not know the words of the *Ave Maria*: 'On soupçonne que le courtisan auteur de ces mémoires ne savait pas plus de latin que Louis XIV' (*150*).

The subject matter is familiar, and more importantly, so is the tone of voice in which it is expressed. The ironic style is well known (*16, 72, 83, 100, 142*), as is the personal 'face' of the Voltairean voice. There are rhetorical questions, 'Et le roi; que cria-t-il?' (*124*; cf. *19*), and exclamations, 'Bel emploi!' (*33*; cf. *25, 26*). Voltaire affects a markedly colloquial style: 'Quoi, un doge ne doit pas regarder une dame! Voilà un sot sénateur' (*23*), at times almost inconsequential (*48*). The cryptic quality of some of his utterances recalls very much the style of his marginalia: 'Il disait une étrange chose' (*22*), or 'Rarement pour les princes' (*49*).[60] Can any contemporary reader really have been in any doubt about the identity of this 'éditeur'? The story told in note *125*, à propos of nothing whatsoever, about the carpenter who drove nails into the backside of a wooden statue of Our Lady and noted that she did not

---

[60] See also notes *50, 51*.

weep, gives us a strong clue. And in case of any lingering doubt, the anonymous editor has three footnotes in which he refers his reader to the *Siècle de Louis XIV* (*15, 54, 115*) for corroboration: an elegant piece of self-referentiality which must surely have alerted the contemporary reader to the editor's identity.

But throughout the work, the reader has to pretend not to know the identity of the 'éditeur', just as the 'éditeur' has to pretend to be ignorant of his author's identity: it is a fictional device worthy of a comic novel. The author of these anecdotes must be 'un valet de garde-robe' (86) suggests our 'éditeur' at one moment, or again perhaps affiliated to the Jesuits ('Il faut avouer que ces mémoires sont d'un homme d'un esprit très faible, qui paraît affilié des jésuites', *152*); in any case, he is certainly not an Academician: 'Mais on voit que le seigneur qui fit ces mémoires n'était pas de l'Académie' (*80*). The nineteenth-century editors of Dangeau were uncompromising about Voltaire's footnotes: 'Les notes n'ont aucune valeur historique, et n'ont eu d'autre but que de satisfaire la malignité de l'éditeur, fort piqué contre Dangeau.'[61] This is of course to miss the point (and the joke). The footnotes bring Voltaire's voice into dialogue with that of Dangeau, creating in the process a wholly new text.

iv. *The postface*

The 'Témoignage de l'éditeur concernant l'auteur de ces anec-dotes' closes the volume. Still under the guise of anonymity, Voltaire continues the playful speculation begun in the footnotes about the identity of the author of these 'anecdotes'; he even lays a false trail in producing 'evidence' that the author must have been employed at Saint-Cyr. In describing him as a 'frotteur de la maison qui se glisse derrière les laquais pour entendre ce qu'on dit à table', Voltaire is only repeating the suggestion he had first published a quarter of a century earlier, in his *Dissertation de la*

[61] *J*, i.viii.

mort de Henri IV. The 'Témoignage' finishes, as it begins, playfully, with a return to the theme of the publishing success enjoyed by memoirs, regardless of their quality; and Voltaire announces the imminent publication 'par son valet de chambre' of the memoirs of the abbé Montgon (who had been mentioned in note *109*), and of the (clearly fictitious) memoirs of Miss Farington.

Voltaire's editing of Dangeau is a paradoxical project. He had always disparaged history by anecdote: in his letter to Jean-Baptiste Dubos of 1738, Voltaire attacks this type of writing in the context of his plans for *Le Siècle de Louis XIV*: 'Malheur aux détails: la postérité les néglige tous: c'est une vermine qui tue les grands ouvrages. Ce qui caractérise le siècle, ce qui a causé des révolutions, ce qui sera important dans cent années: c'est là ce que je veux écrire aujourd'hui' (D1642). And yet Voltaire did of course include many anecdotes in the *Siècle*, a good number culled from Dangeau; and he also published various collections of anecdotes as part of his historical projects.[62] Anything which could enlighten the modern reader about the 'grand siècle' seemed valuable, and the challenge for the historian was therefore to find a means of utilising the anecdote in an acceptable way. Voltaire's apparent dismissiveness of the genre of the anecdote is more complex than it might seem.

In the central part of the postface, Voltaire makes the historian's case for reprinting Dangeau: he may be unimaginative, but he is accurate so far as he goes: 'On ne peut pas reprocher à notre auteur d'avoir inventé ce qu'il dit. Rien ne serait plus injuste que de lui attribuer de l'imagination. On ne peut non plus l'accuser d'être indiscret; il garde un profond silence sur toutes les affaires d'Etat.' Dangeau's nineteenth-century editors made too much of Voltaire's

---

[62] See the editions of the *Anecdotes sur le czar Pierre le Grand* by Michel Mervaud (*OC*, vol.46) and of the *Anecdotes sur Louis XIV* by Marc Serge Rivière (*OC*, vol.30c). See also Michel Mervaud, 'Les *Anecdotes sur le czar Pierre le Grand* de Voltaire: genèse, sources, forme littéraire', *SVEC* 341 (1996), p.89-126; and Philippe Hourcade, 'Problématique de l'anecdote dans l'historiographie à l'âge classique', *Littératures classiques* 30 (1997), p.75-82.

'hostility' to Dangeau; in reality, Voltaire's position here is very similar to the view expressed by the abbé de Choisy in his *Mémoires*, first published (posthumously) in 1727. Choisy admits freely that he has 'stolen' from Dangeau in writing his own memoir of Louis XIV's reign, and he says of Dangeau:

C'est l'homme du monde le plus volable sur ces sortes de matières. Il a été toute sa vie dans le plus fin de la cour; il a tout su et tout vu, et de ses propres yeux. Il est vrai qu'il ne dit jamais rien; c'est le modèle d'un bon courtisan. Uniquement attentif au roi, qu'il aime personnellement, et au moindre petit ministre, à qui il ne voudrait pas déplaire: aussi ne contai-je pas de tirer de lui aucune chose qui puisse être désavantageuse à quelqu'un. Il sera pour mes mémoires la source du bien; et peut-être qu'à la cour de France, il ne me sera pas impossible de trouver une source du mal; car pour y être bien instruit, il faut savoir le bien et le mal.[63]

Voltaire would not have disagreed with this assessment. We can understand therefore the reasons for Voltaire's interest in Dangeau's memoirs; their lack of literary skill did not detract from, and in some ways it oddly enhanced, their documentary value. But why did Voltaire decide to publish Dangeau at this precise moment? For one thing, he had begun in 1767 to revise the *Siècle*, and in November 1768 Cramer's new four-volume edition of the *Siècle de Louis XIV* appeared, 'revue et augmentée', together with the first edition of the *Précis du siècle de Louis XV*. Voltaire had for some time been feeling impatient with the growing criticisms of Louis XIV, and he refers in the postface to his Dangeau edition to the 1000 volumes on the topic, divided into 'panégyriques et injures'. In a short work of 1769, the *Défense de Louis XIV*, Voltaire replies to certain articles which had appeared in the physiocratic periodical *Ephémérides du citoyen*, to reject their criticisms of Louis XIV and Colbert.[64] Voltaire evidently felt that he needed to defend the age of Louis XIV, and this must have

---

[63] *Mémoires pour servir à l'histoire de Louis XIV*, ii.22-23.
[64] The *Défense de Louis XIV contre l'auteur des Ephémérides* appears in *OH*, p.1281-91; the work is referred to in two letters of November 1769 (D15994, D16005).

caused him to return to the memoirs of the *grand siècle*: even if Dangeau is not mentioned in the *Défense de Louis XIV*, the *Souvenirs* of Mme de Caylus certainly are,[65] and it clearly made sense for Voltaire to put both of these memoirs into wider circulation as part of his campaign to 'rehabilitate' Louis XIV and the century in which Voltaire himself had been born. This is all the more pertinent since La Beaumelle had earlier used editions of Mme de Maintenon's letters and memoirs as part of his concerted attack on the *Siècle de Louis XIV*;[66] it made sense therefore for Voltaire's continuing counter-attack to include editions of other memorialists of the period. In May 1776, Voltaire wrote to one baron de Faugères, a naval officer, about a project to erect a statue of Louis XIV in Montpellier (D20103):

Ce projet est d'autant plus beau que, depuis quelques années, il semble qu'on ait formé parmi nous une cabale pour rabaisser tout ce qui a fait la gloire de ces temps mémorables. On s'est lassé des chefs-d'œuvre du siècle passé. On s'efforce de rendre Louis XIV petit, et on lui reproche surtout d'avoir voulu être grand. La nation, en général, donne la préférence à Henri IV, et l'exclusion à tous les autres rois.[67]

Voltaire had devoted much attention to the creation of his own monument to Louis XIV and the *grand siècle*, and the edition of Dangeau, however modest, is a part of that project.

It has been suggested that Voltaire's decision to publish Dangeau 'was motivated less by his belief in the intrinsic value of the text than by his desire to "get even" with the memorialist and partly also by his egotism'.[68] This view underestimates the usefulness to Voltaire of Dangeau as a historical source, notwithstanding his evident faults; and perhaps it underestimates too the

[65] *OH*, p.1291.

[66] See BV 1794, 2266-68.

[67] Voltaire evidently accorded importance to this letter for he included it in the *Commentaire historique* published in 1776 (*Commentaire historique sur les œuvres de l'auteur de la Henriade, etc., avec les pièces originales et les preuves*, Basle 1776, p.190-96). The Moland edition of the *Commentaire* omits this letter.

[68] Rivière, 'Voltaire editor of Dangeau', p.38.

opportunity which Dangeau gave Voltaire of treating the *grand siècle* with humour. In the best neoclassical manner, Voltaire produces an edition which is entertaining as well as instructive.

In the years 1769-1770, Voltaire was engaged on an extraordinarily diverse range of projects, as Grimm noted on 1 December 1769: 'La fourniture de Ferney a été si abondante dans le courant du mois dernier qu'il faut se dépêcher de passer en revue les différentes productions de cette illustre manufacture.'[69] A final consideration underlying the publishing of Dangeau's memoirs must be Voltaire's marked interest in these years in the editing and rewriting of others' texts. His major *chantier* in this period was of course the *Questions sur l'Encyclopédie*, which began to appear in 1770, and whose articles are in many cases rewritings of earlier texts. Simultaneously almost, and in addition to the publications of Mme de Caylus and of Dangeau, Voltaire re-edits d'Argens's edition of Julian, he rewrites Mairet's *Sophonisbe*, and he annotates Des Périers's *Cymbalum mundi* in such a way as to compromise the text definitively in the reader's eyes. The annotation of Dangeau is not so consistently savage, and he does not wish to undermine Dangeau in the same way. These dialogic texts exhibit quite different strategies of rewriting, therefore; but what they all have in common is the theme of the 'author editor'.[70] They represent a series of experiments in which Voltaire submerges his voice, only for it to emerge in a different form elsewhere. The *Journal de la cour de Louis XIV* is, as it happens, the first publication of any part of Dangeau's memoirs, yet we cannot regard the work as an edition in any normal sense of the term. For Voltaire the work is first and foremost a historical document, but one to be used entirely for his own purposes. But the work is perhaps also a literary experiment, a playful exercise in ventriloquism, in which Voltaire sets himself the challenge of making interesting, even humorous, a text of meagre literary value.

[69] *CL*.viii.378.

[70] On this theme more generally in this period, see 'L'Ecrivain éditeur (du Moyen Age à la fin du XVIIIe siècle)', ed. F. Bessire, *Travaux de littérature* 14 (2001).

JOURNAL

DE LA COUR

DE

LOUIS XIV,

Depuis 1684, *jusqu'à* 1715 ;

Avec des Notes intéressantes,
&c. &c. &c. ·

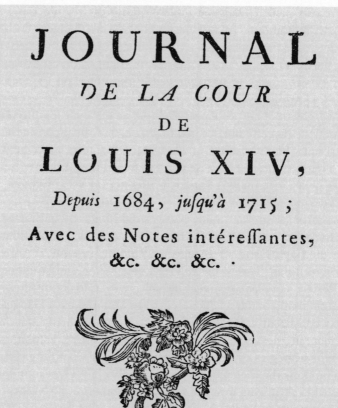

A LONDRES.

M. DCC. LXX.

8. *Journal de la cour de Louis XIV.*
A Londres 1770. Title page.

4. *Editions*

JOURNAL / *DE LA COUR* / DE / LOUIS XIV, / *Depuis* 1684, *jusqu'à* 1715; / Avec des Notes intéressantes, / &c. &c. &c. / [*ornament*] / A Londres. / [*thick-thin rule*] / M.DCC.LXX.

sig. [i], A-K (1-8), L (1-7); 8°, 174 p.

BnC names place of printing as Geneva.

Extracts from Dangeau's *Journal* with Voltaire's footnotes, p.1-169; 'Témoignage de l'editeur', p.170-74.

Bengesco 1906. BnC 5341-43.

Copies in BnF, BL, Taylor, IMV.

Base text. The only edition published in Voltaire's lifetime. The work was not included in any of the collected editions up to and including Kehl.

The first republication of the text of 1770 was in the *Journal de la cour de Louis XIV, suivi de quelques autres pièces relatives au caractère de ce monarque et aux événemens de son règne* (Paris, Xhrouet, 1807), 8°, viii-330 p. (BnC 5344). Voltaire's edition, including his notes, are reproduced in the first part of this work. Voltaire's responsibility for the edition is acknowledged in print for the first time in this edition.

Voltaire's notes and postface are included in a collected edition for the first time in 1818 by Beuchot (in the Perronneau edition, BnC 207, vol.21, p.591ff). Beuchot places the postface (the 'Témoignage') before the extracts and notes, and changes the title to 'Réflexions'; he then reproduces Voltaire's notes, with the parts of Dangeau's text to which those notes refer. It is not possible therefore to appreciate Voltaire's selection as a whole, because Dangeau's text has been truncated. His 'Avertissement' is reproduced in M.xxviii.249-50.

Subsequent nineteenth-century editions use the same selection of the text, although some of them retitle the postface a 'Préface'. The Moland edition (xxviii.249-83) similarly reproduces the truncated text originally prepared by Beuchot, under the title 'Extrait d'un journal de la cour de Louis XIV'.

5. *Treatment of the base text*

Voltaire's notes are printed in a larger type size than the main text in order to distinguish his specific contribution. The punctuation of the text has been retained with the exception of the following minor modifications and corrections to inconsistencies: quotation marks have been added to speech, with an initial capital added to the first word. The spelling of proper names has been respected, but where there was more than one spelling, this has been standardised, and accents corrected.

The following have been corrected in Voltaire's notes: question mark added, end of note *6*; 'Rochefoucauld' for 'Rochefoucault', note *6*; 'bedeaux' for 'bédauts', note *11*; 'Jacques' for 'Jaques', notes *20, 70, 114*; 'Beauvillier' for Beauviliers, note *35*, and for Bauviliers, note *102*; 'd'oblat' for 'doblat', note *43*; 'Humfroi' for 'Humpfroi', note *43*; 'Quinault' for 'Quinaut', note *48*; 'La Chaise' for 'la Chaise', note *74*; 'Achmet' for 'Acmet', note *84*; 'duc de La Force' for 'Duc de la Force', note *90*; 'nu-tête' for 'nuë tête', note *101*; 'Bolingbroke' for 'Boling-brooke', note *115*; 'au lieu' for 'aulieu', note *135*; 'exemple' for 'exemples', note *146*; 'Le Tellier' for 'le Tellier', note *149, 152, 153*.

The entries for 15 August and 15 September 1694 were transposed.

The following aspects of orthography, grammar and presentation in the base text of Voltaire's notes have been modified to conform to present-day usage:

I. Spelling

1. Consonants

- *c* was used in the syllable ending -*at*: contract.
- *d* was used in: dépends (*for* dépens), nuds.
- *p* was not used in the syllable ending -*ems*: tems.
- *t* was not used in the syllable endings -*ans* and -*ens*: enfans, établisse-mens, événemens, monumens, savans.
- a single consonant was used in: aparemment, froteur.
- double consonants were used in: appellée, appercevant, Appulie, jetter, vallait.
- archaic forms were used in: antitèse, ortographe, prétieux, quadrans, sçavoir and its forms.

2. Vowels

- *i* was used in place of *y* in: martire, panégiryques, tiran.
- *o* was used in place of *a* in: Etoit.
- *y* was used in place of *i* in: ayeux, panégiryques.
- the archaic form was used in: encor.

II. Accents

1. The acute accent

- was used in: créva, mercénaires, répentit, sécourir and its forms.
- was used in place of the grave in: derniére, desséchent, entiérement, Lesdiguiéres, piéce, privilége, très-fidélement.
- was not used in: Amedée (*for* Amédée), effrontement.

2. The grave accent

- was not used in: détrônerent, éleve, érigerent, meres, peres, Tancrede.

3. The circumflex accent

- was used in: dût (past historic); lû, pourvû, pû (past participles).
- was used in place of the grave in: prophête(s).
- was not used in: ame, dégat, eut (subjunctive), grace.

III. Capitalisation

- Initial capitals were attributed to: Ambassadeur, Anecdotes, Archevêque, Archiduc, Auteur, Bénéfice, Bibliothèque, Bulle, Cabinet, Cardinal, Cardinaux, Catholiques, Chambre, Citoyens, Comédies, Comptes, Comte, Confesseur, Conseiller, Cour, Courtisan(s), Curé, Dame(s), Dauphin, Demoiselles, Doge, Domestiques, Duc, Ecrivains, Edit, Electeur, Empire, Entrepreneurs, Evêque, Extrême-Onction, Finances, Gens, Grand, Grandesse, Imprimerie, Janissaires, Jésuite(s), Latin, Lettre(s), Libraire, Loi, Maître, Maréchal, Médecin, Mémoires, Ménuisier, Ministre, Monsieur, Orateur, Papes, Parlement, Père, Prédicateur, Président, Prétendant, Prince(s), Provincial, Recueil, Régent, Réglement, Reine, Religieux, Religion, République, Réverend, Roi(s), Seigneur, Sénateurs, Soldat, Sultan(s), Supérieure, The, Tragédies, Turc, Valet(s)-de-Chambre, Vizir,
  - and to adjectives denoting nationality: Anglais, Romaine.
  - were not attributed to: ce, devenus, femme.

VI. Hyphenation

— the hyphen was used in: anti-chambre, très-dangereuse, très-faible, très-faux, très-fidélement, très-fiscal, très-pernicieux, très-polie, très-vagues, très-vrai, Valet(s)-de-Chambre.

    — was not used in: beaux arts, cus de lampe, demi siècle, garderobe, tems là.

V. Various

— the ampersand was used.
— M., Mme and Mlle were not abbreviated.
— ellision was used in: contr'eux.
— S. and St. were used for saint.
— St. Cyr was used for Saint-Cyr.

JOURNAL DE LA COUR
DE LOUIS XIV,
DEPUIS 1684, JUSQU'À 1715;
AVEC DES NOTES
INTÉRESSANTES

JOURNAL DE LA COUR DE LOUIS XIV

(3 avril 1684.) Le roi, à son lever parla sur les courtisans qui ne faisaient point leurs pâques, et dit qu'il estimait fort ceux qui les faisaient bien, (*1*) qu'il les exhortait tous à y songer bien sérieusement, et qu'il leur en saurait bon gré.

(7 avril.) Le roi envoya le duc de Charost chez Mme de Rohan qui se mourait, pour tâcher de lui faire écouter les gens qui lui parleraient de changer de religion. (*2*)

(4 mai.) On apprit de Paris que Mademoiselle avait défendu à M. de Lauzun de se présenter devant elle, qu'il n'avait répondu à ses ordres que par une révérence, et s'en était allé au Luxembourg. (*3*)

(21 mai.) Le roi et Monseigneur firent leurs dévotions. Le roi fit le matin dans l'église une réprimande au marquis de Gesvres sur ce qu'il entendait la messe peu dévotement.

(29 mai.) Le roi apprit la mort de Mme la duchesse de Richelieu, dame d'honneur de Mme la dauphine, et Sa Majesté voulut, dès le soir même, donner la charge à Mme de Maintenon, qui la refusa fort généreusement et fort noblement. (*4*)

(30 mai.) Mme la dauphine alla dans la chambre de Mme de Maintenon la prier d'accepter la charge de dame d'honneur; elle reçut avec respect des propositions si obligeantes, mais elle demeura ferme dans sa résolution. Elle avait prié le roi de ne point dire l'honneur qu'il lui avait fait de lui offrir cette charge; (*5*) mais Sa Majesté ne put s'empêcher de le dire après dîner.

(13 juin.) Le roi étant à Marly, conta que durant la capitulation de Luxembourg, M. de Vauban faisait travailler aux réparations de la place; que les officiers espagnols, qui se promenaient sur le rempart, lui

(*1*) Heureux ceux qui les font bien: mais ce bon gré fait quelquefois des hypocrites.

(*2*) Ils n'y réussirent pas.

(*3*) Ce sont là de grandes anecdotes.

(*4*) Ces deux adverbes joints font admirablement.

(*5*) On croit ce fait très faux.

demandèrent ce qu'il faisait dans le fossé; il leur dit, qu'il songeait à réparer le désordre qu'avaient fait nos bombes et notre canon. 'Nous n'en usons pas de même', dirent ces officiers; 'car il y a 7 ans que nous avons pris Philisbourg, et nous n'en avons pas encore racommodé la brêche.'

(6 juillet.) Mme la princesse Palatine mourut sur les trois heures du matin. Elle est morte après douze ans d'une pénitence très austère.

(24 juillet.) Le bonhomme Ruvigny était venu trouver le roi, et lui dit qu'il avait acheté la terre de Rayneval de M. de Chaulnes, mais qu'il lui manquait dix mille écus pour le payer, qu'il avait recours à lui comme à son meilleur ami pour lui prêter cette somme. Le roi lui répondit, 'Vous ne vous trompez pas, et je vous la donne de bon cœur.' (6)

(13 août.) Mme la comtesse de Grand-pré ayant perdu son procès, le roi dit le soir que tous d'une voix on avait décidé dans le conseil que les secondes noces étaient malheureuses. Un conseiller d'état lui dit, 'Sire, ce n'est que pour les particuliers'; et le roi répondit, qu'il y avait de grands inconvénients pour toutes sortes de personnes sans exception.

(23 août.) Le soir, après souper, M. de Croissy vint parler à Sa Majesté pour lui apporter la nouvelle de la signature de la trêve; l'empereur et l'Empire accordaient au roi tout ce qu'il avait demandé, et la trêve avait été signée pour vingt ans sans qu'il y fût mention des Génois; et le roi dit qu'il avait promis au pape de ne point prendre leur ville et de ne faire aucune conquête sur eux; mais qu'il se réservait le pouvoir de les punir de leur insolence, et qu'il ne leur pardonnerait que quand le doge serait venu en personne avec quatre sénateurs lui demander pardon, et qu'ils auraient dédommagés les marchands français des pertes qu'ils pourraient avoir faites depuis la guerre.

(25 août.) La fête, qui devait être à Marly le dimanche suivant, fut rompue, parce que le roi avait compté qu'il n'y aurait au plus que 50 femmes; et il en était venu un si grand nombre à Versailles, que le roi en avait compté jusqu'à 108. Sa Majesté voulu s'épargner la peine de faire

(6)   M. de Ruvigny était protestant, et point du tout l'ami intime de Louis XIV, ce fut au duc de la Rochefoucauld, dont les affaires étaient embarrassées, que le roi dit, 'Que ne vous adressez-vous à vos amis?' [1]

[1] See the *Anecdotes sur Louis XIV*, *OC*, vol.30C, p.157.

le choix, de peur d'en désobliger quelques-unes, ainsi il rompit cette partie-là.

La disposition avait été de faire une lotterie pour les dames, et les lots devaient être de la valeur du moins de 4000 liv.

(26 août.) Sa Majesté résolut dans son conseil de diminuer les tailles de deux millions qu'il avait déjà déclaré qu'il diminuerait.

Mme la dauphine refusa à un bal milord Arran qui l'avait été prendre, et dit qu'elle voulait danser le branle de Metz, si bien que le bal finit. Le roi approuva ce qu'elle avait fait, parce que milord n'était que fils de duc, et non pas duc. (7)²

(14 octobre.) Les envoyés de Siam arrivèrent à Paris pour négocier quelque chose sur le commerce.

On apprit à Chambord la mort du bonhomme Corneille, fameux par ses comédies. (8)

Mlle de La Borde, femme de chambre de Mme la dauphine, mourut d'une veine qu'elle se rompit en portant un plat.

(16 octobre.) Le roi fut plus d'un an sans aller à la comédie après la mort de la reine.

(22 octobre.) Le roi dit qu'il avait donné grâce au marquis de Richelieu, qui sans cela n'aurait pas pu demeurer en sûreté en France, c'était la premiére grâce que le roi avait accordée pour un enlèvement, et dit aussi qu'il avait fait mettre dans les lettres que c'était en considération des grands services que les cardinaux de Richelieu et Mazarin avaient rendu à l'état.

(10 novembre.) Le roi nomma le chevalier de Chaumont major de la marine, pour aller être ambassadeur auprès du roi de Siam qui faisait bâtir un palais magnifique pour recevoir l'ambassadeur du roi.

(28 novembre.) Le roi allant à la grande messe vit dans une galerie les envoyés de Siam, ils se prosternèrent dès qu'ils le virent.³

(7)   Quelle grandeur d'âme!

(8)   Les savants courtisans appelaient *Cinna* et *Pompée* comédies, parce qu'on disait aller à la comédie et non pas à la tragédie.

² *J*, i.58 (5 octobre 1684).
³ *J*, i.74-75 (27 novembre 1684).

(2 décembre.) Le roi mit un habit sur lequel il y avait pour douze millions (*9*) de diamants.

(25 décembre.) Le roi et Monseigneur passèrent presque toute la journée à la chapelle. Le Père Bourdaloue prêcha, et dans son compliment d'adieu au roi, il attaqua un vice qu'il conseilla à Sa Majesté d'exterminer dans son cœur. (*10*) Ce sermon-là fut remarquable.

(26 décembre.) Le major (*11*) déclara que le roi lui avait ordonné de l'avertir de tous les gens qui causeraient à la messe.

(27 décembre.) On sent que le roi avait parlé à Monsieur sur les mœurs de beaucoup de ses domestiques, et qu'il l'avait prié de faire cesser le commerce de M. le chevalier de Lorraine avec Mme de Grancey, ce que Monsieur lui promit.

(2 janvier 1685.) M. le Nonce vint demander au roi, de la part du pape, un délai d'un mois pour les Génois, que le roi accorda en considération de la prière du pape.

(3 janvier.) Le roi donna au cadet des Mursay, neveu de Mme de Maintenon, le régiment des dragons de la reine; elle n'avait pas tant demandé pour lui.

(10 janvier.) On eut nouvelle que les Algériens avaient rendu à M. d'Anfreville beaucoup d'esclaves chrétiens de toutes nations en considération du roi; parmi ces esclaves il y avait quelques Anglais, qui soutenaient à d'Anfreville qu'on ne leur rendait la liberté que par la crainte que les Algériens avaient du roi leur maître, et qu'ils ne voulaient point en avoir l'obligation à la France. D'Anfreville les fit mettre à terre, et les Algériens les ont sur l'heure mis aux galères. (*12*)

(29 janvier.) On parla d'ôter les religieuses de l'abbaye de Saint-Cyr, pour faire venir dans cette maison toutes les filles qui sont à Noisy; la

(*9*)   C'est beaucoup. Douze de ce temps-là font vingt-quatre du nôtre.

(*10*)   C'est un sermon sur l'impureté, plus mauvais en son genre que la satire des femmes dans le sien.

(*11*)   C'est apparemment le major des bedeaux.

(*12*)   Ce fait est très vrai.[4]

[4] See the *Siècle de Louis XIV*, ch.14 (*OH*, p.754), and the *Notebooks*, *OC*, vol.81, p.214.

maison sera plus commode pour les loger, et Mme de Maintenon y pourra aller encore plus souvent.

Le roi fit de beaux présents aux mandarins, et ils ont acheté beaucoup de curiosités de France pour le roi de Siam; ce dont ils ont été plus curieux, a été de glaces et d'émaux.[5]

(8 février.) Mort de l'abbé Bourdelot qui avait avalé de l'opium pour du sucre. (*13*)

(19 février.) Mort du roi d'Angleterre. (*14*) Le duc d'York est proclamé roi.

(20 février.) Il n'y eut point de conseil. Le roi trouva le temps si beau qu'il en voulut profiter pour la chasse. Il renvoya MM. les ministres, et se tournant du côté de Mme de La Rochefoucauld, il fit cette parodie.

(*15*) Le conseil à ses yeux a beau se présenter,
 Sitôt qu'il voit sa chienne il quitte tout pour elle,
  Rien ne peut l'arrêter
  Quand la chasse l'appelle.

Milord Arran prit congé du roi pour retourner en Angleterre: il s'évanouit dans la chambre de Mme la dauphine, apprenant la mort du roi son maître. Il y perd beaucoup, parce que toutes les charges se perdent par la mort du roi. (*16*)

(11 mars.) Les députés d'Alger vinrent saluer le roi dans son grand appartement, et lui dirent que leur roi prenait la liberté de lui faire un petit présent, qu'il espérait que Sa Majesté ne le dédaignerait pas, puisque Salomon avait bien reçu la cuisse de sauterelle que la fourmi lui avait présentée. L'après dîner ils présentèrent au roi douze beaux chevaux barbes que le roi leur maître avait fait choisir avec soin.

(27 mars.) Mme la princesse de Conti vint dans le cabinet du roi lui

(*13*)   On n'avale point du sucre, on ne peut prendre de l'opium pour du sucre, le fait est qu'il s'empoisonna.[6]

(*14*)   Charles II.

(*15*)   Vous retrouverez cette petite anecdote dans le *Siècle de Louis XIV*.[7]

(*16*)   Voilà une pauvre cause d'évanouissement.

[5] *J*, i.115 (31 janvier 1685).
[6] See the *Notebooks*, *OC*, vol.81, p.215.
[7] See ch.28 (*OH*, p.958), and the *Anecdotes sur Louis XIV*, *OC*, vol.30C, p.152-53.

apporter deux lettres, une de M. le prince de Conti, et l'autre de M. de La   140
Roche-sur-Yon. Le roi lui dit, 'Madame, je ne saurais rien refuser de
votre main, mais vous allez voir l'usage que j'en vais faire;' en même
temps il prit les lettres et les mit dans le feu, quoique Monsieur fît tout ce
qu'il pût pour l'obliger à les lire. (*17*)

En allant à la messe, Sa Majesté appela M. d'Argouges, qui est chef du   145
conseil de M. le prince de Conti, et lui dit d'envoyer à M. le prince de
Conti ce qu'il demanderait de son bien; mais qu'il lui défendait de rien
donner ni du fond ni des revenus de Mme la princesse de Conti.

Les princes avaient demandé d'aller en Pologne chercher la guerre,
auxquels (*18*) se joignirent plusieurs jeunes seigneurs de la cour avec   150
M. de Turenne, et le roi n'en fut pas content.[8]

(6 avril.) Le roi donna deux mille écus de pension à M. d'Aubigné,
frère de Mme de Maintenon; son gouvernement vaut douze mille livres.

(16 avril). Le roi alla voir le bâtiment qu'on fait à Saint-Cyr pour les
filles établies à Noisy.   155

On sut que le roi d'Angleterre avait fait dire à Mlle Churchill,[9] qu'il
honorait de son amitié étant duc d'York, que si elle voulait se retirer en
France, il lui donnerait de quoi y vivre magnifiquement. Qu'elle avait
répondu, qu'elle ne voulait point porter sa honte (*19*) chez les étrangers.
Et quand le roi la fit presser une seconde fois de prendre ce parti-là, afin   160
qu'on ne pût pas dire, si elle demeurait en Angleterre, qu'elle eût quelque
crédit sur son esprit; elle répliqua que Sa Majesté avait tout pouvoir,
qu'elle pouvait la faire tirer à quatre chevaux, (*20*) mais qu'elle ne pouvait
sortir.[10]

(*17*)   Et si ces lettres avaient contenu des choses importantes
comme cela pouvait être?

(*18*)   Chercher la guerre *auxquels ils se joignirent*, n'était pas une
action si condamnable.

(*19*)   Etait-ce la honte d'avoir été aimée de lui?

(*20*)   Tirer à quatre chevaux une dame! ah! le roi Jacques ne le
pouvait pas; et on ne tire pas à quatre chevaux en Angleterre.

---

[8] *J*, i.139-41 (22-26 mars 1685).
[9] This was probably Catherine Sedley; see introduction, 'The selection of the
texts'.
[10] *J*, i.158 (20 avril 1685).

(28 avril.) Monseigneur alla à Trianon sur les six heures, (21) où 165
Mme la dauphine le vint joindre pour faire collation. Il avait eu dessein de
faire cette petite fête à la ménagerie, et changea d'idée, parce qu'il sut que
M. le duc y devait venir ce jour-là. Il eut l'honnêteté de ne point vouloir
déranger cette partie-là.

(13 mai.) On sut que le doge ne voulait point donner la main à un 170
maréchal de France, ainsi on ne lui en envoyera point. Le doge prétend
qu'on ne doit point lui demander de donner la main à un maréchal de
France, puisqu'il ne la donnerait pas aux souverains d'Italie, comme M. de
Parme, M. de Modène, M. de Mantoue; et dit même, qu'il ne la donnerait
pas à M. le grand-duc. (22) 175

(15 mai.) Le roi entra à onze heures dans la galerie; il avait fait mettre le
trône au bout du côté de l'appartement de Mme la dauphine. Il ordonna
que les privilégiés entreraient par son petit appartement, et le reste des
courtisans par le grand degré. Le grand appartement et la galerie étaient
pleins à midi. Le doge entra avec les quatre sénateurs et beaucoup 180
d'autres gens qui lui faisaient cortège; il était habillé de velours rouge
avec un bonnet de même. Les quatre sénateurs étaient vêtus de velours
noir avec le bonnet de même. Il parla au roi couvert; mais il ôtait son
bonnet souvent, et ne parut point embarrassé, non plus qu'à toutes les
audiences qu'il eut ce jour-là. Après que le roi lui eut répondu, chaque 185
sénateur parla à Sa Majesté; et durant qu'ils parlaient, le doge fut toujours
découvert comme eux, et ils ne se couvrirent point quand le doge parla.
Le roi avait permis aux princes de se couvrir pendant l'audience; mais ils
se découvrirent dès que le doge eut fini de parler, parce qu'il ne se couvrit
plus. Le doge lui fit un discours dans les termes les plus respectueux et les 190
plus soumis; il dit que les Génois avaient une douleur très vive des sujets
de mécontentement qu'ils avaient donnés à Sa Majesté, qu'ils ne
pourraient jamais s'en consoler qu'il ne leur eût donné ses bonnes
grâces; et que pour marquer l'extrême désir qu'ils avaient de les mériter,
ils envoyaient leur doge avec quatre sénateurs dans l'espérance qu'une si 195
singulière démonstration de respect, persuaderait à Sa Majesté jusqu'à
quel point ils estimaient sa royale bienveillance. Il fut reçu et traité

(21) Voilà de ces choses qui doivent passer à la dernière
postérité. J'ignore quel est le Tacite qui fit ce recueil.

(22) Il disait une étrange chose.

253

comme ambassadeur extraordinaire. Il alla l'après-dîner chez Monseigneur, chez Mme la dauphine, chez les princes et les princesses, qui le reçurent sur leur lit, afin de n'être pas obligées à le conduire. Il se plut fort chez Mme la princesse de Conti, et comme il la regardait longtemps avec application, un des sénateurs lui dit, 'Au moins, monsieur, souvenez-vous que vous êtes doge.' (23) [11]

(18 mai.) On avait cru que le doge viendrait au lever du roi; mais un des sénateurs s'étant trouvé mal, retarda le départ du doge de Paris, si bien que le lever était fini quand il arriva à Versailles; il vit les appartements, et dit en sortant du cabinet de Monseigneur, 'Il y a un an que nous étions en enfer, et aujourd'hui nous sortons du paradis': (24) il y avait un an du bombardement de Gênes. En s'en retournant à Paris, il dit que le chagrin d'être obligé de quitter la France sitôt, était presque aussi grand que le chagrin qu'il avait eu d'être obligé d'y venir.

On dit encore que quelqu'un lui ayant demandé ce qu'il avait trouvé à Paris de plus remarquable, il avait répondu, 'C'est de m'y voir.' [12]

Vers qui furent faits sur l'arrivée du doge en France par Mlle de Scudéry

Plus vite qu'une hirondelle,
Je viens avec les beaux jours,
Comme fauvette fidèle,
Avant le mois des amours.

J'ai trouvé sur mon passage,
Un spectacle fort nouveau,
Pour m'expliquer davantage,
C'est le doge et son troupeau. (25)

(23) Quoi! un doge ne doit pas regarder une dame! voilà un sot sénateur.

(24) Ah! Tacite! il n'a pas dit cela.

(25) Le troupeau du doge!

[11] See the *Notebooks*, *OC*, vol.81, p.212.

[12] This remark does not seem to be taken from Dangeau's journal, but does appear in the *Siècle de Louis XIV*, ch.14 (*OH*, p.756).

Quoi! lui dis-je, entrer en France,
Et vous montrer en ces lieux?
Oui, dit-il, par la clémence
Du plus grand des demi-dieux.   225

Son cœur toujours magnanime,
Ne pouvant se démentir,
Veut oublier notre crime,
Voyant notre repentir.

Ah! m'écriai-je ravie,   230
Ce héros par (26) son grand cœur,
Pardonne à qui s'humilie,
Et de lui-même est vainqueur.

Dieu! quel bonheur est le vôtre,
D'aller recevoir sa loi,   235
Je n'en voudrais jamais d'autre;
Mais ce bien n'est pas pour moi.

C'est assez que ma maîtresse,
Souffre que ma faible voix,
Chante et rechante sans cesse,   240
Qu'il est le phénix des rois.

Allez, doge, allez sans peine,
Lui rendre grâce à genoux,
La république romaine, (27)
En eût fait autant que vous. [13]   245

(21 mai.) Le roi reçut les ambassadeurs Moscovites dans son grand appartement sur son trône; ils jouent aux échecs à merveille, et trouvent nos bons joueurs fort médiocres.

(26)   J'aime tout à fait ce héros qui pardonne par son grand cœur. Les beaux vers!

(27)   C'est précisément ce qu'elle fit quand elle réduisit la Gaule en province romaine.

[13] This poem does not appear in Dangeau's journal.

Le roi s'alla promener (*28*) l'après-dîner dans ses jardins, puis revint à
Trianon, où Monseigneur et Mme la dauphine, qui avaient fait collation
en bas à la grille, le vinrent joindre. Le roi dit même à Mme la dauphine
qu'il lui faisait exprès cette petite méchanceté-là, (c'est qu'elle n'aimait
pas à marcher.) Mme la dauphine lui répondit, 'Faites-nous souvent de
pareilles méchancetés, monsieur, et vous verrez que je marche bien et
volontiers.'

(26 mai.) Le doge vint au lever du roi; il dîna chez le roi dans la salle du
conseil; le doge et les quatre sénateurs virent toutes les fontaines. A neuf
heures ils entrèrent dans le grand appartement du roi, et trouvèrent toutes
les dames parées et assises pour le bal, qui fut très beau. Le roi alla leur
parler au commencement du bal et à la fin. Les sénateurs étaient avec le
doge. Mme la dauphine en sortant leur fit des honnêtetés. [14]

Le doge eut son audience de congé; le roi lui donna une boîte
magnifique avec son portrait, et des tapisseries des Gobelins fort riches. Il
donna aussi à chacun des sénateurs son portrait enrichi de diamants, et de
tentures de tapisseries des Gobelins. [15]

(15 juin.) Le roi cassa la compagnie des cadets de Charlemont, parce
qu'ils s'étaient assemblés séditieusement, et qu'ils avaient fait sauver un
de leurs camarades qu'on allait faire mourir pour s'être battu, (*29*) et
même dix-sept d'entre eux, non contents de l'avoir tiré de l'échafaud,
l'escortèrent jusqu'à Namur, et étaient ensuite revenus à Charlemont. On
a fait tirer ces dix-sept au billet, et il y en aura deux passés par les armes;
les cadets seront incorporés dans d'autres compagnies.

(juillet.) Il y eut une fête à Sceaux qui, du consentement de tous les
courtisans, fut la plus belle fête qu'on eût jamais donné au roi.

(10 août.) On apprit qu'on avait mis à Rome, à l'Inquisition, un prêtre
nommé Molinos, accusé de se vouloir faire chef d'une nouvelle secte,

(*28*) Quels grands événements! Ce digne courtisan devait bien
ajouter le discours de ce provincial: 'Je l'ai vu, il se promenait lui-
même.'

(*29*) Il fallait ajouter en duel.

[14] *J*, i.177-78 (23 mai 1685).
[15] *J*, i.179 (26 mai 1685).

qu'on appelle les Quiétistes. Cette opinion approche de celle des Illuminés d'Angleterre. (*30*)

(17 août.) Un courrier d'Espagne apporta la nouvelle que la dame Quantin avait eu la question, (*31*) et que ceux qui l'avait faussement 280 accusée, avaient été plutôt récompensés que punis. [16]

(15 août.) Monsieur reçut une lettre de la reine d'Espagne sa fille, qui lui mande qu'elle ne doute point qu'on n'attente bientôt à sa vie, puisqu'on a déjà si méchamment attenté à son honneur. M. de Croissy déclara à l'envoyé d'Espagne, qui si l'on entreprenait contre la vie de la 285 reine, le roi enverrait cent mille hommes en Espagne, et vengerait hautement un si infâme attentat; il ajouta même, que si la reine d'Espagne mourait dans cette conjoncture de sa mort naturelle, ce serait le plus grand malheur qui pût arriver à la monarchie d'Espagne, et que l'on compterait ici qu'elle aurait été empoisonnée. [17] 290

(18 août.) On sut que la Quantin, nourrice de la reine d'Espagne, était arrivée à Bayonne; elle n'a pas les bras cassés comme on l'avait cru; mais elle est encore fort navrée de la question qu'elle a eue. (*32*)

(septembre.) Le roi a dit à M. le prince qu'il voulait ôter à M. le prince de Conti les grandes entrées qu'il lui avait données, et qu'il le lui ferait 295 dire par Mme la princesse de Conti. M. le prince répondit au roi, qu'il fallait laisser à Mme la princesse de Conti l'emploi de porter les bonnes nouvelles quand il y en aurait, et que c'était à lui à apprendre les mauvaises. (*33*) [18]

(2 octobre.) Mme la princesse de Conti fut attaquée de la petite vérole 300 à Fontainebleau; dès que le roi le sut, il descendit chez elle, et la consola par tout ce qu'il put lui dire de plus honnête et de plus doux, et comme un homme qui veut oublier le passé. Le roi ne voulait pas voir Monseigneur

(*30*) Elle en est fort loin.
(*31*) Tacite est mal informé.
(*32*) Il n'y a rien de si faux.
(*33*) Bel emploi!

[16] *J*, i.206 (14 août 1685).
[17] *J*, i.207-208 (16 et 17 août 1685).
[18] *J*, i.215 (2 septembre 1685).

ni Mme la dauphine, parce qu'il avait vu Mme la princesse de Conti; mais Monseigneur alla le trouver à l'appartement, et il jouait au billard; le prince de Conti mourut le 9.[19]

(10 novembre.) Les Etats de Languedoc ont accordé au roi deux millions deux cents mille livres de don gratuit. Le roi leur a remis deux cent mille livres et les a priés d'employer au soulagement des nouveaux convertis le fond qu'ils avaient destiné pour lui donner une statue.

(23 novembre.) On apprit que le roi d'Espagne avait donné à la reine sa femme la clef à trois. Elle ouvre tous les appartements du palais, et même les tribunes d'où l'on entend les délibérations qui se prennent dans les salles des conseils. C'est la plus grande marque de confiance que les rois d'Espagne puissent donner, et il est fort rare qu'ils la donnent aux reines. (34)

(5 décembre.) M. le duc de Beauvillier fut nommé chef du conseil de finance. Il représenta au roi qu'il n'avait nulle connaissance de ces affaires-là, (35) et que peut-être Sa Majesté se repentirait de son choix, et qu'il la priait d'y vouloir faire réflexion. Le roi lui répliqua qu'il y avait bien pensé, et qu'il y songeât lui-même pour lui donner une réponse positive.

(6 décembre.) M. de Beauvillier accepta l'emploi dont le roi l'avait honoré, disant toujours qu'il s'en croyait incapable. Le roi lui dit, 'Vous me faites plaisir de l'accepter de bonne volonté; car si vous vous y étiez opposé, je me serais servi de mon autorité pour vous y contraindre.' M. de Beauvillier n'a pas encore 38 ans, le roi dit à M. de S. Agnan qu'il n'avait fait cette grâce à son fils que pour sa vertu et son mérite.

(34) Cela ne s'accorde pas avec le prétendu poison et avec la prétendue menace du ministre Croissy, d'envoyer cent mille hommes contre l'Espagne si la reine mourait.[20] Ce sont là des discours d'antichambre.

(35) Le duc de Beauvillier ne pouvait faire cette réponse, puisque cette place n'était qu'un vain titre.

[19] *J*, i.231 (12 octobre 1685).
[20] See lines 282-90.

On apprit la conversion de M. le marquis de Villette ancien capitaine de la marine, et parent de Mme de Maintenon. (*36*) [21]

Vers le même temps Mme de Miossens fit son abjuration. (*37*) [22] 330

(5 janvier 1686.) Le roi et Monseigneur allèrent dîner à Marly. Mme la princesse de Conti, Mmes de Maintenon, de Montespan et de Thianges étaient avec eux; Monsieur et Madame y arrivèrent à cinq heures avec grand nombre de dames et de courtisans, on trouva la maison fort éclairée, et dans le salon il y avait quatre boutiques de chaque saison de 335 l'année. Monseigneur et Mme de Montespan tenaient celle de l'automne, M. le duc du Maine et Mme de Maintenon celle de l'hiver, M. le duc de Bourbon et Mme de Thianges celle de l'été, Mme la duchesse de Bourbon et Mme la duchesse de Chevreuse celle du printemps; il y avait des étoffes magnifiques, de l'argenterie et de tout ce qui convient à chaque saison, et 340 les hommes et les femmes de la cour y jouaient et emportaient tout ce qu'ils gagnaient; on croit qu'il y avait bien pour quinze mille pistoles d'effets, et après qu'on eut fini le jeu, le roi donna ce qui restait dans les boutiques. (*38*)

(11 janvier.) On sut qu'il y avait un arrêt rendu (*39*) contre ceux de la 345 R. P. R. par lequel il est ordonné que tous les enfants qui sont au-dessous de seize ans seront élevés dans notre religion, et que pour cela on les ôtera de chez leurs pères et mères pour les mettre chez leurs plus proches parents catholiques.

(28 mars.) On pria les ambassadeurs de Siam à une fête qui se faisait à 350 Paris, ils s'en excusèrent disant qu'ils n'avaient pas achevé toutes les visites de la maison royale, et qu'il ne fallait pas que leurs plaisirs marchassent avant leur devoir.

(*36*) Conversion véritable, puisqu'il était parent de Mme de Maintenon. [23]

(*37*) Autre conversion véritable.

(*38*) L'idée de ces boutiques vient de la Chine. Mais...

(*39*) Mais on n'arrache point à la Chine les enfants des bras des pères et des mères pour les faire élever par des jésuites.

[21] *J*, i.264 (10 décembre 1685).
[22] *J*, i.288 (30 janvier 1686).
[23] He was also the grandfather of Mme de Caylus.

(10 mai.) Le roi a voulu donner cent cinquante mille livres de rente pour fonder l'établissement qu'il fait à Saint-Cyr des filles qui sont encore à Noisy; et pour cela, Sa Majesté a affecté (*40*) l'abbaye de Saint-Denis.

(6 juin.) Le roi donna des lettres patentes pour l'établissement de la maison de Saint-Louis, qui sera composée de 250 demoiselles qui feront des preuves, de 36 dames et de 24 sœurs converses.[24]

(11 juillet.) Le marquis de Gesvres demanda au roi la permission de le suivre à Maintenon, où il veut être seul; le roi lui refusa, et le roi le soir lui dit, 'Marquis de Gesvres, je vous ai vu ce matin si fâché de ce que je vous refusais de me suivre, (*41*) que je vous le permets.'

Le roi donna audience aux ambassadeurs de Siam sur son trône qu'on lui éleva au bout de la galerie qui touche l'appartement de Mme la dauphine.[25]

Les ambassadeurs parlèrent fort bien, ils demeurèrent aux pieds du trône jusqu'au moment qu'ils présentèrent au roi la lettre de leur maître, ils montèrent pour la lui rendre jusqu'à la dernière marche; personne à l'audience ne fut couvert que le roi, qui ôta son chapeau une fois ou deux seulement.

Les Siamois témoignèrent par toutes leurs mines beaucoup de respect, et s'en retournèrent jusqu'au bout de la galerie toujours à reculons, ne voulant par tourner le dos au roi.

Le second ambassadeur avait été ambassadeur à la Chine, et le roi de Siam l'a envoyé afin qu'il fasse la comparaison de la cour de France avec celle de la Chine, qu'il croit les deux plus belles cours du monde.

(19 août.) On apprit la mort du doyen des auditeurs de rote; ce tribunal est composé de douze juges qu'on nomme auditeurs, il y entre un Français, deux Espagnols, un Allemand et huit Italiens; la rote est un tribunal qui juge les causes importantes de l'état ecclésiastique. (*42*) Ces

---

(*40*)   Puisse-t-on affecter tous les revenus des couvents inutiles à des établissements utiles!

(*41*)   Rien n'élève plus l'âme que de telles anecdoctes.

(*42*)   Dites des affaires ecclésiastiques.

---

[24] In Dangeau this is given as Saint-Cyr (*J*, i.346).

[25] *J*, i.378 (1 septembre 1686). The following three paragraphs are from the same entry.

douze auditeurs se partagent en trois bureaux, et l'affaire n'est point jugée définitivement qu'il n'y ait eu trois sentences en forme.

(26 septembre.) On mande de Rome que la haquenée a été présentée au pape pour le royaume de Naples. Voici ce que c'est que cette haquenée. Les papes, ayant dans le douzième siècle favorisé les seigneurs normands qui entreprirent de chasser les Sarrasins de la Pouille et de la Calabre, leur donnèrent le titre de royaume. (43) Depuis ce temps-là, ce royaume a toujours été regardé comme un fief dépendant du Saint-Siège, et ceux qui l'ont possédé, ont toujours eu recours au pape; il a été réglé dans les siècles passés qu'il payerait pour tribut tous les ans, le jour de saint Pierre, une haquenée blanche.

(2 octobre.) Les ambassadeurs de Siam sont charmés des bontés du roi; ils vont en Flandres voir les conquêtes de Sa Majesté; mais ils n'iront point en Alsace ni sur le Rhin, parce que le voyage serait trop long et qu'ils souffriraient trop du froid; ils en souffrent déjà beaucoup, et demandent si l'hiver durera encore longtemps, et nous ne sommes qu'en octobre.

(43)   Tacite n'est pas au fait; jamais les papes n'érigèrent la Pouille et la Calabre en royaume. Les fils de Tancrède de Hauteville, conquérant de l'Apulie, que nous nommons la Pouille, en reçurent l'investiture en 1047 de l'empereur Henri III, devenus trop redoutables; cet empereur les fit excommunier par le pape Léon IX son parent nommé par lui. Il envoya une armée contre eux, et le pape fut assez mal conseillé pour aller donner la bénédiction à cette armée; elle fut défaite par Robert Guiscard et son frère Humfroi, et le pape fut pris en 1050. Robert s'empara de la Calabre, et se fit sacrer duc sans consulter l'empereur son ennemi.

Pour opposer un bouclier sacré aux prétentions impériales, il se mit sous la protection de saint Pierre, en qualité d'oblat, en 1059. Il ne pouvait être vassal du pape, puisque le pape n'était pas souverain de Rome. Les papes se prétendirent bientôt seigneurs suzerains de Naples; mais en revenant au premier contrat tout changera quand on voudra, ou quand on pourra.[26]

[26] See the *Essai sur les mœurs*, ch.40 (M.xi.356-59).

J'ai appris qu'hier au dîner, le roi, la première fois qu'il but, but à la santé du pape, disant au cardinal Ranuzzi: 'Monsieur, il est juste que je commence par boire à la santé de Sa Sainteté'; il se leva, et avait ôté son chapeau avant que de boire; il se rassit et se couvrit.[27] 400

Le cardinal demeura debout et découvert; et un moment après, il demanda au roi permission de boire à la santé du plus grand roi de la terre, et à la prospérité de la chrétienté. 405

(18 novembre.) Sur les sept heures du matin, le roi se fit faire la grande opération: (44) Monseigneur étant à la chasse, en revint dans l'instant à toute bride, et en pleurant.

Les Siamois sont revenus de leur voyage de Flandres; ils ont été étonnés de la beauté et du nombre de nos troupes et de nos places. Ils 410 donnaient l'ordre partout; et au lieu de nommer le nom d'un saint, ils disaient quelques sentences à la mode de leur pays, et presque toujours par rapport au roi et à la ville où ils étaient.[28]

(11 décembre.) Le roi apprit la mort de M. le prince; ce qui augmenta son mal: on ne saurait assez louer tout ce qu'a dit et fait M. le prince 415 jusqu'au dernier moment; et sa mort est, (s'il se peut) plus belle que sa vie. (45)

(18 janvier 1687.) Les trois enfants de Monseigneur furent baptisés. M. le duc de Bourgogne fut tenu par le roi et par Madame, et fut nommé Louis. Monseigneur le duc d'Anjou par Monsieur et par Mademoiselle sa 420 fille, et fut nommé Philippe. Monseigneur le duc de Berry fut tenu par M. le duc de Chartres et par la Grande Mademoiselle, et fut nommé Charles. Toute la cour était magnifiquement vêtue. M. l'Evêque d'Orléans fit la cérémonie. Le soir il y eut appartement, et Mme la dauphine avait peine à

(44)   C'est l'opération de la fistule, qui était alors très dangereuse, et qu'il soutint avec un grand courage.[29]

(45)   Ah! Monsieur, Rocroi, Lens, Fribourg, etc., etc., valent bien Bourdaloue.[30]

---

[27] *J*, i.411 (7 novembre 1686). The following paragraph is from the same entry.
[28] *J*, i.419 (20 novembre 1686).
[29] See the *Siècle de Louis XIV*, ch.27 (*OH*, p.940).
[30] These battles were victories for the French, under the command of the Prince de Condé, against the Spanish during the Thirty Years' War: Rocroi, 19 May 1643; Lens, 20 August 1648; and Freiburg, 3, 5 and 9 August 1644.

porter son habit, tant il était pesant. On prit la bourse d'un officier de   425
cavalerie dans l'appartement, et le roi lui fit donner les cent pistoles qu'on
lui avait volées, disant qu'il n'était pas juste qu'un pauvre officier perdît
ici tout ce qu'il avait pu amasser dans une année de service.

(16 février.) Le roi régla qu'il n'y aurait plus de comédies à Versailles
les dimanches durant le carême, ni d'opéra ces jours-là à Paris. (46)   430

(Mars.) M. de Roquelaure avait demandé les lods et ventes de
quelques temps de M. de Lauzun, et le roi les refusa, disant qu'il ne
fallait pas profiter de la disgrâce des malheureux. (47)[31]

A la mort de Lulli, on lui trouva trente-sept mille louis d'or et vingt
mille écus en espèces, et beaucoup d'autres biens. (48)[32]   435

(28 mai.) A Verdun, le roi y changea un ancien usage que les
chanoines avaient, de ne se point mettre à genoux durant l'élévation,
et de se couvrir aux processions.

(22 octobre.) Le roi n'a pas été content de la conduite de M. le Duc, et
ne veut plus qu'il voie certains jeunes gens qui l'ont suivi à un mauvais   440
lieu à Paris. M. le Duc ne songea qu'à justifier ses amis, disant qu'ils
avaient fait tout ce qu'ils avaient pu pour l'en empêcher; que c'était lui
seul qu'on devait punir. On a fort loué M. le Duc de ce procédé, et ces
messieurs ne seront point chassés.

(30 octobre.) En parlant des commerces de galanteries, le roi disait   445
souvent à Monseigneur: 'Mon fils, n'en ayez jamais, car, outre qu'on fait
mal et qu'on scandalise, c'est qu'on n'y trouve pas le plaisir qu'on croit; et
que c'est la source de mille chagrins.' (49)

Mme la dauphine se confessant, vit son confesseur qui chancelait: elle
le retint tant qu'elle put; mais sa faiblesse augmenta à tel point, qu'il   450

(46)   Ce règlement n'eut pas lieu; la nécessité d'occuper la
jeunesse prévalut.

(47)   Dites-nous en souvent de pareilles: mais pourquoi rendre
le duc de Lauzun malheureux?

(48)   On n'en trouva pas tant chez Quinault, qui valait bien
Lully.

(49)   Rarement pour les princes.

[31] *J*, ii.33 (mars 1687).
[32] *J*, ii.36 (mars 1687).

tomba à ses pieds sans connaissance: un autre confesseur entra pour lui donner l'absolution, et il mourut. Mme la dauphine, qui ne devait point aller ce jour-là à la comédie, à cause qu'elle faisait ses dévotions, y fut pourtant par complaisance pour Monseigneur, qui voulait lui ôter l'idée de la mort qu'elle avait vue de si près. (*50*) 455

(29 novembre.) M. de Mailly étant fâché contre son fils aîné M. de Nesle, sur le mariage qu'il avait fait avec Mlle de Coligny, Mme de Maintenon fait ce qu'il faut pour que M. de Mailly pardonne à son fils, et ne veut point du tout que le petit Mailly qui a épousé sa nièce, profite de la colère où est son père contre son frère aîné. 460

Le roi dit à M. de Metz, (*51*) qui le divertit fort: 'Les autres me prient de les amener à Marly; mais moi, je vous prie d'y venir.'[33]

(14 décembre.) On apprit de Constantinople que le Grand Seigneur avait été dépossédé (*52*) et renfermé dans une prison où il tenait son frère depuis quarante ans: ce frère, qui fut mis à sa place, lui fit dire qu'il le 465 tiendrait aussi quarante ans en prison comme il l'y avait tenu. On dit que deux heures après cette action, tout était tranquille dans Constantinople, comme s'il ne fût rien arrivé.[34]

(24 décembre.) Le roi entendit trois messes: il avait fait ses dévotions et touché les malades des écrouelles; (*53*) il faisait ainsi aux grandes fêtes. 470

(1688.) On apprit que la reine d'Angleterre était accouchée d'un fils. Il n'est encore que duc de Cornouailles, et son père lui donnera bientôt le

(*50*)   Cela fait diversion.

(*51*)   Plaisante louange pour un évêque.

(*52*)   C'est Mahomet IV; celui-là même qui aurait été maître de Vienne et de l'Autriche, si son grand vizir avait été un peu plus vigilant. Les janissaires et les gens de loi le détrônèrent comme bien d'autres, et mirent à sa place son frère Soliman III.[35] Voilà ces sultans prétendus despotiques. L'empire turc est gouverné à peu 5 près comme la république d'Alger.

(*53*)   C'est un beau privilège: une dame qu'il avait souvent touchée, en était morte.

[33] *J*, ii.73 (30 novembre 1687).
[34] *J*, ii.82-83 (22 décembre 1687).
[35] See the *Essai sur les mœurs*, ch.192 (M.xiii.149).

titre de prince de Galles par des lettres-patentes. Il n'aura point de nourrice, et sera nourri de lait et de pain, et de bouillie: c'est ainsi qu'on élève à Londres beaucoup d'enfants de qualité. [36]

Le roi a dit à Mme la dauphine, qu'il envoyait Monseigneur commander ses armées en Allemagne. Elle se mit à pleurer, et lui dit que, quoiqu'elle fût fort fâchée de voir partir Monseigneur, elle le remerciait de l'occasion qu'il lui donnait d'acquérir de la gloire. [37]

Le roi dit à Monseigneur: (*54*) 'En vous envoyant commander mon armée, je vous donne les occasions de faire connaître votre mérite; allez le montrer à toute l'Europe, afin que quand je viendrai à mourir, on ne s'aperçoive pas que le roi soit mort.'

(25 septembre.) Le roi et Monseigneur se sont fort attendris en se quittant: Sa Majesté lui a donné 7000 pistoles, et beaucoup de diamants pour faire des présents.

(5 octobre.) Le roi a dit à Mme la dauphine, qu'il avait reçu des nouvelles d'Angleterre, par lesquelles il apprenait qu'enfin le prince d'Orange s'était déclaré protecteur de la religion anglicane, et qu'il s'allait embarquer arborant le pavillon anglais; que plusieurs milords l'étaient déjà venus trouver. Voici l'adieu qu'on dit qu'il a fait à MM. les états. 'Messieurs, je vous dis adieu pour jamais; je vais périr ou régner. (*55*) Si je péris, je mourrai votre serviteur; si je règne, je vivrai votre ami.'

(13 octobre.) M. de Beauvillier a écrit au roi que deux coups de canon étaient tombés fort près de Monseigneur, qui n'en mande rien au roi; et M. de Beauvillier ajoute que Monseigneur n'en avait point été ému, et que tous les officiers sont charmés des honnêtetés de Monseigneur, qui prend

(*54*)   Cela est très vrai et rapporté ainsi mot à mot dans le *Siècle de Louis XIV*. [38]

(*55*)   Cela ne se dit que dans les tragédies: il n'était point du tout question alors de faire régner Guillaume; il eût dit une grande imprudence, et il n'en disait pas. [39]

[36] *J*, ii.149 (25 juin 1688).

[37] *J*, ii.171 (22 septembre 1688). The following paragraph is from the same entry.

[38] See ch.16 (*OH*, p.772) and the *Anecdotes sur Louis XIV*, *OC*, vol.30c, p.158.

[39] Although Voltaire was no great admirer of William of Orange, he did give him credit for his 'habileté et ... son courage' (*Siècle de Louis XIV*, ch.15, *OH*, p.759).

tous les soins d'un bon général. Il se leva la nuit du samedi au dimanche, sans en avertir personne, et alla visiter les travaux, et il fallut qu'on l'en arrachât. Monseigneur ne se nommait jamais dans ses lettres; mais il parlait des autres, et louait les moindres officiers. [40]

(26 octobre.) Plus de quatre cents soldats des Invalides, voyant les levées qu'on fait en France, et que la guerre est commencée, ont demandé à sortir pour aller servir, et se sont enrôlés en différents corps: on leur a donné à tous des billets, afin qu'ils pussent rentrer dans la maison quand le temps pour lequel ils se sont engagés sera expiré: presque tous ceux qui se sont engagés dans l'infanterie, ont été faits sergents.

(1er novembre.) Le roi étant au sermon, M. de Louvois vint lui dire la nouvelle de la prise de Philisbourg. Le roi pria le Père Gaillard, qui prêchait, de cesser un moment: il écouta M. de Louvois, après quoi il dit: 'Mon Père, vous continuerez quand il vous plaira; c'est la prise de Philisbourg, il en faut remercier Dieu.'

Le Père Gaillard reprit son sermon; et en faisant son compliment au roi, il y a fait entrer la prise de Philisbourg et les louanges de Monseigneur; ce qui plut fort à tout le monde. (56)

(3 novembre.) On apprit d'Angleterre que Sa Majesté Britannique a fait baptiser le prince de Galles; il a été tenu sur les fonds par le nonce, au nom du pape.

(11 novembre.) Mlle de Château-Tiers ayant quête, fut volée. Elle passa cela sous silence, et remit dans une autre bourse la même somme qu'on lui avait prise. Le roi le sut; et, pour la récompenser et lui marquer sa considération, lui envoya des pendeloques et des boucles de diamants qui valent quatre cents pistoles.

(24 novembre.) Le roi a dit que le pape lui avait accordé la permission d'entendre la messe jusqu'à deux heures, et le permet aussi à Monseigneur et à Mme la dauphine. C'est une ancienne tradition que les rois en France ont ce droit-là; cependant Sa Majesté a dit qu'elle en avait voulu avoir la

(56)   Gaillard n'en était pas moins un assez plat orateur. [41]

[40] *J*, ii.187, 192 (13 et 19 octobre 1688).
[41] Honoré Gaillard was tutor to the Prince of Turenne; he was later to become 'prédicateur à la cour' (1702-1716) and 'recteur' of the collège Louis-le-Grand.

confirmation du pape, ne sachant pas sur quoi cette tradition était fondée. (*57*)

Le roi fit dire au prédicateur qu'il n'entendrait point le sermon: Sa Majesté monta en carosse en sortant de table pour aller au devant de Monseigneur avec toute la cour; et dès que les signaux du baron de Beauvais parurent dans la plaine, Sa Majesté alla trouver Monseigneur au bout du bois de Boulogne: Sa Majesté et Monseigneur furent du temps enfermés ensemble, et ensuite Monseigneur alla chez Mme la dauphine et chez Mme de Maintenon. [42]

(29 novembre.) Monseigneur alla au lever du roi, et de là chez Mme de Maintenon. (*58*)

(1 décembre.) Le roi a déclaré qu'il ferait des Chevaliers du Saint-Esprit.

Il demanda à M. de La Tremouille quel âge il avait: il répondit qu'il avait trente-trois ans; le roi lui dit: 'Dans deux ans je vous ferai chevalier'; puis, un moment après, le roi lui dit: 'Vous êtes de bonne foi, d'avouer que vous n'avez pas l'âge; je vous dispense des deux ans qui vous manquent.'

(3 décembre.) Le roi fit dire à M. l'évêque de Beauvais, et à quelqu'autres personnes, qu'il était bien fâché de n'avoir pu trouver place pour eux dans la promotion qu'il avait faite; mais qu'il leur promettait les premières places vacantes; qu'ils devaient se fier à sa parole, d'autant plus qu'il n'avait pas accoutumé de tenir de pareils discours.

(4 décembre.) Mme de Brinon sortit de Saint-Cyr. (*59*)

(*57*)   Apparemment sur l'Evangile: d'ailleurs, les papes ont le droit incontestable de régler nos cadrans.

(*58*)   A quelle heure alla-t-il à la garde-robe?

(*59*)   C'était un bel esprit, ou une belle esprit, (comme vous voudrez) qui composait des comédies détestables, qu'elle faisait jouer par les demoiselles de Saint-Cyr; mais elle ne fut chassée que pour ses intrigues. [43]

[42] *J*, ii.218-19 (28 novembre 1688).
[43] For more on Mme de Brinon, see the *Souvenirs de Mme de Caylus* in this volume, p.177-80.

M. de Lauzun a fait demander au roi, s'il agréerait qu'il travaillât à faire sauver le roi, la reine d'Angleterre, et le prince de Galles. [44]

M. de Lauzun manda au roi qu'il était arrivé à Calais avec la reine et le prince de Galles; que le roi d'Angleterre lui confie Milord Porff, mari de la gouvernante qui avait emmené secrètement le prince de Galles à Londres, et l'avait caché dans une mauvaise maison. Il y avait soixante personnes qui étaient du secret. Le roi d'Angleterre se coucha avec la reine le dimanche, et la fit relever une heure après, pour la mettre entre les mains de M. de Lauzun, qui la fit monter en carrosse avec lui; puis allèrent prendre le prince de Galles avec sa nourrice et la remueuse, et montèrent dans un yacht: le capitaine ne savait point qui il menait: la reine fut toujours à fond de calle, où elle était entrée portant le prince de Galles sous ses bras, comme un paquet de linge sale: l'enfant n'a point crié, et tout s'est passé heureusement. [45]

La reine arrivant à Calais n'a point voulu qu'on lui rendît aucun honneur. M. de Lauzun manda au roi que le roi d'Angleterre lui avait donné ordre de ne remettre la reine qu'entre ses mains, et qu'il était bien malheureux de ne pouvoir exécuter cet ordre, n'ayant point la permission de se présenter devant Sa Majesté. Le roi lui a écrit une lettre fort obligeante et lui permet de revenir.

Le roi a envoyé un de ses gentilshommes ordinaires à la reine d'Angleterre pour se réjouir de son heureuse arrivée, et Sa Majesté fera partir incessamment des carosses, des gardes et toutes sortes d'officiers pour la servir, on meuble Vincennes pour la recevoir.

(23 décembre.) Le roi a écrit à Mlle de Montpensier qu'il faisait revenir M. de Lauzun à la cour, qu'elle n'en devait point être fâchée (60) et qu'il n'avait pu s'empêcher d'accorder la permission de le voir à un homme qui venait de faire une action si heureuse et si importante.

(25 décembre.) Il vint un officier de marine qui apprit que la nuit du lundi au mardi, le roi Jacques s'était sauvé déguisé, et suivi d'un seul homme.

La reine d'Angleterre vint de Calais à Boulogne où elle attendit des

(60)   On voit bien quelle était sa femme.

[44] *J*, ii.231 (17 décembre 1688).

[45] *J*, ii.234-35 (23 décembre 1688). The following two paragraphs are from the same entry.

nouvelles du roi son mari, résolue, dit-elle, s'il est arrêté, de repasser en
Angleterre pour aller souffrir le martyre (*61*) avec lui. 585

(27 décembre.) La reine d'Angleterre arriva à Boulogne où elle
voulait se mettre dans un couvent en attendant des nouvelles du roi son
mari. Mais le duc d'Aumont l'a tant pressée de venir chez lui qu'elle s'est
rendue à ses prières.

(31 décembre.) Le roi commença la cérémonie des Chevaliers de 590
l'Ordre, parce qu'il en avait trop à faire et que cela aurait duré six ou sept
heures de suite, M. le comte d'Aubigné (*62*) fut fait chevalier à cette
promotion, qui était de soixante et quatorze.

(5 janvier 1689.) Le roi eut nouvelle que le roi d'Angleterre était arrivé
le 5 à Ambleteuse; et aussitôt il envoya un de ses gentilshommes 595
ordinaires porter cette nouvelle à la reine qui était à Beaumont. Elle
priait Dieu quand on lui vint annoncer cette nouvelle, et elle oublia si bien
ses malheurs dans ce moment qu'elle leva les mains et les yeux au ciel, en
disant, 'Que je suis heureuse, que je suis heureuse!' on ne saurait se louer
plus qu'elle fait de toutes les grâces qu'elle reçoit du roi. Elle est 600
parfaitement contente de la réception qu'on lui a faite partout.

(6 janvier.) Le roi après son dîner partit de Versailles avec Monseigneur et Monsieur, et vint jusqu'auprès du château où il attendit la
reine d'Angleterre, dès qu'on vit paraître les carrosses: le roi, Monseigneur, et Monsieur, mirent pied à terre, le roi fit arrêter le carrosse qui 605
marchait devant celui de la reine où était le prince de Galles et l'embrassa.
Pendant ce temps la reine d'Angleterre descendit de carrosse, et fit au roi
un compliment plein de reconnaissance; le roi répondit qu'il lui rendait un
triste service dans cette occasion, mais qu'il espérait être en état de lui en
rendre de plus agréables dans la suite; (*63*) le roi avait avec lui ses gardes, 610
ses mousquetaires, et ses chevaux légers, et tous les courtisans l'avaient
accompagné; le roi remonta en carrosse avec la reine, Monseigneur et
Monsieur, ils descendirent au château de Saint-Germain où l'on trouva

(*61*)   Le martyre! vous n'y pensez pas.
(*62*)   C'était le frère de Mme de Maintenon aussi l'auteur ne
parle que de lui.
(*63*)   Cela est vrai mot à mot. [46]

[46] See the *Siècle de Louis XIV*, ch.15 (*OH*, p.763) and the *Notebooks*, *OC*, vol.81,
p.218.

toutes les commodités imaginables. Tourolle tapissier du roi donna à la reine la clef d'un petit coffre où il y avait six mille pistoles. 615

(7 janvier.) Entre 6 et 7 heures, le roi monta en carrosse avec Monseigneur, Monsieur et M. de Chartres, et alla à Saint-Germain; il demeura avec la reine d'Angleterre une demi-heure. Il la quitta quand on lui vint dire que le roi d'Angleterre était entré dans la cour du château. Le roi alla au devant de lui: le roi d'Angleterre se baissa jusqu'à ses genoux, 620 le roi l'embrassa et ils demeurèrent longtemps à s'entr'embrasser, et ensuite le roi lui donnant toujours la main, le mena dans la chambre de la reine sa femme, et le lui présenta disant, 'Je vous amène un homme que vous serez bien aise de voir'; le roi en les quittant dit au roi d'Angleterre, 'Je ne veux point que vous me conduisiez; car vous êtes encore 625 aujourd'hui chez moi, demain vous me viendrez voir à Versailles, je vous en ferai les honneurs et vous me les ferez à Saint-Germain la première fois que j'y viendrai, ensuite nous vivrons sans façon.'

(9 janvier.) Le roi donna au roi d'Angleterre 50 mille écus pour se remettre en équipage et 50 mille francs par mois, le roi d'Angleterre n'en 630 voulait que la moitié.

La reine d'Angleterre dit qu'elle traiterait les dames, ou comme les reines les traitent en Angleterre, ou comme les reines les traitent en France, elle en laissa le choix au roi.

(12 janvier.) Le roi dit qu'il voulait qu'on rendît plus de respect au roi 635 d'Angleterre malheureux que s'il était dans la prospérité. (64)

M. de Croissy a reçu des nouvelles d'Angleterre. Les lords assemblés à Londres proposent de faire faire le procès au roi leur maître sur quatre chefs, (65) sur la mort du roi son frère où ils prétendent qu'il a contribué, sur la mort du comte d'Essex qui s'égorgea dans sa prison, sur la 640 supposition du prince de Galles, et sur un traité d'alliance secrète avec la France. Il paraît par cette mauvaise volonté que le roi d'Angleterre a bien fait de venir en France. [47]

(17 janvier.) Le roi d'Angleterre a été à Paris voir les grandes

(64)   Cela est vrai et voilà de la véritable grandeur.

(65)   Cela n'est pas vrai, jamais on ne fit ces propositions. Seulement le parti criait que le prince de Galles était supposé.

[47] *J*, ii.302 (16 janvier 1689).

Carmélites, et a demandé la mère Agnès: parce que c'est la première 645
personne qui lui a parlé pour le faire changer de religion. (66)

(20 janvier.) Les lords à Londres continuent leur séances et ils ont
résolu de prier le prince d'Orange de prendre le gouvernement des
affaires civiles et militaires.

A trois heures le roi et Monseigneur allèrent à Saint-Cyr, où l'on 650
représenta pour la première fois la tragédie d'Esther qui réussit à
merveille. Toutes les petites demoiselles jouèrent et chantèrent très
bien, le roi, les dames, et les courtisans qui eurent permission d'y aller en
revinrent charmés. Mme de Maintenon avait si bien disposé de tout, qu'il
n'y eut aucun embarras. [48] 655

(3 février.) Le roi, Monseigneur, Mme la dauphine et toute la maison
Royale allèrent encore à Saint-Cyr voir la tragédie d'Esther, il n'y vint
que les dames et les courtisans que le roi nomma, et tout le monde en fut
également enthousiasmé.

(5 février.) Le roi alla encore à Saint-Cyr. Sur les trois heures le roi et 660
la reine d'Angleterre y arrivèrent, le roi les reçut dans le chapitre et
ensuite les mena voir cette tragédie d'Esther.

(15 février.) Le roi, Monseigneur, Monsieur, Madame, Mademoiselle,
et les princesses allèrent encore à Saint-Cyr à la tragédie d'Esther qu'on
admire toujours (67) de plus en plus. 665

Le roi sortit du conseil sur les onze heures quand il sut que Monsieur
était éveillé, il alla chez lui pour lui apprendre la funeste mort de la reine
d'Espagne qui n'a été malade que deux jours, elle est morte avec
beaucoup de courage et de piété. [49]

Le roi donna au roi d'Angleterre qui va en Irlande (68) vingt 670

(66)   La mère Agnès lui rendit comme on sait un grand service
pour l'autre monde et fort mauvais pour celui-ci.

(67)   Voyez comme Mme de Maintenon figurée par Esther
dirigeait l'opinion des courtisans! [50] D'ailleurs l'intrigue de la pièce
était si vraisemblable!

(68)   Cela est vrai on ne put jamais secourir mieux un prince et
plus inutilement.

[48] *J*, ii.310 (26 janvier 1689).
[49] *J*, ii.334 (20 février 1689).
[50] See the *Siècle de Louis XIV*, ch.27 (*OH*, p.941).

capitaines, vingt lieutenants et vingt cadets pour servir dans ses troupes, et lui a fait donner des selles, des harnais, des pistolets et toutes sortes de commodités; il lui donna aussi les armes qu'il avait à toutes les campagnes qu'il a faites; enfin en grandes en petites choses, il n'a rien oublié de ce qui pouvait lui être utile.[51] 675

Le roi d'Angleterre vint à Versailles: il fut longtemps enfermé avec le roi, qui lui dit en le quittant, 'Je souhaite, monsieur, de ne vous revoir jamais. Cependant si la fortune veut que nous nous revoyions, vous me trouverez toujours tel que vous m'avez vu.'[52]

(27 février.) Le roi et Monseigneur allèrent dire adieu au roi 680 d'Angleterre qui part demain sans faute.

Les nouvelles d'Angleterre portent que le prince d'Orange a été proclamé roi, que 19 évêques et 30 autres pairs ont protesté et déclaré qu'on les forçait à faire une chose injuste.

(Mars.) La reine d'Angleterre a dit, que le prince d'Orange avait 685 ordonné qu'en parlant d'elle, et du roi son mari, on dise le feu roi, et la feue reine. (69)[53]

(2 avril.) On eut nouvelle que le roi d'Angleterre était arrivé en Irlande, où il a été reçu avec beaucoup de joie. Ils ont même envoyé à nos matelots pour les rafraîchir, 50 bœufs et 400 moutons. 690

(22 mai.) Le roi alla à Saint-Cyr.

(28 mai.) Le marquis de Vardes revint à la cour; le roi lui dit; 'L'absence a été un peu longue, je souhaite que vous en profitiez, faites-bien à l'avenir, et comptez que j'ai entièrement oublié le passé.'

(18 août.) Le pape Innocent XI étant à l'extrêmité, le cardinal 695 Collorédo voulait lui proposer de faire une promotion; mais il refusa de lui donner audience: Don Louis se jeta à ses genoux, et lui demanda sa bénédiction. Le pape lui dit de ne se mêler d'aucune affaire, et qu'on en mourrait plus tranquillement.

(21 août.) Le roi a entendu le salut à Saint-Cyr. 700

(23 août.) On apprit que le pape était mort le 12, fort repentant de

(69)   Elle ne dit point cette sottise, the late king, le *ci-devant* roi, ne signifie pas le feu roi.

[51] *J*, ii.338 (23 février 1689).
[52] *J*, ii.338-39 (25 février 1689).
[53] *J*, ii.351-52 (13 mars 1689).

n'avoir pas secouru le roi d'Angleterre: (70) il laissa beaucoup d'argent dans le trésor. Le roi ne voulut pas que le cardinal Le Camus allât à Rome, et dit qu'il était trop mécontent du pontificat qui venait de finir, qu'il ne voulait point employer les cardinaux que le dernier pape avait faits.[54]   705

(4 septembre.) Le roi a dit qu'il ne voulait pas que les dames de Mme la dauphine fussent privées de tous les plaisirs durant sa maladie, et qu'il les mènerait tour à tour à Marly.

(24 novembre.) Le roi donna une compagnie aux gardes à M. de Montpérou, et lui dit: 'Je fais un passe-droit en votre faveur; mais vous   710 portez un nom qui mérite de la distinction.'

(20 décembre.) Le pape donna les gratis, pour la réunion de l'abbaye de Saint-Denis à Saint-Cyr.

(5 janvier 1690.) Le roi alla à Saint-Cyr, où on joua encore Esther.

(10 janvier.) On joua encore Esther pour la seconde fois de cette   715 année: on la joua encore le 19 le 23 et le 30 parce que le roi y prenait une extrême plaisir.[55]

(8 mars.) Le roi dit à Monseigneur, qu'il le destinait à commander cette année une armée digne d'un dauphin, et qu'il lui dirait dans deux jours où il devait aller.   720

(20 avril.) Mme la dauphine se sentant à l'extrêmité, a parlé en particulier au roi et à Monseigneur: elle envoya chercher Mme de Maintenon; ensuite elle envoya quérir ses enfants, et leur donna sa bénédiction: elle dit à M. le duc de Berry, en l'embrassant: 'C'est de bon cœur, quoique tu me coûtes bien cher': elle conserva sa connaissance   725 jusqu'à la fin. Après sa mort, le roi emmena Monseigneur chez lui, et lui

---

(70)   Non seulement il ne le secourut pas; mais il prit le parti du prince d'Orange. Il aida à détrôner Jacques, et ne s'en repentit point.[56]

---

[54] *J*, ii.452, 454 (21 et 23 août 1689).

[55] *J*, iii.51, 55, 57, 61 (10, 19, 23 et 30 janvier 1690).

[56] See the *Siècle de Louis XIV*, ch.15 (*OH*, p.759, 761), and 'Souverains contemporains', 'Odescalchi, Innocent XI' (*OH*, p.1115); in encouraging the League of Augsburg, Innocent XI was certainly acting against the interests of James II; however, Voltaire disputes La Beaumelle's claim, in his edition of the *Lettres de Madame de Maintenon*, that the pope 'fit dire des *milliers* de messes pour l'heureux succès du prince d'Orange' (*Siècle de Louis XIV*, ch.15, *OH*, p.760).

dit: 'Vous voyez ce que deviennent les grandeurs du monde; nous serons comme cela vous et moi.'

(3 mai.) Au retour de Marly, les grands officiers et les dames de Mme la dauphine, vinrent saluer le roi en mante; il leur dit: 'Nous avons des compliments à nous faire; il n'y a qu'à se louer de votre conduite, et de tous les officiers de Mme la dauphine: j'aurai soin des grands et des petits.' 730

(2 août.) On fit des feux de joie à Paris, sur la nouvelle de la mort du prince d'Orange, que le roi n'a point approuvés; mais les magistrats ne purent retenir le peuple. (*71*) 735

Monseigneur fit une assez longue campagne en Allemagne cette année: il faisait donner 50 écus au lieu où il couchait, 50 liv. où il avait dîné; et outre cela, on distribuait 50 écus aux pauvres sur le chemin.

(30 octobre.) Comme il manquait encore 50000 l. de rente pour la fondation de Saint-Cyr, le roi s'est accommodé avec M. de Chevreuse, qui cède tout le revenu de ce duché, dont il y a déjà une grande partie renfermée dans le parc de Versailles. 740

L'empereur ayant fait consulter M. Fagon sur une maladie, M. Fagon demanda permission au roi de lui répondre: le roi lui dit d'avoir autant d'attention à la santé de l'empereur, qu'il en aurait à la sienne, et de lui offrir les personnes qu'il croirait les plus propres à donner et à faire les remèdes qu'il ordonnerait: on était alors en guerre avec lui. 745

(5 janvier 1691.) La veille des Rois, le roi alla à Saint-Cyr, où l'on joua Athalie. Il la vit jouer plusieurs fois pendant cet hiver; et le roi et la reine d'Angleterre s'y trouvèrent une fois. 750

(21 mars.) Le roi pendant le siège de Mons, vint dîner à la vue des lignes: il alla se promener à l'entour de la place, et fut assez longtemps à la demi-portée du mousquet: un de nos vedettes l'arrêta; on lui dit: 'Est-ce que tu ne connais pas le roi?' 'Je le connais', dit ce cavalier; 'mais ce ne devrait pas être lui qui vint si avant.' Un moment après, un coup de canon tua le cheval de la Chénaye fort près du roi, et à côté de M. le comte de Toulouse, qui d'abord commanda qu'on donnât un autre cheval à la 755

(*71*)   On tira le canon de la Bastille; ce ne fut pas le peuple qui le tira. [57]

[57] It seems that before the Battle of the Boyne an Irish cannonball had grazed William's shoulder, precipitating rumours of his death (*Siècle de Louis XIV*, ch.15, *OH*, p.766-67).

Chénaye, et dit: 'Quoi! un coup de canon; n'est-ce que cela?' M. le comte de Toulouse n'avait pas treize ans.

(23 mars.) On prit, pendant le siège de Mons, un officier de l'artillerie des ennemis qui se voulait jeter dans la place, et qui n'avait pu y réussir. Le roi l'interrogea fort: il assura le roi qu'il ne prendrait pas la place sans donner bataille. Le roi lui répondit: 'Monsieur, nous sommes ici pour cela.' 760

(30 mars.) Malgré toutes les occupations du siège, le roi tint tout ses conseils à l'ordinaire, et donna ordre à toutes les affaires de l'état, comme s'il eut été à Versailles. 765

(5 avril.) Le roi, en faisant le tour des lignes, passa à l'hôpital pour voir si l'on avait bien soin des blessés et de malades; si les bouillons étaient bons, s'il en mourait beaucoup, et si les chirurgiens faisaient bien leur devoir. (72) 770

Après la prise de Mons, Monseigneur alla voir sortir la garnison de la place: le gouverneur salua Monseigneur de l'épée, sans mettre pied à terre; il lui dit qu'il était bien fâché de n'avoir pu tenir plus longtemps, afin de contribuer davantage à la gloire du roi. 58

(8 septembre.) Le nouveau pape donna trente mille écus au roi d'Angleterre, et vendit sa vaisselle pour faire cette somme-là. Il donna en même temps cinquante mille écus à l'empereur, pour continuer la guerre contre le Turc. 775

(novembre.) Le roi, en faisant la revue de ses gardes, se fit montrer ceux qui s'etaient distingués au combat de Leuse, pour les récompenser. Il leur parla et les loua. (73) 59 780

On apprit que le prince d'Orange avait soupé à Bruxelles, chez M. de Vaudemont, qui lui dit, en se mettant à table: 'Sire, Votre Majesté ne sait peut-être pas qu'elle soupe ici dans sa maison; c'est l'Hôtel de Nassau: il y a vingt-trois ans que j'y loge sans avoir rien payé; à mille écus par an, c'est vingt-trois milles écus que je dois à Votre Majesté.' Après le souper, le prince d'Orange passa dans un cabinet, où il fit deux écrits qu'il donna à 785

(72) Attention digne d'un roi; et d'autant plus indispensable, qu'elle ne coûte rien.

(73) Voilà comment il en faut user, si on veut gagner des batailles et se faire aimer.

58 *J*, iii.321 (10 avril 1691).
59 *J*, iii.427 (7 novembre 1691).

M. de Vaudemont: 'Tenez', lui dit-il, 'Monsieur, voilà une quittance de vingt-trois mille écus de louage, afin qu'on ne puisse vous inquiéter pour le passé, et voilà une donation de sa maison, afin que vous soyez en repos pour l'avenir.' [60]   790

Il y a eu cette année, comme presque toutes les autres, conseil de finance, le mardi et samedi. Tous les quinze jours conseil de dépêches pour les affaires des provinces, le lundi. [61]

Le vendredi, conseil de conscience; (74) et tous les autres jours conseil d'Etat: outre cela, le roi travaille encore tous les soirs chez Mme de Maintenon, avec quelqu'un de ses ministres.   795

(16 juillet 1692.) Après le combat de la Hogue, où nous perdîmes tant de beaux vaisseaux, le roi dit tout haut à M. de Tourville, dès qu'il le vit paraître: 'Je suis très content de vous et de toute la marine: nous avons été battus; mais vous avez acquis de la gloire, et pour vous, et pour toute la nation: il nous en a coûté quelques vaisseaux, cela sera réparé l'année qui vient; et sûrement (75) nous battrons les ennemis.'   800

(19 juillet.) On manda de Hollande que Van Beuning avait dit, en parlant du combat naval et de la prise de Namur, qu'on avait coupé les cheveux au roi de France, qu'ils lui reviendraient l'année qui vient; mais que le roi de France avait coupé un bras aux alliés, et qu'il ne reviendrait point. (76)   805

(3 octobre.) Le roi fit distribuer gratuitement, des grains et des farines aux peuples du Dauphiné qui avaient le plus souffert pendant que les   810

(74)   Le jésuite La Chaise était l'âme de ce conseil. Il s'agissait de donner des bénéfices, et de persécuter les protestants. [62]

(75)   Pas si sûrement; il ne faut jamais jurer de rien.

(76)   Van Beuning [63] n'était donc pas prophète ou parlait comme les autres prophètes. Louis XIV a fini par perdre Namur et sa marine.

[60] *J*, iii.439 (6 décembre 1691).

[61] *J*, iii.448 (31 décembre 1691). The following paragraph is from the same entry.

[62] See the *Siècle de Louis XIV*, ch.37 (*OH*, p.1076).

[63] Coenraad van Beuningen (1622-1693) was a Dutch burgomaster, diplomat, and sometime ambassador to England and France.

ennemis étaient dans leur pays; et il y eut des commissaires qui examinèrent les pertes qu'ils ont faites, pour y remédier. (*77*)

(juillet 1693.) Madame (*78*) eut la petite vérole, et a toujours voulu boire à la glace: ses fenêtres sont ouvertes: elle change de linge quatre fois le jour; ne veut point être saignée: elle prend beaucoup de poudre de la comtesse de Kent; et se porte aussi bien qu'on le peut en cet état. [64]

(1er août.) On apporta au roi la nouvelle d'un grand combat que nous avons donné et gagné en Flandres. M. de Luxembourg le manda au roi en ces termes, dans un méchant morceau de papier: *'D'Artagnan, qui a vu aussi bien que personne l'action qui s'est passée, en rendra un bon compte à Votre Majesté: vos ennemis y ont fait des merveilles; mais vos troupes y ont encore mieux fait qu'eux. Je ne saurais assez les louer en général et en particulier. Pour moi, Sire, je n'ai d'autre mérite que celui d'avoir exécuté les ordres de Votre Majesté; de prendre Huy, et de donner bataille.'* (*79*)

(4 août.) M. le Nonce vint faire compliment au roi sur la bataille gagnée en Flandres; le roi lui dit qu'il pouvait assurer Sa Sainteté que plus ses armes seront victorieuses, et plus il désirerait la paix; ensuite il lui dit: 'Je crois, monsieur, qu'à l'avenir les ennemis ne seront pas bien aises de se trouver devant une armée de Français; mais j'ai tort', dit le roi, 'de dire

815

820

825

(*77*)   Attention qui mérite d'être consacrée dans l'histoire, et qui démontre que Louis XIV n'était pas un tyran comme tant de livres le disent. Ceux qui veulent flétrir sa mémoire ont plus de tort que ceux qui admiraient tout en lui.

(*78*)   C'est la mère du duc d'Orléans, régent. M. Terrai était son médecin. Quand elle était malade, elle allait à pied à Bagnolet, et revenait de même.

(*79*)   Il veut parler de la bataille de Nervinde l'une de celles qui ont fait le plus d'honneur au maréchal de Luxembourg. [65] Et c'était ce grand homme que Louvois faisait mettre dans un cachot à la Bastille, comme sorcier. C'est là surtout ce qu'il faut condamner dans l'administration de Louis XIV et ce qui rendra la mémoire du secrétaire d'Etat Louvois peu aimable.

5

[64] *J*, iv.319 (9 juillet 1693).
[65] See the *Siècle de Louis XIV*, ch.16 (*OH*, p.780).

une armée de Français; il faut dire une armée de France, car la mienne   83c
était composée de plusieurs nations, qui ont toutes également bien fait.'[66]

(2 janvier 1694.) M. de Castille, Espagnol, qui commandait dans
Charleroi, quand nous l'avons pris la dernière campagne, a passé par
Versailles retournant à Madrid: le roi lui a dit qu'il s'étonnait que, dans un
temps comme celui-ci, les Espagnols lui permissent de quitter la Flandres;   835
mais qu'il ne pouvait s'empêcher de s'en réjouir, et qu'il serait toujours
fort aise de ne point trouver un homme comme lui dans un pays où il fait
la guerre.[67]

(août.) Le roi donna une pension de deux mille livres à Mlle de la
Charse, qui défendit l'année passée une entrée du Dauphiné aux barbets;   84c
elle se mit à la tête de quelques paysans qu'elle ramassa: et obligea les
ennemis à se retirer. Elle est de la maison de Gouvernet. (*80*)[68]

Un colonel de nos troupes, fut pris en descendant la Meuse, pour aller
rejoindre l'armée, on le mena au prince d'Orange, il ne le voulut point
traiter de roi. Le prince d'Orange ne s'en scandalisa point, et lui fit voir le   845
lendemain son armée en bataille, il y compta cent quatre-vingts escadrons,
et trois jours après M. le prince d'Orange le renvoya sans rançon.[69]

(15 août.) Le roi alla à la procession, cette procession fut établie par
Louis XIII quand il mit le royaume sous la protection de la sainte Vierge:
avant cela il était sous la protection de saint Michel, et plus anciennement   850
sous la protection de saint Martin. (*81*)

(*80*)   Cela est très vrai et n'est pas oublié ailleurs, à l'article
Femme.[70] Mais on voit que le seigneur qui fit ces mémoires n'était
pas de l'Académie. *Mademoiselle de Gouvernet défendant une entrée
aux barbets*, n'est pas une phrase fort correcte, non plus que le reste
de son ouvrage.   5

(*81*)   Et avant saint Martin sous la protection de saint Denis, et
avant saint Denis sous la protection des Romains, qui étaient sous
la protection de Mars.

[66] *J*, iv.337 (5 août 1693).
[67] *J*, iv.462 (12 mars 1694).
[68] *J*, v.56 (9 août 1694).
[69] *J*, v.60-61 (19 août 1694).
[70] This actually appears in the article 'Amazones', *Questions sur l'Encyclopédie, par
des amateurs*, 9 vols (1770-1772), ii.170-71.

(15 septembre.) Il arriva un courrier de Monseigneur qui doit être de retour samedi ou dimanche, on avait pris un aide de camp de M. l'électeur de Bavière, il avait sur lui deux cents pistoles, et beaucoup de bijoux. Monseigneur le fit souper avec lui et à son coucher, il lui fit donner le bonsoir, (*82*) et puis il lui dit qu'il était libre et qu'il pouvait aller le lendemain trouver M. l'électeur. M. l'électeur a été fort touché du procédé de Monseigneur et lui a envoyé cinq des plus beaux chevaux qu'on puisse voir.

(31 décembre.) M. de Luxembourg se trouva si mal que les médecins en désespérèrent: le roi en fut sensiblement touché, et dit à M. Fagon son premier médecin, 'Faites, monsieur, pour M. de Luxembourg tout ce que vous feriez pour moi-même, si j'étais en cet état.' (*83*)

(10 janvier 1695.) Les quatre fils de M. de Luxembourg vinrent faire la révérence au roi qui leur parla avec beaucoup de bonté, et lui dit qu'il avait fait une aussi grande perte qu'eux.

Les officiers suisses parlèrent au roi pour le prier de comprendre les Suisses qui sont en France, dans la capitation, assurant Sa Majesté qu'ils n'étaient pas moins affectionnés au bien de l'état que ses propres sujets.[71]

Il y avait plusieurs soldats et même deux gardes du corps, qui, dans Paris et sur les chemins voisins, prenaient par force des gens qu'ils croyaient être en état de servir, et les menaient dans des maisons qu'ils avaient pour cela dans Paris, où ils les enfermaient et ensuite les vendaient malgré eux aux officiers qui faisaient des recrues: ces maisons s'appelaient des fours. Le roi, averti de ces violences, commanda qu'on arrêtât tous ces gens-là, et qu'on leur fît leur procès; et quoique les levées fussent fort difficiles cette année, il ne voulut point qu'on enrôlât personne par force. On prétend qu'il y avait vingt-huit de ces fours-là dans Paris.[72]

M. le comte de Toulouse ne voulut point recevoir les cent mille francs que la province de Bretagne a coutume de donner à ses nouveaux gouverneurs, dès que leurs lettres sont enregistrées au parlement: il les a

(*82*)   Apparemment qu'il lui fit rendre aussi ses pistoles et ses bijoux.

(*83*)   Les médecins proportionnent donc les remèdes et les soins à l'importance des personnes.

[71] *J*, v.143 (25 janvier 1695).
[72] *J*, v.168 (17 mars 1695).

fait remercier par M. de Lavardin, et le roi a fort approuvé l'honnêteté et la libéralité de M. de Toulouse, d'autant plus que la Reine Mère les avait reçus quand elle fut gouvernante de Bretagne. [73]

(18 avril.) Il vint des nouvelles d'Andrinople qui apprirent que le Grand Seigneur voulait aller en personne à l'armée de Hongrie: on lui représenta que les affaires de l'empire ottoman n'étaient pas en état de faire la dépense qu'il convient de faire quand le sultan marche: il a répondu au vizir: 'Quoi! dans l'empire n'y a-t-il pas de quoi acheter deux chevaux? J'en prendrai un, et vous donnerai l'autre; et avec cela nous marcherons.' Après cette réponse, le vizir s'est tu, et on ne songea plus qu'à le faire entrer en campagne de bonne heure, comme il le souhaitait. *(84)*

On avait mis, dans les provisions du gouvernement de Bretagne, pour M. le comte de Toulouse, que ce prince avait été blessé à Namur à côté du roi: cependant le roi, par modestie, l'a fait ôter, et a dit que ce n'était qu'une bagatelle pour son fils qui ne méritait pas qu'on en parlât. *(85)* [74]

M. le Duras parla au roi à son coucher, du major de Brissac, qui avait eu un démêlé avec M. de Saint Olon, gentilhomme ordinaire du roi, envoyé à Gênes et à Maroc, qui était allé s'en plaindre au roi. Le roi dit à M. de Duras, de juger de l'affaire selon la rigueur des ordonnances, et nous dit ensuite: 'J'en suis fâché pour le Major que j'aime; mais quand ce serait pour mon propre fils, je ne voudrais pas dans la moindre chose adoucir l'ordonnance.' [75]

Le roi fit venir après le salut Mme la duchesse de Chartres, Mme la duchesse et Mme la princesse de Conti ses filles; ce sont elles qu'on appelle ordinairement les princesses: il leur parla avec beaucoup de bonté sur les démêlés qu'elles ont eu en dernier lieu: il leur représenta toutes les

(84)   C'était Moustapha II qui succédait à son oncle Achmet. Il se peut qu'il ait parlé ainsi à son vizir. Mais il est encore plus vrai qu'il fut déposé deux ans après. [76]

(85)   S'il avait été réellement blessé il eût fallu le dire.

[73] *J*, v.304-305 (8 novembre 1695).
[74] *J*, v.188 (19 avril 1695).
[75] *J*, v.235-36 (8 juillet 1695).
[76] See the *Siècle de Louis XIV*, 'Souverains contemporains', 'Mustapha II' (*OH*, p.1116), and the *Essai sur les mœurs*, ch.192 (M.xiii.149).

raisons qu'elles avaient de bien vivre ensemble, et finit en leur disant que si leurs démêlés continuaient, elles avaient toutes des maisons de 910 campagne, où elles seraient mieux qu'à la cour.

(19 avril.) Mme d'Uzès, quelque temps avant que de mourir, fit demander au roi, par l'abbé de Fénelon, de lui vouloir donner ce qu'elle pouvait avoir reçu de trop dans le temps qu'elle s'était mêlée de la garde-robe de Monseigneur. Le roi le lui donna, et loua même la délicatesse de 915 sa conscience, et son scrupule.

Le roi apprit ensuite que le monde avait fort empoisonné cette action de Mme d'Uzès, et il eut la bonté de la justifier, et assura que cela n'allait tout au plus qu'à une pièce d'étoffe. (*86*)

(17 avril 1696.) Monseigneur courut le loup; et une heure après, il eut 920 une petite faiblesse qui ne venait que de ce qu'il n'avait pas déjeuné. (*87*)[77]

Le roi fit entrer l'après-dîner chez lui, la duchesse de Lude et les dames qu'il avait nommées pour être dames du palais de Mme la princesse de Savoye, et leur dit que rien ne pouvait leur mieux marquer son estime, que le choix qu'il venait de faire, qu'elles étaient toutes amies; mais qu'il 925 leur recommandait encore de vivre dans une parfaite union.[78]

(31 décembre.) Le roi avait conté qu'il donnait à M. de Montchevreuil (outre seize mille livres de pension qu'il lui donnait depuis longtemps) une pension de deux mille écus depuis qu'il l'a mis à la tête de la maison de M. le duc du Maine; et ayant su qu'il ne l'avait point touchée, et que même 930 il ne l'avait jamais demandée, ni prétendue, Sa Majesté a voulu que non seulement il eût cette pension de deux mille écus; mais qu'on lui payât dix mille écus pour les cinq années qu'il a été sans la toucher, et a dit à M. de Pontchartrain: 'Les autres gens se plaignent toujours de n'avoir pas assez; et le bonhomme de Montchevreuil trouve toujours que je lui donne 935 trop.' (*88*)

(1697.) Gallerande conta une action du prince Radzivill qui mérite d'être sue. Après avoir donné sa voix pour M. le prince de Conti, à la tête

(*86*)   Cet article semble fait par un valet de garde-robe.

(*87*)   Important pour la postérité.

(*88*)   NB. Ces pensions, ces gratifications se donnent toujours aux dépens du peuple.

[77] *J*, v.394 (13 avril 1696).
[78] *J*, v.465 (3 septembre 1696).

de son palatinat, voyant que le palatinat de Mazovie avait donné sa voix à l'électeur de Saxe, il crut pouvoir le ramener, parce qu'il a beaucoup de 940 vassaux dans la Mazovie. Dans cette confiance, il y marcha pour leur parler; mais les plus séditieux lui crièrent que s'il avançait, ils le tueraient; cela ne l'intimida point: il s'approcha, il leur parla; et voyant qu'ils étaient un peu ébranlés, il prit l'enseigne qui était à la tête du palatinat, et leur cria: 'Mes frères! il faut présentement, ou me tuer, ou me suivre.' Tout le 945 palatinat le suivit, et se rangea du parti de M. le prince de Conti. Il n'a jamais voulu prendre d'argent, et souhaite seulement d'être à la tête du palatinat dans l'ambassade que la république enverra à M. le prince de Conti.

(16 septembre.) Un palatin de la grande Pologne écrivit au roi, et lui 950 manda qu'il avait eu l'honneur d'être nourri dans ses mousquetaires, qu'il s'est trouvé bien heureux dans cette occasion de pouvoir marquer son respect pour sa personne sacrée, et son attachement pour la France, et qu'il assure Sa Majesté qu'il inspirera ses sentiments à tous les gens qui sont de sa dépendance. Ce palatin est un de ceux qui se sont le plus 955 distingués en faveur de M. le prince de Conti. Le roi nous dit qu'il lui ferait l'honneur de lui écrire une lettre de remerciements et très obligeante. (89)

(26 septembre.) L'empereur et les princes de l'Europe avaient proposé dans les commencements de la négociation, que le roi permît aux 960 Huguenots de revenir en France; mais le roi n'a jamais rien voulu entendre là-dessus. Ils avaient proposé aussi que le roi obligeât le roi d'Angleterre Jacques de sortir de France; ensuite s'étaient réduits à demander qu'au moins il ne demeurât pas à Saint-Germain, si près du roi, qui était d'ordinaire à Versailles. Sa Majesté n'a pas voulu non plus 965 écouter aucunes propositions là-dessus, disant toujours que le roi et la reine d'Angleterre étaient des gens malheureux, à qui il avait donné asile, et des gens véritablement ses amis; et qu'il ne voulait point les éloigner de lui; qu'ils étaient assez à plaindre, sans augmenter leurs malheurs: ainsi leurs Majestés Britanniques demeurèrent à Saint-Germain. Le roi a 970

(89)   Il fallait aussi envoyer des lettres de change: on manqua d'argent; et par conséquent, le prince de Conti manqua la couronne. Au reste je voudrais savoir si Louis XIV dit: '*Je lui ferai l'honneur de lui écrire.*'

donné la paix à l'Europe aux conditions qu'il a voulu: il était le maître, et tous les ennemis en conviennent, et ne sauraient s'empêcher de le louer et d'admirer sa modération.

(25 décembre.) Le duc de La Force est considérablement malade en Normandie, et on ne croit pas qu'il en revienne. Le roi a eu soin de faire   975
tenir des gens (90) auprès de lui pour l'affermir dans la religion catholique; où, comme on l'a dit ailleurs, le roi l'avait fait instruire dès sa jeunesse.

Le prince d'Orange dit un jour: 'On ne devrait pas me regarder comme un si grand ennemi du roi; car il n'y a personne qui marque plus   980
d'estime pour lui que je le fais: dès qu'il a donné un ordre dans ses troupes, je le fais exécuter dans les miennes, et je l'imite dans tout ce que je fais.'

(2 janvier 1698.) Le roi, dans la dernière conversation qu'il eut avec M. de Couvonge, lui témoigna qu'il y avait longtemps qu'il avait envie de   985
rendre la Lorraine, et qu'il eût souhaité la pouvoir rendre au feu duc, qu'il avait toujours fort estimé, quoiqu'il eût toujours été parmi ses ennemis, et qui rien ne lui avait fait tant de plaisir dans la paix, que de rendre cette province à son légitime souverain: et Sa Majesté ajouta à cela beaucoup de choses honnêtes et obligeantes pour M. de Couvonge, louant la fidélité   990
qu'il avait pour son maître.

(23 mars.) Le roi, pour empêcher ses officiers de faire trop de dépense, a défendu qu'on habillât les soldats et cavaliers dont les habits pourraient encore servir, et a interdit toute dorure neuve aux officiers, voulant ménager la bourse des gens qui, sans ces défenses expresses, ne l'auraient   995
pas ménagée.

(26 mars.) Le roi alla à Saint-Cyr avec Mme de Maintenon.

(28 mars.) Le roi entendit le matin la passion du Père Gaillard, et puis il revint chez lui, où il fut enfermé avec le Père de La Chaise, Monseigneur, et messeigneurs ses enfants. Après ténèbres, Monseigneur   1000
alla se promener à Chaville, et Mme la duchesse de Bourgogne sortit de la chapelle comme les deux jours d'auparavant, avant laudes, et alla à Saint-Cyr; d'où elle revint sur les sept heures avec Mme de Maintenon. (91)

(90)   Ces gens-là étaient apparemment des missionnaires; et le duc de La Force avait besoin d'être affermi. La grâce dépendait de ces gens-là.

(91)   A la postérité, à la postérité.

(6 avril.) Par les mémoires que l'abbé de Polignac et l'abbé de Château-neuf ont donnés au roi, de l'argent que le cardinal Primat, ou ses amis, avaient avancé pour faire réussir l'élection de M. le prince de Conti en Pologne, on voit qu'il leur est dû plus de deux cent mille écus; et quoique l'affaire n'ait pas réussi, le roi les fera rembourser jusqu'au dernier sou.

(24 avril.) Le roi alla à la chasse au vol dans la plaine de Vésinet: le roi d'Angleterre et le prince de Galles y étaient; mais la reine d'Angleterre n'y était point, elle est assez incommodée depuis quelques jours: Madame et Mme la duchesse y étaient à cheval. On prit un milan noir, et le roi fit expédier une ordonnance de deux cents écus pour le chef du vol. Il en donne autant tous les ans au premier milan noir qu'on prend devant lui. Autrefois il donnait le cheval sur lequel il était monté, et sa robe de chambre. (92) L'année passée il fit donner la même somme pour un milan qu'on avait pris devant M. le duc de Bourgogne; mais il fit mettre sur l'ordonnance que c'était sans conséquence, parce qu'il faut que le roi soit présent.

Le prince Gaston, second fils de M. le Grand Duc, est arrivé depuis quelques jours à Paris; il est *incognito* ici. Cependant on a jugé à propos qu'il baisât Mme la duchesse de Bourgogne en la saluant. Le roi a témoigné à Albergoty qu'il serait bien aise qu'il se tînt auprès de lui, et qu'il ne vît que bonne compagnie à Paris. Ce prince est son neveu, à la mode de Bretagne; ainsi le roi a plus d'attention à sa conduite. [79]

(29 mai.) Le roi à 9 heures et demie monta en carrosse avec Monseigneur, les trois princes ses enfants, Mme la duchesse de Bourgogne, Mme la duchesse de Lude, et alla à la paroisse, où Monsieur, Madame et Mademoiselle étaient déjà.

(30 mai.) Mme la duchesse de Bourgogne alla au salut à Saint-Cyr. (93)

(12 juin.) On a joué tout ce voyage un jeu prodigieux; et le roi ayant su que le garçon qui a soin des cartes avait payé un mécompte qui s'était

(92)   A la postérité encore.
(93)   A la postérité vous dis-je.

[79] *J*, vi.352 (25 mai 1698).

trouvé dans les jetons, Sa Majesté l'a envoyé quérir, l'a loué, et lui a fait   1035
rendre son argent. (*94*)

(1er août.) Le roi ayant envoyé M. le maréchal de Boufflers pour visiter
les endroits où doit être le camp auprès de Compiègne, le maréchal revint
le 1er août; il a rendu compte au roi de l'état des moissons de ces cantons-
là, qui ne peuvent pas être faites sitôt; et sur cela le roi eut la bonté de   1040
différer ce camp jusqu'au commencement du mois qui vient. (*95*)

(19 août.) Le roi envoya deux bataillons suisses à Compiègne, pour
aider à faire la moisson: il n'en coûtera rien au peuple; et le roi la veut
hâter, afin de n'être pas obligé de retarder le camp.

(30 août.) M. le duc de Bourgogne alla au camp de Compiègne en   1045
arrivant; et à son retour, le roi l'envoya quérir, pour lui donner l'ordre
comme au général: la moisson était finie dans tout le camp, par le secours
des Suisses que le roi y avait envoyés.

(2 septembre.) Le roi alla de bonne heure au camp après son dîner: il y
vit arriver les carabiniers, quelques régiments de dragons, et beaucoup   1050
d'infanterie: il n'y a pas une troupe qui ne soit parfaitement belle. M. le
duc de Bourgogne y était devant le roi, et n'en partit qu'après lui. Mme la
duchesse de Bourgogne y vint à cinq heures, marcha à la tête de la
première ligne, et puis alla faire collation chez M. le maréchal de
Boufflers.   1055

M. le duc de Bourgogne fait fort bien toutes les fonctions de général, et
est tous les jours à cheval sans en être incommodé. [80]

M. le duc de Bourgogne alla voir arriver le reste des troupes qui
forment le camp: Mme la duchesse de Bourgogne alla voir distribuer aux
troupes le bois, la paille et le foin. (*96*) [81]   1060

(*94*)   Cela arriverait chez un maître des comptes, ou chez un
conseiller de la cour. Mais le grand mal est ce jeu prodigieux, qui
énerve l'esprit, qui ruine les fortunes, qui précipite dans tant de
bassesses, et qui serait encore très pernicieux, quand il n'en
résulterait que la perte irréparable du temps.   5

(*95*)   Il fallait nécessairement que le roi différât, ou qu'il payât
le dégât des campagnes.

(*96*)   Toujours des grands exemples pour la postérité.

[80] *J*, vi.407 (1er septembre 1698).
[81] *J*, vi.410 (4 septembre 1698).

Le roi, M. le duc de Bourgogne, Mme la duchesse de Bourgogne, allèrent au camp tous séparément. Monseigneur y dîna chez M. le maréchal de Boufflers: Mme la duchesse de Bourgogne y arriva la dernière; et dès qu'elle y fut arrivée, le roi fit faire les mouvements qu'il avait ordonnés. La réserve que commande M. de Pracontal, vint par derrière les bois attaquer les gardes du camp; les gardes se retirèrent: le piquet monta à cheval pour les soutenir, et rechassa la réserve, qui était composée de deux mille chevaux ou dragons. On tira beaucoup, et il y eut un capitaine du régiment de La Vallière dangereusement blessé, malgré toutes les précautions qu'on avait prises pour empêcher qu'il y eût des balles. Toutes les troupes sont si belles, qu'on ne sait à qui donner la préférence. (97) [82]

(11 septembre.) Le roi commanda que l'armée marchât à la pointe du jour; elle alla camper à deux lieues d'ici, M. le duc de Bourgogne à leur tête. On marqua le quartier du roi, on tendit même quelques tentes; et après avoir demeuré quelques heures dans ce camp, où les officiers généraux avaient fait préparer des tables magnifiques, l'armée reprit les armes, et revint au camp de Coudun, d'où elle était partie le matin. Les deux rois allèrent ensemble à midi voir marcher l'armée; et Mme la duchesse de Bourgogne y arriva sur les cinq heures, pour la voir rentrer dans le camp: la marche fut fort belle.

(13 septembre.) Le roi alla dans le camp avec toutes les dames et tous les courtisans. On brûla quatorze millions de poudre.

(14 septembre.) Le roi ne voulait point que les troupes demeurassent dans la tranchée, de peur qu'elles ne perdissent la messe. (98)

Le roi fit remonter la tranchée. Il alla l'après-dîner dans la plaine qui est en deçà de la forêt, où il avait fait venir la gendarmerie, dont il fit la revue en détail; ensuite il revint ici et monta sur le bastion à la gauche du château: Monseigneur, Mme la duchesse de Bourgogne, les princes, les dames et tous les courtisans, étaient avec lui. Il vit de là attaquer et prendre la demi-lune; et quand le logement des assiégeants fut bien établi, il fit battre la chamade, et on donna des otages de part et d'autre. Enfin, on

(97)   *Item.*
(98)   *Item.*

[82] *J*, vi.413 (7 septembre 1698).

fit tout ce qu'il faut pour bien instruire M. le duc de Bourgogne, qui était dehors avec les assiégeants. (*99*) [83]

(18 septembre.) Il y a ici des officiers généraux des troupes d'Espagne et du roi d'Angleterre, qui ne se font pas connaître; on en a averti le roi, qui leur laisse toute liberté d'examiner les troupes.

(20 septembre.) Le roi, pour témoigner aux troupes combien il était content d'elles, fait donner à chaque capitaine de cavalerie ou de dragon, deux cents écus, et cent écus à chaque capitaine d'infanterie: cela aidera à payer une partie de la dépense qu'ils ont faite pour l'habillement de leurs troupes. Quoique les majors n'aient point de troupes à habiller, le roi leur fait donner autant qu'aux capitaines. Il y a eu un si bon ordre dans le camp, qu'il n'y a pas eu le moindre châtiment à faire aux soldats. On a brûlé dans le camp quatre-vingts milliers de poudre. (*100*)

(21 septembre.) Le roi alla au camp; Monseigneur et Mme la duchesse de Bourgogne l'y suivirent séparément chacun: ils virent la représentation d'un fourrage. La réserve vint chercher les fourrageurs et attaquer les gardes, et le piquet monta à cheval pour les soutenir. M. le duc de Bourgogne prit grand plaisir à voir tous ces mouvements.

Le marquis de Pluvaux, qui était hors du royaume, accusé de s'être battu en duel, est revenu. Ce n'est point un véritable duel; mais le roi veut qu'on en punisse les moindres apparences: il sauve par là beaucoup de noblesse de son royaume. [84]

(22 septembre.) Le roi a donné cent mille francs à M. de Boufflers, qui arriva hier du camp; il accompagna ce présent d'un discours très gracieux: cela paiera une partie de sa dépense. [85]

(28 septembre.) Le roi a fait beaucoup de charités à Compiègne; il a donné pour des séminaires, et pour faire rebâtir des églises. [86]

(22 décembre.) Le roi alla à la comédie; les trois enfants de Monseigneur étaient avec lui: ils y vont très souvent présentement; mais ils n'y vont pas les dimanches et les fêtes.

(*99*)   *Item.*
(*100*)   Cela fait gagner les entrepreneurs.

[83] *J*, vi.421 (15 septembre 1698).
[84] *J*, vi.433 (4 octobre 1698).
[85] *J*, vi.428 (28 septembre 1698).
[86] *J*, vi.426 (22 septembre 1698).

(1699.) Le roi a toujours l'honnêteté de faire couvrir les courtisans qui ont l'honneur de le suivre à la promenade, même quand Mme la duchesse de Bourgogne est avec lui; et alors il dit: 'Messieurs, mettez votre chapeau, Mme la duchesse de Bourgogne le trouve bon.' Un jour à la promenade il ne le fit pas, à cause du grand nombre d'étrangers qui étaient au jardin. (*101*) [87]

(14 mai.) Le roi a établi un fond de vingt mille écus de rente pour les demoiselles qui sortiront de Saint-Cyr, et dont on sera content; ce qui sera également partagé à celles qui se marient ou se font religieuses, ou retourneront chez leurs parents. Ce règlement fut fait l'année passée, et il commencera celle-ci. [88]

(13 octobre.) Le roi augmenta ce qu'il donnait à messeigneurs les ducs d'Anjou et de Berry pour leurs menus plaisirs. M. le duc d'Anjou aura 24000 liv. M. le duc de Berry 12000 liv. M. le duc de Bourgogne 36000 liv. Le roi lui a offert de lui augmenter; il a répondu au roi qu'il en avait assez; que si dans la suite il en avait besoin, il prendrait la liberté de lui dire.

(25 octobre.) Le roi dit le soir à M. le duc de Bourgogne, qu'il l'allait faire entrer dans le conseil des dépêches, qu'il jugeait à propos que dans les commencements il n'opinât pas; mais qu'il fallait qu'il se formât aux affaires. M. le duc de Bourgogne parut fort touché de la grâce que le roi lui faisait: le lendemain M. le duc de Bourgogne entra au conseil des dépêches; le roi lui parla sur les affaires du dedans du royaume, et lui donna les instructions les plus sages et les plus pleines d'amitié qu'il se puisse: M. le duc de Bourgogne parut fort touché, et durant le conseil il fut très attentif. [89]

M. Chamillard a fait dire à tous les gens d'affaire, que ceux qui donneront de l'argent, soit à des courtisans, soit à des dames, pour avoir

(*101*) En Espagne, qui n'est pas grand va nu-tête. A Constantinople tout le monde a son turban devant le sultan. Monsieur frère du roi ne voulait pas qu'on mit son chapeau devant lui, il était grand observateur de l'étiquette. Et le roi disait quelquefois, 'Couvrez-vous, mon frère n'y est pas.'

[87] *J*, vii.65 (15 avril 1699).
[88] *J*, vii.86-89 (19 mai 1699).
[89] *J*, vii.175-76 (25 et 26 octobre 1699).

leur protection, seront châtiés rudement et mis en prison, le roi ne voulant pas que la faveur et la protection soient achetées. [90]

(31 octobre.) Le roi vit dans son appartement M. de Montchevreuil, qui venait de perdre sa femme, et il lui dit: 'Ne me regardez pas comme votre bienfaiteur et votre maître, mais comme votre ami; et parlez-moi, dans cette confiance-là, de tout ce qui vous regardera vous et votre famille.' Dans les charités que le roi fait régulièrement tous les ans, et qui sont en grand nombre, il y a 80000 l. de réglé pour les paroisses de Paris. Outre cette somme, le roi donne beaucoup par extraordinaire.

(15 décembre.) Dans une promotion pour les galères, M. de Pont-chartrain, en nommant au roi les officiers qui pouvaient remplir une place de capitaine de galères, il appuya fort sur M. de Froulé, qui n'était pas le plus ancien; le roi lui dit: 'Je vois bien la protection que vous donnez au chevalier de Froulé, qui la mérite; mais il y a des anciens qui sont honnêtes gens comme lui; ils n'ont point de protection, et il est juste que je leur en serve': il choisit le plus ancien pour remplir cette place.

(28 décembre.) Le matin au conseil, le roi se condamna lui-même sur un procès qu'il avait avec le prince de Carignan: la chose n'était pas sans difficulté; mais dans les affaires douteuses, le roi se condamne presque toujours.

(1700.) Mgr. le duc de Bourgogne demanda ces jours passés de l'argent au roi, qui lui en donna plus qu'il ne demandait; et en lui donnant, il lui dit, qu'il lui savait le meilleur gré du monde de s'être adressé à lui directement, sans lui faire parler par personne; qu'il en usât toujours de même avec confiance; qu'il jouât sans inquiétude, et que l'argent ne lui manquerait pas. (*102*) [91]

Le duché de Milan est plus considérable, par toutes sortes d'endroits,

(*102*)   Remarquez que cet argent est celui du peuple. Le roi n'en a pas d'autre. Pour que des princes jouent aux cartes, il faut qu'il en coûte au cultivateur sa substance. Depuis ce temps le duc de Bourgogne, élève du duc de Beauvillier et de l'auteur du *Télémaque*, ne joua plus.

[90] *J*, vii.177 (28 octobre 1699).
[91] *J*, vii.309 (15 mai 1700).

que la Lorraine: le duché de Milan vaut douze millions, et la Lorraine n'en vaut que deux tout au plus. (*103*)[92]

(19 mai.) Mme la duchesse devait dix ou douze mille pistoles du jeu; et ne pouvant les payer, elle écrivit à Mme de Maintenon son embarras. Mme de Maintenon montra sa lettre au roi, qui fit payer toutes ses dettes. Le roi n'a pas voulu que Mme la duchesse l'en remerciât; mais il l'a fait exhorter à ne plus faire de dettes. (*104*)   118

Le roi a quelquefois la bonté de tenir deux de ses conseils en un jour, pour donner quelques jours à ses ministres, pour aller à leurs maisons de campagne.[93]   118

(27 juillet.) Le roi donna une pension de cinquante pistoles par mois au frère du duc d'Elbœuf; et en lui donnant Sa Majesté lui dit: 'Cette pension ne durera qu'autant que vous serez sage.'

(31 juillet.) Le matin à la messe Mme la duchesse de Bourgogne devait tenir un enfant avec Monseigneur; mais le curé de Marly ne trouva pas qu'elle fût en habit décent, parce qu'elle était en habit de chasse: le baptême fut remis, et on approuva le curé. (*105*)   119

(13 septembre.) M. Le Nôtre, illustre dans sa profession pour les jardins, vint voir le roi avant de mourir: (*106*) il avait quatre-vingt-huit ans. Le roi le fit mettre dans une chaise roulante comme la sienne, pour le faire promener dans ses jardins; et Le Nôtre disait: 'Ah! mon pauvre père, si tu vivais, et que tu pusses voir un pauvre jardinier comme ton fils, se promener en chaise à côté du plus grand roi du monde, rien ne manquerait à ma joie.' Il était intendant des bâtiments.   119

120

(*103*)   Il se trompe sur la Lorraine.

(*104*)   Il fit bien: autre argent pris sur le peuple.

(*105*)   Observez qu'alors l'habit décent de la cour était d'avoir la gorge et les épaules entièrement découvertes. La chute des reins bien marquée, les bras nus jusqu'au coude, un pied de rouge sur les joues. L'habit de chasse cachait tout cela; et les dames étaient sans rouge: le curé avait raison.   5

(*106*)   Il est clair, mon cher Tacite, qu'il ne pouvait voir le roi après sa mort.

[92] *J*, vii.310 (17 mai 1700).
[93] *J*, vii.344 (21 juillet 1700).

(9 novembre.) On apprit la mort du roi d'Espagne, arrivée le jour de la Toussaint.

(11 novembre.) L'ambassadeur d'Espagne apporta au roi une copie du testament du roi d'Espagne, par ordre de la reine et des régents.

(14 novembre.) Il passa un courrier d'Espagne. Il vit le roi, à qui il dit   1205 qu'on attendait avec impatience le duc d'Anjou en Espagne; qu'on avait nommé quatre grands pour le venir chercher.

Le roi parla au duc d'Anjou, et le public ne douta point qu'il ne lui eût dit qu'il allait être roi d'Espagne; mais le prince ne fit rien paraître qui pût le faire connaître. Il dit seulement aux courtisans qui lui parlaient du   1210 testament du roi d'Espagne, qu'après l'honneur qu'il lui avait fait de le nommer son successeur, sa mémoire lui serait toujours précieuse.

(16 novembre.) Le roi, après son lever, fit entrer l'ambassadeur d'Espagne dans son cabinet; puis il appela Monseigneur le duc d'Anjou, et dit à l'ambassadeur: 'Vous le pouvez saluer comme votre roi.'   1215 L'ambassadeur se jeta à deux genoux, et lui baisa la main à la manière d'Espagne. Sa Majesté commanda à l'huissier d'ouvrir les deux battants, et de faire entrer tout le monde; et dit: 'Messieurs, voilà le roi d'Espagne; la naissance l'appelait à cette couronne, toute la nation l'a souhaité et me l'a demandé instamment; c'était l'ordre du ciel.' Puis, en se tournant au   1220 roi d'Espagne, il lui dit: 'Soyez bon Espagnol; c'est présentement votre premier devoir: mais souvenez-vous que vous êtes né Français, pour entretenir l'union entre les deux nations; c'est le moyen de les rendre heureuses, et de conserver la paix de l'Europe.' Puis s'adressant à l'ambassadeur, il dit, montrant le roi d'Espagne: 'S'il suit mes conseils,   1225 *vous serez grand seigneur,* (*107*) et bientôt; il ne saurait mieux faire présentement que de suivre vos avis.' M. le duc de Bourgogne et M. le duc de Berry embrassèrent le roi d'Espagne, et ils fondaient tous trois en larmes. L'ambassadeur d'Espagne fit un assez long compliment au roi son maître; et, quand il eut fini, le roi lui dit: 'Il n'entend pas encore,   1230 l'espagnol, c'est à moi à répondre pour lui.'

Le roi mena le roi d'Espagne à la messe, le mit à sa droite. Il s'aperçut qu'il n'avait point de carreau, il voulut lui donner le sien; le roi d'Espagne

(*107*)   Je doute fort que le roi se soit servi de ces termes, '*Vous serez grand seigneur,*' en parlant à un ambassadeur d'Espagne qui avait la grandesse.

le refusa: le roi le fit ôter, et ne s'en servit pas. Le roi permit aux jeunes courtisans de le suivre, quand il partirait pour l'Espagne; ce qui fit dire à l'ambassadeur, pour les y encourager, que ce voyage devenait aisé, et que présentement les Pyrénées étaient fondues. (*108*)

Le jour que le roi accepta la couronne pour M. le duc d'Anjou, il donna la liberté à tous les galériens sujets de la monarchie d'Espagne. [94]

(26 novembre.) Le roi, à la promenade, fit couvrir tous ses courtisans à l'ordinaire; et comme les Espagnols en parurent étonnés, le roi leur dit: 'Messieurs, jamais on ne se couvre devant moi; mais aux promenades je veux que ceux qui me suivent ne s'enrhument point.'

Monsieur dit à l'ambassadeur d'Espagne, qu'il fallait que le roi d'Espagne apprît incessamment l'espagnol. L'ambassadeur repartit que présentement c'était aux Espagnols à apprendre le français. [95]

Le roi d'Espagne partit de Versailles avec le roi, suivi de toute la maison royale, qui le conduisit jusqu'à Sceaux, où le roi le quitta, après des adieux les plus tendres qu'on puisse imaginer. Le roi fit venir M. le Prince, et les Princes du Sang, et il dit au roi d'Espagne: 'Voici les Princes de mon Sang et du vôtre; les deux nations présentement ne se doivent regarder que comme une même nation, ils doivent avoir les mêmes intérêts; ainsi je souhaite que ces Princes soient attachés à vous comme à moi.' [96]

Jamais le roi n'a paru si grand, si amiable, et si plein de tendresse que dans cette occasion.

Le roi, en disant le dernier adieu au roi d'Espagne, le tint longtemps entre ses bras. Les larmes qu'ils répandaient l'un et l'autre, entrecoupaient tous leurs discours. Monseigneur embrassa ensuite le roi son fils, et puis le roi vint encore l'embrasser, marquant la peine extrême qu'il avait de le quitter.

(29 décembre.) Le conseil d'Espagne écrivit au roi pour le prier de

(*108*)   Louis XIV avait dit: 'Il n'y a plus de Pyrénées.' Cela est plus beau. [97]

[94] *J*, vii.428 (21 novembre 1700).

[95] *J*, vii.422 (17 novembre 1700).

[96] *J*, vii.447-48 (4 décembre 1700). The following two paragraphs are from the same entry.

[97] See the *Siècle de Louis XIV*, ch.28 (*OH*, p.951).

vouloir donner ses ordres dans les Etats du Roi Catholique, comme dans les siens propres.

Le roi donna une abbaye au fils d'un seigneur de la cour, avant la nomination des autres, lui disant: 'Je suis bien aise de vous traiter différemment des autres, et de faire voir à votre fils combien je suis content de le voir prendre le parti de devenir homme de bien.' (*109*) [98] 1265

(janvier 1701.) Le roi d'Espagne alla visiter Fontarabie; et pendant qu'il faisait le tour de la place, les Français qui avaient l'honneur de le suivre, lui demandèrent, en badinant, s'il trouvait bon que le duc d'Arcourt et eux tous vissent la place; il leur répondit: 'On m'a bien laissé voir Bayonne.' [99] 1270

(28 février.) M. le duc d'Arcourt manda au roi que dans toutes les petites villes où le roi d'Espagne passait, on voulait lui donner des fêtes de Taureaux; mais sachant que ces fêtes ne se font pas ordinairement en carême, il les a défendues; celles mêmes qu'il a vues ne lui ont pas fait plaisir, y trouvant de la cruauté. 1275

On lui proposa un autre divertissement, où quelques gens de la populace auraient pu courir quelques risques; il le refusa, en disant: 'A Dieu ne plaise, que je veuille jamais prendre aucun plaisir qui puisse coûter la vie à quelqu'un.' 1280

On parlait devant lui de la place où se devait tenir un roi le jour d'une bataille; il dit qu'il ne croyait point qu'il y eût de place plus honorable à un roi, que celle où il y avait le plus de péril. 1285

Un des gentilshommes de sa chambre disait qu'il était plus prudent à un roi d'être à la seconde ligne, ou au corps de la réserve, surtout à un roi qui n'avait point d'enfants: le roi d'Espagne répondit que n'avoir point d'enfants, n'était point une raison à un roi pour se déshonorer.

(2 mars.) Le roi eut l'honnêteté de mander à M. de Vaudemont, que 1290

(*109*) Sans doute le bénéfice était considérable, afin que le pourvu fût plus homme de bien. Je crois que c'était l'abbé de Montgon. [100]

[98] *J*, vii.415 (12 novembre 1700).

[99] *J*, viii.26 (29 janvier 1701).

[100] According to Dangeau, it was the abbé de Charny, younger son of M. le Grand (*J*, vii.415).

M. (*110*) de Savoie proposait un traité avantageux à la France et à l'Espagne; mais dont une des conditions était que Son Altesse Royale serait généralissime de toutes les troupes de France en Italie, et qu'il n'avait pas voulu signer ce traité, sans savoir s'il n'aurait pas quelque peine d'être sous Mons de Savoie. M. de Vaudemont a répondu qu'il était si charmé de cette action du roi, sur ce qui le regardait, qu'il se sentait plus que jamais prêt à se mettre dans le feu pour son service; qu'il lui suffisait de savoir qu'en servant sous M. de Savoie, il faisait une chose agréable au roi, pour n'en avoir aucune peine. [101]

(29 mars.) Le roi d'Espagne revenant de la Casa del Campo, et passant dans Madrid, trouva un prêtre qui venait de porter le saint sacrement à un malade. Il descendit aussitôt de cheval, et marcha à pied à la portière du carrosse, où le saint sacrement était porté par le prêtre, et l'accompagna jusqu'à l'église. (*111*)

Le comtat Vénaissin et la ville d'Avignon ont fait battre des médailles d'or et d'argent du passage de nos princes qui accompagnaient le roi d'Espagne dans leur pays, dont ils avaient autant de joie que les sujets du roi. [102]

(7 avril.) Le roi d'Espagne étant allé à une de ses maisons de campagne pour y chasser l'après-dîner, fit manger avec lui les grands qui avaient l'honneur de le suivre; les grands s'opposèrent à cet honneur, disant au roi que ce n'était pas la coutume d'Espagne. Le roi leur répondit que dans les choses où il s'agissait de la grandeur de la monarchie, il suivrait

(*110*) M. de Savoie; c'est Victor-Amédée, roi de Sicile, et depuis roi de Sardaigne. Les courtisans disaient toujours Monsieur de Savoie, Monsieur de Parme, Monsieur de Lorraine. L'un d'eux, à table avec l'électeur de Mayence, voyant qu'on était un peu pressé, lui dit: 'Mons de Mayence, un petit coup de fesse.' On disait Mons de Brandebourg, en supprimant le sieur.

(*111*) Les princes catholiques n'y manquent jamais; cela charme la populace. L'archiduc Charles fit bien mieux. Un soldat anglais ne s'étant point mis à genoux, il cria: '*Matar, matar*'. '*No matar*, pardieu', dit le comte Péterborough, commandant des Anglais; ils le rendraient au plus vite.

---

[101] *J*, viii.48 (1er mars 1701).
[102] *J*, viii.69-70 (30 mars 1701).

exactement l'étiquette du palais; mais qu'il voulait s'en dispenser, quand
il ne s'agirait que de procurer à des gens comme eux des commodités et   1315
des agréments.

(août.) On chassa la nourrice du roi d'Espagne, parce qu'elle recevait
des présents; ce qui lui avait été expressément défendu. Le roi lui donna
une pension de dix mille livres. [103]

(mai.) M. l'archévêque de Sens manda au roi qu'il était pénétré de   1320
reconnaissance de l'honneur qu'il lui avait fait de le nommer pour remplir
une des places de Chevalier de l'Ordre; mais qu'il croyait être obligé en
honneur et en conscience, de le supplier d'honorer un autre prélat de cette
dignité, ne pouvant pas l'accepter sans faire une fausseté. Cette action de
M. de Sens a été louée de tout le monde, d'autant plus qu'il ne lui   1325
manquait qu'un degré pour faire les preuves. [104]

(juillet.) Le roi d'Espagne manda au roi que son intention était d'aller
se mettre à la tête de l'armée d'Italie, qu'il prie instamment Sa Majesté de
ne s'y point opposer, et de lui permettre de tâcher de se rendre digne de
l'honneur qu'il a d'être son petit-fils, en imitant autant qu'il pourra les   1330
grands exemples qu'il lui a donnés. [105]

(28 août.) Monseigneur et Mme la duchesse de Bourgogne pensèrent
perdre la messe un dimanche, parce que le chapelain qui la devait dire se
trouva mal. (*112*)

(3 septembre.) On a découvert que le roi Guillaume avait fait   1335
consulter M. Fagon sur sa maladie sous le nom d'un curé, et M. Fagon
qui n'avait aucun soupçon a répondu naturellement qu'il n'avait qu'à
songer à mourir. (*113*)

(5 septembre.) Le roi d'Angleterre (*114*) se trouva très mal; et après
ayant été un peu mieux, il parla avec beaucoup de piété et de fermeté à son   1340

(*112*)   A la postérité la plus reculée.

(*113*)   Fagon répondit qu'il n'avait qu'à recevoir l'extrême-
onction. Et c'est en cela que consiste la méprise plaisante: notre
Tacite n'entend pas la plaisanterie. [106]

(*114*)   Il veut parler ici du roi Jacques.

[103] *J*, viii.79 (13 avril 1701).
[104] *J*, viii.91-92 (1er mai 1701).
[105] *J*, viii.160 (31 juillet 1701).
[106] See the *Notebooks*, *OC*, vol.81, p.225.

fils, lui disant: 'Quelque éclatante que soit une couronne, il vient un temps où elle est fort indifférente; il n'y a que Dieu à aimer, et l'éternité à désirer:' il lui recommanda le respect pour la reine sa mère, et la reconnaissance pour le roi de France, dont il avait reçu tant de grâces.

Le roi d'Angleterre fit prier le roi de trouver bon qu'il fût enterré dans la paroisse de Saint-Germain, sans aucun mausolée, avec ces mots pour toute épitaphe: *Ci gist Jacques, second roi d'Angleterre.* [107]

(13 septembre.) Le roi alla à Saint-Germain voir le roi d'Angleterre, qui ouvrit les yeux un moment, quand on lui annonça le roi, qui lui dit qu'il venait pour l'assurer qu'il pouvait mourir (*115*) en repos sur le prince de Galles, et qu'il le reconnaîtrait roi d'Angleterre, d'Irlande, et d'Ecosse. Le roi déclara la même chose à la reine d'Angleterre, et proposa de faire venir le prince de Galles pour le mettre dans cette confidence. On le fit venir, et le roi lui parla avec des bontés dont il parut bien pénétré.

Quand le prince de Galles sortit de chez la reine sa mère, son gouverneur lui demanda pourquoi on l'avait envoyé quérir, il répondit que c'était pour un secret. Ce prince n'avait encore que treize ans. Ensuite ce prince se mit à écrire sur sa table; le gouverneur lui demanda encore ce qu'il écrivait: 'J'écris', répondit-il, 'tout ce que m'a dit le roi de France, pour le relire tous les jours, et ne l'oublier de ma vie.'

(14 septembre.) Le roi d'Angleterre envoya quérir le matin le prince de Galles, et lui dit: 'Approchez-vous, mon fils, je ne vous avais pas vu depuis que le roi de France vous a fait roi. N'oubliez jamais les obligations que vous et nous lui avons. Souvenez-vous toujours qu'on doit préférer Dieu et la religion, à tous les intérêts temporels.'

(16 septembre.) Le roi d'Angleterre mourut à Saint-Germain un vendredi sur les trois heures; il avait toujours souhaité de mourir un vendredi.

(*115*)   Le roi ne lui dit point qu'il pouvait *mourir* ainsi à son aise, et ne promit point au prétendant de le reconnaître. Au contraire, il fut décidé dans le conseil qu'on ne le reconnaîtrait pas: ce fut Mme de Maintenon qui fit tout changer. Voyez les *Mémoires* de Torcy, de Bolingbroke, et le *Siècle de Louis XIV.* [108]

[107] *J*, viii.187 (6 septembre 1701).
[108] See the *Siècle de Louis XIV*, ch.17 (*OH*, p.805); see also the *Souvenirs de Mme de Caylus* in this volume, p.193, note *70*.

Lettre du roi, au roi d'Espagne

(3 janvier 1702.) ' (*116*) J'ai toujours approuvé le dessein que vous avez de passer en Italie. Je souhaite de le voir exécuter. Mais plus je m'intéresse à   1370
votre gloire, plus je dois songer aux difficultés qu'il ne vous conviendrait point de prévoir comme à moi. Je les ai toutes examinées: vous les avez vues dans le mémoire que Marsin vous a lu; j'apprends avec plaisir que cela ne vous détourne pas d'un projet aussi digne de votre sang, que celui d'aller vous-même défendre vos Etats en Italie. Il y a des occasions où   1375
l'on doit décider soi-même. Puisque les inconvénients que l'on vous a représentés ne vous ébranlent pas, je loue votre fermeté, et je confirme votre décision. Vos sujets vous aimeront davantage; et vous seront encore plus fidèles, lorsqu'ils verront que vous répondez à leurs attentes; et que bien loin d'imiter la mollesse de vos prédécesseurs, vous exposez   1380
votre personne pour défendre les Etats les plus considérables de votre monarchie. Ma tendresse augmente pour vous, à proportion que je vois qu'elle vous est due. Je n'oublierai rien pour votre avantage. Vous savez les efforts que j'ai faits pour chasser vos ennemis d'Italie. Si les troupes que j'y destine encore y étaient arrivées, je vous conseillerais d'aller à   1385
Milan, et de vous mettre à la tête de mon armée: mais comme il faut auparavant qu'elles soient supérieures à celles de l'empereur, je crois que Votre Majesté doit passer dans le royaume de Naples, où sa présence est plus nécessaire qu'à Milan. Vous y attendrez le commencement de la campagne; vous y calmerez l'agitation des peuples de ce royaume: ils   1390
souhaitent ardemment de voir leur souverain: ils ne sont excités à la révolte, que par l'espérance d'avoir un roi particulier. Traitez bien la noblesse. Faites espérer du soulagement au peuple, lorsque les affaires le permettront. Ecoutez les plaintes. Rendez justice, et vous communiquez avec bonté, sans perdre votre dignité. Distinguez ceux dont le zèle a paru   1395
dans ces derniers mouvements. Vous connaîtrez bientôt l'utilité de votre voyage, et le bon effet que votre présence aura produit. Je fais armer quatre vaisseaux qui iront à Barcelone, et vous porteront à Naples avec la reine. Je vois que votre amitié pour elle ne vous permet pas de vous en séparer. Marsin vous informera des troupes que j'envoie à Naples, et des   1400
autres détails dont je l'ai instruit au sujet de votre passage. Dieu, qui vous

(*116*)   Cette lettre est très fidèlement rapportée; elle doit être au dépôt.

protège visiblement, bénira la justice de votre cause; et j'espère qu'après vous avoir appelé au trône, il vous donnera son assistance, pour défendre les Etats dont il a remis le gouvernement entre vos mains. Je le prierai de rendre heureux les desseins que vous formez pour sa gloire. (*117*) Il ne me reste qu'à vous assurer de ma tendresse, de mon amitié, et du plaisir que j'ai de voir que tous les jours vous vous en rendez digne.' [109]

Lettre du roi d'Espagne, à M. de Vendôme

(2 juin.) 'Mon cousin, j'ai appris par votre lettre, et par ce que m'a dit le comte de Colnenero, les mouvements que vous vous donnez pour entrer en campagne; je ne m'en donne pas moins de mon côté, pour vous aller joindre au plus tôt; et si des affaires très essentielles que j'ai ici ne me retenaient, jointes à l'arrivée du légat que j'attends, je serais déjà parti, car j'appréhende que vous ne battiez les ennemis avant que je sois arrivé. Je vous permets pourtant de secourir Mantoue; mais demeurez-en là, et attendez-moi pour le reste. Rien ne peut mieux vous marquer la bonne opinion que j'ai de vous, que de craindre que vous n'en fassiez trop pendant mon absence. Je compte de me rendre à Fézole à la fin du mois. Assurez tous les officiers français de ma part de la joie que j'aurai de me trouver à leur tête, et soyez bien persuadé, mon cousin, de la véritable estime que j'ai pour vous.' (*118*)

On manda de Madrid qu'il était parti plusieurs grands pour accompagner Sa Majesté Catholique à son voyage de Naples. Le cardinal Portocarero et le conseil qui est à Madrid, lui avaient écrit pour le prier encore de ne point faire ce voyage. Il mit la lettre dans sa poche, et dit qu'il leur ferait réponse de dessus son vaisseau. On le croit embarqué présentement; mais on n'en a point de nouvelles. [110]

Le roi fit l'après-dîner, 29 juillet, une fort jolie loterie chez Mme de Maintenon, pour Mme la duchesse de Bourgogne et pour ses dames. Mme

(*117*) On ne voit pas comment il était plus glorieux à Dieu de voir le duc d'Anjou en Espagne, que l'archiduc; mais il est sûr que cela était plus glorieux pour Louis XIV.

(*118*) Le duc de Vendôme, à qui Philippe V dut sa couronne, méritait quelque chose de mieux.

[109] *J*, viii.329-30 (21 janvier 1702).
[110] *J*, viii.381 (7 avril 1702).

la comtesse de Grammont y fut appelée, et y disputa un lot contre le roi. Le roi le gagna, et le lui donna, lui disant: 'Il n'est pas juste comtesse que ce soit moi qui vous empêche de gagner.'[111]   1430

Le roi ayant appris la mort du prince d'Orange, n'en dit pas un mot aux courtisans pendant tout un jour, et n'en marqua nulle joie, quoiqu'il y eût grand sujet d'en avoir.[112]

M. le duc de Bourgogne, en renonçant à la danse, dit que c'était un   1435
malheur de n'être point adroit; mais qu'il y avait tant d'autres qualités plus essentielles et plus à souhaiter dans les hommes, qu'il songeait à acquérir, qu'il espérait par là réparer ce qui lui manquait; et on s'aperçoit tous les jours qu'il songe à tout ce qu'il y a de plus noble et de plus honnête.   1440

Réponse du roi de Suède, à l'envoyé de l'électeur de Brandebourg

'(*119*) Je sais que votre maître n'attendait que le succès de la ligue entre le roi de Danemark, le Moscovite et la Pologne, pour se déclarer contre moi. J'ai châtié le roi de Danemark jusque dans Copenhague, et lui ai pardonné en bon voisin: j'ai dompté le Moscovite, et l'obligerai bien à rester en paix: j'ai chassé le roi de Pologne de sa capitale. J'irai à votre   1445
maître le dernier, pour lui montrer le cas qu'il fallait faire de mon amitié, et qu'il devait la mériter avant de l'obtenir. Retirez-vous.'[113]

(2 janvier 1703.) Le roi, qui ne va plus à la comédie depuis plusieurs années, dit à son petit coucher, au marquis de Gêvres, qu'il venait d'apprendre que les comédiens avaient joué le soir devant Monseigneur   1450
et Mme la duchesse de Bourgogne, une petite pièce fort licencieuse, et qu'il punirait leur insolence: il lui commanda en même temps de faire venir ces comédiens, et de les avertir de sa part que si jamais ils retombaient dans une faute approchante, ou que même ils en jouâssent à Paris de si scandaleuses, ils seraient cassés sur le champ.   1455

(7 janvier.) On vola à Versailles M. le duc de Bourgogne; et outre l'argent qu'on lui prit, on prit encore quatre cents pistoles à Moreau, son

(*119*)   Cette lettre était de Grimarest; la fausseté fut bientôt reconnue.

[111] *J*, viii.463-64 (29 juillet 1702).
[112] *J*, viii.366 (25 mars 1702).
[113] *J*, viii.461 (24 juillet 1702).

premier valet de chambre. Ce prince lui a redonné cette somme; et Moreau se défendant de la recevoir, M. le duc de Bourgogne lui dit: 'Je ne vous ai jamais parlé en maître qu'aujourd'hui, je vous commande de le prendre; et c'est parce que vous ne me demandez jamais rien, que je veux vous donner.'[114]

(28 février.) Le roi, après son dîner, avant que d'aller au sermon, entretint M. le maréchal de Vauban, qui demanda en grâce à Sa Majesté de l'envoyer au siège de Kel, où il croit pouvoir rendre de bons services, en conduisant les travaux. Le roi lui dit: 'Mais songez-vous, M. le maréchal, que cet emploi est au-dessous de votre dignité.' 'Sire, lui répondit-il, il s'agit de vous servir; ce que je crois pouvoir faire utilement en cette occasion ici: je laisserai le bâton de maréchal de France à la porte, et j'aiderai peut-être à la prise de la place: plus vous nous faites de grâce, et plus nous devons avoir envie de vous servir.' Le roi ne voulut pas lui permettre d'y aller; mais il insista encore.

(22 novembre.) M. le duc de Bourgogne marqua une grande affliction de n'avoir point été au siège de Landau et à la bataille; et après cela, il fit une réflexion, que, s'il eût été dans l'armée, M. de Talard aurait peut-être balancé à donner bataille; et qu'ainsi il croyait qu'il valait mieux, pour le bien de l'état, qu'il n'y eût point été; et que l'intérêt de sa gloire particulière devait céder à celle du roi et à l'honneur de la nation.

(août 1704.) Le roi soutint la perte de la bataille d'Hochstedt avec toute la constance et la fermeté imaginables; on ne saurait marquer plus de résignation à la volonté de Dieu, et plus de force d'esprit; mais il ne put comprendre que vingt-six bataillons français se fussent rendus prisonniers de guerre. (*120*)[115]

Le lendemain de cette mauvaise nouvelle, le roi alla l'après-dîner courir le cerf; et quoiqu'il y ait été fort sensible, il n'y eut nul changement à sa vie, nulle altération dans son visage ni dans ses discours. Le Père de La Chaise lui avait préparé un discours de consolation; mais le roi le

(*120*) Cela était aisé à comprendre, puisqu'ils étaient dans un village, sans recevoir d'ordre, entourés de trente mille hommes, et le canon pointé contre eux.[116]

[114] *J*, ix.86-87 (9 janvier 1703).
[115] *J*, ix.101-102 (21 août 1704).
[116] The battle of Hochstedt is known to the English as the battle of Blenheim.

prévint dès qu'ils furent seuls ensemble: et le Père de La Chaise dit que le roi lui avait parlé avec tant de piété et de résignation à la volonté de Dieu, et avec tant de force et de courage, qu'il ne lui a jamais paru si grand et si digne d'admiration: il console les familles dont on dit qu'il y a des gens de tués. [117]

(31 août.) Le roi avait mis à son côté une épée de diamants magnifique. Il dit à M. le duc de Mantoue: 'Je vous ai fait généralissime de mes armées en Italie, il est juste que je vous mette les armes à la main'; en même temps le roi tira son épée de son côté et la lui donna: 'Je suis persuadé, ajouta le roi, que vous la tirerez de bon cœur pour mon service.' (121)

(6 octobre.) On proposa au roi d'Angleterre de demeurer un jour de plus à Fontainebleau, pour la chasse et la comédie; mais quelque envie qu'en eût ce jeune roi, il crut qu'il serait plus sage de ne pas quitter la reine sa mère, qui s'en allait ce jour-là de Fontainebleau, et il s'en alla avec elle. (122)

(13 avril 1705.) Le roi vint voir M. le duc de Bretagne qui était à l'extrêmité: comme il était un peu mieux dans ce moment-là, le roi s'approcha du Père de La Chaise, à qui il dit: 'Mon Père, nous faisons bien des vœux pour la santé de cet enfant; mais nous ne savons ce que nous faisons: s'il meurt, c'est un ange; s'il vit, les grands princes sont exposés à tant de tentations et à tant de dangers pour leur salut, qu'on a sujet d'en tout craindre.' Le duc de Bretagne mourut ce jour-là.

Mons de Lorraine ayant perdu son frère, fit dire par son ministre à M. de Torcy, que, quelque envie qu'il eût de faire part au roi de tout ce qui le regarde, il n'osait lui parler d'un frère mort dans l'armée des ennemis. Le roi lui fit dire qu'il lui savait bon gré de son attention; qu'il était fâché de sa mort, pour bien des raisons. Le roi en prit le deuil. [118]

(23 juin 1706.) M. le duc d'Orléans partant pour aller commander en Lombardie, Mme la duchesse d'Orléans le pressa de prendre toutes ses pierreries, en ayant pour des sommes immenses. M. le duc d'Orléans lui répondit que, s'il ne trouvait pas chez ses amis tout l'argent dont il avait

---

(121)   Elle ne fut point tirée.

(122)   C'est le prétendant: à la postérité, à la postérité.

[117] *J*, ix.103 (22 août 1704).
[118] *J*, x.429-30 (24 septembre 1705).

besoin, il ne ferait nulle difficulté de les accepter, sachant qu'elle les lui offrait de bon cœur. (*123*)

Vazet, qui a une charge de confiance chez le roi d'Espagne, apporta au roi une cassette pleine de pierreries, parmi lesquelles est la fameuse perle que les Espagnols appellent la *Pérégrine* ou la *Sola*, parce qu'il n'y en a pas dans l'Europe de cette grosseur-là. [119]

(5 août.) On apprit par un courrier d'Espagne, que les Espagnols témoignaient plus de fidélité que jamais. La reine étant sur son balcon à Burgos, le peuple cria: 'Vive Philippe V;' et la reine leur cria: 'Vive la fidélité des Castillans.' (*124*) Le peuple se mit à genoux, et recommença à crier: 'Vivent le roi et la reine.'

(26 septembre.) L'électeur de Cologne vint *incognito* voir le roi: cet électeur allait à Rome; le roi lui dit: 'Je suis bien fâché de songer que vous serez hors de vos états, et que votre attachement pour moi en soit cause': l'électeur répondit que le plaisir d'avoir été attaché *au plus grand roi du monde*, le consolait de tous ses malheurs.

(5 novembre.) M. le duc de Bourgogne, dont la piété augmentait tous les jours, vendit ses pierreries, et en fit distribuer l'argent aux pauvres.

Le roi dit au duc d'Albe que le roi d'Espagne lui mandait qu'il allait retrancher ses dépenses superflues; qu'il voulait employer ses revenus à bien entretenir ses troupes. 'Ce serait à moi, dit le roi, qui suis son grand-père, à lui donner des exemples; mais, en ce fait-là, je veux suivre les siens, et je veux comme lui retrancher les dépenses inutiles, afin de travailler à parvenir à une paix heureuse et glorieuse.' Dès le lendemain le roi parla à M. de La Rochefoucauld, pour voir ce qu'il pourrait retrancher à sa garderobe; et il manda à M. le Grand, qui est malade, qu'il songeât aux retranchements qu'il pourrait faire dans sa grande écurie. [120]

(10 janvier 1707.) Le duc d'Albe vint dire au roi la grossesse de la reine d'Espagne, qui avait été annoncée au peuple avec les cérémonies ordinaires. Voici l'usage: on sonne la grosse cloche du palais, le peuple y accourt en foule; le roi, la reine, paraissent sur un balcon, et déclarent que la reine est grosse. Outre cette cérémonie-là, il s'en fait une autre encore qui n'était pas encore faite: cette seconde cérémonie est que la

(*123*)   Toujours à la postérité.
(*124*)   Et le roi; que cria-t-il?

[119] *J*, xi.150 (8 juillet 1706).
[120] *J*, xi.249-50 (16 et 17 novembre 1706).

reine va en chaise à Notre-Dame d'Atocha, (*125*) suivie de tous les grands à pied, qui environnent sa chaise pour remercier Dieu. [121]

(janvier.) A la naissance du second duc de Bretagne, le roi envoya ordre à M. d'Argenson, lieutenant de police à Paris, de défendre toutes les dépenses extraordinaires qu'on avait faites en réjouissance du premier duc de Bretagne, qui avaient monté à des sommes excessives pour la ville de Paris. Il défendit la même chose pour Versailles, et veut que la joie des peuples ne paraisse que par leurs prières. [122]

(16 août.) M. le duc de Chartres eut quelque apparence de petite vérole; et comme son appartement est fort près de celui de M. le duc de Bretagne, le roi fit transporter M. le duc de Chartres. Le roi dit à Mme la duchesse d'Orléans: 'Si je ne regardais que moi, il ne serait pas question de transporter votre fils; mais je dois compte à l'état, qui me reprocherait d'avoir hasardé le duc de Bretagne, pour trop ménager le duc de Chartres. Cependant, si la petite vérole avait déjà paru, tout ce qu'on m'aurait pu dire ne m'aurait jamais fait consentir à exposer la vie de votre fils; heureusement il a bien passé la nuit. Prenons ce temps pour le faire transporter; il est de votre intérêt, comme du mien, d'éviter les reproches publics.'

(novembre.) Le roi donna grâce au jeune comte de Tonnerre, qui a eu le malheur de tuer le fils de M. Amelot: on le met à la Bastille pour un an. Il donnera dix mille livres d'aumônes, que M. le cardinal de Noailles partagera aux pauvres. Il n'entrera jamais dans aucune maison où sera M. Amelot; et si M. Amelot arrivait dans une maison où il fût, il en sortirait, afin que M. Amelot n'eût pas la douleur de voir celui qui a tué son fils. [123]

(*125*) Cette Notre-Dame est de bois: elle pleure tous les ans, le jour de sa fête; et le peuple pleure aussi. Un jour le prédicateur, apercevant un menuisier qui avait l'œil sec, lui demanda comment il pouvait ne pas fondre en larmes, quand la sainte Vierge en versait. 'Ah! mon révérend père, répondit-il, c'est moi qui la rattachai hier dans sa niche. Je lui enfonçai trois grands clous dans le derrière; c'est alors qu'elle aurait pleuré si elle avait pu.' [124]

[121] *J*, xi.299 (10 février 1707).
[122] *J*, xi.280 (8 janvier 1707).
[123] *J*, xii.21 (29 novembre 1707).
[124] See the *Notebooks*, *OC*, vol.82, p.609, and *Les Questions de Zapata*, *OC*, vol.62, p.407, note 76.

303

(1708.) Il y eut en Angleterre des harangues du parlement contre ceux qui gouvernent. Milord Aversham est toujours un de ceux qui parlent le plus fortement contre le ministère. Il était de la chambre basse du temps du roi Guillaume, qui le fit lord, croyant par là le contenir; mais, à la première assemblée du parlement, il parla dans la chambre haute avec la 1580 même force qu'il parlait dans la basse. Le roi Guillaume lui dit: 'Milord, j'espérais au moins qu'après la grâce que je vous ai faite, vous vous contraindriez la première fois. 'Sire, lui répondit-il, quand vous m'auriez fait roi, je n'en soutiendrais pas moins les intérêts de l'Etat et du peuple.' (*126*) [125] 1585

(7 mars.) Le roi d'Angleterre partant pour tâcher de rentrer dans son royaume, dit au roi qu'il espérait n'avoir pas l'honneur de le revoir sitôt; qu'il demeurerait en Ecosse, n'y eût-il qu'un château qui lui fût fidèle; mais que s'il était jamais rétabli dans ses royaumes, comme il le prétendait, il reviendrait exprès de Londres ici, pour lui marquer sa reconnaissance et 1590 son attachement pour sa personne, et pour toute la maison royale.

(18 mars.) Le roi d'Angleterre s'embarqua contre l'avis de beaucoup de ses domestiques, qui lui représentaient l'état de sa santé. Il venait d'avoir la rougeole à Dunkerque. Il écrivit à la reine sa mère, et lui manda: 'Enfin me voici à bord: le corps est faible; mais le courage est si 1595 bon, qu'il soutiendra la faiblesse du corps.'

Ses gens lui représentèrent qu'il trouverait des vaisseaux ennemis de tous côtés; qu'il essuierait des vents contraires; il répondit: 'Quand je serai embarqué, je ne rendrai pas les vents plus mauvais, ni les ennemis plus forts.' 1600

(10 novembre.) Il arriva à la cour un aga, envoyé par le capitaine Bacha. Le dessus des lettres qu'il apporta pour le ministre de la marine, est: *pour le Vizir de la Mer de l'Empereur des Français.*

(11 septembre.) Le prince Eugène, après avoir pris Lille, alla voir M. le maréchal de Boufflers, qui la défendait; il lui dit qu'il se trouvait bien 1605 glorieux d'avoir pris Lille; mais que le maréchal de Boufflers avait encore acquis plus de gloire à la défendre, que lui à la prendre. [126]

(8 janvier 1709.) Le roi devait aller à Trianon; mais il n'y alla point,

(*126*)   Et comment Guillaume aurait-il pu le faire roi?

[125] *J*, xii.65 (22 janvier 1708).
[126] *J*, xii.282 (11 décembre 1708).

parce qu'il avait vu la veille, en y allant, que ses gardes et ses officiers souffraient trop du froid excessif qu'il faisait: car pour lui, quelque temps qu'il fasse, le froid et le chaud, rien ne l'incommode.

(mars.) Après le siège de Lille, M. le maréchal de Boufflers ayant été fait pair, alla au parlement pour se faire recevoir. La séance fut fort nombreuse. M. le maréchal de Boufflers y fut accompagné par beaucoup de gens, et surtout par ceux qui avaient été dans Lille avec lui; et après sa réception, il se tourna vers eux, et leur dit: 'Messieurs, tous les honneurs qu'on me fait ici, et toutes les grâces que je reçois du roi, c'est à vous que je crois les devoir; c'est votre mérite et votre valeur qui me les ont attirées, et je ne dois me louer que d'avoir été à la tête de tant de braves gens qui ont fait valoir mes bonnes intentions.'[127]

Lettre de la reine d'Espagne, à Mme la duchesse de Bourgogne

(21 avril.) 'Mon fils fut hier reconnu héritier présomptif de la monarchie d'Espagne, par les Etats du Royaume; et en cette qualité, le clergé, tous les grands, les officiers de la couronne, la noblesse et les députés des villes qui ont droit d'assister aux Etats, lui jurèrent fidélité, lui rendirent hommage, et lui baisèrent la main. Le cardinal Portocarero officia et reçut le serment. Le patriarche des Indes, grand aumônier, donna la confirmation à mon fils, parce que c'est la coutume de confirmer les princes ce jour-là, lorsqu'ils n'ont pas reçu ce sacrement. Le cardinal Portocarero lui servit de parrain, et le duc de Medinacely reçut l'hommage. Cette fonction dura trois heures. L'assemblée était très nombreuse; et tout se passa néanmoins avec tant d'ordre et un si profond respect, que je n'en fus pas moins surprise que contente, aussi bien que des expressions vives et tendres avec lesquelles chaque particulier témoignait sa joie, et celle de tout le royaume, en nous baisant la main.

'Sur les neuf heures et demie, nous descendîmes, le roi, mon fils et moi, dans l'église de Saint-Jérôme, que nous trouvâmes magnifiquement parée, et remplie de tous ceux qui avaient droit d'y entrer, ou par leurs charges, ou comme membres des Etats. Le roi était accompagné des grands officiers de la couronne. J'étais suivie de quatorze dames, toutes grandes ou mariées à des fils aînés de grands, que j'avais choisies dans les premières maisons d'Espagne; et mon fils était porté par la princesse des Ursins: c'était à elle, comme Camerrera Major, à tenir ma queue; mais,

1610

1615

1620

1625

1630

1635

1640

[127] *J*, xii.360 (19 mars 1709).

faisant la charge de gouvernante du prince, le comte d'Aguillard, capitaine des gardes, prit sa place, parce que, si j'avais nommé une dame, toutes les autres auraient été au désespoir de cette préférence. 1645

'Dès que nous fûmes sous notre dais, la cérémonie commença par le *Veni Creator*. Pendant toute la messe, mon fils fut d'une sagesse et d'une gaieté qui attirait l'attention de tout le monde: il baisa l'Evangile et la Paix, comme une personne raisonnable. Mais lorsqu'on le porta à l'autel pour le confirmer après la messe, il commença à être fâché de s'éloigner de moi; et 1650 le bandeau qu'on lui mit acheva de le mettre de mauvaise humeur. Cela dura peu, car dès qu'il fut revenu auprès de moi, ses pleurs cessèrent.

'Chacun vint ensuite, suivant son rang, prêter serment et rendre hommage. Plus de deux cents personnes baisèrent la main de mon fils, qu'il donnait lui-même très gracieusement; et avec beaucoup plus de 1655 patience qu'on ne devait en attendre d'un enfant qui n'a pas vingt mois. Sur la fin cependant on fut obligé d'appeler la nourrice; mais en têtant, il donnait sa main à baiser comme auparavant, d'une manière pourtant qui semblait demander si cela ne finirait pas bientôt.

'Après le *Te Deum*, nous passâmes à notre appartement dans le même 1660 ordre et avec la même suite. Les peuples n'ont pu donner plus de marques de leur zèle et de leur amour pour nous, qu'ils ont fait en cette occasion. La cour était magnifique, et je crois qu'il ne s'est jamais vu de fête, ni mieux réglée, ni qui ait fini avec une satisfaction si générale.'

(1710.) L'argent étant fort rare, et la misère fort grande, à cause du 1665 grand froid de l'année passée, le roi ne prit point les quarante mille pistoles qu'on avait accoutumé de lui donner du Trésor Royal. Le premier jour de l'an il envoya cette somme en Flandres, pour payer les troupes qui étaient en garnison. [128]

Mademoiselle épousa M. le duc de Berry; et comme cela lui donnait le 1670 rang devant Madame, quand il fallut passer, elle lui dit: 'Poussez-moi donc, Madame, car il faut me pousser pour me faire passer devant vous, et il me faudra quelque temps pour m'accoutumer à cet honneur.' [129]

(janvier 1711.) Le roi dit à M. de Bernieres, qui était intendant de Flandres pendant la guerre: 'Vous m'avez mandé souvent l'année passée 1675 des choses tristes et dures; mais je vous en sais bon gré, car je veux qu'on me mande toujours la vérité, quelque fâcheuse qu'elle puisse être.' [130]

[128] *J*, xiii.79 (1er janvier 1710).
[129] *J*, xiii.200-201 (6 juillet 1710).
[130] *J*, xiii.332-33 (30 janvier 1711).

(février.) M. l'électeur de Cologne vint à Saint-Cyr. On le mena dans toutes les classes, où il trouva des amusements qui lui plurent fort: on eut peine à l'arracher de cette maison, dont il admirait l'ordre. [131]

(août.) M. le maréchal de Villars manda que selon toutes les apparences il y aurait une bataille au premier jour, on pria Mme la dauphine de jouer. 'Avec qui voulez-vous que je joue, dit-elle, avec des dames qui ont leurs maris, ou des pères qui ont leurs enfants à une bataille; et puis-je être tranquille moi-même, quand il s'agit de la plus grande affaire de l'état?' [132]

(décembre.) Le roi étant à la promenade fort gai, dit à ses courtisans: 'Je me crois le plus ancien officier de guerre du royaume, car j'ai été au siège de Bellegarde en 1649.' (*127*) [133]

En Angleterre, le nommé (*128*) Shepping, membre de la chambre basse, fit une harangue dans laquelle il dit, en parlant du feu roi Jacques, que ç'aurait été le meilleur roi qui eût jamais monté sur le trône; qu'à la vérité il était trop honnête homme et trop sincère pour un roi d'Angleterre; que sa bonté avait été scandaleusement trahie par des fripons (*129*) auxquels il se fiait, lesquels, à la honte éternelle de l'Angleterre, avaient été récompensés de leurs trahisons et de leurs infamies, pendant que le prince a été puni, lui qui, par les lois de la nation, est impunissable. [134]

(*127*)   Le duc d'Antin ajouta: '*Et le meilleur.*' Le roi ne se fâcha pas.

(*128*)   Le nommé Shepping valait bien le courtisan auteur de ces mémoires. La cour de Louis XIV était très polie, comme son maître; mais, dans les occasions, la sotte vanité et l'ignorance lui faisaient oublier sa politesse.

(*129*)   Le discours de Shepping est dans le recueil du parlement. Il est beaucoup plus mesuré, quoique vigoureux. S'il avait prononcé le discours qu'on lui impute, la chambre l'aurait envoyé à la Tour.

---

[131] *J*, xiii.335 (3 février 1711).
[132] *J*, xiii.455 (6 août 1711).
[133] *J*, xiv.35 (5 décembre 1711).
[134] *J*, xiii.366 (23 mars 1711).

Le roi fut trois mois de suite à Marly; mais il envoyait tous les huit jours M. Voisin à Versailles, pour recevoir les placets, afin d'épargner aux particuliers la peine et l'embarras de les apporter à Marly. 1700

(avril 1712.) Le roi voulut aller à la chasse au vol; mais il fit réflexion que les terres étaient fort humides, cela lui fit remettre la partie. (*130*) [135]

M. le duc de Berry, ayant eu le malheur de blesser M. le duc à la chasse, (*131*) alla se jeter aux genoux de Mme la duchesse sa mère, et 1705 assura Mme la dauphine qu'il ne manierait jamais fusil, quoique ce soit son plus grand plaisir. (*132*) [136]

Comme M. le duc de Berry pleurait beaucoup de cet accident, et qu'on le voulait consoler, Mme la duchesse de Bourgogne lui dit: 'Pleurez, vous avez raison, et il est juste que tout le monde voie que vous êtes affligé.' 1710

M. le Duc dit qu'il aimerait bien mieux que cet accident lui fût arrivé à la guerre qu'à la chasse. [137]

Le fils de M. le duc de Barvich étant allé à la chasse pour tuer un daim pour la reine d'Angleterre, tua tout roide un écuyer de son père, quoiqu'il en fût éloigné de quatre cents pas. Il se mit à genoux auprès du corps mort, 1715 fut longtemps à prier Dieu pour lui, et l'on eut toutes les peines du monde à l'en arracher. [138]

(2 décembre 1713.) M. le maréchal de Villars dit au prince Eugène, lorsqu'il le joignit à Rastadt, pour traiter de la paix: 'Vous avez rendu de grands services à votre maître par les actions éclatantes (*133*) que vous 1720 avez faites en Hongrie, en Flandres et en Italie.' 'Monsieur, lui répondit le prince Eugène, les heureux succès que j'ai eus sont déjà d'ancienne date; on ne doit plus songer qu'aux dernières campagnes, dont vous avez toute la gloire.'

(*130*)   A la postérité, vous dis-je.

(*131*)   Il lui creva un œil.

(*132*)   Il y retourna huit jours après.

(*133*)   Le maréchal dit mieux: 'Vos ennemis sont à Vienne, et les miens à Versailles.' [139]

[135] *J*, xiv.126 (12 avril 1712).
[136] *J*, xiv.75 (31 janvier 1712).
[137] *J*, xiv.75 (31 janvier 1712).
[138] *J*, xiv.261-62 (9 novembre 1712).
[139] See the *Siècle de Louis XIV*, ch.23 (*OH*, p.881).

La paix étant faite, le roi voulant marquer à la maréchale de Villars   1725
combien il était content de son mari dans cette négociation, lui dit en deux
mots: 'Madame, *voilà le comble.*'

Quelque temps après le roi voyant M. le maréchal de Villars et
quelques officiers généraux allemands et anglais qui se promenaient tous
à sa suite dans les jardins de Marly, leur dit: 'Avouez, messieurs, que voilà   1730
un homme qui vous a fait bien de la peine, et que vous n'aviez pas cru, il y
a six mois, vous promener sitôt avec lui.' Un de ces officiers, charmé de la
bonté du roi, dit à M. de Villars: 'Ah! monsieur, quel plaisir de vivre sous
un maître qui veut bien dire de pareilles choses.'

Un officier anglais disait, en parlant du roi, que, s'il avait été capable   1735
d'aimer un roi, il aurait aimé Louis XIV.

(février 1714.) Après l'assemblée du clergé, M. le cardinal de Rohan
vint rendre compte au roi de ce qui s'y était passé. Le roi le loua fort de
tout ce qu'il y avait fait, et lui dit: 'J'espère que Dieu vous en saura gré; et
moi, sans comparaison, je vous en sais beaucoup.'[140]   1740

Le roi ayant fait entrer dans son cabinet les commissaires du clergé,
qui s'assemblaient à Paris chez M. le cardinal de Rohan, il leur dit, qu'il
les remerciait, et qu'il était très content d'eux; qu'il soutiendrait leurs avis
de toutes ses forces, qu'ils priassent Dieu de les lui continuer et de les
augmenter, et qu'il les emploierait toutes à soutenir une si bonne   1745
œuvre. (*134*)[141]

Un officier, rendant compte au roi de son régiment, et désirant
ardemment qu'il fût aussi beau qu'il l'avait été autrefois, dit à Sa Majesté,
que jamais on n'y parviendrait qu'en renouvelant l'ancienne ordonnance,
qui punit de mort les déserteurs. Le roi lui répondit: 'Hé! quoi! (ajoutant   1750
son nom) oubliez-vous que ce sont des hommes?'

Le roi disait un jour qu'il n'avait perdu que deux fois la messe pendant
le temps qu'il allait à la guerre; que malheureusement c'était des jours de
fêtes, qu'il n'y avait point eu de sa faute; mais que dans la crainte qu'il n'y
eût du mal, il s'en était pourtant confessé.   1755

Le roi ayant trouvé sur sa table une lettre d'un homme qu'il venait
d'exiler, la rejeta d'abord; mais aussitôt il la reprit et la lut toute entière,

(*134*)   C'était la bulle *Unigenitus.*[142]

[140] *J*, xv.78 (6 février 1714).
[141] *J*, xv.79 (7 février 1714).
[142] See the *Siècle de Louis XIV*, ch.37 (*OH*, p.1081).

disant: 'Il faut du moins donner aux malheureux la consolation de lire leurs excuses.' (*135*)

Le roi, après avoir arrêté le nombre de ceux qu'il voulait faire Chevaliers de l'Ordre, parut fort triste et fort rêveur. Mme de Maintenon lui ayant demandé ce qu'il avait: 'C'est, répondit le roi, que je pense au chagrin de ceux qui n'auront point de part à cette promotion.'

Mme de Mailly étant venue faire son compliment au roi après sa nomination à l'abbaye de Poissy, Sa Majesté lui dit: 'Je ne vous ai pas choisie seulement pour votre naissance, ni à cause des personnes qui s'intéressent à vous; mais encore parce qu'on m'a répondu de votre vertu et de votre régularité: c'est à vous maintenant, madame, à justifier le choix que j'ai fait de votre personne, et à acquitter ma conscience, en remplissant les devoirs de votre charge.'

Le roi étant venu à Saint-Cyr, lorsqu'il était prêt de partir pour une campagne, fit l'honneur de dire à la communauté, qu'il espérait beaucoup des prières qu'on ferait pour lui dans la maison. La supérieure lui ayant dit que nous demandions sans cesse à Dieu de le ramener bientôt victorieux, Sa Majesté répondit: 'Non la victoire, mais la paix; il faut tâcher de contraindre nos ennemis à nous la demander.'

Mme de Maintenon parlant du roi, disait souvent 'Il ne faut demander pour lui que la lumière; car dès qu'il connaît le bien, il le fait.'

Le roi ayant fait M. de La Rochefoucauld premier gentilhomme de sa garde-robe, lui écrivit ce billet de sa main: 'Je me réjouis comme votre ami de la charge que je vous ai donnée ce matin comme votre roi, de premier gentilhomme de ma garde-robe.' (*136*)

Un page, qui portait un flambeau, ayant eu un bras gelé, le roi ordonna qu'on leur donnerait à tous de grands manchons, pour éviter de pareils accidents. (*137*)

(*135*) Pourquoi donc brûler les lettres des princes de Conti, au lieu de les lire? [143]

(*136*) Cette lettre à antithèse est du président Rose, secrétaire du cabinet. [144]

(*137*) Mais on n'a point de manchon à la main qui porte un flambeau.

[143] See note *17*, p.252.
[144] See the *Siècle de Louis XIV*, ch.28 (*OH*, p.950).

Dans le temps que Mme de Maintenon faisait amuser le roi par quelques représentations de comédies qu'on jouait dans sa chambre, on eut besoin d'un livre à celle du *Bourgeois gentilhomme*, pour tenir lieu de l'Alcoran. Le roi ne voulut point qu'on prit celui des Evangiles, qui était sur sa table, et il en fallut chercher un autre. 1790

Le roi ayant nommé l'abbé de Villeroy à l'archevêché de Lyon, le fit venir dans son cabinet, lui marqua mille bontés de père, et lui donna de très belles instructions; et il finit par lui dire: 'Si je vous ai choisi malgré votre jeunesse, ce n'est pas seulement à cause de l'amitié que j'ai pour votre père; mais parce que je suis persuadé que vous vivrez regulière- 1795 ment, et que vous remplirez tous vos devoirs.'

Le roi ayant appris qu'un homme de la cour pour qui il avait de la bonté, était dangereusement malade, et sachant qu'il n'était pas dans la pratique d'approcher des sacrements, lui écrivit un billet pour l'exhorter à le faire. 1800

Fort peu de temps après que le roi d'Espagne fut à Madrid, on plaisanta un jour à son lever d'une aventure scandaleuse qu'on venait d'apprendre. Le roi, sans prendre part à la conversation, dit seulement, avec gravité: 'Est-ce qu'on rit de cela ici?'

Un jour le roi eut envie de faire jouer chez Mme de Maintenon des 1805 noëls sur des instruments; mais il n'osa le faire qu'il ne se fût informé s'il n'y avait point de mal, à cause qu'on les joue sur l'orgue de l'église.

Le roi ayant été douze jours avec son armée en présence des ennemis, fut obligé de décamper le premier, parce qu'il manquait de fourrage; mais il manda aux ennemis le jour et l'heure qu'il partirait, afin qu'ils le 1810 suivissent s'ils en avaient envie.

Mme de Maintenon trouvant le roi affligé de la continuation de la guerre avec l'empereur, lui fit envisager que ce n'était rien, en comparaison de celle que nous venions d'avoir avec toute l'Europe; il répondit: 'Ce n'est pas cela qui m'afflige, c'est la misère des peuples.' 1815

Un jour de jeûne le roi mit, sans y penser, une pastille dans sa bouche; mais s'étant souvenu qu'il était jeûne, il la rejeta sur le champ.

Le roi parlant un jour à Mme de Maintenon de plusieurs grands vaisseaux qui dépérissaient, et qu'il fallait faire rétablir, lui dit: '*Le Royal Louis* est tout pourri, (ajoutant en se montrant lui-même) et celui-ci 1820 pourrira.'

Mme la duchesse d'Albe disait qu'il fallait se souvenir qu'on était chrétien, pour ne pas adorer le roi.

Une autre personne disait qu'il était fait en tout comme un roi élu.

Le roi dit un jour à Mme de Maintenon, qu'on traitait les rois de majesté, et que pour elle on devait la traiter de solidité. (*138*) 1825

Le roi parlant un jour de quelque dessin de broderie qu'il faisait faire sur des habits, dit: 'Je ne devrais pas être occupé de ces bagatelles; mais je suis obligé par mon rang d'être bien vêtu.' (*139*)

Le roi à vingt ans n'avait point encore bu de vin. (*140*) 1830

Quelques gens d'affaires prétendaient que les maisons bâties sur les anciennes fortifications de Paris, appartenaient au roi. Cette prétention avait troublé une infinité de familles, non seulement à Paris; mais encore dans les provinces. Les commissaires du conseil examinèrent les raisons de part et d'autre pendant quatre mois, et y trouvèrent beaucoup de 1835 difficulté. Enfin l'affaire fut rapportée et balancée pendant dix heures entières: les voix se trouvèrent partagées; et lorsqu'il n'y eut plus que le roi à parler, il décida contre ses propres intérêts, en faveur des peuples. (*141*)

M. le maréchal de Montrevel, animé du zèle qu'il a pour le roi, a 1840 imaginé un monument magnifique pour sa gloire, placé devant le Château Trompette, à la vue de tous les étrangers qui entrent dans la Garonne, avec une application prise dans l'Ecriture sainte. Le roi a tout refusé, disant qu'il ne voulait ni louanges, ni charger ses peuples.[145]

Le roi voyant des hommes au bord de l'eau le dimanche, il envoya voir 1845 s'ils ne s'occupaient pas à pêcher.

Mme de Maintenon lui présenta un jour une feuille de papier, et le pria d'y mettre ce qu'il croyait de plus important pour la maison de Saint Louis; il écrivit: bons sujets, régularité.

Le roi trouvant Mme de Maintenon fort affligée de la prise de Namur, 1850

(*138*) C'est une ancienne plaisanterie faite à Messine au duc de Vivonne, qui était excessivement gros.[146]

(*139*) A la postérité.

(*140*) Il veut dire apparemment de vin pur.

(*141*) Cela est très vrai, et fort à l'honneur de Louis XIV, dans un temps très fiscal.

[145] *J*, xv.346 (22 janvier 1715).
[146] See the *Siècle de Louis XIV*, ch.26 (*OH*, p.919), and the *Notebooks*, *OC*, vol.81, p.78.

lui dit: 'Vous êtes accoutumée à me voir toujours victorieux; mais il faut bien vous attendre que le succès des armes n'est pas toujours favorable.' (*142*)

Des seigneurs s'entretenant au lever du roi d'une entreprise qu'on croyait devoir réussir infailliblement, à cause du courage et du grand nombre de troupes, le roi dit: 'Ce n'est point en cela que nous devons mettre notre confiance; mais dans le secours de Dieu.' (*143*)

On vint dire au roi que le prince d'Orange avait fait arrêter prisonnier M. de Boufflers, contre le traité qui avait été fait. Le roi ne marqua pas la moindre émotion; cependant il dit à Mme de Maintenon, quand tout le monde fut retiré, qu'il ne s'était jamais senti si ému.

L'archevêque de Paris avait fait une ordonnance qui défendait à ceux qui étaient obligés de faire gras en carême d'user de ragoûts. (*144*)

Mme la duchesse de Bourgogne ayant fait une sauce avec du vinaigre et du sucre, sur du bœuf bouilli, le roi dit: 'Mme la duchesse de Bourgogne n'est pas scrupuleuse, elle fait fort bien des sauces.' (*145*)

Mme de Maintenon ayant demandé quelque chose à M. le Dauphin, il répondit autrement qu'elle ne s'y attendait. Mme de Maintenon lui dit, en riant, qu'elle ne croyait pas la réponse bien sincère. Le lendemain matin M. le Dauphin vint dire à Mme de Maintenon: 'Je vous demande pardon de ne vous avoir pas dit hier la vérité; la chose n'était pas comme vous la croyiez; mais elle n'était pas non plus comme je vous la disais, et je n'ai pu dormir en repos, ayant ce détour à me reprocher.'

M. Colbert a protesté que pendant vingt-cinq ans qu'il avait eu l'honneur d'être au service du roi et de l'approcher de fort près, il ne lui avait jamais entendu dire qu'une seule parole de vivacité, et jamais aucune qui ressentit la médisance. (*146*)

(*142*)   Cela est neuf.

(*143*)   Les Impériaux attendaient le même secours.

(*144*)   Quoi! l'archevêque de Paris ne mangeait-il pas des carpes à l'étuvée, du saumon à la béchamel? On ne parlait que des ragoûts que faisait l'archevêque Harlai de Chamvalon avec Mme de Lesdiguières.

(*145*)   Plus que jamais à la postérité.

(*146*)   C'est cela qui mérite de passer à la postérité, et de servir d'exemple à tous les princes. Ils tuent quelquefois par leurs paroles.

MORT DU ROI

(1715.) Lorsqu'on proposa au roi de recevoir les derniers sacrements, il répondit: 'Ah! très volontiers, j'en serai bien aise.' Et après sa confession, il dit: 'Je suis en paix, je me suis bien confessé.'

Quelque temps après il dit à une personne de confiance: 'Je me trouve le plus heureux homme du monde; j'espère que Dieu m'accordera mon salut: qu'il est aisé de mourir!' Il dit ces dernières paroles en fondant en larmes. (147)

On dit au roi, en lui présentant des cordiaux: 'On veut, Sire, vous rappeler à la vie.' Il répondit: 'La vie ou la mort, tout ce qu'il plaira à Dieu.'

Le roi, les derniers jours de sa vie, eut souvent la tête embarrassée.

Il dit aux médecins qui paraissaient affligés: 'M'aviez-vous cru immortel? Pour moi, je ne me le suis pas cru.' (148)[147]

Le roi ayant perdu connaissance, quand elle lui fut revenue, il dit à son confesseur: 'Mon Père, donnez-moi encore une absolution générale de tous mes péchés.' (149)

En réglant quelque chose qui se devait faire après sa mort, il nomma lui-même le nom du jeune roi; et quelqu'un ayant fait une espèce de frémissement, le roi dit: 'Hé pourquoi? cela ne me fait point de peine.'

Il dit d'un ton de voix bien ferme, qu'on expédiât un brevet pareil à celui du feu roi, sans y rien changer, pour que son cœur fût porté aux jésuites.[148]

(147) Les domestiques pleuraient; mais aucun ne dit que Louis XIV eût pleuré. De plus, les approches de la mort dessèchent trop pour qu'on pleure.

(148) On nous assura que ce fut à ses premiers valets de chambre baignés de larmes, qu'il avait adressé ces paroles si justes et si fermes: 'M'avez-vous cru immortel?' *Pour moi, je ne me le suis pas cru*, aurait trop gâté ce noble discours.[149]

(149) C'était le jésuite Le Tellier: il avait à se reprocher plus de péchés que le roi.

[147] *J*, xvi.114 (28 août 1715). The following paragraph is from the same entry.
[148] *J*, xvi.113 (27 août 1715).
[149] Dangeau claims these words were spoken to 'deux garçons de la chambre' (*J*, xvi.114).

On lui demanda s'il n'avait rien contre le cardinal de Noailles: 'Non,   1900
dit le roi, je n'ai rien de personnel contre lui; et s'il veut venir tout à
l'heure, je l'embrasserai de tout mon cœur, s'il veut se soumettre au pape;
car je veux mourir comme j'ai vécu, catholique, apostolique et romain.'

Son confesseur lui ayant fait faire attention à ces dernières paroles de
l'*Ave Maria*: (*150*) *Nunc et in hora mortis nostrae*, le roi les répéta souvent,   1905
et dit à Mme de Maintenon, qui était auprès de lui: 'C'est donc
maintenant, présentement, à l'heure de ma mort.' Ce furent là aussi ses
dernières paroles; il les prononça à l'agonie avec celles-ci: 'Faites-moi
miséricorde, mon Dieu; venez à mon aide, hâtez-vous de me secourir.'

Le roi étant revenu d'une grande faiblesse, et voyant auprès de lui   1910
Mme de Maintenon, il lui dit: 'Il faut, madame, que vous ayez bien du
courage et bien de l'amitié pour moi, pour demeurer là si longtemps.' (*151*)

Un peu après le roi lui dit encore: 'Ne vous tenez plus là, madame,
c'est un spectacle trop triste; mais j'espère qu'il finira bientôt.'   1915

Le roi fit venir M. le dauphin, à qui il dit: 'Mon enfant, vous allez être
un grand roi, ne m'imitez pas dans le goût que j'ai eu pour la guerre;
songez toujours à rapporter à Dieu toutes vos actions, faites-le honorer
par vos sujets: je suis fâché de les laisser dans l'état où ils sont. Suivez
toujours les bons conseils; aimez vos peuples: je vous donne le Père Le   1920
Tellier pour confesseur. (*152*) N'oubliez jamais la reconnaissance que
vous devez à Mme la duchesse de Ventadour: pour moi, madame, ajouta

(*150*)   On ne sait ce que l'auteur de ces mémoires veut dire; ce
n'est point dans la prière appelée *Ave Maria* que sont ces paroles.
On soupçonne que le courtisan auteur de ces mémoires ne savait
pas plus de latin que Louis XIV.

(*151*)   Cela est vrai, et se retrouve ailleurs.

(*152*)   Ce discours de Louis XIV à son successeur, n'est pas
exactement rapporté, il s'en faut de beaucoup. Il est très faux qu'il
dit au dauphin: '*Je vous donne le Père Le Tellier pour confesseur.*' On
ne donne point d'ailleurs un confesseur à un enfant qui n'a pas six
ans. Il faut avouer que ces mémoires sont d'un homme d'un esprit   5
très faible, qui paraît affilié des jésuites. [150]

[150] See the *Siècle de Louis XIV*, ch.28 (*OH*, p.949).

le roi, je ne puis trop vous marquer la mienne.' Il embrassa le dauphin par deux fois, il lui donna sa bénédiction; et comme il s'en allait, il leva les mains au ciel, et fit une prière en le regardant. [151]

Le roi ayant entendu la messe le lendemain qu'il eut reçu ses sacrements, il fit approcher les cardinaux de Rohan et de Bissy, et il leur dit, en présence d'un grand nombre de courtisans, qu'il était satisfait du zèle et de l'application qu'ils avaient fait paraître pour la défense de la bonne cause; (*153*) qu'il les exhortait à avoir la même conduite après sa mort, et qu'il avait donné de bons ordres pour les soutenir. Il ajouta que Dieu connaissait ses bonnes intentions et les désirs ardents qu'il avait d'établir la paix dans l'Eglise de France; qu'il s'était flatté de la procurer cette paix si désirée; mais que Dieu ne voulait pas qu'il eût cette satisfaction; que peut-être cette grande affaire finirait plus promptement et plus heureusement dans d'autres mains que dans les siennes; que quelque droite qu'ait été sa conduite, on aurait cru qu'il n'eût agi que par prévention, et qu'il aurait porté son autorité trop loin; et enfin après avoir encore fortement exhorté ces deux cardinaux à soutenir la vérité avec la

(*153*)   Il oublie que le roi dit à ces deux cardinaux: 'Si on m'a trompé, on est bien coupable.' Il a été avéré en effet qu'on l'avait trompé, et que c'était son confesseur Le Tellier qui avait lui-même fabriqué la minute de cette malheureuse bulle qui troubla la France. Jamais homme ne calomnia plus effrontément, ne joignit tant de fourberie à tant d'audace, et ne couvrit plus ses crimes du manteau de la religion. Il fut sur le point de faire condamner le vertueux cardinal de Noailles; et il abusa de la confiance de Louis XIV, jusqu'à lui faire signer l'exil ou la prison de plus de deux mille citoyens. Ce scélérat fut exilé lui-même après la mort du roi. Punition trop douce de ses noirceurs et de ses barbaries. Le grand malheur de Louis XIV fut d'avoir été trop ignorant. Pour peu qu'il eût lu seulement l'histoire du président de Thou, il se serait défié de son confesseur, au lieu de le croire. Il aurait vu que jamais à la cour un religieux ne fit que du mal. L'ignorance et la faiblesse ternirent dans ses dernières années cinquante ans de gloire et de prospérités. [152]

[151] *J*, xvi.126-27 (26 août 1715).
[152] See the *Notebooks*, *OC*, vol.81, p.155.

même ferveur qu'ils avaient fait paraître jusqu'à présent, il leur déclara   1940
qu'il voulait mourir comme il avait vécu, dans la religion catholique,
apostolique et romaine; et qu'il aimerait mieux perdre mille vies, que
d'avoir d'autres sentiments. Ce discours dura longtemps; et le roi le fit dans
des termes si nobles et si touchants, et avec tant de force, (quoiqu'il fût déjà
très mal) qu'il était aisé de connaître qu'il était pénétré de ce qu'il disait. [153]   1945

Le même jour le roi fit approcher tous les ducs et les seigneurs qui
étaient dans sa chambre, et leur dit: 'Messieurs, je vous demande pardon du
mauvais exemple que je vous ai donné: j'ai bien à vous remercier de la
manière dont vous m'avez tous servi, de l'attachement et de la fidélité que
vous m'avez toujours marqués. Je suis bien fâché de n'avoir point fait pour   1950
vous tout ce que j'aurais bien voulu. Je vous demande pour mon petits-fils
la même application et la même fidélité que vous avez eues pour moi.
J'espère que vous contribuerez tous à l'union; et que si quelqu'un s'en
écartait, vous aideriez à le ramener. Je sens que je m'attendris, et que je
vous attendris aussi; je vous en demande pardon. Adieu, messieurs, je   1955
compte que vous vous souviendrez quelquefois de moi.' [154]

Au maréchal de Villeroi

'M. le maréchal, je vous donne une nouvelle marque de mon amitié et de
ma confiance en mourant; je vous fait gouverneur du dauphin, qui est
l'emploi le plus important que je vous puisse donner après ma mort. Vous
saurez par mon testament ce que vous devez faire à l'égard du duc du   1960
Maine. Je ne doute point que vous ne me serviez après ma mort, avec la
même fidélité que vous l'avez fait pendant ma vie. J'espère que mon
neveu vivra avec vous avec la considération et la confiance qu'il doit
avoir pour un homme que j'ai toujours aimé. Adieu, monsieur, j'espère
que vous vous souviendrez de moi.' [155]   1965

Le roi fit entrer toutes les princesses, pour leur dire adieu; et comme
elles pleuraient bien haut et faisaient beaucoup de bruit, le roi leur dit, en
riant: 'Il ne faut pas crier comme cela.' [156]

Elles s'approchèrent toutes de son lit, et il leur dit à chacune ce qu'il
leur convenait, exhorta deux princesses qui étaient ensemble fort mal, de   1970

[153] *J*, xvi.111-12 (26 août 1715).
[154] *J*, xvi.112 (26 août 1715).
[155] *J*, xvi.112-13 (26 août 1715).
[156] *J*, xvi.128-29 (26 août 1715).

bien vivre entre elles, et de se racommoder; ce qu'elles firent dans le moment.

Il dit à M. le duc d'Orléans, qui l'avait toujours aimé, qu'il ne lui faisait point de tort, et qu'il le verrait par les dispositions qu'il avait faites. Il lui recommanda sur toutes choses d'avoir de la religion; qu'il n'y avait que cela de bon, et l'embrassa par deux fois fort tendrement. 197

Il recommanda à M. le duc et à M. le prince de Conti, de contribuer à l'union qu'il désirait qui fût entre les princes, et de ne point suivre l'exemple de leurs ancêtres sur la guerre. (*154*)

Il parla aussi à M. le duc du Maine et à M. le comte de Toulouse. (*155*) 198

Il recommanda les finances à M. Desmarêts, et les affaires étrangères à M. de Torcy. (*156*)

(*154*) Vous voulez dire apparemment qu'il leur recommanda de ne jamais faire la guerre civile: mais ils ne pouvaient certainement mieux faire, que d'imiter les belles actions de leurs aïeux.

(*155*) Il fallait au moins nous instruire de ce qu'il leur dit.

(*156*) Voilà une gazette de cour pleine d'anecdotes admirables!

TÉMOIGNAGE DE L'ÉDITEUR
CONCERNANT L'AUTEUR
DE CES ANECDOTES

On nous a priés de donner nos soins à l'édition. Le nom seul de Louis XIV nous y a déterminé: nous avons cru que tout serait précieux du grand siècle des beaux-arts. Nous savons qu'un Italien qui trouverait, dans les décombres de Rome, les pots de chambre d'Auguste et de Mécène, serait entouré de curieux et d'acheteurs. 5

Nous ne savons pas de quelle dignité était revêtu à la cour le seigneur qui écrivit ces mémoires; on peut juger plus sûrement de l'étendue de son esprit, que de celle des honneurs qu'il posséda de son vivant. Il y a quelque apparence qu'il avait un emploi de confiance dans Saint-Cyr, puisqu'il s'exprime ainsi, page 150: '*La* 10
supérieure lui ayant dit que nous demandions, etc.'[157]

A ne considérer que son style, son orthographe qu'on a corrigée, et surtout l'importance qu'il met à tout ce qu'on faisait dans Versailles, il ne ressemble pas mal au frotteur de la maison, qui se glisse derrière les laquais pour entendre ce qu'on dit à table. 15

Ce petit livre fait voir au moins quel était l'esprit du temps, et quel éclat Louis XIV avait su jeter sur tout ce qui avait quelque rapport à sa personne. On eut pour lui de l'idolâtrie depuis 1660, jusqu'en 1704. Il fut pendant près d'un demi-siècle, l'objet des regards de l'Europe, et le seul roi qu'on distinguât des rois. Cette 20
splendeur a ébloui notre écrivain d'anecdotes, comme tant d'autres: de sorte qu'aujourd'hui nous avons une bibliothèque de près de mille volumes sur Louis XIV.

Cette bibliothèque est principalement composée de deux sortes d'ouvrages; panégyriques et injures. Parmi les esprits préoccupés, 25
les uns n'ont vu que son faste, ses amours, son mariage secret, sa révocation de l'édit de Nantes: les autres n'ont vu que cinquante

---

[157] See lines 1773-72 of this edition.

ans de gloire, de magnificence, de plaisirs, d'actions généreuses, et
surtout cette suite de grands hommes en tout genre qui honora son
siècle depuis sa naissance, jusqu'à ses dernières années. Il faut voir
à la fois ces contrastes, et les bien voir; ce qui n'est pas toujours aisé. 30

Le monde est inondé d'anecdotes, parce qu'il est curieux. Les
écrivains mercenaires le servent selon son goût: ils en inventent, ils
en falsifient. Un libraire de Hollande qui commande ces ouvrages à
un correcteur d'imprimerie, fait en effet la vie des rois. 35

On ne peut pas reprocher à notre auteur d'avoir inventé ce qu'il
dit. Rien ne serait plus injuste que de lui attribuer de l'imagination.
On ne peut non plus l'accuser d'être indiscret; il garde un profond
silence sur toutes les affaires d'Etat. Vous apprenez de lui que
Louis XIV parla avant sa mort au ministre des étrangers et à celui 40
des finances; mais l'auteur fait un mystère impénétrable des choses
très vagues que le roi pour lors leur communiqua. De pareils
monuments n'offensent personne. Ils ne ressemblent point aux
Commentaires de César, dont quelques Romains pouvaient être
mécontents, ni à ceux de Xénophon, qui auraient pu faire de la 45
peine à quelques Perses; mais ils sont aussi exacts pour le moins.

A la vérité, il manque à nos mémoires l'heure précise à laquelle
le roi se couchait et l'heure où il allait à la chasse; mais ce défaut est
compensé par tant de grandes choses dites avec esprit, qu'on doit
pardonner cette légère négligence. 50

Nous comptons donner incessamment au public une addition
aux Mémoires de l'abbé Montgon,[158] par son valet de chambre,
laquelle sera des plus curieuses; elle sera ornée de culs-de-lampe.
Les Mémoires de miss Farington sont sous presse, pour l'amusement des dames. 55

[158] See the *Souvenirs de Mme de Caylus* in this volume, note 5.

WORKS CITED

Alembert, Jean Le Rond d', *Discours préliminaire de l'Encyclopédie*, ed. M. Malherbe (Paris 2000).

Bayard, Pierre, *Comment améliorer les œuvres ratées?* (Paris 2000).

Bayle, Pierre, *Dictionnaire historique et critique*, 2nd ed., 3 vols (Rotterdam 1702).

– *Lettres*, 3 vols (Amsterdam 1729).

Benítez, Miguel, *La Face cachée des Lumières: recherches sur les manuscrits philosophiques clandestins de l'Age classique* (Oxford 1996).

Berkvens-Stevelinck, Christiane, *Prosper Marchand: la vie et l'œuvre* (Cologne 1987).

Bessire, François, 'L'Ecrivain éditeur (Du Moyen Age à la fin du XVIIIe siècle)', *Travaux de littérature* 14 (2001).

Boerner, Wolfgang, *Das 'Cymbalum mundi' des Bonaventure des Périers* (Munich 1980).

Bonaventure Des Périers, *Contes et nouvelles, et joyeux devis*, 2 vols (Cologne 1711).

– – 3 vols (Amsterdam 1735).

– *Cymbalum mundi, ou dialogues satiriques sur différents sujets, par Bonaventure Des Périers, avec une lettre critique dans laquelle on fait l'histoire, l'analyse et l'apologie de cet ouvrage, par Prosper Marchand* (Amsterdam 1711).

– – *Nouvelle édition, revue, corrigée et augmentée de notes et remarques, communiquées par plusieurs savants* (Amsterdam 1732).

– *Cymbalum mundi: adaptation en français moderne, préface, notes et dictionnaire*, ed. Laurent Calvié (Toulouse 2002).

– *Cymbalum mundi*, ed. P. H. Nurse (Geneva 1983).

– *Nouvelles récréations et joyeux devis*, ed. Krystyna Kasprzyk (Paris 1997).

Booy, Jean de, 'Diderot, Voltaire et les Souvenirs de Mme de Caylus', *Revue des sciences humaines* 109 (1963), p.24-36.

Calvin, Jean, *Des scandales*, ed. O. Fatio (Geneva 1984).

Catalogue des livres de la bibliothèque de feue Madame la marquise de Pompadour (Paris 1765).

Caylus, Mme de, *Les Souvenirs de Madame de Caylus*, ed. Charles Asselineau (Paris 1860).

– *Les Souvenirs de Madame de Caylus*, ed. A. A. Renouard (Paris 1806).

– *Souvenirs de Madame de Caylus*, ed. Bernard Noël (Paris 1986).

– *Souvenirs et correspondance de Mme de Caylus*, ed. Emile Raunié (Paris 1881).

– *Souvenirs de Madame de Caylus*, ed. L.-S. Auger (Paris 1804).

Choisy, abbé de, *Mémoires pour servir à l'histoire de Louis XIV* (Utrecht 1727).

Clouzot, H., 'Le véritable texte des Souvenirs de Mme de Caylus', *Revue des travaux de l'Académie des sciences morales et politiques* 98 (1938), p.355-73.

Cooper, Richard, '"Charmant mais très obscène": some French eighteenth-century readings of Rabelais', in *Enlightenment essays in memory of Robert Shackleton*, ed. G. Barber and C. P. Courtney (Oxford 1988), p.39-60.

Cronk, Nicholas, 'Comment lire le *Traité sur la tolérance*? la présentation typographique de l'édition Cramer', in *Etudes sur le 'Traité sur la tolérance' de Voltaire*, ed. N. Cronk (Oxford 2000).

– 'Reading La Fontaine and writing literary history in the eighteenth century: the problem of Voltaire', in *The Shape of change: essays in early modern literature and La Fontaine in honor of David Lee Rubin*, ed. A. L. Birberick and R. Ganim (Amsterdam 2002), p.287-314.

– 'Voltaire, Lucian, and the philosophical traveller', in *L'Invitation au voyage: studies in honour of Peter France*, ed. J. Renwick (Oxford 2000), p.75-84.

– and Christiane Mervaud (eds), *Les Notes de Voltaire: une écriture polyphonique*, *SVEC* 2003:03.

– and Christiane Mervaud, 'Stratégies de la note dans l'œuvre voltairienne', in *Les Notes de Voltaire*, p.3-36.

Dangeau, Philippe de Courcillon, marquis de, *Journal*, ed. Eudoxe Soulié and Louis Dussieux, 19 vols (Paris 1854-1860).

Diderot, Denis, *Encyclopédie*, 17 vols (Paris 1751-1772).

Estienne, Henri, *Apologie pour Hérodote*, ed. Jacob Le Duchat, 3 vols (The Hague 1735).

– – ed. P. Ristelhuber, 2 vols (Paris 1879).

Fox, John, 'An eighteenth-century student of medieval literature: Bernard de La Monnoye', in *Studies in eighteenth-century French literature presented to Robert Niklaus*, ed. J. H. Fox, M. H. Waddicor and D. A. Watts (Exeter 1975).

Gauna, Max, 'Pour une nouvelle interprétation du *Cymbalum mundi*', *La Lettre clandestine* 6 (1997), p.157-72.

Genlis, Mme de, *Abrégé des Mémoires ou Journal du Mr de Dangeau [...] avec des notes historiques et critiques et un abrégé de l'histoire de la Régence*, 4 vols (Paris 1817; 1830).

Goujet, Claude-Pierre Goujet, *Bibliothèque française, ou Histoire de la littérature française*, 18 vols (Paris 1740-1756).

Graffigny, Françoise, *Correspondance*, vol.i (Oxford 1985).

Hanley, William, 'Voltaire and Marin', in *Voltaire et ses combats*, ed. U. Kölving and C. Mervaud, 2 vols (Oxford 1997), i.467-82.

Hourcade, Philippe, 'Problématique de l'anecdote dans l'historiographie à l'Age classique', *Littératures classiques* 30 (1997), p.75-82.

Huguet, E., *Dictionnaire de la langue française du XVIe siècle*, 7 vols (Paris 1925-1967).

James, E. D., 'Voltaire's dialogue with the materialists', in *Voltaire and his world: studies presented to W. H. Barber*, ed. R. J. Howells *et al.* (Oxford 1985), p.117-31.

La Beaumelle, Laurent Angliviel de, *Lettres de Mme de Maintenon*, 2 vols (Nancy 1752).

– *Lettres de Monsieur de La Beaumelle à M. de Voltaire* (London [Paris] 1763).

– *Mémoires pour servir à l'histoire de Mme de Maintenon, et à celle du siècle passé* (1756; Avignon 1757).

– *Mémoires pour servir à l'histoire de Mme de Maintenon* [...] *augmentée des remarques critiques de M. de Voltaire*, ed. Voltaire (n.p. 1757).

Le Clerc, Jean, *Bibliothèque choisie*, vol.23 (Amsterdam 1711).

Lenglet-Dufresnoy, Nicolas, *De l'usage des romans, où l'on fait voir leur utilité et leurs différens caractères*, 2 vols (Amsterdam 1734).

Leroy, Pierre-E., and Marcel Loyau (eds), *L'Estime et la tendresse. Mme de Maintenon, Mme de Caylus et Mme de Dangeau, correspondances intimes* (Paris 1998).

Marin, François-Louis-Claude, *Journal des débats* (1804).

Mayer, C. A., 'The Lucianism of Des Périers', *Bibliothèque d'Humanisme et Renaissance* 12 (1950), p.190-207.

– *Lucien de Samosate et la Renaissance française* (Geneva 1984), p.165-90.

Mervaud, Christiane, 'Réemploi et réécriture dans les *Questions sur l'Encyclopédie*: l'exemple de l'article "Propriété"', *SVEC* 2003:01, p.3-26.

Mervaud, Michel, 'Les *Anecdotes sur le czar Pierre le Grand* de Voltaire: genese, sources, forme littéraire', *SVEC* 341 (1996), p.89-126.

Michault, J.-B., 'Notes critiques sur le livre intitulé *Cymbalum mundi*', in *Mélanges historiques et philologiques*, 2 vols (Paris 1754; 1770).

Millet, Olivier, 'Le *Cymbalum mundi* et la tradition lucianique', in *Le Cymbalum mundi: actes du colloque de Rome*, ed. F. Giacone (Geneva 2003), p.317-32.

Montgon, Charles-Alexandre de, *Mémoires de M. l'abbé de Montgon* [...] *contenant les différentes négociations dont il a été chargées dans les cours de France, d'Espagne et de Portugal* [...] *depuis l'année 1725 jusqu'au présent*, 5 vols (n.p. 1748-1749).

Moréri, Louis, *Le Grand Dictionnaire historique*, new ed. (Paris 1759).

Mortier, Roland, 'Ce maudit *Système de la nature*', in *Voltaire et ses combats*, ed. U. Kölving and C. Mervaud, 2 vols (Oxford 1997), i.697-704.

Mothu, Alain, '*La Beatitude des chrestiens* et son double clandestin', in *La Philosophie clandestine à l'Age classique*, ed. A. McKenna and A. Mothu (Oxford 1997).

Nodier, Charles, 'Bonaventure Desperiers', in Des Périers, *Cymbalum mundi*, ed. Laurent Calvié (Toulouse 2002), p.137-74.

Peach, Trevor, 'The *Cymbalum mundi*: an author in anagram', *French Studies Bulletin* 82 (Spring 2002), p.2-4.

Petitot, A., and L. J. N. Monmerqué (eds) *Collection complète des Mémoires relatifs à l'histoire de France* (Paris 1822).

Peyrefitte, Roger, *Voltaire: sa jeunesse et son temps*, 2 vols (Paris 1985).

Pomeau, R., *Ecraser l'infâme, Voltaire en son temps*, 2nd ed. (Oxford and Paris 1995).

Racine, Louis, *Œuvres complètes*, ed. R. Picard (Paris 1950).

Revue Voltaire 3 (2003); 4 (2004).

Rigoley de Juvigny, J.-A., 'Mémoires historiques sur la vie et les écrits de feu M. de La Monnoye', in *Œuvres choisies de M. de La Monnoye*, 3 vols (Dijon 1769-1770).

Rivière, Marc Serge, 'Voltaire editor of Dangeau', *SVEC* 311 (1993), p.15-38.

— 'Voltaire reader of women's memoirs', *SVEC* 371 (1999), p.23-52.

— 'Voltaire's use of Dangeau's *Mémoires* in *Le Siècle de Louis XIV*: the paradox of the historian-*raconteur*', *SVEC* 256 (1988), p.97-106.

Sainte-Beuve, C.-A., *Causeries du lundi*, 15 vols (Paris 1850-1856).

Saint-Simon, Louis de Rouvroy, duc de, *Mémoires*, 8 vols, ed. Yves Coirault (Paris 1983-1988).

— — ed. Gonzague Truc (Paris 1970).

Sareil, Jean, 'Voltaire juge de Rabelais', *Romanic Review* 56 (1965), p.171-80.

Schröder, Winfried, '"Les Esséniens plagiés": un manuscrit clandestin sur l'origine du christianisme', in *La Philosophie clandestine à l'Age classique*, ed. A. McKenna and A. Mothu (Oxford 1997).

Smith, Paul J., 'Prosper Marchand et sa "Lettre critique sur le livre intitulé *Cymbalum mundi*"', in *Le Cymbalum mundi: actes du colloque de Rome*, ed. F. Giacone (Geneva 2003), p.115-27.

Van Eeghen, I. H., *De Amsterdamse boekhandel 1680-1725*, 6 vols (Amsterdam 1965).

Voltaire, *A mademoiselle Duclos* [*L'Anti-Giton*], ed. N. Cronk, *OC*, vol.1B (2002).

— *Anecdotes sur le czar Pierre le Grand*, ed. M. Mervaud, *OC*, vol.46 (1999).

— *Anecdotes sur Louis XIV*, ed. M. S. Rivière, *OC*, vol.30C (2004).

— *Commentaire historique sur les œuvres de l'auteur de la Henriade, etc., avec les pièces originales et les preuves* (Basle 1776).

— *Commentaires sur Corneille*, *OC*, vol.55, ed. D. Williams (1975).

— *Contes en prose: Cosi Sancta; Le Crocheteur borgne*, ed. C. Mervaud, *OC*, vol.1B (2002).

— *Défense de Louis XIV contre l'auteur d'Ephémerides*, in *Œuvres historiques*, ed. R. Pomeau (Paris 1957).

— *Dictionnaire philosophique*, *OC*, vol.35, ed. C. Mervaud (1994).

— *Discours de l'empereur Julien contre les chrétiens*, ed. J.-M. Moureaux, *SVEC* 322 (1994).

— *Hérode et Mariamne*, *OC*, vol.3C, ed. M. Freyne (2003).

— *Histoire de l'empire de Russie sous Pierre le Grand*, *OC*, vol.46, ed. M. Mervaud (1999).

— *Les Guèbres*, ed. J. Renwick, *OC*, vol.66 (1999).

— *Les Questions de Zapata*, ed. J. Marchand, *OC*, vol.62 (1987).

— *Le Siècle de Louis XIV*, in *Œuvres historiques*, ed. R. Pomeau (Paris 1957).

— *Le Temple du goût*, ed. O. R. Taylor, *OC*, vol.9 (1999).

— *Lettres philosophiques*, ed. G. Lanson (Paris 1964).

— *Mahomet*, ed. C. Todd, *OC*, vol.20B (2002).

— *Notebooks*, *OC*, vol.81, ed. Th. Besterman (1968).

— *Sémiramis*, ed. Robert Niklaus, *OC*, vol.30A (2003).

— *Questions sur l'Encyclopédie, par des amateurs*, 9 vols (Geneva 1770-1772).

INDEX

Aesop, 38n

Aguilar, Rodrigue Manuel Manrique de Lara, comte d', 306

Ahmed II, sultan of Turkey, 280

Albe, Antoine Martin Alvarez de Tolède, duc d', 302

Albe, Isabelle Zacharias Ponce de Leon, duchesse d', 311

Albret, César Phébus, sire de Pons, comte de Miossens, maréchal d', 124-26, 133, 174, 175

Albret, Madeleine de Guénégaud, maréchale d', 124, 125, 154, 174

Alembert, Jean Le Rond D', 21, 22

Alincourt, Louis Nicolas de Neufville, marquis d', see Villeroy, Louis Nicolas de Neufville

Amfreville, marquis d', 250

Anjou, duc d', see Philip V, king of Spain

Anne of Austria, 205, 212, 280

Antin, Louis Antoine de Gondrin de Pardaillan, duc d', 97n, 117, 307

Argens, Jean Baptiste de Boyer, marquis d': *Discours de l'empereur Julien, contre les chrétiens*, 239

Argenson, Marc René de Voyer, marquis d', *lieutenant de police*, 303

Argental, Charles Augustin Feriol, comte d', 221

Argenton, Marie Louise Madeleine Victoire Le Bel de La Boissière de Séry, dame d', 204

Argouges de Rânes, Jean Pierre d', 252

Arnauld, Agnès, abbese de Port-Royal, 271

Arpajon, Catherine Henriette d'Harcourt Beuvron, duchesse d', 158

Arran, Jacques Douglas, duc d'Hamilton, 249, 251

Artagnan, Pierre de Montesquiou d', 277

Asselineau, Charles, 102n

Aubigné, Charles d', 252, 269

Aubigné, Constant d', 87, 122, 123, 133, 140, 157

Aubigné, Théodore Agrippa d', 87, 121, 122

Augustus, Roman emperor, 118, 119, 194

Augustus II, elector of Saxony, then king of Poland, 167n, 282

Aumale, Marie Jeanne d', 90, 91, 94, 97n, 100, 102, 156

Aumont, Louis Marie Auguste d'Aumont de La Rochebaron, duc d', 269

Barbezieux, Catherine Louise Marie de Crussol d'Uzès, marquise de, 136, 137

Barbezieux, Louis Le Tellier, marquis de, 136, 166, 187

Barillon d'Amoncourt, Paul de, 155

Baron, François, actor, 197

Bayard, Pierre, 25

Bayle, Pierre: *Dictionnaire historique et critique*, 6, 7, 31; 'Periers (Bonaventure des)', 5-7

Beauvais, Louis, baron de, 267

Beauvillier, Henriette Louise Colbert, duchesse de, 172

Beauvillier, Paul, duc de, 258, 265, 289

Bengesco, Georges, 222, 223

Bernières, Gilles Henri Maignard, marquis de, 306
Bernoulli, Johann (II), 217
Berry, Charles de France, duc de, 164, 201, 203, 204n, 262, 273, 288, 291, 292, 306, 308
Berry, Marie Louise Elisabeth d'Orléans, duchesse de, 201, 203, 205, 306
Berwick, James Fitz, maréchal et duc de, 308
Bessola, 162-64
Besterman, Theodore, 223
Bêthune, François Gaston, marquis de, 175
Beuchot, Adrien Jean Quentin, 3, 21, 223n
Beuningen, Coenraad van, Dutch diplomat, 276
Beuvron, François d'Harcourt, marquis de, 124, 158
Bibliothèque française, 12, 13, 32
Biron, Marie Madeleine Agnès de Gontaut de, 160
Bissy, Henri de Thiard, cardinal de, 316
Blois, Françoise Marie de Bourbon, duchesse d'Orléans, Mlle de, 136, 139, 186, 195, 202-205, 280, 301
Blois, Marie Anne de Bourbon, princesse de Conti, Mlle de, 164-67, 187-90, 194, 195, 199, 251, 252, 254, 257-59, 280
Boileau-Despréaux, Nicolas, 151, 181
Bolingbroke, Henry St John, viscount, 96, 296
Bombarde, M. de, 92, 95, 100
Bontemps, Alexandre, 96, 177
Bossuet, Jacques Bénigne, bishop of Meaux, 130, 132, 137, 138, 150, 174, 185
Boufflers, Louis François, maréchal et duc de, 285-87, 304, 305, 313
Bouillon, Frédéric Jules de La Tour, chevalier de, 188

Bourbon-Condé, Marie Thérèse de, later princesse de Conti, 197, 199, 200
Bourdaloue, Louis, 250, 262
Bourdelot, Pierre Michon, abbé, 251
Bourgogne, duc de, *see* Louis de France, duc de Bourgogne
Bourgogne, Marie Adélaïde de Savoie, duchesse de, *see* Marie Adélaïde de Savoie
Bouzols, Marie Françoise Colbert de Torcy, marquise de, 194
Boyer, Claude: *Judith*, 185
Brancas, Charles de, 172
Brinon, Marie Madeleine de, 177-80, 267
Brissac, Albert de Grillet, marquis de, 280
Brunswick, Bénédicte Henriette Philippe de Bavière, duchesse de, 179
Bulle Unigenitus, 234, 309

Caesar, Julius, 189
Calvin, Jean, 43; *Des scandales*, 4
Cambrai, Monsieur de, *see* Fénelon
Cardillac, Jeanne de, 122, 123
Cardillac, Pierre de, 122
Castille, Jacques Fernandez de Velasco, connétable de, 278
Caumartin, Jean François Paul Lefèvre, abbé de, 206
Caumont, Mlle de, 128
Caumont d'Adde, Josué de, 122
Caumont d'Adde, Marie d'Aubigné, dame de, 122
Caylus, Anne Claude Philippe de Tubières, comte de, 89-92
Caylus, comte de (husband of Mme de Caylus), 87, 88, 191
Caylus, Marthe Marguerite Le Vallois de Villette-Mursay, comtesse de, 212, 214, 259n; *Les Souvenirs de madame de Caylus*, 24, 85-207, 213, 223, 224, 238, 239

Miossens, comtesse de, *see* Martel
Molière: *Le Bourgeois gentilhomme*, 311;
 Les Femmes savantes, 232
Molinos, Miguel de, 256
Monmerqué, Louis Jean Nicolas, 102
Monseigneur, *see* Louis de France, le
 Grand Dauphin
Monsieur, *see* Philippe, duc d'Orléans
Montaigne, Michel de, 8
Montausier, Charles de Sainte Maure,
 duc de, 150, 187
Montausier, Julie d'Angennes, duchesse
 de, 137, 149
Montbuisson, Louise Hollandine pala-
 tine de Bavière, abbesse de, 179
Montchevreuil, Henri de Mornay, mar-
 quis de, 96n, 177, 192, 281, 289
Montchevreuil, Marguerite Boucher
 d'Orsay, marquise de, 158, 159,
 172, 176, 177, 191, 192, 194
Montespan, Françoise Athénaïs de Mortemart, marquise de, 117n, 125, 126,
 128, 130-35, 137-53, 167, 169-72,
 174, 175, 181, 185, 186, 188, 201,
 202, 212, 259
Montgon, Charles Alexandre Corde-
 beuf de Beauverger, abbé de, 134,
 236, 293, 320
Montgon, Louise Sublet d'Heudicourt,
 marquise de, 134
Montpensier, Anne Marie Louise d'Orléans, duchesse de (la Grande
 Mademoiselle), 152, 187, 247, 262,
 268, 271
Montpeyroux, François Gaspard Léonor
 de Dyo Palatin, marquis de, 273
Montrevel, Nicolas Auguste de La
 Baume, maréchal de, 312
Moréri, Louis: *Grand dictionnaire historique*, 13
Morin, Jean, 31, 33
Mortemart, Gabriel de Rochechouart,
 duc de, 146, 147

Mortemart, Louis, duc de, 172
Mortemart, Marie Anne Colbert, du-
 chesse de, 172
Mursay, Philippe de Valois Villette,
 comte de, 250
Mustapha II, sultan of Turkey, 280
Musy, Louise de Tonnerre, dame de,
 161

Nangis, Louis Armand de Brichanteau,
 marquis de, 206
Nantes, Louise Françoise de Bourbon,
 Mlle de, later Mme la duchesse, 136,
 137, 185, 188, 189, 191, 192, 194-203,
 259, 280, 284, 290
Narai the Great, king of Siam, 249, 251,
 260
Navailles, Suzanne de Baudéan, maré-
 chale de, 158, 160
Nesles, Louis II, marquis de, 264
Nesles, Marie de Coligny, marquise de,
 264
Neuillant, Mme de, 123
Nevers, Philippe Mancini, duc de, 147,
 148, 183n, 191
Nevers, duchesse de, *see* Thianges,
 Diane Gabrielle de Damas
Noailles, Louis Antoine, cardinal de,
 303, 315, 316
Nodier, Charles, 23

Orléans, Elizabeth Charlotte of Bavaria,
 duchesse d', *see* Elizabeth Charlotte
 of Bavaria
Orléans, Françoise Marie de Bourbon,
 duchesse d', *see* Blois, Mlle de
Orléans, Marie Louise Elizabeth d', *see*
 Berry, duchesse de
Orléans, Philippe, duc d', *see* Philippe,
 duc d'Orléans (Monsieur), and
 Philippe, duc d'Orléans, regent of
 France
Ovid, 194